D1833320

शिव के. कुमार

अंग्रेजी के मूर्धन्य रचनाकार व चिन्तक शिव के. कुमार का जन्म लाहौर में हुआ।

उनकी शिक्षा-दीक्षा लाहौर और इंग्लैंड में हुई। कैम्ब्रिज विश्वविद्यालय से उन्होंने पी-एच.डी. की उपाधि प्राप्त की।

उस्मानिया विश्वविद्यालय में अंग्रेज़ी के प्रोफ़ेसर रहे। सेंट्रल गवर्नमेंट यूनिवर्सिटी ऑफ़ हैदराबाद के वाइस चांसलर पद पर कार्य किया। अमेरिका, इंग्लैंड और यूरोप में वर्षों अंग्रेज़ी का अध्यापन किया।

विश्व के प्रतिष्ठित प्रकाशनों से उनकी उपन्यास, कविता-संग्रह, नाटक और अनुवाद की 30 से अधिक पुस्तकें प्रकाशित हैं। चर्चित पत्र-पत्रिकाओं में कविताओं और कहानियों का प्रकाशन हुआ है। बी.बी.सी. प्रसारण सेवा से उनकी अनेक रचनाएँ प्रसारित हैं। आपके रचनात्मक योगदान पर तीन आलोचनात्मक पुस्तकें भी प्रकाशित हो चुकी हैं।

रॉयल सोसायटी ऑफ़ लिटरेचर, लन्दन के फ़ेलो चयनित (1978) हो चुके श्री कुमार 'साहित्य अकादेमी पुरस्कार' पुरस्कार (1986) से पुरस्कृत और 'पद्मभूषण' (2001) से अलंकृत हैं।

सम्पर्क : हब्शी गुड़ा, स्ट्रीट नं. 3, हैदराबाद-500007

1 मार्च, 2017 को हैदराबाद में उनका देहावसान हुआ।

प्रभात के. सिंह

अंग्रेजी साहित्य के विद्वान् एवं प्रखर वक्ता प्रोफेसर प्रभात के. सिंह शिक्षक, साहित्यालोचक, कवि एवं अनुवादक के रूप में एक स्थापित नाम हैं। अपने कार्यकाल के चौथे दशक में प्रविष्ट तथा देश-विदेश के विश्वविद्यालयों में शैक्षिक व्याख्यान दे चुके प्रोफेसर सिंह की आलोचनात्मक एवं रचनात्मक लेखन की दस पुस्तकें तथा दर्जनों शोध-पत्र/लेख देश-विदेश की शीर्ष पत्रिकाओं में प्रकाशित हैं।

सम्प्रति : महात्मा गांधी काशी विद्यापीठ, वाराणसी के अंग्रेजी एवं आधुनिक यूरोपीय भाषा विभाग में अध्यक्ष पद पर कार्यरत।

महाभारत

(एक नवीन रूपांतर)

शिव के. कुमार

हिन्दी अनुवाद

प्रभात के. सिंह

राजकमल पेपरबैक्स

राजकमल पेपरबैक्स में
पहला संस्करण : 2012
This book is printed on **Print on Demand** Technology : 2025

राजकमल पेपरबैक्स : उत्कृष्ट साहित्य के जनसुलभ संस्करण

राजकमल प्रकाशन प्रा.लि.
1-बी, नेताजी सुभाष मार्ग, दरियागंज
नई दिल्ली-110 002
द्वारा प्रकाशित

शाखाएँ : अशोक राजपथ, साइंस कॉलेज के सामने, पटना-800 006
पहली मंजिल, दरबारी बिल्डिंग, महात्मा गांधी मार्ग, प्रयागराज-211 001
1, अनमोल सोराबजी संतुक लेन, धोबी तलाव, मरीन लाइंस, मुम्बई-400 002
वेबसाइट : www.rajkamalprakashan.com
ई-मेल : info@rajkamalprakashan.com

मूल्य : ₹399

MAHABHARAT : A New Version
by Shiv K. Kumar
Hindi Translation by Prabhat K. Singh

ISBN : 978-81-267-2330-0

मेरे दौहित्र मनन के लिए

अनुवाद प्रसंग

अनुवाद का अभीष्ट है तथ्य एवं कथ्य का स्रोत ग्रन्थ की भाषा-शैली से अनूदित ग्रन्थ की भाषा-शैली में सफल रूपान्तरण। यह एक जटिल प्रक्रिया है, परकाया-प्रवेश जैसी। इसमें अनुवादक मूल विचार एवं अनुभूति के साथ समकक्षीय बौद्धिक एवं संवेगात्मक भाव तरंगों के माध्यम से अधिकतम एकात्मकता स्थापित करते हुए उन्हें एक समानान्तर रचनात्मक स्वरूप प्रदान करता है। कल्पनाप्रसूत अन्त:प्रवेश की यह प्रक्रिया बेहद चुनौतीपूर्ण हो जाती है यदि मूल कृति किसी प्राचीन काल-खंड की हो और राष्ट्र की धार्मिक, सामाजिक, साहित्यिक एवं सांस्कृतिक धरोहर हो। ऐसी अमूल्य विरासत की विशिष्टताओं को सहेजते हुए अनुवाद का संवेदनशील दायित्व-निर्वहन एक दुश्कर कार्य हो जाता है। यह एहसास तब और गहरा हो गया जब प्रोफेसर शिव के. कुमार ने अपनी रचना के हिन्दी अनुवाद की जिम्मेदारी मुझे सौंपी और मैंने पूरी निष्ठा एवं गम्भीरता के साथ यह बीड़ा उठाया। मुझमें विश्वास रखने के लिए मैं हृदय से उनका आभारी हूँ।

प्रोफेसर शिव के. कुमार का अंग्रेजी में वर्णित **महाभारत** जिसे हार्पर कॉलिंस, इंडिया ने प्रकाशित किया है स्वयं एक नवीन संक्षिप्त गद्य रूपान्तर है, ऋषि वेदव्यास के महाकाव्य का जो भारतीय वाङ्मय के उत्तर वैदिक काल की एक अनूठी कृति है। कुमार की रचना की सबसे बड़ी विशेषता यह है कि इसमें **महाभारत** को अधिकार एवं न्याय के लिए लड़े गए युद्ध के ऐतिहासिक दस्तावेज के रूप में पढ़ने और ग्रहण करने की परम्परागत प्रवृत्ति को बिना ठेस पहुँचाए एक नई दिशा देने की सार्थक कोशिश की गई है। कुमार ने अपनी कल्पनाशीलता एवं शिल्प-कौशल से महाकवि व्यास की कथा में निहित मानवीय सम्बन्धों की कोमलता एवं पेचीदगी को विशेष रूप से मुखरित किया है। भ्रातृत्व, जो **रामायण** में आदर्श रूप में संघटित और सत्ता-संवर्धित था, **महाभारत** में विकृत और विघटित दिखाई देता है। राजसत्ता पर एकाधिपत्य के लिए

मर्यादाओं का हनन होता है। कुमार ने सामाजिक-राजनीतिक आचरण के ऐसे कई पहलुओं को संवेदनशीलता से वर्णित किया है। कथानक का महाकाव्यात्मक विस्तार, उसमें छिपे जीवन-मूल्यों का प्रवर्तन और भिन्न-भिन्न चित्त-वृत्तियों वाले विविध पात्रों का भावपूर्ण चित्रण अत्यन्त जीवन्त हो उठा है सटीक वर्णन तथा सशक्त संवाद से जिसमें सभी रसों का यथोचित समावेश है। पात्रों के मनोभावों को बारीकी से दर्शाने और कथोपकथन को स्वाभाविकता प्रदान करने की यह सफल चेष्टा महाकवि भास की सर्जनात्मक कला की याद दिलाती है।

वर्तमान अनुवाद करते हुए मेरी स्मृति में तीन ग्रन्थ विशेष रूप से उभरते रहे—विलक्षण साहित्यिक प्रतिभा के धनी श्री जयदेव दास 'अभिनव' रचित **गीतामृत** तथा **गीता-तत्त्व-तरंगिनी**, और महर्षि श्री अरविन्द रचित महाकाव्य **सावित्री**। ऐसा शायद इसलिए कि 'गीता' **महाभारत** का आध्यात्मिक चेतना-केन्द्र है और **सावित्री** में प्रतिपादित है जीवन-मृत्यु विषयक गूढ़ दर्शन। **गीतामृत** श्रीमद्‌भगवद्‌गीता का शब्दश: हिन्दी पद्यानुवाद है और **गीता-तत्त्व-तरंगिनी** में प्रस्तुत है कर्म, फल, विरक्ति, भक्ति, ज्ञान तथा अहंकार विषयक समसामयिक जिज्ञासाओं पर एक गहन छन्दानुचिन्तन।

कुमार की कथा का हिन्दी गद्यानुवाद यथासम्भव सरस एवं सहज व्यावहारिक शब्दों तथा प्रांजल वर्णन-शैली में किया गया है। रिश्तों की गाँठ और साजिशों के खेल से भरे एक कालजयी महाकाव्य के कथानक को बिना उलझाए उसमें अन्त:प्रवाहित जीवन-दर्शन को जनमानस के लिए सुरुचिपूर्ण व सुबोधगम्य बनाने का यह एक विनम्र प्रयास है। सफलता-विफलता की विवेचना पाठकों का विशेषाधिकार है।

अनुवाद की हस्तलिपि तैयार करने में मेरी पत्नी प्रभा एवं कनिष्ठ पुत्री मधुमिता, जिसका गर्भस्थ शिशु कदाचित सुन रहा था, का श्रुतलेखन कार्य-सहयोग अविस्मरणीय है।

मित्र प्रोफेसर मानवेन्द्र किशोर दास संग यदा-कदा हुई चर्चाएँ भी विचारों को छेड़ती रही हैं। पांडुलिपि के कम्पोजिंग में मेरे ममेरे भाई डॉ. विजय ने काफी मदद की।

सुधि पाठकों को सादर प्रेषित

प्रभात के. सिंह

वाराणसी

सन् 2011

प्रस्तावना

महाभारत विश्व इतिहास का प्राचीनतम महाकाव्य है, **रामायण** के अतिरिक्त जिसकी रचना कुछ वर्ष पूर्व हुई थी। होमर की **इलियड** और **ओडिसी** से कहीं ज्यादा प्रवीणता के साथ परिकल्पित और शिल्पित यह रचनात्मक कल्पना की अद्‌भुत कृति है। ऋषि वेदव्यास द्वारा ईसा के प्राय: 2000 वर्ष पूर्व रचित इस महाकाव्य में लगभग समस्त मानवीय मनोभावों–प्रेम और घृणा, क्षमा और प्रतिशोध, सत्य और असत्य, ब्रह्मचर्य और संभोग, निष्ठा और विश्वासघात, उदारता और लिप्सा–की सूक्ष्म प्रस्तुति मिलती है।

परन्तु व्यास की प्रतिभा का सबसे विलक्षण पक्ष है उनकी अटल सत्यनिष्ठा और ईमानदारी जिसके साथ उन्होंने विश्लेषण किया है मानव अस्तित्व की चकरा देने वाली जटिलताओं का–उसके अन्तरविरोधों और असंगतियों का। यदि युधिष्ठिर धर्मपुत्र हैं, अर्थात् सत्य और न्यायप्रियता के युवराज, तो वह द्रोण–वध के लिए झूठ का भी सहारा लेते हैं। उसी प्रकार भीष्म जो संस्कृति और न्याय के संरक्षक के रूप में सर्वोपरि हैं, भरी सभा में द्रौपदी के चीरहरण के मूक दर्शक भी बने रहते हैं। यहाँ तक कि अर्जुन के दिव्य सारथी भगवान कृष्ण भी बेदाग नहीं हैं क्योंकि वह भी उद्‌देश्यपूर्ति के लिए प्राय: भ्रामक और छलपूर्ण युद्धनीति अपनाते हैं। व्यास का तात्पर्य सम्भवत: यह बताना है कि पूर्ण सत्य नाम की कोई चीज नहीं होती क्योंकि बेदाग मानव की कल्पना एक मरीचिका के समान है।

यों तो **महाभारत** भारतीय मानस में रचा बसा ग्रन्थ है पर इसने सम्पूर्ण विश्व के पाठकों को आकर्षित किया है। शायद इसीलिए इस महाकाव्य का रूपान्तर विश्व की सभी प्रमुख भाषाओं में हुआ है। परन्तु विस्मय होता है यह देखकर कि ज्यादातर रूपान्तरों में इसकी क्षमता का प्रतिपादन एक काव्यात्मक सौन्दर्य और सुगन्ध से समृद्ध कथा के रूप में नहीं हो पाया है। सम्भवत: इसलिए कि लेखकों ने मूलत: इसके कहानी

पक्ष को ही प्रधानता दी। इसी कारण मैंने इस महाकाव्य में कुछ रंग और सुगन्ध भरने का प्रयास किया है।

महाभारत एक अद्वितीय रचना है। यह काल और स्थान की सीमाओं से परे है। इसीलिए हर युग में इसके साथ संवाद सम्भव है। वर्तमान युग में भी सामाजिक न्याय, राजनीतिक स्वार्थजनित राष्ट्र विभाजन, नारी सशक्तिकरण और राजनेताओं के आचरण के संदर्भों में इसका सार्थक औचित्य है।

यदि **महाभारत** एक राजमुकुट है तो इसका अर्जुन–कृष्ण–संवाद है इसमें जड़ा रत्न कोहिनूर जिसके प्रकाश में आत्मानुभूति का मार्ग प्रशस्त होता है। यक्ष के जलाशय से जल ग्रहण करने के पूर्व उसके द्वारा युधिष्ठिर से किए गए प्रश्न भी आत्मोन्नयन के लिए गूढ़ हैं। और पांडव राजकुमार के उत्तर में पाठकों को मानवीय विवेक का सार दिखाई देता है।

इस महाकाव्य की ऐतिहासिक प्रामाणिकता के सम्बन्ध में किसी भी प्रकार के विद्वत् तर्क–वितर्क में पड़ना व्यर्थ है। प्रमुख है इसका उन सभी लोगों पर प्रभाव जिनका उत्तर भारत के छोटे से शहर कुरुक्षेत्र में पदार्पण होता है और जो खो जाते हैं इस कल्पना में कि हजारों वर्ष पूर्व अठारह दिनों तक चले उस युद्ध में हताहत वीरों के रक्त से सनी यह धरती कैसी रही होगी।

पाठकों के अध्ययन एवं मनन के लिए प्रस्तुत है एक ऐसी वृहत् कथा जो कदाचित उन रहस्यों के उद्घाटन में हमारी मदद कर सकती है जिसमें मानव का अस्तित्व लिपटा है।

हैदराबाद

शिव के. कुमार

अनुक्रम

एक

देवव्रत का जन्म

बसन्त की उस सुबह राजा शान्तनु ने अपना रथ एक वृक्ष के नीचे खड़ा कर दिया और गंगातट पर चहलकदमी करने लगे। वह उषा-काल की छटा का सौंदर्यपान कर रहे थे—धुँधलके का हल्के नारंगी रंग में बदलना और फिर प्रातःकालीन सूर्योदय का किरमिजी रंग।

अचानक हवा में एक आवाज सुनाई दी मानो कोई पक्षी अपने पंख फड़फड़ा रहा हो। एक रहस्यमय जीव नदी-तल पर अवतरित हुआ और देखते-देखते विलक्षण सौंदर्ययुक्त नारी-रूप में परिवर्तित हो गया। अब वह उनके सम्मुख थी, सुबह की रोशनी में देदीप्यमान। कमल की तरह सुचितापूर्ण, रजत चाँदनी सी धवल, आँखों में नक्षत्रों की चमक। बदन से फुर्तीली और लावण्यमयी थी वह, जैसे कोई हंसिनी अभी-अभी किसी ताल से निकली हो। शान्तनु एकटक उसे निहारते रहे—चकित और अवाक। विस्मय में पड़े सोचने लगे—कौन है यह? कोई धरती का प्राणी या फिर स्वर्गलोक की कोई दिव्यात्मा। दो जोड़ी आँखें एक दूसरे से मिलीं, एक दूसरे के मन को समझने की कोशिश करती हुई।

"कौन हैं आप?" शान्तनु ने पूछा। उनकी दृष्टि उसके चेहरे पर टिकी थी।

"यह आप कभी नहीं जान पाएँगे, राजन!" उसने उत्तर दिया। उसकी आवाज में मन्दिर की घंटियों की मधुर लय थी। "मेरी पहचान रहस्य में ही लिपटी रहनी चाहिए। पर मैं जानती हूँ कि आप हस्तिनापुर के नरेश हैं।"

"आप तो मुझे चुनौती दे रही हैं," शान्तनु ने मुस्कराते हुए कहा। थोड़ा रुककर बोले, "पता है, आपने मुझ पर क्या प्रभाव डाला है? आपने मुझे अभिभूत कर दिया है...मुझे आपसे प्रेम हो गया है। यों तो हस्तिनापुर अपनी सुन्दर स्त्रियों के लिए प्रसिद्ध है पर मैंने आपसे अधिक सुन्दर स्त्री नहीं देखी।" कुछ हिचकिचाते हुए उन्होंने फिर कहा, "क्या आप मुझसे विवाह करके मेरी महारानी बनना स्वीकार करेंगी? मैं अपना सब कुछ आपको सौंपने को तैयार हूँ—अपना राज, अपनी सारी निधि, अपना जीवन..."

"हे राजन! आपके हृदय की उदारता के लिए आपको धन्यवाद। मुझे आपकी

भावनाओं पर तनिक भी सन्देह नहीं है। परन्तु यदि आप मुझसे विवाह करना चाहते हैं तो आपको मेरी शर्तें स्वीकार करनी होंगी चाहे वे कितनी भी निर्मम और कष्टदायी क्यों न हों।"

"पावन गंगा के इस तट पर सूर्य को साक्षी मानकर मैं यह शपथपूर्वक कहता हूँ कि आप जो भी कहेंगी मैं उसे पूरा करूँगा। हे प्रियतमे! बस आप कहकर तो देखिए।"

"तो सुनिए, हे राजन!" उसने कहना शुरू किया। अब उसका स्वर दृढ़ एवं अटल था। मन्दिर की घंटियों की मधुर लय की जगह अब उसमें उठते ज्वार का प्रवाह था जिसे कोई भी गतिरोध बर्दाश्त नहीं। "मेरी पहली शर्त, हे राजन! यह है कि आप मुझसे कभी भी मेरी उत्पत्ति के विषय में प्रश्न नहीं करेंगे। यथा मैं कौन हूँ? कहाँ से आई हूँ? रहस्य का यह पर्दा हम दोनों के बीच हमेशा बना रहेगा। साथ ही आप कभी मेरी बात नहीं काटेंगे और मुझे कभी क्रोध नहीं दिलाएँगे। मुझे अपनी इच्छानुसार कुछ भी करने की पूरी स्वतन्त्रता होगी चाहे वह कार्य कितना भी विकृत या बेतुका क्यों न लगे।" और आखिर में उसने कहा, "यदि आप इनमें से कोई भी शर्त तोड़ेंगे तो मैं तत्क्षण हमेशा के लिए विदा हो जाऊँगी। मैं समझती हूँ मैंने अपनी स्थिति स्पष्ट कर दी है।"

किंकर्तव्यविमूढ़ शान्तनु ने सब कुछ भय मिश्रित विस्मय के साथ सुना। वह अब भी उस रहस्यमयी स्त्री के प्रति अपने भावातिरेक के अन्धपाश में जकड़े हुए थे। उन्होंने आह्वान किया–"हे इन्द्रलोक के देवतागण! मेरी मदद करें ताकि मैं अपने वचन का पालन कर सकूँ।" फिर उतावलेपन के साथ उसका हाथ पकड़ते हुए उन्होंने उसे अपने रथ में बिठा लिया। राजमहल की ओर जाते हुए उन्हें लग रहा था मानो बादलों पर उड़ रहे हों।

राज्यादेश प्रसारित कर दिया गया कि कोई भी यह नहीं पूछेगा कि महारानी कौन हैं–किसी राजपरिवार से हैं या सामान्य नागरिक।

लगभग एक वर्ष, जब तक उनकी प्रथम सन्तान का जन्म न हो गया, दोनों आदर्श प्रेम और समन्वय का जीवन जीते रहे। सन्तानोत्पत्ति के तुरन्त बाद महारानी ने नवजात शिशु को एक काले कपड़े में लपेट लिया और गंगा तट की ओर चल पड़ीं। कुतूहलवश हृदय थामे शान्तनु ने उनका पीछा किया। नदी तट पर पहुँचकर उन्होंने शिशु को भँवरों के हवाले कर दिया और राजमहल लौट आईं।

उस रात शान्तनु की आँखों में नींद कहाँ! वह बेचैनी से करवटें बदलते रहे। शयनकक्ष की खिड़की से बाहर देखा तो चाँद जैसे उन्हें खीसें दिखा रहा था। उस नारी के प्रति अपनी आसक्ति की भयंकर कीमत उन्हें चुकानी पड़ी थी। पर मौन रहने के लिए वचनबद्ध होने के कारण यह सब उन्होंने संयम के साथ बर्दाश्त किया।

पर जब ऐसा ही उनकी दूसरी, तीसरी, चौथी, पाँचवीं, छठी एवं सातवीं नर-सन्तान के साथ हुआ तो शान्तनु यह संत्रास सहन नहीं कर पाए। जब वह उनकी आठवीं सन्तान को काले कपड़े में लपेट रही थीं वह उनसे लिपटकर चीख पड़े–"नहीं,

मैं आपको इसकी हत्या नहीं करने दूँगा।...हाँ, मैं किसी भी भयानक परिणाम के लिए तैयार हूँ।"

मुस्कराते हुए महारानी ने कहा, "मैं आपकी व्यथा समझती हूँ। पर चूँकि आपने अपना वचन तोड़ दिया है, मुझे तत्काल विदा होना पड़ेगा। तथापि जाने से पहले मैं बताना चाहूँगी कि अल्पकाल के लिए ही सही मैंने सांसारिक जीवन का आनन्द भोग लिया है। अब मैं कह सकती हूँ कि मुझे सांसारिक और स्वर्गिक दोनों प्रकार की खुशियों का ज्ञान है।" थोड़ा रुक कर उन्होंने फिर कहा, "कैसी विचित्र बात है कि बिछुड़ने के इस क्षण में ही एक दूसरे को ठीक से समझ पाने की हमारी नियति है। प्रिय शान्तनु, अब मैं अपनी उत्पत्ति का रहस्योद्घाटन करती हूँ। आपको अनुमान लगा लेना चाहिए था कि मैं कोई नश्वर प्राणी नहीं बल्कि एक दिव्यात्मा हूँ। मेरा नाम गंगा है और मैं एक अति कष्टकर उद्देश्य की पूर्ति के लिए पृथ्वी पर अवतरित हुई हूँ। अब मैं आपको सब कुछ बताती हूँ ताकि आप मुझे अनासक्त भाव से समझ सकें।"

तदोपरान्त उन्होंने बताया कि कैसे उन्होंने आठ वसुओं को उद्धार का वचन दिया था जो ऋषि वशिष्ठ द्वारा सांसारिक कष्ट एवं दुःख भरा नश्वर जीवन जीने के लिए शापित थे। फिर उन्होंने विस्तार से बताया। एक दिन ऋषि घने जंगल में लकड़ी लाने गए थे। लौटकर देखा तो आश्रम से उनकी सुन्दर गाय नंदिनी गायब थी। उन्हें बड़ा आघात लगा। नंदिनी के प्रति उनकी श्रद्धा सिर्फ इसलिए नहीं थी कि वह उनके लिए दूध और मक्खन का एक मात्र पोषण-स्रोत थी बल्कि इसलिए भी कि उसका श्री-सौन्दर्य मनोहारी था। वह सोच में पड़ गए। आखिर किसने उनकी गाय चुराई होगी। यह अपराध आखिर किसने किया होगा। चूँकि ऋषि को तपस्या से अतिमानवीय शक्तियाँ प्राप्त थीं, उन्होंने दोषियों की पहचान कर ली। अपने योग बल से उन्होंने आठों वसुओं को उपस्थित होने की आज्ञा दी। वह भय से काँपते हुए सामने आए और ऋषि के पैरों पर गिरकर क्षमा-याचना करने लगे। प्रभाष ने, जो मुख्य अपराधी था, तब स्वीकार किया कि उसी ने गाय चुराई थी और अन्य सभी लोग आस-पास खड़े थे। परन्तु उसकी इस स्पष्ट स्वीकारोक्ति से भी ऋषि का क्रोध शान्त नहीं हुआ। उनका दाहिना हाथ चोरों को शाप देने के लिए उठा। प्रभाष के सहयोगियों ने क्षमा याचना की। तब जाकर ऋषि कुछ नरम पड़े। शाप की तीव्रता कम करते हुए उन्होंने कहा कि प्रभाष को तो शाश्वत रूप से भूलोक के जीवन चक्र में रहना पड़ेगा परन्तु अन्य सभी स्वर्गलोक में वापस आ सकेंगे यदि स्वर्ग की कोई देवी उनका उद्धार करने को तैयार हों। इसके लिए उन्हें पृथ्वी पर अवतरित होना होगा और किसी मनुष्य से विवाह करना होगा। हर बार जब वह शिशु को जन्म देंगी तो उसे गंगा में प्रवाहित कर देना पड़ेगा ताकि वह सांसारिक जीवन के कठिन परिश्रम और कष्ट से मुक्ति पा सके। किन्तु प्रभाष को इन कष्टों से मुक्ति नहीं मिलेगी। उसे पृथ्वी पर ही वास करना होगा और अनन्त दुःख भोगना होगा।

"तो यही कारण था कि मैंने उन सात वसुओं को मुक्ति प्रदान की। पर आपने

आठवें को रोक लिया और अब इसे ऋषि का शाप झेलना होगा। पर इसलिए कि यह भी एक दिव्यात्मा है, मृत्यु इसे मार नहीं सकेगी जब तक इसकी स्वयं की इच्छा न हो।"

यह वृत्तांत सुनकर महाराज दुखी हुए। और साथ ही प्रसन्न भी। दुखी इसलिए कि सांसारिक जीवन का संत्रास झेलना अब उस शिशु की नियति बन चुकी थी और प्रसन्न इसलिए कि उन्हें एक पुत्र-रत्न की प्राप्ति हो गई थी जो उनके राजवंश को आगे बढ़ाएगा। अब उन्हें अपना उत्तराधिकारी मिल गया था।

यह सब वह सोच ही रहे थे कि गंगा फिर बोल पड़ीं–"किन्तु इस निराशा में आशा की एक किरण भी छिपी है। यह बालक आपके कुरुवंश का यशस्वी सदस्य होगा–शूरवीर, सत्यनिष्ठ और दयालु। और अब यह आपको मेरा उपहार है कि मैं इस बालक को अपने साथ स्वर्गलोक ले जा रही हूँ जहाँ महर्षि परशुराम स्वयं इसे धनुर्विद्या की शिक्षा देंगे और महर्षि वशिष्ठ वेदों के अध्ययन में प्रवृत्त करेंगे। मैं इसे वापस आपके पास लाने का वचन देती हूँ। यह एक ऐसे पूर्ण विकसित वृक्ष की तरह होगा जिसकी छत्र-छाया में आपका राजवंश फले-फूलेगा।"

ऐसा कहते हुए उस आठवीं सन्तान को अपनी वात्सल्यमयी कोमल बाँहों में भरकर वह हवा में विलुप्त हो गईं। महाराज शान्तनु अत्यंत असहाय से दिखे। "अब एक लम्बी प्रतीक्षा!" वह स्वयं से बुदबुदाए। पर यह सोचकर वह आभारी भी महसूस कर रहे थे कि उनका पुत्र युद्ध कौशल और वेद ज्ञान दोनों में प्रवीण होकर लौटेगा।

गंगा से विलग होने के पश्चात शान्तनु ने सभी ऐंद्रिय सुखों का त्याग कर दिया। अब वह लम्बे समय तक ध्यानस्थ रहने लगे। साधारण आहार ग्रहण करना और ब्राह्मणों को दान-दक्षिणा देना उनकी दिनचर्या बन गई। राज-काज में उनकी रुचि कम हो गई। वह सब उन्होंने अपने मंत्रियों और सलाहकारों को सौंप दिया। उन्हें अकेला और उदास देखकर कुछ ब्राह्मणों ने उनके समक्ष पड़ोसी राज्यों से आए उनके विवाह का प्रस्ताव रखा। परन्तु गंगा, जो उनके सपनों की नारी का साक्षात रूप थीं, के संग रहने के बाद किसी अन्य जीवन-संगिनी की बात वह सोच भी नहीं सकते थे।

सोलह वर्षों के बाद एक दिन जब वह गंगा किनारे टहल रहे थे उन्होंने एक आकर्षक युवक को धनुर्विद्या का अभ्यास करते देखा। वह बाणों से नदी पर सेतु-निर्माण कर रहा था। "बड़ी अद्‌भुत है यह क्रीड़ा," राजा ने स्वयं से कहा। ध्यान से देखा तो उस युवक के मुखमंडल पर गंगा के श्री-सौंदर्य की आभा थी किन्तु वह स्वयं महाराज की ही तरह लम्बा, तगड़ा और गौर वर्ण था। महाराज की आँखें अभी उसके चेहरे पर टिकी ही हुई थीं कि वायुमंडल में हलचल सी हुई और उन्होंने देखा कि गंगा स्वयं नदी तल पर अवतरित हो रही हैं। जल-तरंगों पर सवार वह उनके पास आईं और बोलीं–"हे राजन! यही वह नवयुवक है जिसे आप अपने पुत्र के रूप में शायद अब पहचान चुके हैं। मैंने इसका नाम देवव्रत रखा है। इसे अपने घर ले जाएँ। प्रेम और सम्मान दें। अब आपके पास कोई है जो आजीवन आपकी खुशी के लिए अपना सर्वस्व

त्यागने को तत्पर रहेगा। इसका ख्याल रखें। मैं आप दोनों को अपना आशीर्वाद देती हूँ। विदा।"

शान्तनु अपने पुत्र को गले लगाने के लिए लपक पड़े। बड़े उत्साह से उसके दोनों कपोलों को चूमते हुए बोले–"हे देवव्रत, मैं तुम्हें प्यार करता हूँ।" रथ पर सवार होते हुए उनकी आँखों से खुशी के आँसू छलक पड़े। देवव्रत ने पिता की तरफ मुड़कर पूछा–"पिताश्री! क्या मैं आपके घोड़ों की लगाम थाम सकता हूँ? मुझे लगता है आपके राजमहल का मार्ग मुझे ज्ञात है।"

"मेरा नहीं, तुम्हारा राजमहल, पुत्र क्या तुम हस्तिनापुर राज्य के युवराज नहीं हो?"

बेटे को वापस पाकर महाराज शान्तनु एक नूतन ऊर्जा से भर गए। उनकी दिनचर्या सामान्य हो गई–स्वादिष्ट भोजन करना, शिकार पर जाना और मित्रों की संगति। पर चूँकि शरीर की अपनी भूख होती है इसलिए जीवन-संगिनी का अभाव उन्हें महसूस होने लगा। परन्तु वह जानते थे कि ऐसे सम्बन्धों का विधान स्वर्ग में ही होता है, पृथ्वी पर नहीं।

दो

मछुआरे की पुत्री, सत्यवती

देवव्रत अब बड़े हो गए थे। चारों ओर उनके पराक्रम और विवेक की प्रशंसा हो रही थी। अत: महाराज शान्तनु ने उन्हें हस्तिनापुर का युवराज घोषित कर दिया। राजकीय मामलों में जब भी उन्होंने अपने पुत्र की राय पूछी हमेशा उनको चतुर, स्पष्टवादी और पारदर्शी पाया। पर सबसे ज्यादा वह देवव्रत की उनके प्रति श्रद्धा और प्रेम से आह्लादित थे। भला इससे बड़ा सौभाग्य किसी राजा के लिए और क्या हो सकता है कि उसका पुत्र समस्त मानवीय गुणों का प्रतिमान हो। अब जबकि युवराज ने राज्य प्रशासन की जिम्मेदारियाँ सँभाल ली थीं, शान्तनु अपनी रुचि के सामरिक खेलों में खो गए, खासकर शिकार में जो उनका प्रमुख शौक था।

शरद की एक सुबह जब उनका दो अश्वों वाला रथ गंगा किनारे दौड़ रहा था, अश्वों की गति अचानक धीमी पड़ गई और वे रुक गए। सारथी ने चाबुक चटकाकर उन्हें आगे बढ़ने को बहुत प्रेरित किया पर वे हिले तक नहीं। नदी किनारे खड़े हिनहिनाते रहे–नथुने फूले हुए और खुर मिट्टी में गड़े। क्या कारण हो सकता है?–महाराज सोचने लगे। रथ से उतरकर अगल-बगल दृष्टि दौड़ाई तो नदी तट पर बैठी एक मानवाकृति से निकली तीक्ष्ण सुगंध ने उन्हें अभिभूत कर दिया। सुरभि-स्रोत के निकट जाकर देखा तो वह एक विलक्षण सौन्दर्यमयी नारी थी जो तट पर बैठी थी और पास ही एक नाव बँधी हुई थी। सामने जल में किसी पुरुष की छाया झिलमिलाती देख वह सतर्क हो गई। राजा को अपने पीछे खड़ा पाया। वह उठ गई। संगमरमर की मूर्ति-सी दिख रही थी वह। उसने एक पारभासी-सी साधारण साड़ी पहन रखी थी जिसमें से उसके सुन्दर तन की रूप-रेखा झलकती थी। राजा की दृष्टि में वह किसी उत्कृष्ट कलाकार की प्रतिकृति जैसी थी।

"कौन हैं आप?" महाराज ने पूछा। उन्हें याद आया, गंगा को उन्होंने इन्हीं शब्दों में सम्बोधित किया था। पर इस बार वह निश्चिंत थे कि वह एक सामान्य प्राणी थी, कोई दिव्यात्मा नहीं। यद्यपि गंगा के जाने के बाद शान्तनु ने निर्णय कर रखा था कि वह किसी अन्य स्त्री की ओर ध्यान नहीं देंगे परन्तु इस क्षण उन्हें लगा जैसे वह किसी बेलगाम घोड़े पर सवार थे जो रुकने का नाम नहीं ले रहा था।

"मैं सत्यवती हूँ, एक मछुआरे की बेटी।" उसने उत्तर दिया। उसके स्वर में गंगा की सतह पर फिसलती लहरियों की कलकल ध्वनि थी। एक क्षण के लिए शान्तनु को लगा जैसे नदी उनका संवाद सुनने के लिए ठहर गई हो।

"मैं शान्तनु हूँ, हस्तिनापुर का नरेश।"

"हे राजन! आपसे मिलकर मैं गौरवान्वित महसूस कर रही हूँ।" उसने कहा। पर वह लम्बे लहराते रेशमी पोशाक में सामने खड़े व्यक्ति के रोब से दबी हुई नहीं दिख रही थी।

अपनी आँखें उसके चेहरे पर टिकाए हुए उन्होंने पूछा, "क्या आप मुझे नदी के पार ले जा सकती हैं?"

उसे आभास हो गया कि महाराज उसके वशीभूत हो चुके हैं। तत्क्षण उसने नाव की रस्सी खोल दी और उन्हें बैठने का संकेत किया। जब वह नाव खेने लगी, राजा ने नदी के जल में उसके रूप का प्रतिबिम्ब देखा जो प्रातःकालीन सूर्य की रोशनी में झिलमिला रहा था। दोनों ओर चप्पुओं को चलाने में उसकी बाँहें लयबद्ध थीं। भावावेश में शान्तनु ने आगे झुक कर उसके दाहिने हाथ का प्रेमास्पर्श करना चाहा। परन्तु उसने हाथ खींच लिया। उसकी आँखों में चिंगारी थी।

"हे राजन! इस हाथ को अपनी पसन्द के किसी व्यक्ति के हाथों में सौंपना मेरे पिता का अधिकार है।"

"तब मैं उन्हीं से तुम्हारा हाथ माँगूँगा क्योंकि मैं तुमसे विवाह करना चाहता हूँ।"

नाव किनारे पहुँचने ही वाली थी कि उन्होंने उसे वापस लौट चलने को कहा। ऐसा उन्होंने तीन बार किया।

"जानती हो, सत्यवती! मैं किसी ठौर की तलाश में हूँ–नदी के इन दो पाटों के बीच, पृथ्वी और आकाश के बीच। अवश्य कोई बिन्दु होगा जहाँ मेरे मन की नैया स्थिर हो सके और फिर चिर स्थाई हो जाए।"

अगली सुबह जब शान्तनु नदी किनारे लौटे तो वह उसी स्थान पर बैठी मिली, मानो उन्हीं की प्रतीक्षा कर रही हो।

"आज मैं आपके पिता से बात करने आया हूँ," उन्होंने दृढ़ स्वर में कहा, "क्या आप मुझे उनसे मिलवाएँगी?"

इस बार शान्तनु बिलकुल चुप थे और वह नाव नदी के पार ले जा रही थी। विचारों में खोए वह सिर्फ जल में उसकी प्रतिछाया निहार रहे थे। जब वे तट पर उतरे, वह उन्हें पेड़ों के बीच बनी फूस की झोपड़ी तक ले गई। महाराज अन्दर प्रवेश कर गए और वह बांस के बने द्वार पर यह सुनने की उत्सुकता के साथ ठहर गई कि उनके बीच क्या बात होती है।

सत्यवती के पिता ने हाथ जोड़कर महाराज का अभिवादन किया और बैठने के लिए खाट की ओर इंगित किया।

“बस यही है मेरे पास, हे राजन! क्षमा करेंगे, मेरे पास कोई और आसन नहीं है जिस पर मैं आपको बिठाऊँ।”

“आसन तो उनके लिए आवश्यक है जो बड़ी-बड़ी मेजों पर बैठकर निरर्थक वार्तालाप करते हैं। मैं तो आपसे कुछ अन्तरंग बात करने आया हूँ।”

मछुआरे के चेहरे पर एक चतुर मुस्कान उभर आई।

महाराज ने उसे गौर से देखा। उसके गले में बड़ी-बड़ी कबीली मणिकाओं की माला थी जो उसकी छाती पर टिकी थी। उसके पास सिर्फ एक ही वस्त्र था जिससे उसने कमर से पैर तक ढक रखा था।

झोपड़ी के अन्दर नारियल के रेशे से बनी कई टोकरियाँ मछलियों से भरी थीं। पर आश्चर्य यह कि वहाँ कोई दुर्गंध नहीं थी। बल्कि वहाँ तो सत्यवती के तन से निकली खुशबू ही चारों तरफ फैली थी। शान्तनु ने कई बार उसे अपने साँसों में भरा। यह देख मछुआरे को अपने अतिथि के कुतूहल का कारण समझ में आ गया।

“ईश्वर ने मेरी बेटी को ऐसी मोहक सुगंध से विभूषित कर रखा है जो हिरण की कस्तूरी-सी है।”

“सौन्दर्य और सुगंध!” शान्तनु ने मुस्कराते हुए कहा, “उसी सम्बन्ध में तो मैं बात करने आया हूँ।” फिर वह रुक गए। लगा जैसे आगे की बात कह नहीं पा रहे हों। पर वह जानते थे कि उन्हें कहना ही था।

“मैं आपकी बेटी से विवाह करना चाहता हूँ। उससे प्रेम करने लगा हूँ।” महाराज ने कहा।

“हाँ, उसने मुझे सब बता दिया है।” मछुआरे के स्वर में आत्मसंयम और गरिमा की गूँज थी। “पर हमारी दुनिया तो अलग-अलग है?” उसने प्रश्न किया। “आप ठहरे क्षत्रिय और राजा जबकि सत्यवती एक मछुआरे की बेटी है।”

“प्रेम में सीमाएँ नहीं होतीं,” शान्तनु ने मछुआरे की आँखों में देखते हुए कहा, “मैं जात-पात नहीं मानता। ईश्वर सब जीवों को समान रूप से प्यार करता है। फिर जन्म का निरोध कैसा?”

‘साहसिक कथन,’ मछुआरे ने स्वयं से कहा.‘पर क्या यह इनके हृदय से निकला है?’ कुछ क्षणों तक वह महाराज के कहे पर सोचता रहा। वह बिना किसी कीमत के अपनी बेटी देने वाला नहीं था। उसकी मनःस्थिति उस जौहरी की तरह थी जिसके हाथ मोती हो और जिसकी वह मनमानी कीमत वसूलना चाहता हो।

“यदि आप सचमुच उससे प्रेम करते हैं तो इस विवाह से मुझे प्रसन्नता होगी,” मछुआरे ने कहा। आँखों में एक चमक भरकर उसने आगे कहा, “परन्तु एक शर्त है...”

इन शब्दों ने शान्तनु को झकझोर दिया। मन ही मन वह मनाने लगे कि इस व्यक्ति की शर्त गंगा की शर्तों जैसी कठोर न हो।

“क्या है वह शर्त?”

"मैं चाहता हूँ कि सिर्फ मेरी बेटी की सन्तान ही आपके सिंहासन की हकदार हो।"

इन शब्दों ने शान्तनु पर वज्रपात कर दिया। आघात से उबरने में उन्हें कुछ क्षण लग गए।

थोड़े चिड़चिड़ेपन के साथ पर दृढ़ता से बोले, "यह शर्त मैं कदापि स्वीकार नहीं करूँगा क्योंकि मेरे पुत्र देवव्रत को हस्तिनापुर का युवराज घोषित किया जा चुका है। मैं उन्हें उनके जन्मसिद्ध अधिकार से वंचित नहीं कर सकता।"

ऐसा कहकर वह झुँझलाते हुए बाहर निकल गए। नदी पार करते हुए उन्होंने सत्यवती से कोई बात नहीं की।

कुपित शान्तनु ने अपने सारथी से यथाशीघ्र महल वापस ले चलने को कहा। उनके ललाट पर सिकुड़न थी और आँखों में तीव्र क्रोध। साये की तरह हमेशा उनके साथ रहनेवाले सारथी को तुरन्त आभास हो गया कि मछुआरे की बेटी संग महाराज का प्रेम-प्रसंग टूट चुका है। उसकी आशंका की पुष्टि तब हो गई जब महाराज ने स्वयं कहा कि अब वह कभी भी नदी की तरफ नहीं आएँगे।

शान्तनु अपने व्यक्तिगत कक्ष में बन्द हो गए। भोजन भी त्याग दिया और हिदायत दे दी कि उनसे किसी को मिलने न दिया जाए। परन्तु देवव्रत अपने पिता से मिलने के लिए दृढ़ थे, परिणाम चाहे जो भी हो।

"क्या बात है, पिताश्री!" उन्होंने पूछा, "आपने तीन दिनों से कोई आहार नहीं लिया। और मुझे लगता है आपने रातें आँखों में गुजारी हैं। यदि कोई अनिष्ट हुआ है तो आपका पुत्र होने के नाते मुझे जानने का पूरा हक है।"

शान्तनु ने देवव्रत की तरफ स्नेह से देखा। फिर बोले, "चिन्ता की कोई बात नहीं है, पुत्र! तुम तो जानते हो मैं तुम्हें बहुत प्यार करता हूँ..." फिर उनकी आवाज लड़खड़ा गई और सिसकियों में तब्दील हो गई।

"यदि आप नहीं बताएँगे तो मुझे स्वयं ही पता लगाना होगा। ऐसे में मैंने भी निर्णय कर लिया है कि जब तक कारण की तह तक न पहुँच जाऊँ, भोजन ग्रहण नहीं करूँगा।"

वहाँ से वह सीधे सारथी के पास पहुँचे, इस उम्मीद के साथ कि शायद वह कुछ रहस्योद्घाटन कर सके। परन्तु वह तो एक बन्द पुस्तक की तरह मिला। उसने कुछ नहीं कहा। बार-बार कुरेदने पर बोला, "हे युवराज! यदि मैं मुँह खोलता हूँ तो क्या यह विश्वासघात नहीं होगा?"

ऐसा सुनकर देवव्रत क्रोधित हो उठे। बोले, "क्या तुम्हें ज्ञात है कि पिताश्री तीन दिनों से निराहार हैं और उन्होंने स्वयं को अपने कक्ष में बन्द कर रखा है?"

कुछ क्षणों तक आत्मचिन्तन के पश्चात् सारथी ने युवराज से बताया कि उसने महाराज को एक मछुआरे की सुन्दर कन्या के साथ गंगा में इस किनारे से उस किनारे तक कई बार नौका विहार करते देखा था।

"मेरे लिए इतना पर्याप्त है," देवव्रत ने कहा, "क्या तुम कल सवेरे मुझे नदी तक ले चलोगे?"

सारथी उन्हें उसी स्थान पर छोड़ आया जहाँ एक सुन्दर स्त्री बैठी नदी के जल में लहरियाँ उत्पन्न कर रही थी। पास ही एक नाव बँधी थी। जल में किसी अपरिचित की प्रतिछाया देख वह पीछे मुड़ी और सामने एक आकर्षक युवक को देखा जिसका रथ कुछ दूरी पर खड़ा था...। उसने रथ पहचान लिया पर युवक के बोलने की प्रतीक्षा करती रही। देवव्रत ने पूछा, "क्या वह आप ही हैं जिन्होंने मेरे पिताश्री के साथ नौका विहार किया?"

"लगता है आप ही उनके पुत्र हैं," उसने उत्तर दिया। उसके चेहरे पर एक रहस्यमयी मुस्कान थी। "महाराज ठीक तो हैं?"

"पूरी तरह नहीं," उन्होंने रूखेपन से जवाब दिया, "आप क्या सोचती हैं? क्या हुआ होगा? अभी तो वह घोर मानसिक अशान्ति में हैं।"

"मैं आपको अपने पिता के पास ले चलती हूँ क्योंकि उन्हें ही सब पता है।" उसने फटे सरकंडे की सी आवाज में कहा।

इसके पहले कि वह झोपड़ी में प्रवेश करते सत्यवती ने अपने पिता के कानों में कुछ कहा और फिर बांस के दरवाजे पर आ खड़ी हुई।

"हस्तिनापुर के युवराज से मिलकर मैं धन्य हुआ।" मछुआरे ने उसी खाट पर बैठने का इशारा करते हुए कहा जिस पर उसने महाराज को बिठाया था। फिर उसने देवव्रत से वह सारी बातें बताई जो उसके और महाराज के बीच हुई थीं।

"आपका अपनी पुत्री के भविष्य के लिए चिन्तित होना स्वाभाविक है। पर एक पुत्र की अपने पिता के सुख-शान्ति एवं कल्याण की चिन्ता को भी समझना होगा। हम दोनों की दशा एक सी है। इस सन्दर्भ में मैं शपथ लेता हूँ कि मैं आजीवन अविवाहित रहूँगा ताकि राजगद्दी की विरासत आपकी पुत्री की सन्तान को ही मिले।"

ये शब्द मुँह से निकले ही थे कि बाहर मेघ की गर्जना और बिजली की कौंध सुनाई पड़ी। अतिवृष्टि इतनी तीव्र थी कि लगी जैसे सब कुछ जलाप्लावित हो जाएगा। चारों तरफ गहन अन्धकार व्याप्त हो गया। मछुआरे को एक धीमी रोशनी जलानी पड़ी।

"आपने सुना, किस तरह प्रकृति ने मेरी प्रतिज्ञा की अभिपुष्टि की है?" देवव्रत ने पूछा। झोपड़ी में प्रकाश फैल चुका था। "स्वर्ग का अभिशाप हो मुझ पर यदि कभी मैं अपना वचन तोड़ूँ!" फिर आकाश की ओर देखते हुए आह्वान किया, "हे माता गंगा! अपनी इस सन्तान को आशीष दीजिए कि वह अपना प्रण पूरा कर सके।" फिर मछुआरे की तरफ मुड़कर बोले, "मैं चूँकि इस पृथ्वी पर मातृविहीन हूँ इसलिए यह भी प्रतिज्ञा करता हूँ कि आपकी पुत्री को माता समझूँगा और उनकी सन्तान को मेरा प्रेम और स्नेह प्राप्त होगा।"

मछुआरा इतना चकित था कि कुछ कह नहीं पाया। फिर ठंडी साँसें भरकर बोला,

"हे युवराज! काश मुझे भी आप जैसा एक पुत्र होता!"

"पर आपकी एक पुत्री तो हैं जिन्होंने हस्तिनापुर का साम्राज्य जीत लिया है।"

प्रबल भावातिरेक में मछुआरे ने आगे झुककर देवव्रत का पाँव छूना चाहा।

"कृपा कर मुझे शर्मिन्दा न करें," पीछे हटते हुए देवव्रत ने कहा–"मेरी माता के जनक के रूप में आप मेरे सम्मान के अधिकारी हैं।"

मछुआरे को पता नहीं था कि ऐसे में क्या प्रतिक्रिया देनी चाहिए। थोड़ा ठहरकर बोला, "पर आपको आसमान साफ होने तक यहीं प्रतीक्षा करनी होगी।" ऐसा कहते ही बाहर अँधेरा छँटने लगा। लगा जैसे किसी दैवी शक्ति ने मेघ-गर्जन और बिजली की कड़क को शान्त कर दिया हो तथा बारिश रोक दी हो।

"आपने देखा, प्रकृति के ये तत्त्व केवल मेरी प्रतिज्ञा के साक्षी बनने आए थे। अब जब मैंने उद्घोषणा कर दी है तो वे सभी व्योम में लुप्त हो गए हैं।"

"यह तो वास्तव में एक चमत्कार था," मछुआरे ने कहा, "अब जब सब कुछ तय हो चुका है, मैं स्वयं आपको नाव से उस पार तक पहुँचाना चाहूँगा।"

जब वे बाहर आए, देवव्रत ने सत्यवती को अपने आँसू पोंछते देखा।

नदी के उस पार रथ खड़ा था। घोड़े बारिश में गीले हो चुके थे। युवराज को तनावमुक्त देखकर सारथी को प्रसन्नता हुई। ऐसा लगा जैसे वह किसी गहरी, अँधेरी सुरंग से निकल आए हों।

राजप्रासाद के द्वार पर देवव्रत ने पिताश्री को प्रतीक्षारत पाया।

"कहाँ चले गए थे, पुत्र?" उन्होंने पूछा। "मुझे चिन्ता हो रही थी। पिछली रात मैंने एक विचित्र स्वप्न देखा। मैंने देखा तुम अपनी माता से सम्पूर्ण वायुमंडल को मेघ-गर्जन, विद्युत तरंगों और वर्षा की बौछार से झकझोर देने को कह रहे थे। वातावरण बड़ा उग्र था। फिर मुझे नींद नहीं आई।"

देवव्रत केवल मुस्कराए। "पिताश्री! स्वप्न केवल कपोल-कल्पना नहीं होते। उनमें सन्देश छिपा होता है।" थोड़ा रुककर बोले "हमें आपके कक्ष में चलना चाहिए। मैं आपके लिए कुछ सुखद स्वर्गिक समाचार लाया हूँ–प्रेम, शान्ति और आनंद का।"

देवव्रत से मछुआरे के साथ हुए संवाद का वृत्तांत सुनकर महाराज क्रोधित हो उठे।

"नहीं, पुत्र! मैं तुम्हें ऐसा नहीं करने दूँगा।" वह भावारुद्ध स्वर में बोले।

"परन्तु क्या कोई क्षत्रिय अपना प्रण तोड़ सकता है, खासकर जब उसे अपनी माता का आशीर्वाद प्राप्त हो?" देवव्रत ने पूछा, "मेरी प्रतिज्ञा के समय माता गंगा ने गर्जना, बिजली और वर्षा देकर कृपादान किया। साक्षी के रूप में मछुआरे ने भी इसे महसूस किया। वह सब एक अनुष्ठान जैसा था।"

"परन्तु पुत्र! तुम अपने सम्पूर्ण जीवन का बलिदान कर रहे हो। ऐसा त्याग तो देवताओं के भी वश का नहीं।"

"पर क्या अर्पण भी प्राप्ति का एक मार्ग नहीं है, पिताश्री? आप मेरे जन्मदाता मात्र

नहीं हैं बल्कि मेरे परित्राता भी हैं। क्या आपने मुझे उस काले कपड़े से बाहर नहीं निकाल लिया था जिसमें लिपटा मैं गंगा की लहरों के हवाले होने जा रहा था? किसी पुत्र के लिए इससे बड़ा सौभाग्य और क्या हो सकता है कि वह अपने पिता के जीवन में प्रेम, शान्ति और सुख का संचार कर सके?"

शान्तनु ने पुत्र को गले से लगा लिया और उसके गालों को गर्मजोशी से चूमने लगे जबकि नेत्रों से अश्रु प्रवाहित हो रहे थे। कँपकँपाते स्वर में बोले, "मैं घोषणा करता हूँ कि तुम भारतवर्ष के इतिहास में कुरुवंश के अद्वितीय रत्न के रूप में विख्यात होगे। और जो भीषण प्रतिज्ञा तुमने की है उसके कारण अब से तुम देवव्रत नहीं बल्कि भीष्म के नाम से पुकारे जाओगे।"

तीन

एक नारी का प्रतिशोध

सत्यवती से विवाह कर शान्तनु को एक नया जीवन मिल गया था, यद्यपि पुत्र भीष्म का प्रण उन्हें प्रायः कचोटता था। पर वह सोचते–क्या जीवन अभिलाषा और पश्चाताप, त्याग और मुक्ति का अद्‌भुत मिश्रण नहीं है?

सत्यवती से उन्हें दो पुत्र हुए–चित्रांगद और विचित्रवीर्य–जो अपने ज्येष्ठ भ्राता भीष्म के निर्देशन में निपुण धनुर्धर बनकर उभरे। यद्यपि चित्रांगद के एक युद्ध में वीरगति को प्राप्त होने से उनका हृदय टूट गया था तथापि उन्हें आशा थी कि उनका कनिष्ठ पुत्र विचित्रवीर्य उनके राजवंश को बढ़ाएगा। जब मृत्यु निकट आई तो उन्होंने इच्छा व्यक्त की कि भीष्म राजकीय दायित्व सँभालें क्योंकि विचित्रवीर्य अभी अवयस्क थे। जब युवा राजकुमार बड़े हो गए तो सत्यवती ने भीष्म से उनके लिए एक सुयोग्य वधू ढूँढ़ने को कहा। मातृ सेवा में तत्पर रहनेवाले भीष्म तुरन्त इस अभियान पर निकल पड़े।

वह यह जानकर बहुत प्रसन्न हुए कि काशी नरेश ने उन्हीं दिनों अपनी तीनों कन्याओं–अम्बा, अम्बिका और अम्बालिका–के स्वयंवर की घोषणा की थी। चूँकि वे तीनों अपने सौन्दर्य तथा विविध गुणों के लिए प्रसिद्ध थीं इसलिए अलग-अलग देशों से बड़ी संख्या में आए विवाहार्थियों के बीच अपने-अपने युद्ध-कौशल का प्रदर्शन करने की होड़ लगी थी।

चमकीली रोशनी में जगमगाते केन्द्रीय कक्ष के मंच पर राजा अपनी कन्याओं के साथ विराजमान थे जो सोने की जड़ीदार साड़ियों और हीरा-जड़ित हारों में अत्यंत आकर्षक दिख रही थीं। सामने मखमली कुर्सियों पर अनेकों युवा राजकुमार जड़ीदार वस्त्रों में सजे धनुष-बाण धारण किए बैठे थे। वे अपनी-अपनी प्रत्याशा में तनावग्रस्त दिख रहे थे।

जब कन्धे पर धनुष-बाण धारण किए भीष्म ने प्रवेश किया तो सभा-कक्ष में हलचल-सी मच गई। एक बूढ़े योद्धा को अग्रिम पंक्ति में आसन ग्रहण करते देख सब के सब भौंचक थे। सम्पूर्ण कक्ष में उपहास भरा 'हीं-हीं' स्वर गूँज गया। यह स्वयंवर में क्या करने आए हैं? विवाहार्थी हैं या केवल दर्शक? एक ने तो यहाँ तक कह दिया

कि लगता है भीष्म ने अपना ब्रह्मचर्य व्रत तोड़ दिया है और अब वैवाहिक जीवन का रसास्वादन करना चाहते हैं। आखिरकार कामुकता उम्र पर हावी हो ही गई। राजा भी युवा राजकुमारों के लिए आयोजित इस स्वयंवर में एक वृद्ध को देखकर चकित थे।

जब एक विवाहार्थी ने उन्हें नीच और लम्पट बूढ़ा कह दिया तो भीष्म लपक उठे और द्वन्द्व के लिए चुनौती देते हुए धनुष उठा लिया।

"तुम अपना यौवन-बल मुझसे आजमा क्यों नहीं लेते?" भीष्म गरज पड़े। फिर वह मंच की तरफ बढ़े और तीनों राजकुमारियों को उनका अनुसरण करते हुए कक्ष से बाहर आने को कहा। हर कोई स्तंभित और क्रोधित हो गया। यद्यपि सभी विवाहार्थी उद्वेलित हो उठे थे पर किसी में उनका मार्ग अवरुद्ध करने की हिम्मत नहीं हुई। राजा भी निःसहाय हो चारों तरफ देखने लगे। एक आशंका भरी चुप्पी छा गई। कोई हिला तक नहीं और तीनों राजकुमारियाँ चुपचाप भीष्म के पीछे हो लीं।

काशी से कुछ दूर जाने पर उन्होंने देखा कि सौबल नरेश शाल्व तीर, भाले और गदाओं से लैस लगभग सौ सैनिकों के साथ मार्ग रोके खड़े हैं।

"ऐ बूढ़े! तुमने अम्बा को ले जाने की हिम्मत कैसे की जो मेरी होनेवाली दुल्हन है?" शाल्व चीखे। "उसे मेरे हवाले कर दो अन्यथा मेरे हाथों मरने के लिए तैयार हो जाओ।"

"बढ़ी-चढ़ी बातें न करो, राजन!" भीष्म ने प्रत्युत्तर दिया। "अपनी खोखली धमकी के बजाय अपने धनुष से बात करो।" और तुरन्त उन्होंने बाणों की वर्षा कर दी। क्षणभर में सभी सैनिक धराशायी हो गए, जैसे धान के पौधे ओलावृष्टि से हो जाते हैं।

शाल्व अपने रथ में भयाक्रांत खड़े थे। अब भीष्म उन पर बाण चलाने ही वाले थे कि अम्बा ने उनके वस्त्र पकड़ लिए और याचना करने लगीं : "हे सामंत! इन्हें जीवन दान दे दीजिए। मैं इनसे प्रेम करती हूँ और इनके साथ विवाह-बन्धन में बँधने वाली हूँ।"

"अगर ऐसी बात है तो हे राजन!" भीष्म ने शाल्व की तरफ मुड़कर कहा, "आप अपने रथ से उतर कर आएँ और अपनी वधू को ले जाएँ।"

अपमानित और हतोत्साहित शाल्व ने इनकार में सर हिलाया और बोले, "नहीं, मैं अब इसे स्वीकार नहीं कर सकता क्योंकि यह आपकी हो चुकी है। शेर किसी दूसरे का शिकार नहीं खाता।" ऐसा कहकर शाल्व ने रथ पीछे की ओर मोड़ लिया और प्रस्थान कर गए। अम्बा उदास और शोकार्त हो गईं।

अत्यंत व्यथित होकर अम्बा ने कहा, "हे राजन! आपने मेरा जीवन नष्ट कर दिया।"

"देखिए, मैं स्वयं आपको शाल्व के पास ले जाने को तैयार हूँ और आपके लिए उनसे आग्रह भी करूँगा।"

"पर आपने देखा किस तरह वह मुझे अस्वीकार करके चले गए। मैं तो तबाह हो

गई।" वह रो पड़ीं और बोलीं, "अब तो यदि आप मुझे अपनी वधू स्वीकार नहीं करेंगे तो मुझे जीवनभर कुँवारी और उपेक्षित ही रहना होगा। आखिर आपने मुझे स्वयंवर में अन्य सभी विवाहार्थियों को परास्त कर जीता है। क्या विजयी विवाहार्थी के रूप में आपका क्षत्रिय धर्म यह नहीं कहता कि जिसे आपने जीता है उसे अपनाएँ?"

भीष्म भौंचक रह गए। बोले, "वास्तव में जो भी हुआ उसके लिए मैं क्षमाप्रार्थी हूँ। परन्तु मैं आपको बताऊँ कि मैं स्वयंवर में अपने लिए वधू प्राप्त करने नहीं गया था। मैंने अपनी माता को वचन दिया था कि अपने अनुज के लिए एक सुयोग्य वधू तलाश कर लाऊँगा।" करुणाभरी दृष्टि से देखते हुए कुछ ठहरकर बोले, "जहाँ तक मेरा प्रश्न है मैं तो बूढ़ा हूँ और ब्रह्मचर्य के अपने प्रण से बँधा हूँ जिसके कारणों की यहाँ चर्चा करना मैं उचित नहीं समझता।"

"यह तो एक बहाना है," वह गुर्राईं, "मेरे सम्मुख तो मर्दानगी से भरा एक युवक खड़ा है जो केवल शरीर से बूढ़ा है। अतः मैं अब भी आपसे निवेदन करती हूँ कि आप अपने क्षत्रिय धर्म का पालन करें और अपने शौर्य का परिचय देते हुए मुझे अपनी वधू स्वीकार करें।"

"परन्तु मैंने तो अपनी असमर्थता पहले ही बता दी है।" भीष्म ने कुछ रूखेपन से कहा।

"तब मैं आपको बता दूँ कि चूँकि आपने मेरा सम्मान आहत किया है, मैं प्रतिशोध लेकर रहूँगी। इस जन्म में नहीं तो अगले जन्म में। मैं प्रण करती हूँ कि अवसर मिलते ही आपकी मृत्यु का कारण बनूँगी। यह न भूलें कि ठुकराई हुई औरत घायल शेरनी के समान होती है।"

यों तो भीष्म ने इसे बेकार की धमकी माना पर उन्होंने हस्तिनापुर पहुँचते ही अम्बा को सुरक्षित वापस काशी पहुँचाने का निर्णय कर लिया।

उधर अम्बिका और अम्बालिका हस्तिनापुर के युवराज विचित्रवीर्य से विवाह कर अति प्रसन्न हुईं। किन्तु सबसे अधिक खुशी उन्हें राजमाता सत्यवती की बातों से हुई जिन्होंने कहा, "तुम दोनों मेरे लिए पुत्र-वधू नहीं बल्कि पुत्री की तरह हो।"

उन दिनों किसी राजा के लिए दो या दो से अधिक पत्नी रखना आम बात थी ताकि उनमें से कम से कम कोई एक भी पुत्र को जन्म दे जो राजगद्दी सँभाले।

उधर अम्बा निरन्तर प्रतिशोध की ज्वाला में जल रही थीं। उन्होंने निर्णय कर लिया कि जब तक भीष्म को मारनेवाला कोई मिल नहीं जाता वह चैन से नहीं बैठेंगी। अत्यन्त व्यग्रता में उन्होंने कई योद्धाओं से भीष्म का वध करने को कहा किन्तु कोई भी उस शक्तिशाली धनुर्धर को चुनौती देने की हिम्मत नहीं जुटा सका। तब उन्होंने इस आशा से कि शायद कोई देवता उनकी प्रार्थना स्वीकार कर लें वन में जाकर कठिन तपस्या करने का निर्णय किया। एक लम्बी और दुष्कर तपस्या के बाद उनकी प्रार्थना स्वीकार हुई और सुब्रह्मन्य देव प्रकट हुए। तुरन्त पैरों पर गिरकर उन्होंने याचना की–

"हे देवता! भीष्म ने मेरा घोर अपमान किया है। वह अब भी जीवित हैं और मैं अवमानना की अग्नि में जल रही हूँ।"

उनके अनुनय-विनय पर देवता ने उन्हें शाश्वत रूप से खिले रहनेवाले कमल की माला दी और कहा कि वह उसे जिसके द्वार पर टाँग देंगी उसे भीष्म-वध का बीड़ा उठाना होगा। पर किसी ने भी उन्हें अपने द्वार पर माला टाँगने नहीं दिया क्योंकि भीष्म को चुनौती देने से सभी घबराते थे।

निराश होकर अम्बा पुनः वन को लौट गईं और कठोर तप करने लगीं। दिन-रात उपवास और प्रार्थना में लगी रहीं। इस बार भगवान शिव उपस्थित हुए।

"मैं तुम्हारी पीड़ा का कारण जानता हूँ, पुत्री!" भगवान ने कहा, "मैं तुम्हें एक वरदान दे सकता हूँ किन्तु वह तुम्हारे अगले जन्म में ही काम आएगा। तुम राजा द्रुपद के पुत्र के रूप में जन्म लोगी और तुम्हारा नाम शिखंडी होगा। कुरुक्षेत्र की युद्धभूमि में अर्जुन के सारथी के रूप में तुम भीष्म के सम्मुख होगी। वह तुम्हें पूर्व जन्म की अम्बा के रूप में पहचानते ही अपने अस्त्र रख देंगे। ठीक उसी क्षण अर्जुन के घातक बाण-प्रहार से वह गम्भीर रूप से जख्मी हो जाएँगे।"

गहरे आदर और आभार से भरी अम्बा तत्क्षण भगवान शिव के चरणों पर गिर पड़ीं।

"हे मेरे परित्राता! आपकी जय हो," उन्होंने कहा, "आपने एक अबला नारी का उद्धार किया है।"

परन्तु अदम्य आतुरता से भरी अम्बा को प्रतिशोध की आग बुझाने के लिए जीवन भर प्रतीक्षा करना स्वीकार नहीं था। अतः उन्होंने तुरन्त कुछ सूखी लकड़ियाँ जंगल से जमा करके अपनी चिता सजाई और उसे प्रज्वलित कर उसमें कूद पड़ीं। कुछ ही क्षणों में चिता भभक उठी, अग्नि की बहुमुखी ज्वाला के साथ जो सर्पों की जिह्वा की तरह लपलपा रही थीं। वह देखते ही देखते राख हो गई।

चार
पांडु-निधन

विचित्रवीर्य की मृत्यु के पश्चात् अम्बालिका-पुत्र पांडु हस्तिनापुर के सिंहासन पर बैठे क्योंकि उनके ज्येष्ठ भ्राता अम्बिका-पुत्र धृतराष्ट्र जन्म से ही अन्धे थे। पांडु अपने पराक्रम और सदाचार के लिए प्रसिद्ध हुए। उन्होंने स्वयंवर में जीतकर कुन्ती से विवाह किया जो अत्यन्त सौंदर्यमयी थीं और जिनका स्वयंवर उनके पालक पिता कुन्तीभोज ने आयोजित किया था। वास्तव में वह कृष्ण के पितामह शूर की सन्तान थीं। परन्तु कुन्तीभोज के निःसन्तान होने के कारण उनके चचेरे भाई शूर ने अपनी कन्या उन्हें गोद दे दी और तभी से उनका नाम कुन्ती पड़ गया।

युवावस्था में कुन्ती को ऋषि दुर्वासा की सेवा का अवसर मिला जब वह उनके पिता के महल में ठहरे हुए थे। ऋषि उनसे इतने प्रसन्न हुए कि उन्होंने एक अमोघ मन्त्र उन्हें दिया जिससे तीन बार पूजा करने पर किसी भी देवता से पुत्र-रत्न की प्राप्ति हो सकती थी।

खेल-खेल में एक दिन कुन्ती ने उस मन्त्र का जाप सूर्य देव की आराधना में कर दिया। सूर्य देव तत्क्षण सम्मुख उपस्थित हो गए। चकित होकर कुन्ती ने उनका परिचय पूछा।

"हे कुँवारी! मैं सूर्य हूँ और आपकी आराधना पर यहाँ आया हूँ। मैं इसी क्षण आपकी इच्छा पूरी करूँगा।"

कुछ क्षणों के लिए कुन्ती सन्न रह गईं। अपनी साड़ी के गोटे से पर्दा करते हुए उन्होंने कहा, "हे देवता! मेरे मनमौजीपन के लिए मुझे क्षमा करें। मैं सिर्फ इस मन्त्र को परखना चाहती थी। मुझे इसके प्रतिफल की समझ नहीं थी।" थोड़ा रुककर फिर बोलीं, "मैं एक कुँवारी कन्या हूँ, अपने पिता के भरपूर प्यार और संरक्षण में पली। अतः कृपा कर मुझे अकेला छोड़ दें क्योंकि मैं अविवाहित माँ होने की अपकीर्ति नहीं लेना चाहती।"

किन्तु सूर्य देव गए नहीं। मुस्कराते हुए उन्होंने कहा, "हे कुँवारी! आपको किसी प्रकार की हानि नहीं होगी क्योंकि मैं आपका कौमार्य सन्तानोत्पत्ति के तुरन्त बाद पुनर्स्थापित कर दूँगा और यह सब तत्क्षण होगा, बिना नौ महीने के गर्भचक्र में पड़े।"

फिर उन्होंने अपना दाहिना हाथ उठाया और कुछ क्षणों के लिए कुन्ती की आँखों में तेजमय दृष्टि से देखा। तत्काल कुन्ती ने अपने गर्भ में स्पन्दन महसूस किया और सूर्योदय के ठीक पहले एक बालक को जन्म दिया।

शिशु के सीने पर कवच था और कानों में स्वर्ण बालियाँ। रेशमी कपड़े में लपेटकर वह बच्चे को एक डलिए में लेकर गंगा-तट पर पहुँच गईं। सवेरा अभी हुआ ही था। उन्होंने बादलों के पीछे से सूर्य की आकृति उभरती देखी। तभी वायुमंडल में एक आवाज गड़गड़ाई–"हे कुन्ती! इस शिशु के लिए आशंकित न हों। यह जीवित रहेगा और अपने युग के महान धनुर्धरों में से एक होगा। इसलिए आप अपने कक्ष में वापस लौट जाएँ और निश्चिंत रहें।"

उन्होंने नदी के जल में सूर्य का प्रतिबिम्ब देखा, जैसे सोने का कटोरा हो। हृदय में एक टीस लिए उन्होंने डलिये को धीरे से जल की धार पर छोड़ दिया और अश्रुपूरित नेत्रों से कुछ पल निहारती रहीं। डलिये के दृष्टि से ओझल हो जाने तक वह ठहरी रहीं। तेज धार पर डलिया एक पालने की तरह झूलता रहा और नदी अपने अज्ञात गन्तव्य की तरफ बढ़ती रही। कुछ घंटों बाद जब नदी के बहाव में एक तीखा मोड़ आया तो डलिया जल के अपतृण में फँस गया।

उसी समय सारथी अधिरथ अपनी पत्नी राधा के साथ वहाँ से गुजर रहा था। राधा की नजर डलिये पर पड़ी। "देखो अधि, वहाँ क्या है?" वह प्रसन्नता से चीख उठी।

अधिरथ ने अपतृण में फँसे डलिये को छुड़ाया और अपनी पत्नी की ओर बढ़ा दिया। दोनों उस नवजात शिशु को, जिसके आनन पर दिवाकर की किरणें पड़ रही थीं, देखकर रोमांचित हो उठे। जब उनकी दृष्टि उसके सीने पर के कवच और कानों की स्वर्ण बालियों पर पड़ी तो उन्हें लगा कि शिशु अवश्य किसी अविवाहित जोड़े का है जिसे किसी राजकुमारी ने यहाँ फेंक दिया है।

"अब हम सन्तानहीन नहीं रहे," राधा ने कहा, "मैं इसे अपने बच्चे की तरह पालूँगी और हर आँधी-पानी से बचाकर रखूँगी।"

अधिरथ ने भी उसी भावावेग में कहा, "वैसे तो सब कुछ ईश्वर के हाथ है पर मैं इसे एक सारथी नहीं बल्कि धनुर्धर बनाऊँगा।"

कुन्ती ने मन्त्र और शिशु-जन्म का रहस्य गुप्त रखा। इसलिए पांडु ने उन्हें एक कुँवारी के रूप में ही स्वयंवर में जीता। कालांतर में अन्य राजाओं की तरह उन्होंने भी दूसरी शादी की ताकि वह सन्तानहीन न मरें। उन्होंने राजा माद्र की बहन माद्री से विवाह किया। कुन्ती और माद्री दोनों ने एक लोकप्रिय एवं यशस्वी राजा की पत्नी होने का सुख-सम्मान संयुक्त रूप से प्राप्त किया।

तभी एक दिन भाग्य की विडम्बना से महाराज पांडु का भविष्य पलट गया।

वह वन में शिकार कर रहे थे। उन्होंने भूल से एक ऋषि पर हिरण समझकर बाण चला दिया। उस क्षण ऋषि एक वृक्ष के नीचे अपनी पत्नी संग रति-क्रीड़ा में निमग्न थे।

ज्योंही महाराज पांडु का बाण ऋषि की छाती के पार हुआ वह वेदना से चीत्कार कर उठे। पांडु तुरन्त उस स्थान पर पहुँचे पर तब तक ऋषि अपनी अन्तिम साँसें ले रहे थे। अपनी भूल पर स्तब्ध राजा ऋषि के चरणों में गिरकर क्षमा याचना करने लगे। पर ऋषि द्रवित न हुए।

"तुम्हारी भी यही गति होगी, हे राजन!" ऋषि ने कहा, "जिस क्षण तुम अपनी पत्नी संग सहवास करोगे, यम के हाथों मृत्यु को प्राप्त करोगे। मेरा शाप तुम्हें जीवनपर्यन्त लगेगा।"

ऐसा कहते हुए ऋषि ने अपनी अन्तिम साँस ली और हृदय विदीर्ण पांडु को पश्चाताप में डूबा छोड़ गए। पांडु ने राजगद्दी अपने भ्राता धृतराष्ट्र को सौंप दी और स्वयं कुन्ती और माद्री के साथ वन प्रस्थान कर गए।

बसन्त ऋतु में एक दिन जब चारों तरफ फूल खिले थे और रति-क्रीड़ा में लीन पक्षियों का कलरव जारी था, पांडु के हृदय में भी रतिभाव जागृत हुआ। भावातिरेक में उन्होंने माद्री को अपनी बाँहों में ले लिया। वह संभोगरत होने ही वाले थे कि मृत्यु-पीड़ा से धराशायी हो गए। अन्तिम क्षणों में उन्होंने अपनी पत्नियों से कहा, "कितना अभागा हूँ मैं कि अपना साम्राज्य उत्तराधिकारीविहीन छोड़ जा रहा हूँ!"

तब कुन्ती ने उन्हें सान्त्वना दी और कहा कि उन्हें ऐसे अशुभ विचारों से अपना मन बोझिल नहीं करना चाहिए। फिर उन्होंने बताया कि किस तरह एक अमोघ मन्त्र उन्हें आशीर्वादस्वरूप ऋषि दुर्वासा से प्राप्त हुआ था जिनकी सेवा उन्होंने बड़े ही भक्ति-भाव से की थी। उन्होंने यह भी बताया कि ऋषि का मन्त्र कैसे प्रभावी होता है।

उसी मन्त्र बल से कुन्ती ने सूर्य-पुत्र कर्ण को जन्म दिया था। और उसी प्रकार विभिन्न देवताओं के उपहारस्वरूप उन्होंने तीन अन्य पुत्रों को जन्म दिया—धर्मदेव-पुत्र युधिष्ठिर, वायु-पुत्र भीम और इन्द्र-पुत्र अर्जुन।

माद्री ने भी उसी मन्त्र का प्रयोग कर अपने जुड़वाँ अश्विनी कुमारों—नकुल और सहदेव—को जन्म दिया।

अम्बिका-पुत्र धृतराष्ट्र ने गांधार की राजकुमारी गान्धारी से विवाह किया। परन्तु गान्धारी ने भी अपनी आँखों पर पट्टी बाँध ली ताकि अपने दृष्टिहीन पति का सहभागी बन सकें जिनके लिए संसार अन्धकार के एक गोले के समान था।

पांडु-निधन के पश्चात् धृतराष्ट्र हस्तिनापुर के नरेश बने और अपने प्रमुख सलाहकारों—भीष्म और विदुर—के सहयोग से शासन करने लगे। उन्हें सहस्र पुत्रों की प्राप्ति हुई जिनमें सबसे बड़े दुर्योधन थे।

पाँच
विवेक की प्रतिमूर्ति, विदुर

कुरुवंश के पितामह भीष्म ने शासन की बागडोर अपने हाथों में तो ले ली किन्तु केवल अभिरक्षक के रूप में। उन्होंने विदुर को धृतराष्ट्र का प्रमुख सलाहकार नियुक्त किया क्योंकि वह अपने न्यायबोध, सदाचार और विवेक के लिए जाने जाते थे, बावजूद इसके कि वह राज परिवार की एक नौकरानी की सन्तान थे।

विदुर की बुद्धिमत्ता का कारण जानने के लिए उनकी पृष्ठभूमि जानना आवश्यक है। वर्षों पूर्व एक आश्रम में ऋषि मांडव्य रहा करते थे। वह अपनी आध्यात्मिक शक्तियों के लिए प्रसिद्ध थे जो उन्होंने धर्म-ग्रन्थों के गहन अध्ययन, तपस्या तथा सत्य की खोज के द्वारा प्राप्त किया था। कोई आश्चर्य नहीं कि देवतागण भी उनसे जलते थे। एक दिन जब वह ध्यान-मग्न थे, उनके आश्रम से कुछ ही दूरी पर कुछ सैनिक डाकुओं के एक गिरोह की टोह लेते हुए पहुँचे जो राजकोष से हीरे-जवाहरात चुराकर भागे थे। सैनिक प्रमुख ने गहरे ध्यान में डूबे ऋषि से पूछा, "क्या आपने इस तरफ किसी डाकू को देखा है?" पर अपने परिवेश से अचेतन ऋषि ने कोई उत्तर नहीं दिया।

"बोलते क्यों नहीं?" सैनिक प्रमुख ने उद्धत स्वर में पूछा। जब फिर भी कोई उत्तर नहीं मिला तो वे आश्रम में प्रवेश कर गए। एक कोने में चोरी का सारा सामान पड़ा था। सैनिक समझ गए कि ऋषि अवश्य डाकुओं का सहयोगी है और उसी ने उन्हें भागने का मौका दिया है।

सैनिक प्रमुख ने राजा को सारी बातों की सूचना दी और सारा दोष ऋषि मांडव्य पर मढ़ दिया जिन्हें उन लोगों ने ब्राह्मण वेष में एक ढोंगी बताया। क्रोधित राजा ने ऋषि को भाले से वेध कर छोड़ देने का आदेश दे दिया। पर सभी इस बात से चकित थे कि ऋषि ने दर्द होने का कोई लक्षण नहीं दिखाया। वास्तव में वह तो योग-समाधि में थे।

उधर से गुजरते हुए कुछ अन्य ऋषियों ने जब मांडव्य से पूछा कि यह सब कैसे हुआ तो उन्होंने कहा कि उन्हें कुछ भी ज्ञात नहीं कि उनके साथ ऐसा सलूक क्यों हुआ। वह तो स्वयं नहीं समझ पा रहे थे कि ऐसा कौन सा अपराध उन्होंने किया था जो उन्हें इस तरह वेध दिया गया।

उधर राजा भी अचम्भित थे कि आखिर कोई मनुष्य इतनी पीड़ा कैसे सह सकता

है, और उसे इसकी चेतना भी नहीं है। अवश्य कोई शक्ति है जो इस व्यक्ति को बचा रही है। अचानक इस भय से कि एक निर्दोष को सताने के कारण उन्हें दैवी कोप का भाजन न बनना पड़े राजा ऋषि के पैरों पर जाकर गिर पड़े और क्षमा माँगने लगे। परन्तु ऋषि ने कोई प्रतिक्रिया व्यक्त नहीं की।

तब मांडव्य धर्मदेव के पास पहुँचे जो अपने न्याय के लिए प्रसिद्ध थे। धर्मदेव ने मांडव्य से कहा, "मैं एक निरपराध को इस तरह प्रताड़ित देखकर अत्यन्त हैरान हूँ। आप वास्तव में निर्दोष हैं परन्तु..." इतना कहते-कहते धर्मदेव कहीं खो गए जैसे कुछ समझने की कोशिश कर रहे हों। फिर बोले, "हो सकता है आपने बाल्यावस्था में किसी मधुमक्खी या चिड़िया को घायल किया होगा।"

"ये तो बढ़िया तरीका है किसी गम्भीर विषय को समझाने का," ऋषि ने चिड़चिड़ा कर कहा, "अपने दैवी सिंहासन पर बैठे आप तो मानवीय जीवन के कठोर सत्य से बहुत दूर नजर आते हैं। आपकी टिप्पणी तो अपराध और दंड के विधान को अजीब तरह से तोड़-मरोड़ दे रही है। और मेरे लिए तो यह सब एक कठोर दंड है, बिना किसी अपराध के।" फिर अपनी आध्यात्मिक शक्ति का संधान कर, जो देवताओं की शक्तियों से भी प्रबल थी, ऋषि ने धर्मदेव को शाप दे दिया–"मैं आपको शाप देता हूँ कि आप भूलोक में जाकर नश्वर जीवन जीते हुए झूठ और सच के जटिल सम्बन्ध को समझें।"

इस प्रकार अम्बिका की नौकरानी के पुत्र विदुर के रूप में धर्मदेव का अवतार हुआ।

छः

द्रोणाचार्य और एकलव्य

एक ब्राह्मण युवक द्रोणाचार्य रोजगार की तलाश में हस्तिनापुर आया। पास से गुजरते हुए उसने एक दिन कुछ राजकुमारों को एक कुएँ के चारों ओर इकट्ठा देखा। वे कुछ चकराए हुए से और उत्तेजित दिख रहे थे। कारण पूछने पर पता चला कि उनकी गेंद कुएँ में गिर गई थी।

"पर आप सब तो राजकुमार लगते हैं और धनुष-बाणों से लैस भी हैं। फिर आप अपनी गेंद क्यों नहीं निकाल पा रहे?" द्रोण ने व्यंग्य के साथ पूछा।

"ऐ ब्राह्मण," युधिष्ठिर ने कहा, "तुम स्वयं क्यों नहीं प्रयत्न करते?"

तुरन्त द्रोण ने घास की एक पत्ती उठाई और मन्त्रोच्चार के साथ उसे कुएँ में फेंक दिया। फिर कई और पत्तियों को लेकर वह यही क्रिया तब तक दोहराते रहे जब तक कि पत्तियों की एक लड़ी न बन गई जिसके सहारे उन्होंने गेंद बाहर खींच ली।

"शाबाश!" युधिष्ठिर प्रसन्नता से बोल पड़े, "मैं तुम्हें राज्य पुरोहित कृपाचार्य के पास ले जाकर भरपूर भोजन कराऊँगा यदि तुम मेरी अँगूठी भी निकाल दो।"

द्रोण ने गहरे कुएँ में झाँका जिसकी तलहटी में पड़ी अँगूठी साफ पानी में चमक रही थी। उन्होंने युधिष्ठिर से धनुष माँगा और एक तीर सीधे अँगूठी को लक्ष्य कर छोड़ दिया जैसे वह किसी मछली की आँख हो। तीर उसमें घुसा और उछल कर वापस कुएँ से बाहर आ गया।

गेंद और अँगूठी दोनों वापस पाकर युधिष्ठिर प्रसन्न हो गए। वह द्रोण को कृपाचार्य के पास ले गए।

इस प्रकार सत्ता के गलियारों में द्रोण का प्रवेश हुआ। उन्हें एक प्रतिभाशाली धनुर्धर और वेद के विद्वान् के रूप में पाकर भीष्म भी प्रभावित हुए और उन्हें राजकुमारों का प्रशिक्षक नियुक्त कर दिया। बाद में पता चला कि स्वयं द्रोण का प्रशिक्षण ऋषि परशुराम के निर्देशन में हुआ था जो धनुर्विद्या के सर्वश्रेष्ठ आचार्य थे। और कृपाचार्य को तो ये युवा ब्राह्मण इतना भा गए कि उन्होंने अपनी बहन उनसे ब्याह दी। और जिस प्रकार से धनुर्विद्या की कला द्रोण ने सिखाई, सभी राजकुमार उनका गुणगान और आदर करने लगे। कुछ दिनों तक प्रशिक्षण देने के बाद गुरु द्रोण ने उनमें से हर एक की

निपुणता का स्तर परखने का निर्णय किया।

"उस पेड़ पर एक चिड़िया है," उन सबों को सम्बोधित करते हुए उन्होंने कहा, "किन्तु इसके पहले कि तुम उसे मार गिराओ मैं जानना चाहता हूँ कि यह संधान तुम कैसे करोगे?"

दुर्योधन को घने पत्तियों की एक टहनी भर दिखाई पड़ी और अन्य राजकुमारों ने भी सिर्फ पेड़ के तने और पत्तियों को ही दृष्टिगत किया। पर जब अर्जुन की बारी आई तो उन्होंने पेड़ के बीच एक खास बिन्दु पर निशाना साधते हुए कहा, "हे गुरुदेव! मुझे न तो पेड़ का तना दिखाई दे रहा है और न ही उसकी डालियाँ और पत्तियाँ। यहाँ तक कि मुझे वह चिड़िया भी नहीं दिखाई दे रही है। मुझे तो सिर्फ अपने बाण की नोक पर एक जोड़ी आँखें मोतियों-सी चमकती दिख रही हैं।"

"बिलकुल ठीक, हे अर्जुन!" गुरु द्रोण ने कहा, "मैं भविष्यवाणी कर सकता हूँ कि तुम इस युग के परम प्रतिष्ठित धनुर्धर बनोगे।" फिर औरों की तरफ मुड़कर उन्होंने कहा, "याद रखो, प्रिय शिष्यो! किसी भी कला में निपुण होने के लिए पूर्ण एकाग्रता आवश्यक होती है। तुम्हें अपना ध्यान अपने लक्ष्य पर केन्द्रित करने का अभ्यास करना चाहिए।"

गुरु द्रोण द्वारा अर्जुन की उल्लासपूर्ण प्रशंसा ने दुर्योधन को चिड़चिड़ा दिया क्योंकि युवराज होने के नाते हमेशा उनकी अपेक्षा रहती थी कि उनकी प्रशंसा विशिष्ट रूप से की जाए।

एक दिन अपराह्न काल जब राजकुमारों ने अपना उस दिन का प्रशिक्षण पूरा कर लिया तो एक काला-कलूटा युवक एक पेड़ के पीछे से निकलकर गुरु द्रोण के सामने साष्टांग लेट गया। उस समय वहाँ और कोई नहीं था। गुरु द्रोण ने उसका मस्तक छुआ और उसे खड़े होने को कहा। जब वह अजनबी उनके सम्मुख खड़ा हुआ तो गुरु द्रोण ने उसकी आँखों में जिज्ञासा और प्रतिभा की चमक देखी।

"क्या चाहते हो, नौजवान!" गुरु द्रोण ने पूछा।

कुछ हकलाते हुए उस युवक ने कहा, "हे आदरणीय गुरुवर! मैं लगभग दो महीने से पेड़ की ओट से आपको अपने शिष्यों को धनुर्विद्या की कला सिखाते हुए ध्यानपूर्वक देखता रहा हूँ। मेरी भी यही धुन है।" फिर एक गहरी साँस भरकर उसने याचना की– "क्या आप मुझे भी अपना शिष्य बनाना स्वीकार करेंगे? मेरे लिए यह सपना साकार होने जैसा होगा।"

गुरु द्रोण ने उस युवक के चेहरे को गौर से देखा और कहा, "मुझे तुम प्रिय लगे। परन्तु तुम्हें पहले अपनी जाति बतानी होगी। क्या तुम क्षत्रिय हो?"

"नहीं, श्रीमन्! मैं एकलव्य हूँ, एक आदिवासी हिरण्यधनुष का पुत्र।"

तत्क्षण गुरु द्रोण का चेहरा कठोर हो गया। उन्होंने अपना हाथ ऐसे खींच लिया जैसे किसी नीच-कुल-जन्मा का सामीप्य भी उन्हें स्वीकार न हो।

"नहीं," गुरु द्रोण ने रुखाई से कहा। "मैं केवल क्षत्रियों को ही शिक्षा देता हूँ।"

एकलव्य बुरी तरह टूट गया। आखिर यह कृपालु दिखने वाले ब्राह्मण एक आदिवासी के प्रति इतने कठोर क्यों हैं? उसने किसी तरह पुनः अपना आत्मसंयम बनाया। हाथ जोड़े गुरु द्रोण के सम्मुख नतमस्तक होकर धीरे से बुदबुदाया–"तथापि, हे आचार्य! मैं आपको अपना गुरु मानता रहूँगा।" फिर वह वापस जंगल की ओर चला गया। गुरु द्रोण इस बात से चकित थे कि उनके रूखे व्यवहार के बावजूद वह युवक उनके प्रति श्रद्धावनत था।

तब एकलव्य ने गुरु द्रोण की मिट्टी की प्रतिमा बनाकर एक वृक्ष के नीचे स्थापित की और स्वयं धनुर्विद्या का अभ्यास करने लगा। रोज प्रातःकाल वह उस प्रतिमा के सम्मुख नतमस्तक होकर आशीर्वाद माँगता और फिर अपने लक्ष्य पर बाण चलाने लगता–कभी पेड़ पर बैठी चिड़िया पर, कभी भागते हुए हिरण पर तो कभी आकाश में उड़ते गरुड़ पर। उसे लगा जैसे उसने गुरु द्रोण द्वारा अपने शिष्यों को दिए गए निर्देशों से काफी कुछ सीख लिया था हालाँकि वह पेड़ की ओट में काफी दूर हुआ करता था। गुरु द्रोण का वह निर्देश जिसमें उन्होंने लक्ष्य पर ध्यान केन्द्रित रखने के लिए बार-बार कहा था, क्योंकि एकाग्रता में ही किसी भी कला की सिद्धि का रहस्य छिपा होता है, उसके मस्तिष्क पटल पर अंकित हो चुका था।

एक दिन जब वह जंगल में अभ्यासरत था उसने एक कुत्ते को देखा जो अपने स्वामी से अलग होकर भटक गया था। फिर उसने उन राजकुमारों को भी पहचान लिया जो पास ही अपने शिकार के पीछे लगे हुए थे। कुत्ता किसी कारण से भौंकने लगा। अभ्यास में व्यवधान पाकर उसने एक तीर से कुत्ते की जीभ सिल दी और उसे चुप कर दिया। कुत्ता जब भागकर अपने स्वामी के पास पहुँचा तो अर्जुन ने उसके मुँह से तीर निकाला। पर वह यह देखकर अचम्भित थे कि तीर से कुत्ते की सिर्फ जिह्वा घायल थी पर कंठ वेधित नहीं था।

"अद्‌भुत!" अर्जुन बोल पड़े, "ऐसा लगता है कि उस धनुर्धर ने सिर्फ इसके भौंकने पर प्रतिबंध लगाया है। इसे मारने की उसकी कोई मंशा नहीं दिखती।" वे गुरु द्रोण के पास गए और सारा वृत्तांत सुनाया। गुरु भी आश्चर्यचकित थे।

"क्या तुम उस व्यक्ति को तत्काल मेरे सम्मुख ला सकते हो?" उन्होंने अर्जुन से कहा. "यह तो कोई प्रतिभाशाली धनुर्धर लगता है, अद्वितीय।"

अर्जुन जब उस स्थान पर पहुँचे जहाँ कुत्ते को बाण लगा था तो उन्होंने एक काले-कलूटे युवक को धनुर्विद्या का अभ्यास करते देखा।

"क्या तुम्हीं ने हमारे कुत्ते को बाण मारा?" अर्जुन ने पूछा।

"हाँ, मैंने ही मारा, क्योंकि उसका भौंकना मेरे अभ्यास में खलल था।" फिर रुककर बोला, "पर आपने अवश्य गौर किया होगा कि मैंने पूरी कोशिश की थी कि आपके कुत्ते की मौत न हो।"

फिर अर्जुन उसे गुरु द्रोण के पास ले आए जो भूल चुके थे कि वह उससे पहले भी कभी मिले थे।

"हे नवयुवक! कौन हो तुम?" उन्होंने पूछा। उनकी दृष्टि उसके चेहरे पर टिकी थी। "बिना कंठ वेधे तुमने कुत्ते की जिह्वा को कैसे निशाना बनाया?"

"हे आदरणीय आचार्य! मैंने अपने बाण की गति और दिशा इस तरह नियंत्रित की थी कि वह केवल जिह्वा को ही चोट पहुँचाए।"

"हे नवयुवक! मैं तो इसे एक चमत्कार ही कहूँगा।" चकित नेत्रों से देखते हुए गुरु द्रोण ने कहा। "कौन हैं तुम्हारे आचार्य?"

"आप ही तो हैं मेरे भगवान," उसने मुस्कराते हुए उत्तर दिया। "आप शायद भूल गए कि मैं कुछ समय पूर्व आपके पास आया था।"

"एकलव्य?" गुरु द्रोण को हठात् उस आदिवासी से हुई मुलाकात याद आ गई। "पर तुम मुझे अपना आचार्य कैसे मान सकते हो जब मैंने तुम्हें अपना शिष्य स्वीकार ही नहीं किया?"

तब एकलव्य ने बताया कि कैसे उसने उनकी मिट्टी की प्रतिमा स्थापित की और रोज प्रात:काल उनकी आराधना के उपरान्त ही अभ्यास शुरू किया। "और हे गुरुदेव! जब मैंने वह बाण छोड़ा था तो आपके आशीर्वाद के लिए प्रार्थना की थी। तभी तो मैं उसकी गति और दिशा नियंत्रित करने में सफल हुआ।"

एक लम्बी चुप्पी छा गई। फिर एकलव्य की तरफ मुड़कर गुरु द्रोण ने कहा, "ठीक है, यदि तुम मुझे अपना गुरु मानते हो तो मेरी गुरु-दक्षिणा दो।"

"आप आदेश करें, गुरुवर!" तुरन्त जवाब मिला।

"तो अपने दाहिने हाथ का अँगूठा मुझे चढ़ावे में दे दो।" गुरु द्रोण ने कहा।

एकलव्य ने बेहिचक अपने तरकश से तीन धारों वाला एक कंटीला तीर निकाला और अपना अँगूठा काटकर गुरु द्रोण के चरणों में समर्पित कर दिया।

गुरु द्रोण और सभी पांडव हक्का-बक्का देखते रह गए।

एकलव्य के प्रस्थान कर जाने के बाद युधिष्ठिर ने गुरु द्रोण से अँगूठा माँगने का कारण पूछा।

"अन्यथा यह आदिवासी अर्जुन से कहीं ज्यादा पराक्रमी धनुर्धर बनता—परशुराम के टक्कर का या फिर शिव के।" गुरु द्रोण ने कहा।

परन्तु कई दिनों तक एकलव्य का त्याग गुरु द्रोण के मन मस्तिष्क पर छाया रहा। प्राय: उनका अन्त:करण अपराध बोध से ग्रसित हो जाता था। पर जैसे-जैसे समय बीतता गया उस आदिवासी के त्याग की याद धूमिल पड़ती गई और वह पश्चाताप की टीस से मुक्त हो राजकुमारों को प्रशिक्षित करने की अपनी दिनचर्या में खो गए।

जब राजकुमारों का प्रशिक्षण समाप्त हुआ तो गुरु द्रोण ने राजा द्रुपद से अपना बदला लेने का निर्णय किया जिन्होंने भरी सभा में उनकी अवमानना की थी। अब उन्हें

सबक सिखाने का समय आ गया था।

द्रोण और द्रुपद दोनों एक ही आश्रम के सहपाठी थे। भावातिरेक में एक दिन युवा राजकुमार द्रुपद ने पांचाल नरेश बनने पर उन्हें अपना आधा साम्राज्य दे देने का वचन दिया था। पर जब वह सिंहासनारूढ़ हुए तो अपना वचन भूल गए। जब द्रोण ने उपस्थित होकर उन्हें याद दिलाया तो राजा द्रुपद ने अपने दरबारियों के समक्ष उन्हें अपमानित किया–

"ऐ ब्राह्मण! तुमने ऐसा सोचने की हिम्मत कैसे की कि मैं तुम्हें अपना आधा साम्राज्य दे दूँगा? वह तो मैंने मनोविनोद में कह दिया था। तुम्हें याद रखना चाहिए कि एक राजा दूसरे राजा के साथ ही मेल-जोल रखता है, किसी ब्राह्मण के साथ नहीं जिसका पेशा ही भिक्षा-पात्र लिए द्वार-द्वार जाना है। यह आश्चर्यजनक है कि तुमने ऐसी माँग करने की धृष्टता की। ऐ द्रोण, अपने आश्रम में वापस चले जाओ।"

द्रुपद के अपमानजनक शब्दों का दंश लिए क्रोध में जलते द्रोण सभा से बाहर चले गए। उन्होंने बदला लेने के लिए अवसर की प्रतीक्षा करने का निर्णय किया चाहे वह कितनी भी लम्बी क्यों न हो।

अब जबकि द्रोण राजकुमारों के प्रशिक्षक के रूप में प्रतिष्ठित हो चुके थे, उन्होंने द्रुपद से प्रतिशोध लेने की ठान ली। सर्वप्रथम उन्होंने दुर्योधन से पांचाल जाकर द्रुपद को पराजित कर उन्हें बन्दी बनाकर लाने को कहा। पर दुर्योधन परास्त और अपमानित होकर खाली हाथ लौट आए। तब गुरु द्रोण ने उसी मुहिम पर अर्जुन को भेजा। अर्जुन के गांडीव धनुष ने द्रुपद के सैनिकों में भारी तबाही मचाई। भयंकर युद्ध और रक्तपात में अर्जुन ने न केवल द्रुपद की सेना का संहार किया बल्कि उन्हें बन्दी भी बना लिया।

अब परास्त और अपमानित द्रुपद द्रोण के सम्मुख क्षमा याचना कर रहे थे।

"कैसा लग रहा है, राजन?" द्रोण ने व्यंग्य किया, "अब जबकि आप अपना साम्राज्य मुझे हार चुके हैं, मैं पांचाल देश का शासक हूँ। परन्तु बचपन की मित्रता का ख्याल करके मैं आधा राज्य आपके नियन्त्रण में छोड़ता हूँ। इस भिक्षुक ब्राह्मण का हृदय इतना विशाल है कि वह राज्य के शेष आधे हिस्से पर भी अपना अधिकार नहीं जताएगा। इसके अतिरिक्त मैं आपको मुक्त भी करता हूँ।"

द्रुपद यह अपमान सहन नहीं कर पाए। मन ही मन उन्होंने बदला लेने का प्रण कर लिया। अब वह तपस्या में लीन हो गए और दिन-रात देवताओं की आराधना करने लगे। फलस्वरूप उन्हें यह वरदान मिला कि उनका पुत्र धृष्टद्युम्न ही कुरुक्षेत्र की रणभूमि में द्रोण की मृत्यु का कारण बनेगा।

सात
भीम

पाँचों पांडव भाइयों और दुर्योधन के बीच कभी शान्ति और सौहार्द नहीं रहा। बचपन से ही वे प्रतिद्वन्द्वियों की तरह बड़े हुए। जहाँ दुर्योधन अपने आप को युवराज मानते थे वहीं युधिष्ठिर ने भी ज्येष्ठ पांडु-पुत्र होने के कारण हस्तिनापुर पर अपना अधिकार नहीं छोड़ा।

वास्तव में कुरुवंश के इन दोनों परिवारों के बीच वैर का कारण भीम थे। उनका शारीरिक बल दुर्योधन और उनके भाइयों में ईर्ष्या पैदा करता था। यदि कौरव भ्रातागण किसी पेड़ पर चढ़ जाते तो भीम उसके तने को इस तरह झकझोर देते कि वे सभी पके फलों की तरह नीचे गिर जाते। वह उन्हें गेंद की तरह उछाल देते थे, या फिर बाल पकड़कर घसीट देते थे। अत्यधिक हृष्ट-पुष्ट होने के कारण वह एक-दो कौरवों को तो अपनी काँख तले दबा लेते थे और किसी तालाब में फेंक उन्हें चीखते-चिल्लाते छोड़ देते थे। इसी कारण कौरव कभी भी भीम के विरुद्ध षड्यन्त्र रचने से बाज नहीं आए।

परन्तु कुरुवंश की आपसी दुश्मनी का असली कारण यह था कि गुरुद्रोण के संरक्षण में, जो उन्हें धनुर्विद्या की शिक्षा देते थे, कौरवों को अपने कौशल के लिए कभी कोई पुरस्कार नहीं मिला। उनके गुरु ने हमेशा अर्जुन या भीम की ही प्रशंसा की। इसलिए दुर्योधन ने सोचा कि यदि किसी प्रकार वह भीम को रास्ते से हटा पाते तो आधी लड़ाई यूँ ही जीत लेते। अतः उन्होंने भीम को गंगा में डुबोकर मार देने की योजना बनाई।

दुर्योधन ने एक दिन भीम को नदी में तैराकी के लिए आमन्त्रित किया। भीम चूँकि भोजन प्रेमी थे और उनकी खुराक भी अच्छी खासी थी इसलिए ऐसी योजना बनी कि पहले उन्हें खूब जहरीला भोजन कराया जाए और फिर नदी के उस भाग में फेंक दिया जाए जो विषैले साँपों से भरा था। चूँकि भोजन के बाद भीम निद्रालु हो गए, उन्हें दुर्योधन के भाइयों ने उठाकर नदी में फेंक दिया। पर सौभाग्य से उनका जहरीला भोजन साँपों के विष का प्रतिकारक बन गया। कुछ देर तक निश्चेष्ट उतराते रहने के बाद उन्हें होश आ गया और वह तैरकर सुरक्षित किनारे आ गए और घर की ओर चल पड़े।

उधर युधिष्ठिर अपने भाई के लिए चिन्तित थे जो तैराकी के बाद वापस नहीं लौटे थे। जब उन्होंने दुर्योधन से भीम के विषय में पूछा तो उन्होंने ऐसा स्वांग भरा जैसे कुछ जानते ही न हों। मन ही मन युधिष्ठिर को कहीं कुछ दाल में काला लगा। अतः उन्होंने चारों तरफ अपने सेवकों को भेजा पर भीम कहीं नहीं मिले।

तभी अचानक उन्होंने भीम को राजमहल में आते देखा। वह खुशी से उछल पड़े।

"तैराकी के बाद कहाँ चले गए थे?" उन्होंने पूछा। जब भीम ने बताया कि कैसे दुर्योधन ने उन्हें विष देकर मारने का षड्यन्त्र रचा था तो भ्राता युधिष्ठिर स्तब्ध रह गए। जब कुन्ती ने यह कथा सुनी तो उन्हें लग गया कि उनके बेटों की जान निरन्तर खतरे में है। अब उन्हें विश्वास हो गया कि दुर्योधन उन सबों को खत्म कर देने के लिए कटिबद्ध है ताकि वह हस्तिनापुर के सिंहासन पर निरापद आसीन हो सके। चिन्तित कुन्ती ने विदुर को परामर्श के लिए बुलाया।

"यह आदमी अदम्य रूप से दुष्ट है," विदुर ने कहा। "अपनी घृणित योजना साकार करने के लिए किसी भी हद तक गिर सकता है।" फिर रुककर कहा, "इसलिए मेरी राय है कि आप अपनी शंकाओं को अपने हृदय में दबा दें क्योंकि यदि दुर्योधन ने लख लिया तो वह कोई और षड्यन्त्र रचेगा। पर हाँ, आपको सचेत रहना होगा। शाश्वत चौकसी ही सुरक्षा का मार्ग है। वैसे चिन्ता की कोई बात नहीं है क्योंकि आपके पुत्रों को देवताओं का आशीर्वाद प्राप्त है। उन्हें कभी कोई हानि नहीं होगी।" इसलिए कुन्ती ने भी युधिष्ठिर को मुँह बन्द ही रखने की सलाह दी।

जब दुर्योधन को भीम की सुरक्षित वापसी का समाचार मिला तो उन्हें बड़ा आश्चर्य हुआ। यह तो किसी मृत व्यक्ति का वापस घर आ जाने जैसा है। पर वह इस बात से प्रसन्न थे कि कोई उन पर किसी दुष्टता की शंका नहीं कर रहा था। वास्तव में अपना अपराध छिपाने के लिए वह युधिष्ठिर के पास दौड़े गए और भीम के सुरक्षित वापस आ जाने पर काफी प्रसन्नता व्यक्त की।

आठ

खुली प्रतियोगिता

सामरिक दक्षता का प्रशिक्षण समाप्त होने के पश्चात् गुरु द्रोण ने सोचा कि अब सभी राजकुमार किसी भी योद्धा से मुकाबले के योग्य हो गए हैं। इसलिए धृतराष्ट्र, भीष्म, विदुर और कृपाचार्य से विमर्श करने के बाद उन्होंने खुली राष्ट्रीय प्रतियोगिता की तिथि घोषित कर दी। इसमें भारतवर्ष का कोई भी व्यक्ति भाग ले सकता था।

जाड़े का प्रारम्भ हो चुका था। उस दिन चारों तरफ मैदान में गर्म धूप फैली हुई थी, जैसे लाल ऊनी दरी बिछी हो। सुनहरे पंडाल में महाराज धृतराष्ट्र के आजू-बाजू भीष्म और गुरु द्रोण मंचासीन थे। पास ही विदुर और कृपाचार्य के साथ महारानी गान्धारी और कुन्ती भी विराजमान थीं। नीचे धरती पर अनेकों राजकुमार धनुष, गदा, तलवार और भाला लिये बैठे थे। अवसर किसी स्वयंवर जैसा था। हालाँकि पुरस्कार में कोई सुन्दर कन्या नहीं बल्कि राष्ट्र का अद्वितीय शूरवीर बनने का गौरव मिलनेवाला था। तभी अचानक प्रतियोगिता प्रारम्भ होने का संकेत करती शाही तुरही बज उठी।

सबसे पहले रंगस्थल पर युवराज दुर्योधन सांड़ को नियंत्रित करनेवाले की तरह अकड़ते हुए आए। उन्होंने अपनी सुनहरी गदा मुकाबले की चुनौती के रूप में अपने सर के चारों तरफ घुमाई। उनके चेहरे पर अहंकार की ऐसी दमक थी मानो वह पहले से ही अजेय हों। कुछ देर तक वह गदा भाँजते रहे और लम्बे-लम्बे डग भरते हुए मैदान में घूमते रहे और भीड़ उनकी जय-जयकार करती रही।

तभी चारों तरफ एक चुप्पी सी छा गई जब भीम ने रंगस्थल पर प्रवेश किया। उनका शरीर हाथी के समान विशाल था और दोनों आँखें दो सूरज की तरह चमक रही थीं। अपनी चाँदी की गदा भाँजते हुए वह दुर्योधन की तरफ बढ़े जो तेजी से उनकी तरफ लपके। युद्ध करते हुए दोनों दो शेर की तरह लग रहे थे–चिंघाड़ते और पंजे लड़ाते हुए। शुरू में भीम ने अपने प्रतिद्वन्द्वी को थोड़ी आसानी से हाथ आजमाने दिया। फिर अचानक दहाड़ते हुए दुर्योधन पर वार किया जिससे वह अपने को बड़ी मुश्किल से बचा पाए। जब दोनों की गदाएँ आपस में टकराईं तो लगा जैसे यमराज सृष्टि के अन्त का घंटानाद कर रहे हों। हर बार द्वन्द्व-युद्ध पहले से ज्यादा खूनी और भयंकर होता जा रहा था। जल्द ही दुर्योधन भीम के हथौड़े जैसे प्रहार से चक्कर खाने लगे। जब वह

सन्तुलन खोने लगे तभी भीम ने उन्हें अचानक धराशायी कर दिया। वह धूल में तड़फड़ाने लगे। उपस्थित भीड़ की करतल ध्वनि वातावरण में गूँज उठी।

मंच पर बैठी गान्धारी और कुन्ती के बीच कुछ फुसफुसाहट हुई "मुझे लगता है यह दुर्योधन और भीम के बीच का द्वन्द्व-युद्ध था," गान्धारी ने कुन्ती के कानों में कहा। मैं उन्हें उनके हूँकार से पहचान पाई।"

"हाँ, बहन!" कुन्ती ने जवाब दिया, "मुझे यह खेल अच्छा नहीं लगता है। जैसे दो जंगली जानवर एक दूसरे को चीर-फाड़ देना चाहते हों।"

एक क्षणिक चुप्पी दोनों के बीच छा गई। फिर गान्धारी ने रुँधे कंठ से पूछा, "मुझे बताओ, कौन पराजित हुआ?"

"दुर्योधन," कुन्ती ने बताया."पर मैं उसे उठ खड़े होने की कोशिश करते हुए देख रही हूँ। बड़ा दुखद है यह खेल।"

"मुझे पहले ही अनुमान लगा लेना चाहिए था, कुन्ती, क्योंकि मेरा बेटा पूरी तरह जंगली है–केवल तेजहीन अहंकार। मुझे खुशी है कि भीम अच्छा कर रहा है। वह मुझे अपने बेटे जितना ही प्यारा है।" कुन्ती बस चुप रहीं।

तभी गुरु द्रोण ने खड़े होकर द्वन्द्व-युद्ध की समाप्ति की घोषणा की जिसका परिणाम दुर्योधन की पराजय था।

तत्पश्चात् दाहिने हाथ में अपना गांडीव उठाए अर्जुन ने प्रवेश किया। उन्होंने प्रत्यंचा चढ़ाई और एक बाण गुरु द्रोण के चरणों में छोड़ नमन किया।

फिर उन्होंने अपना दूसरा बाण छोड़ा जो आकाश मध्य जाकर किरमिजी, लाल तथा नारंगी रंगों में फूट पड़ा। भीड़ ने जोर का जयघोष किया। इसके बाद एक बाण मंच के ऊपर वृत्ताकार चक्र बनाता हुआ अग्नि-रेखा खींच गया। फिर एक गगनभेदी अस्त्र ऐसा चला मानो व्योम को ही चीर देगा। सभी आँखें स्वर्ग की ओर निहारने लगीं, यह देखने के लिए कि वह अस्त्र आखिर कहाँ गिरता है। हर बार जब गांडीव की टंकार गूँजी भीड़ ने जय-जयकार किया।

फिर अर्जुन अपने स्थान पर लौट गए। उनकी आँखों में एक ऐसे विजयी धनुर्धर का स्वाभिमान झलक रहा था जिसने उस दिन की प्रतियोगिता जीत ली हो।

तभी भीड़ को चीरते हुए एक अजनबी का आगमन हुआ जिसके कन्धे पर धनुष-बाण था। चारों तरफ एक हलचल सी मच गई।

सारी आँखें उस अजनबी की तरफ मुड़ गईं जिसका मुखमंडल मध्याह्न के सूरज सा दमक रहा था। उसके शरीर पर एक विचित्र कवच था और कानों में एक जोड़ा सोने का कुंडल। उसने मंच के करीब आते ही गुरु द्रोण को प्रणाम किया। चारों तरफ एक विस्मयकारी नीरवता छा गई।

अचानक कुन्ती मूर्च्छित हो गईं। यदि कृपाचार्य ने सँभाल न लिया होता तो वह अपने आसन से गिर पड़तीं। उन्हें होश में लाने के लिए पानी के छींटे दिए गए।

इस बीच उस अजनबी को यह कहते सुना गया कि वह अर्जुन से बेहतर अपने बाणों का करतब दिखा सकता है। सम्मानस्वरूप अपना प्रथम बाण गुरु द्रोण के चरणों में छोड़ने के बाद उसने अपना करतब दिखाना शुरू किया। उसने आकाश में एक अस्त्र छोड़ा जिससे सर्पों की कतार बन गई। फिर उसने मंच के पास बाण मारकर पृथ्वी में गड्ढा कर दिया जिससे जल की धार फूट पड़ी। वायुमंडल में उसकी जय-जयकार गूँज उठी।

"शाबाश!" उत्साहवर्धन करते हुए दुर्योधन प्रसन्नता से उछल पड़े। उस अजनबी के प्रदर्शन में वह परोक्ष रूप से अपना समर्थन देख रहे थे। लग रहा था मानो ईश्वर ने किसी को उनके अपमान का बदला लेने के लिए भेज दिया हो।

पर इसके पूर्व कि वह अजनबी अपना अगला बाण चलाता मंच से एक आवाज गूँजी। गुरु द्रोण उठकर खड़े हो गए थे। उस अजनबी को इंगित करते हुए उन्होंने कहा,

"हे नौजवान! मैं तुम्हारी प्रतिभा की प्रशंसा करता हूँ। पर तुम हो कौन–कोई राजकुमार या एक आम आदमी? याद रखो, यह प्रतियोगिता केवल राजकुमारों के लिए है।"

उस अजनबी के कुछ बोलने से पहले ही दुर्योधन शीघ्रता से उसके पास पहुँच गए और बोले,"यदि यह राजकुमार नहीं हैं तो मैं हस्तिनापुर का युवराज अपना अंग देश इन्हें प्रदान करता हूँ।"

दुर्योधन की घोषणा से भीड़ में एक घबराहट सी फैल गई। चूँकि सभी उस अजनबी के चकाचौंध भरे प्रदर्शन से प्रभावित थे इसलिए दुर्योधन की उदारतापूर्ण भेंट की सबों ने खुलकर प्रशंसा की।

अजनबी दुर्योधन के चेहरे को विस्मय और उलझनभरी नजरों से देख रहा था। पर जब उसने साभार अपना सर झुकाया तो दुर्योधन ने कहा, "कृपया मुझे लज्जित न करें क्योंकि एक राजकुमार को दूसरे राजकुमार के सामने सर नहीं झुकाना चाहिए।"

अजनबी की आँखें नम हो गईं। दुर्योधन के शब्दों ने उसे गहरे छू लिया था।

तभी मंच से एक आवाज हवा को चीरती हुई आई। "तुम अब भले ही राजकुमार हो गए हो," कृपाचार्य ऊँची आवाज में बोले, "परन्तु तुम्हें अपनी जाति बतानी होगी। तुम क्षत्रिय हो या ब्राह्मण?"

"आप मुझसे ऐसे प्रश्न क्यों कर रहे हैं?" अजनबी ने कहा, "क्या यह प्रतियोगिता सबों के लिए खुली नहीं है?"

"नहीं," कृपाचार्य ने उत्तर दिया, "यह केवल उच्च कुल के जातकों के लिए ही है।" अजनबी ने अपना सर झुका लिया–उसकी दृष्टि पृथ्वी पर गड़ी थी और मुखमंडल परिताप से भस्मवत स्याह हो गया था।

तभी वहाँ एक और अजनबी ने प्रवेश किया और उस युवा धनुर्धर को गले लगाते हुए बोला, "तुमने मेरा सर गौरव से ऊँचा कर दिया, पुत्र!"

वह कृपाचार्य की तरफ मुड़कर बोला, "यह मेरा पुत्र राधेय है, प्रभुवर! और मैं अधिरथ हूँ, एक सारथी।" चारों तरफ जनसमूह में आश्चर्य की एक लहर दौड़ गई। किसी ने धीरे से कहा–"एक नीच-कुल-जन्मा।"

दुर्योधन राधेय के सामने आ खड़े हुए मानो उनकी रक्षा के लिए बढ़े हों। फिर ऊँची आवाज में उन्होंने कृपाचार्य से पूछा–

"क्या वेदों में कहीं भी जाति वर्णित है? क्या ये सामाजिक अवरोध स्वार्थ सिद्धि के साधन मात्र नहीं हैं? आप मानवीय सम्बन्धों को मूल्यों के अपने धर्मतन्त्र में कहाँ स्थान देंगे, प्रभुवर?"

कृपाचार्य निरुत्तर हो गए और सारा जनसमूह दुर्योधन की तीखी स्पष्टवादिता पर सन्न रह गया।

मंचासीन गान्धारी ने कुन्ती से पूछा, "यह मेरा बेटा दुर्योधन ही था न? भला कोई कह सकता है कि यह पूरी तरह से दूषित है?"

"उल्टे यह तो आज स्वच्छ स्फटिक की तरह चमक रहा है, बहन।" कुन्ती ने उत्तर दिया।

गान्धारी ने केवल सर हिलाकर हामी भरी। उनका मुखमंडल गर्व से उद्दीप्त था।

दुर्योधन ने राधेय को गले लगाया और उस तरफ इंगित करके जिधर सभी पांडव बैठे थे बोले, "उधर देखो, मित्र! वे सभी मेरे चचेरे भाई हैं। खून का रिश्ता है उनसे मेरा। पर वे मेरे खून के प्यासे हैं। दूसरी तरफ तुम्हें देखकर मुझे पहली बार लगा कि पानी खून से ज्यादा गाढ़ा होता है।"

उनके शब्द राधेय को इतनी गहराई तक छू गए कि आँखों से आँसू बह निकले। अपनी बाईं हथेली के पार्श्व भाग से पोंछते हुए उन्होंने कहा, "मैं कुछ कह नहीं पा रहा हूँ। मैं शब्दों को टटोलते हुए हकला रहा हूँ। बस इतना ही कहना चाहता हूँ कि आपने जो मेरे लिए किया है उसके बदले में तन, मन और आत्मा से हमेशा आपका आभारी रहूँगा। आज के बाद मैं आपकी सेवा में कुछ भी करने को तैयार रहूँगा–कुछ भी। आपके लिए प्राणों का उत्सर्ग मेरे लिए स्वर्ग का द्वार खोल देगा।" राधेय को भीड़ से बाहर ले जाते हुए दुर्योधन ने कहा, "यह स्थान आपके योग्य नहीं है।"

नौ
लाक्षागृह

खुली प्रतियोगिता में हुई अवमाननापूर्ण हार से पांडवों के प्रति दुर्योधन की दुश्मनी फिर भड़क उठी। उन्होंने निर्णय कर लिया कि जब तक उन सबों को खत्म नहीं कर देते वह चैन से नहीं बैठेंगे। अब वह दिन-रात षड्यन्त्र रचने में लग गए।

उनकी साजिश में शकुनि उनकी सहायता करने लगे जो हस्तिनापुर अपनी बहन गान्धारी के घर कुछ दिन बिताने आए थे। जब से उनका आगमन हुआ था तभी से राजमहल में कुचक्र का एक सिलसिला-सा चल पड़ा था। अपनी बहन की उत्कृष्टता और साफगोई के विपरीत वह हर प्रकार के धोखे और छलावे में निपुण थे। उन्हें अपने शिकार के भोलेपन का अनुचित लाभ उठाने में बड़ा उल्लास होता था।

छोटे कद और काले वर्ण के शकुनि की आँखें हमेशा दूसरों के नाजुक पक्ष को ढूँढ़ने में व्यस्त रहती थीं। वह सीधे सामना करने के बजाय छद्म-योजना से अपना काम निकालने में विश्वास करते थे। उनका मानना था कि युद्ध के अस्त्र-शस्त्रों का प्रयोग तो उनके लिए है जिनमें अपने दुश्मन को बुद्धि-चातुर्य से पराजित करने की क्षमता नहीं होती।

तभी तो उन्हें अपने भानजे दुर्योधन में अपनी दुर्योजनाओं के लिए पर्याप्त अनुकूलता दिखी। उन्हें यह समझते देर नहीं लगी कि उनके भानजे के मूल निशाने पर युधिष्ठिर ही थे, क्योंकि वही उसके सिंहासनारूढ़ होने में सबसे बड़ी बाधा थे। ज्येष्ठ पांडु-पुत्र होने के कारण वह कभी भी हस्तिनापुर पर अपना अधिकार जमा सकते थे, यद्यपि साम्राज्य की बागडोर दुर्योधन के पिता धृतराष्ट्र के हाथों में थी जो भीष्म और विदुर की सहायता से शासन कर रहे थे। यह सर्वविदित था कि भीष्म ने पहले से ही द्दी पर अपना अधिकार छोड़ रखा है। इसलिए यदि किसी प्रकार पांडव भाइयों को रास्ते से हटा दिया जाता तो दुर्योधन निर्विघ्न शासन कर सकते थे।

जो बात दुर्योधन के लिए सबसे क्लेशकारी थी वह थी सर्वत्र युधिष्ठिर की लोकप्रियता। जब भी सड़कों-चौराहों पर लोग-बाग जुटते, उनकी महानता की प्रशंसा होने लगती। लोग उनमें उनके पिता पांडु की सदाचारिता और न्यायप्रियता की झलक पाते थे। अतः युधिष्ठिर को ही हस्तिनापुर का नरेश होने के योग्य माना जाता था, न कि

दुर्योधन को जो अपनी दुष्टता के लिए प्रसिद्ध थे। किन्तु धृतराष्ट्र राज–काज की हर वह बात जो दुर्योधन की समझ में आती थी मानते थे। सबको पता था कि महाराज सिर्फ दृष्टिहीन ही नहीं थे बल्कि उनका पुत्र–प्रेम भी अन्ध था।

इसलिए जब शकुनि ने सम्पूर्ण पांडव परिवार–पाँचों भाइयों और कुन्ती–को समाप्त कर देने की अपनी उम्दा योजना बताई तो दुर्योधन अति प्रसन्न हुए। योजना के अनुसार महाराज से सिर्फ इतना कहना था कि वह पांडवों को वर्णावत भेज दें जो एक अत्यन्त सुन्दर पर्यटन स्थल था। बाकी वहाँ एक सुन्दर लाक्षागृह का निर्माण किया जाएगा जिसमें केवल एक ही प्रवेश द्वार होगा और निकलने का कोई मार्ग नहीं होगा। अन्दर सब कुछ ज्वलनशील पदार्थ से बना होगा जो एक चिंगारी मात्र से तत्क्षण सभी निवासियों सहित जलकर भस्म हो जाएगा और इस अग्निकांड को एक दुर्घटना करार दिया जाएगा।

जब योजना बन गई तो दुर्योधन युधिष्ठिर के पास गए और बोले–

"मुझे लगता है आप अवश्य नगर के इस नीरस जीवन से कुछ दिनों के लिए विश्राम चाहेंगे। इसलिए मैंने आपके समस्त परिवार के लिए एक अल्पकालीन अवकाश–शिविर का आयोजन वर्णावत में किया है जहाँ आपके आराम के लिए विशेष रूप से तैयार किए गए खूबसूरत महल में आप निवास करेंगे। पर सबसे अधिक तो आप इस अवधि में भगवान शंकर के सम्मान में वहाँ आयोजित होनेवाले उत्सवों का आनन्द लेंगे।"

शकुनि और दुर्योधन द्वारा सारी योजना इतनी बारीकी से बनाई गई कि भीष्म को भी किसी छल की आशंका नहीं हुई। और धृतराष्ट्र ने सोचा कि अपने चचेरे भाइयों के लिए प्रकृति के सुरम्य वातावरण में उनके पुत्र द्वारा की गई आकर्षक व्यवस्था कुरु–परिवार के दोनों पक्षों को करीब लाएगी और उनके बीच शान्ति और सौहार्द पैदा करेगी।

केवल एक विदुर ही थे जिन्हें कुछ दाल में काला लगा। उनके शक की पुष्टि तब हो गई जब उनके विश्वासी जासूसों में से एक ने उन्हें पांडवों के वर्णावत अवकाश–शिविर की आड़ में रचे गए घृणित षड्यन्त्र का रहस्य बताया। बड़ी बुद्धिमानी से उन्होंने इसे अपने तक ही रखा। लेकिन साथ ही वह अपने तरीके से पांडवों को बचाने के लिए कृतसंकल्प थे।

जब सब कुछ तय हो गया तो दुर्योधन और शकुनि ने अपने वास्तुकार पुरोचन को लाक्षागृह का निर्माण यथाशीघ्र पूरा करने के लिए वर्णावत भेज दिया। इस सह–अपराधी ने पटुआ, घी, सूखी लकड़ी आदि ज्वलनशील सामग्रियों का प्रयोग कर लाक्षागृह की संरचना की और प्रवेश–द्वार के समीप ही अपने लिए एक कुटी बनाई ताकि महल के इर्द–गिर्द सभी गतिविधियों पर निगाह रख सके। जब भवन बनकर तैयार हो गया तो उसने दुर्योधन को गुप्त सूचना भेजी कि उनके खेल के लिए रंगमंच तैयार है। तब दुर्योधन ने अपने चचेरे भाइयों को भावभीनी विदाई दी। उनकी खुशी के

लिए दुर्योधन की चिन्ता देख युधिष्ठिर बड़े प्रभावित हुए। दुर्योधन के प्रति अप्रिय विचारों के लिए उन्हें अब आत्मग्लानि होने लगी।

जब पांडव विदा होनेवाले थे तो विदुर ने युधिष्ठिर के कानों में कहा, "प्रिय युधिष्ठिर, जो व्यक्ति मीठी-मीठी बातों से आपका मन भर रहा है वह अपने लबादे में छुरा छिपाए एक धूर्त दुश्मन भी हो सकता है। अतः आपकी सावधानी के लिए बताना चाहता हूँ कि आप द्वेष, घृणा और बदले की ज्वाला से घिरे हुए हैं। इनकी लपटों से बचकर रहें। याद रखें, जब जंगल में आग लगती है तो सिर्फ चूहे या साही ही अपने बिल के रास्ते दूसरी तरफ सुरक्षित बाहर निकल पाते हैं। वैसे मैं हमेशा कहता रहा हूँ कि आप लोगों को कोई हानि नहीं पहुँचेगी क्योंकि आप सबों को आशीर्वाद प्राप्त है।"

युधिष्ठिर ने विदुर की बातें बड़े ध्यान से सुनीं। फिर मुस्कराकर बोले, "मैंने आपका गुप्त-सन्देश भाँप लिया है। आप जैसा शुभेच्छु पाकर हम कितने धन्य हैं!"

वर्णावत जाते हुए युधिष्ठिर ने यह बात अपनी माता और भाइयों से बताई। "चूँकि हमारे सामने खतरा है," वह बोले, "हमें सतर्क रहना चाहिए, बिना चिन्तित या भयभीत दिखे।" फिर उन्होंने गुप्त ढंग से कहा, "किसी को भी हमारी जानकारी का पता नहीं चलना चाहिए।"

जब वे वर्णावत पहुँचे तो वहाँ के नागरिकों ने बड़े गर्मजोशी और उत्साह से उनका स्वागत किया। पहला दिन काफी व्यस्तता में बीता क्योंकि वे मन्दिरों में जाते रहे और भगवान शंकर की आराधना में आयोजित उत्सवों में भाग लेते रहे।

एक-दो दिन बाद एक अजनबी महल में आया और उसने अपना परिचय एक खनिक के रूप में दिया। युधिष्ठिर से उसने कहा, "हे राजकुमार! मैं आपके लिए एक सन्देश लाया हूँ। जब जंगल में आग लगती है तो केवल चूहे या साही ही बचकर निकल पाते हैं।"

युधिष्ठिर मुस्कराए और उसकी पीठ थपथपाई। उसी रात से वह खनिक एक भूमिगत सुरंग बनाने में लग गया। वह रातभर काम करता और दिनभर विश्राम ताकि पुरोचन को शंका न हो। एक रात जब वह अपने सब्बल से खुदाई कर रहा था, युधिष्ठिर ने उससे वार्तालाप करना चाहा। पर उस व्यक्ति ने बिना सब्बल रखे कहा, "हे राजकुमार! मैं एक श्रमिक हूँ जिसे एक अत्यावश्यक कार्य सौंपा गया है। मेरे पास बातें करने के लिए समय नहीं है। मैं सिर्फ अपने सब्बल के प्रहार की आवाज ही सुनता हूँ क्योंकि यही एक भाषा मेरी समझ में आती है।" युधिष्ठिर खनिक की कर्तव्यनिष्ठा से अत्यंत प्रभावित हुए।

पर सारी सतर्कता बरतने के बावजूद कुन्ती अपनी चिन्ता दबा नहीं पाईं। "मुझे रात्रि में भय लगता है," उन्होंने कहा, "आखिर क्यों भाग्य हमारी अग्नि-परीक्षा ले रहा है?"

पर भीम ने उन्हें सान्त्वना देते हुए कहा, "आप तो पाँच-पाँच वीर योद्धाओं की

माता हैं। फिर आपको किस बात की चिन्ता?"

पुरोचन प्रतिदिन पांडवों का हाल-चाल जानने के बहाने एक-दो बार महल में आ जाता था, "युवराज दुर्योधन मुझे आपका हाल पूछने के लिए संवाद भेजते रहते हैं।"

"हाँ, आप उन्हें बता दें कि हम अपने प्रवास के हर पल का आनंद ले रहे हैं।" युधिष्ठिर ने कहा।

पुरोचन को शक न हो इसलिए पांडव सारा दिन जंगल में शिकार या पर्वतारोहण करते रहते थे। वास्तव में वे लगातार महल के आस-पास के जंगल का मुआयना करते थे। बस कुछ ही दिनों में उन्होंने बाहर निकलने का अपना स्थान निर्धारित कर लिया।

हर रात भीम इस बात की निगरानी करते कि महल के इर्द-गिर्द कोई सन्देहास्पद गतिविधि तो नहीं हो रही है? पांडवों को मालूम था कि महल के द्वार पर सैनिक सिर्फ इसलिए तैनात किए गए हैं कि जब आग लगाई जाए तो वे भाग न सकें।

एक दिन प्रातः जब पांडव जगे तो खनिक ने काम पूरा हो जाने की सूचना दी और हस्तिनापुर लौटने के लिए तैयार हो गया।

उस शाम कुन्ती ने कुछ सेवकों को भोजन पर बुलाया। उन्होंने इतना खाया-पीया कि महल में ही निद्राग्रस्त हो गए।

अब वह विशेष क्षण आ चुका था। पांडवों ने पुरोचन को मात देने का निर्णय किया—इससे पहले कि दुश्मन अपनी चाल चले, उन्हें अपना काम कर डालना चाहिए। भीम ने एक मोमबत्ती ली और एक कमरे में आग लगा दी। तुरन्त सारे महल में भयानक आग फैल गई। पर इससे पहले कि आग एक कमरे से दूसरे कमरे को अपनी चपेट में लेती सभी पांडव भूमिगत मार्ग से सुरक्षित स्थान पर निकल आए।

कुछ ही देर में महल जलकर भस्म हो गया—साथ ही पुरोचन की कुटी भी जिसमें उसकी भी मृत्यु हो गई। आकाश में आग की लपटें देखकर वर्णावत के नागरिक अपने घरों से निकल आए। चारों तरफ चीख-पुकार मच गई। कुछ लोगों द्वारा इसे दुर्योधन की कारगुजारी कहते हुए सुना गया जिसने पांडवों को मार देने की योजना बनाई थी। जब दुर्योधन को खबर लगी तो उसके दूत वर्णावत पहुँच गए। राख में हड्डियों को देख, जो वास्तव में सेवकों के थे, उन्हें विश्वास हो गया कि सभी पांडव उस अग्नि में स्वाहा हो चुके हैं।

यह शुभ समाचार सुनकर दुर्योधन रोमांचित हो उठे। उन्होंने हस्तिनापुर में यह बात फैला दी कि वह एक त्रासदीपूर्ण दुर्घटना थी। अपना दुःख व्यक्त करने के लिए उन्होंने अपने भाइयों सहित गहरे शोक में डूबे होने का नाटक किया। उन्होंने काले वस्त्र धारण कर लिए और दिवंगत आत्माओं की शान्ति के लिए प्रार्थना करने लगे।

जब भीष्म को ज्ञात हुआ तो वह अपने कक्ष में बन्द हो गए और बच्चों की तरह फूट-फूटकर रोने लगे। वह स्वयं को जीवित रहने के लिए कोसने लगे जबकि उनके प्रिय पांडव अग्निकांड में दिवंगत हो चुके थे। पर विदुर को शान्त और अविचलित

देखकर दुर्योधन विस्मय में पड़ गए। 'कहीं यह एक आध्यात्मवादी की अनासक्ति तो नहीं है?' वह सोचने लगे। पर विदुर ने बिना समय गँवाए भीष्म के कक्ष में पहुँचकर उन्हें सारे घटनाक्रम की जानकारी दे दी। उन्होंने उन्हें आश्वस्त किया कि पांडव सुरक्षित हैं।

"आपने मेरे मन का एक बड़ा बोझ हल्का कर दिया, विदुर," भीष्म ने राहत की साँस लेते हुए कहा, "पर कितना कायरतापूर्ण षड्यन्त्र दुर्योधन ने रचा था!"

विदुर ने उन्हें यह रहस्य किसी को भी न बताने की सलाह दी अन्यथा दुर्योधन और शकुनि फिर कोई दूसरा षड्यन्त्र रच देते।

उधर पांडव लगभग आधा जंगल पार कर चुके थे। यह एक थका देने वाली कष्टप्रद यात्रा थी। पर सबसे ज्यादा दु:ख उन्हें अपनी माता कुन्ती को लंगड़ाकर चलते देख हो रहा था क्योंकि उनके पाँवों में छाले पड़ गए थे। उन्हें दर्द में देख भीम ने उन्हें कन्धे पर बिठा लिया और शेष जंगल पार कर गए। जब उन्हें प्यास लगी तो एक पेड़ की छाया में लिटाकर आस-पास जल की तलाश करने लगे। एक ताल देखकर उन्होंने पानी ले जाने के लिए कमल की पत्तियों का पात्र बना लिया। कुन्ती की प्यास तो बुझ गई पर हृदय अब भी व्यथित था। युधिष्ठिर की तरफ मुड़कर उन्होंने पूछा–

"इस संसार में इतनी दुष्टता क्यों है? अगर ईश्वर न्यायी और दयालु हैं तो उन्होंने हमें यह कष्ट क्यों दिया?"

"हम नश्वर प्राणी हैं, माता!" उन्होंने उत्तर दिया, "हम ईश्वर का रहस्यमय विधान कैसे जान सकते हैं? हो सकता है हम किसी पूर्व-जन्म के पाप का प्रायश्चित कर रहे हों।"

पर कुन्ती की भृकुटी फिर भी तनी रही।

जंगल में कुछ दूर और आगे जाने पर सहदेव भी थकावट की शिकायत करने लगे। इस प्रकार भीम पर अब दो बोझ हो गए–कन्धे पर माता और बाँहों में अनुज। भोजन के नाम पर बस कुछ फल थे जो अर्जुन और नकुल ने पेड़ों से इकट्ठे किए थे।

उन्हें यह देखकर राहत मिली कि जंगल के उस पार एक नदी बह रही थी और किनारे पर एक नाव बँधी थी।

नाविक ने कहा, "मुझे आप सबों को नदी पार कराने का आदेश मिला है।"

युधिष्ठिर को लग गया कि इसमें भी विदुर का ही गुप्त सहयोग है।

दस

भीम-हिडिम्बा विवाह

घूमते-घूमते पांडव सिधवात पहुँच गए जो एक बेहद बंजर इलाका था। लम्बी और कठिन पदयात्रा के बाद कुन्ती की वहाँ कुछ समय के लिए ठहर जाने की इच्छा हुई।

"हे भीम! हमें पूर्व-जन्म के पापों के प्रायश्चित में और कितना वक्त लगेगा? मेरे पाँव में छाले पड़ गए हैं और मुँह सूख रहा है।"

भीम ने माता को यह कहकर सान्त्वना दी कि उन्हें फिर से कन्धे पर ढोने में उनको प्रसन्नता होगी। पर पहले मैं आपके पीने के लिए पानी लाता हूँ। इर्द-गिर्द देखा तो उन्हें एक ताल दिखाई पड़ा जिसमें कमल-दल खिले थे, जिनकी पत्तियाँ मानव हथेली की तरह दिख रही थीं। उन्होंने कुछ पत्तियों को तोड़कर पात्र बनाया और उसमें जल भर लिया। पर जब वह उस स्थान पर लौटे जहाँ माता और भाइयों को छोड़ गए थे तो उन सबों को गहरी नींद में पाया। नंगी धरती पर पसरी उनकी काया के पास खड़े भीम बहुत दुःखी महसूस कर रहे थे।

वहाँ उनकी माता पड़ी थीं जो महाराज पांडु की धर्म-पत्नी होने के नाते कभी हस्तिनापुर की महारानी थीं। और फिर वहीं पड़े थे युधिष्ठिर जो राज सिंहासन के हकदार थे, और अर्जुन जिनके गांडीव की टंकार हर बाण पर गूँजती थी। क्या निद्रा मृत्यु की तरह है या थके शरीर के लिए भरपाई का साधन?-वह सोचने लगे। सर पर तांबे सा प्रचंड सूरज धधक रहा था। उन सबों को सोया देख भीम को भी जम्हाई आने लगी और वह धरती पर ही ऊँघने लगे।

पास ही की एक पहाड़ी से राक्षस हिडिम्ब ने पांडवों को देखा। उसके और उसकी बहन हिडिम्बा के लिए वे प्रचुर भोजन की सामग्री थे। 'सामान्य मांस तो ठीक है पर मानव-मांस से ज्यादा स्वादिष्ट कुछ भी नहीं।' उसने सोचा। अपनी बहन की तरफ मुड़कर उसने कहा-

"उधर देखो हिड़िम्बा, वहाँ हम लोगों के लिए उत्कृष्ट शिकार है-ताजा, पौष्टिक मांस जो दो-चार दिन चलेगा। क्या तुम नीचे जाकर उन्हें मारकर उनका मांस यहाँ ले आओगी?"

परन्तु जब हिडिम्बा उस स्थान पर पहुँची तो भीम को देखकर उसके हृदय में

स्फुरण सा हुआ। उनके अन्य सभी भाई भी वहीं पड़े थे पर सबसे अधिक आकर्षक उसे भीम का शरीर लगा–विशाल सीना, चौड़े कन्धे और तगड़े पैर। वह सुप्तावस्था में पड़े किसी देवता की तरह लग रहे थे–बड़े ही मनोहर और मर्दानगी से भरे। उसे लगा जैसे वह उनसे प्रेम करने लगी है। अपनी पैशाचिक शक्ति से उसने एक सुन्दर स्त्री का रूप धारण कर लिया ताकि उस मनुष्य का दिल जीत सके।

वह धैर्यपूर्वक उनके जगने की प्रतीक्षा करने लगी। नींद खुली तो भीम ने अपने सम्मुख एक अत्यंत सुन्दर स्त्री को देखा। आँख मलते हुए उन्हें विश्वास ही नहीं हो रहा था कि उस जंगली वातावरण में कोई इतनी मोहक नारी भी हो सकती है।

जब भीम उठकर खड़े हो गए तो उसने पूछा, "कौन हैं आप? आप तो इतने आकर्षक और मर्दानगी से भरे हैं कि..." फिर निद्रा में पड़े अन्य लोगों की तरफ देखकर उनका भी परिचय पूछा।

"ये सभी मेरे परिवार के सदस्य हैं।" भीम ने कहा।

"वेश-भूषा से तो आप किसी राजपरिवार के लगते हैं जो शायद विपत्ति के मारे भटक रहे हैं।"

"यह एक लम्बा वृत्तांत है।" उन्होंने कहा।

"यदि आप बताना नहीं चाहते तो मैं और कुछ नहीं पूछूँगी। पर शायद आपको नहीं पता कि इस जंगल पर राक्षस हिडिम्ब का शासन है। वह एक क्रूर नरभक्षी है जिसे मानव मांस बेहद पसन्द है। अब आप समझे, आप उसके साम्राज्य में आ गए हैं।" फिर पहाड़ी पर खड़े एक विशालकाय जीव को इंगित करते हुए उसने कहा, "वहाँ है वह एक गिद्ध की तरह। आप सबों पर झपट्टा मारने को तैयार।"

भीम बेपरवाही से मुस्कराए। "खैर, वह तो भिड़ने के बाद ही पता चलेगा कि कौन किसका खून बहाता है।" उसके खूबसूरत चेहरे पर नजर गड़ाए उन्होंने पूछा, "पर आप कौन हैं?"

मुस्कराते हुए उसने उत्तर दिया, "मैं उसकी बहन हिडिम्बा हूँ। पर आप भयभीत न हों क्योंकि आपने मुझे मोह लिया है। यदि आप मुझे अपनी पत्नी स्वीकार कर लें तो मेरे लिए यह सपना साकार होने जैसा होगा। मैं एक विश्वासी संगिनी की तरह आपकी सेवा करूँगी...देखिए, मैं यहाँ अपने भाई के विरुद्ध आपको सतर्क करने आई हूँ। मुझे इसकी परवाह नहीं यदि विश्वासघात के कारण वह मुझे भी मार दे। प्रेम में तो जोखिम उठाना ही पड़ता है।"

अभी वे बातें कर ही रहे थे कि भीम ने पहाड़ी पर से एक पुकार सुनी–"ऐ हिडिम्बा! तुम मुझे इतनी प्रतीक्षा क्यों करा रही हो? क्या हो रहा है वहाँ? तुम्हें पता है मुझे जोरों की भूख लगी है?"

कुछ देर बाद विशाल चट्टान की तरह एक व्यक्ति वहाँ आया। मुँह रक्तरंजित था और आँखें अँगारों की तरह दहक रही थीं। बाएँ हाथ के झटके से अपनी बहन को बगल

ढकेलते हुए वह अट्टाहस के साथ भीम पर झपट पड़ा।

"यह तो मेरे सामने एक गाड़ी भर पौष्टिक मांस है।"

अब तक पूरा पांडव परिवार नींद से जग चुका था। एक राक्षस को भीम की तरफ आक्रामक तरीके से बढ़ते देख युधिष्ठिर सन्न रह गए।

"हे भीम, इस दैत्य से मुझे निपटने दो।" अर्जुन ने कहा।

पर इससे पहले कि वह अपना गांडीव तानते, भीम ने उस राक्षस को पछाड़ दिया। जब उसने उठने का प्रयास किया तो भीम ने जोर से उसके पेट पर लात मारी और वह पुनः चकराकर गिर पड़ा।

भीम द्वारा अपने भाई को गेंद की तरह उछालते देख हिडिम्बा रोमांचित हो गई। उसे विश्वास ही नहीं था कि कोई मानव उसके भाई को परास्त कर सकता है।

"इससे पहले कि यह घायल गेहुँअन की तरह फिर से सर उठाए, मार डालो।" हिडिम्बा चीख पड़ी।

ज्यों ही वह भीम के अन्तिम वार से धराशायी हुआ वह बोली–"यदि यह आपको चोट पहुँचाता तो मैं इसे स्वयं मार देती। पर मैं प्रसन्न हूँ कि इसका अन्त हो गया।"

"परन्तु यह आपका भाई था।" भीम ने कहा।

"एक स्त्री के लिए भाई से ज्यादा उसका प्रेमी प्रिय होता है," उसने कहा, "यदि आप मुझसे विवाह नहीं करेंगे तब भी मैं हमेशा आपको अपना स्वामी मानूँगी।" अब कुन्ती ने हस्तक्षेप किया। "यदि इसका प्रेम इतना पवित्र है तो तुम्हें इसे अपनी पत्नी के रूप में स्वीकार कर लेना चाहिए।"

तत्क्षण हिडिम्बा कुन्ती के पैरों पर झुक गई जिन्होंने उसे उत्साह से गले लगा लिया।

"हे माता!" हिडिम्बा ने तब पूछा "आप सब क्यों नहीं कुछ दिनों के लिए मेरे पास ठहर जाते हैं? मैं दूसरी पहाड़ी पर झरने के पास आपके लिए एक नई कुटी बना दूँगी। वहाँ आप अपने थके शरीर को विश्राम दे सकती हैं। मैं आपके लिए भोजन पकाऊँगी, आपके कपड़े धोऊँगी और आपके लिए फल-फूल लाऊँगी।...आपकी सेवा करना मेरे लिए गौरव की बात होगी।"

"तुम हमारे लिए ईश्वर का वरदान बनकर आई हो।" कुन्ती ने कहा।

"नहीं-नहीं, उल्टे आप मेरे लिए ईश्वर प्रदत्त हैं," हिडिम्बा ने कहा। "मुझे जीवन में कभी प्यार नहीं मिला। भाई के साथ रहना मेरे लिए एक कठिन परीक्षा थी।" कुछ रुककर भीम को इंगित करते हुए उसने लजाते हुए कहा, "और यदि ये हमें एक उपहार दे जाते हैं तो मैं कभी अकेली नहीं महसूस करूँगी।"

"हाँ, वह उपहार एक पुत्र होगा–प्रेम और समर्पण की सन्तान।" कुन्ती ने कहा। हिडिम्बा की आँखों से उम्मीद के आँसू छलक पड़े।

इस प्रकार पांडव वहाँ लगभग एक वर्ष ठहरे। कुन्ती की कामना के अनुसार भीम

और हिडिम्बा को एक पुत्र प्राप्त हुआ। घटोत्कच नामक यह बालक ठीक भीम की तरह ही बलिष्ठ और निर्भय हुआ। दादी–माँ और चाचाओं को तो जैसे एक खिलौना मिल गया।

तब एक दिन प्रात:काल जब कुन्ती घटोत्कच को दुलार रही थीं, ऋषि व्यास वहाँ आए। उन्होंने उनका नमन किया और बालक को उनके चरणों में आशीर्वाद हेतु रख दिया।

"यह बालक एक ख्याति प्राप्त योद्धा होगा," ऋषि ने कहा, "जो दुश्मनों के लिए एक आतंक होगा और आपकी पुत्रवधू आज से कमलमालिनी कहलाएगी।" फिर रुककर बोले, "मैं देख रहा हूँ कि आपकी कठिनाइयों का एक वर्ष अभी और है। पर उसके बाद आपके बुरे दिन समाप्त हो जाएँगे, जैसे अस्थायी बादल छँट जाते हैं। अत: अब और निराश न हों।"

ऋषि के प्रस्थान के साथ ही एक मंद पवन का झोंका सरसराता हुआ कुटी के चारों तरफ फूलों की क्यारियों से गुजर गया।

ग्यारह

वकासुर-वध

पांडव अब एकचक्रा पहुँच गए थे। यहाँ उन्होंने ब्राह्मण वेश धारण कर लिया और जनेऊ पहनकर हाथ में भिक्षा-पात्र लिए भ्रमण करने लगे। प्रथम तीन दिन वे नगर के बाहर भीम द्वारा निर्मित कुटी में ठहरे। दिनभर सब भाई भिक्षाटन के लिए निकल जाते थे और कुन्ती उत्सुकता से उनकी प्रतीक्षा करती रहती थीं। जो भी भोज्य पदार्थ वे लाते, वह उन्हें दो बराबर भागों में विभक्त कर देतीं। एक भाग भीम के लिए अलग रखकर दूसरे भाग को अन्य चारों भाइयों में बाँट देतीं। ऐसा इसलिए कि भीम का पेट गुहामय था और उनकी क्षुधा अतोषनीय। वो जितना ही खाते उतना ही भूखा महसूस करते। एक छोटी सी कुटी में कष्ट से रहने के बावजूद यह परिवार तनावरहित था।

सौभाग्य से चौथे दिन उन्हें एक ब्राह्मण के घर एक कमरा मिल गया। उसने इनका हृदय से अतिथि-सत्कार किया। उसका परिवार छोटा था—उसकी पत्नी, एक जवान बेटी और एक नन्हा सा बेटा।

एक शाम जब पांडव भोजन समाप्त कर सोने की तैयारी में थे, कुन्ती को बगल के कमरे में हो रही बातचीत सुनाई पड़ी। चूँकि कमरे का दरवाजा अनजाने ही अधखुला रह गया था, सारी बातें स्पष्ट सुनाई पड़ रही थीं। ब्राह्मण अपनी पत्नी से तीखे स्वर में कह रहा था—

"आज जो भी हम झेल रहे हैं उसके लिए तुम्हीं जिम्मेदार हो। मैंने बार-बार कहा कि हमें यह नगर छोड़कर कहीं अन्यत्र चला जाना चाहिए। पर तुमने मेरी एक न सुनी। अपने जन्म-स्थान से तुम्हें इतना लगाव जो है। तुमने हमेशा कहा कि तुम यहीं जीना-मरना चाहती हो। और मैं हमेशा तुम्हारी बात मानता आया क्योंकि मैं तुमसे प्रेम करता हूँ। पर आज हिसाब चुकाने की वह घड़ी आ गई है जब हममें से एक को वह राक्षस उदरस्थ कर जाएगा।" वह रुका, जैसे उसका गला सूख गया हो। "अब हममें से किसे अपना बलिदान करना चाहिए? न हमारी बेटी को जिसे हम बहुत प्यार करते हैं और न हमारे नन्हे बेटे को जो हमारे बाद हमारा नाम आगे बढ़ाएगा। जहाँ तक तुम्हारा सवाल है, मैं ऐसा कर ही नहीं सकता क्योंकि तुम मुझे अपने प्राणों से भी ज्यादा प्रिय हो। इसलिए अब हमारे लिए एक ही रास्ता है कि हम सब एक साथ समाप्त हो जाएँ। हम

फिर स्वर्ग में मिलेंगे–शान्ति और प्रेम से।"

फिर कुछ देर के लिए चुप्पी छा गई। इस बीच कुन्ती को सिर्फ गहरी साँसें और आहें सुनाई पड़ीं। फिर ब्राह्मण-पत्नी ने कहा–"आप मुझे क्यों नहीं जाने देते! मुझे लगता है कि मैंने अपना जीवन जी लिया है। यदि वह राक्षस मुझे निगल जाएगा तब भी आप बच्चों की देखभाल कर लेंगे। परन्तु यदि आप चले गए तो मैं लोगों की वासना का आसान शिकार बन जाऊँगी।...मेरी आत्मा को शान्ति मिलेगी यदि आप दूसरी पत्नी कर लेंगे जो हमारे बच्चों की जिम्मेदारी भी सँभाल लेगी।"

"नहीं, प्रिये! मैं तुम्हारे बिना एक दिन भी नहीं जी सकता।"

तभी उसकी बेटी ने हस्तक्षेप किया। उसकी आवाज कोमल पर आग्रहपूर्ण थी–

"आप दोनों भूल गए कि एक बेटी के लिए अपने माँ-बाप की खुशी और सुरक्षा हेतु किए गए बलिदान से ज्यादा प्रसन्नता की बात और कोई नहीं हो सकती। कौन जाने, मेरा जन्म इसी मृत्यु के लिए हुआ हो ताकि आप जीवित रहें।"

तभी हवा में छड़ी के घुमाने की सरसराहट सुनाई दी। कुन्ती ने उसके नन्हे पुत्र की तोतली आवाज सुनी–

"हम मरने की बात क्यों करें जबकि मैं अपनी छड़ी से उस राक्षस का अन्त कर सकता हूँ? मैं उसके सर पर मारूँगा और वह मरकर ढ़ेर हो जाएगा।"

एक क्षण के लिए उनका दुःख मिट गया। तब ब्राह्मण ने कहा, "यों तो हम चार हैं पर हमारी आत्मा एक है। इसलिए हम सबों को एक साथ समाप्त हो जाना चाहिए।"

कुन्ती इस परिवार के प्रेम-बन्धन को देख अत्यंत द्रवित हो गईं।

सारी रात वह उनकी कारुणिक दशा पर सोचती रहीं। उन्हें इतना भर समझ में आ गया कि वे किसी राक्षस के सम्मुख जाने के लिए बाध्य थे।

अगले दिन सुबह उन्हें ब्राह्मण से पता चला कि कैसे पूरा गाँव एक राक्षस के साथ हुए समझौते से बँधी था। उसने बताया कि कैसे वहाँ के राजा भागकर वेक्राकिया चले गए थे क्योंकि वह अपनी प्रजा को नगर के पास ही एक गुफा में रहनेवाले इस दैत्य से बचाने में असमर्थ थे। जब भी भूख लगती वकासुर नामक यह राक्षस नगर में घुसकर नर, नारी या बच्चे–किसी को भी उठा ले जाता था। वह इतना शक्तिशाली था कि न तो राजा और न पड़ोस का कोई शासक उसे मार सका। इसलिए जब राजा पलायन कर गए तो कुछ नागरिकों ने राक्षस से एक प्रस्ताव स्वीकार करने का आग्रह किया।

"कृपाकर हमें अन्धाधुन्ध न मारें। बदले में हम प्रतिदिन आपके पास एक बैलगाड़ी भरकर चावल, दही, मांस और मदिरा भेज देंगे। गाड़ी नगर का कोई एक व्यक्ति हाँक कर लाएगा और वह भी आपके भोजन का अंश होगा। नर-बलि के इस सौदे में नगर का हर परिवार बारी-बारी से अपना हिस्सा देगा।"

वकासुर ने यह व्यवस्था स्वीकार कर ली पर यह चेतावनी दी कि यदि नगरवासियों ने अपने वचन का पालन नहीं किया तो वह एकचक्रा को तहस-नहस कर देगा। तब

से, ब्राह्मण ने बताया, प्रतिदिन नगर का एक प्राणी राक्षस का शिकार बनता आ रहा है।

आज यह तय करने की बारी उस ब्राह्मण की थी कि उसके परिवार का कौन सदस्य बैलगाड़ी लेकर जाएगा और राक्षस का आहार बनेगा।

"अगर यही तुम्हारी समस्या है," कुन्ती ने कहा, "तो मुझे तुम्हारी सहायता करनी चाहिए क्योंकि तुम्हारे आतिथ्य के लिए हम तुम्हारे आभारी हैं।"

पर उन्होंने कहा कि उन्हें अपने बेटों से विमर्श करने के लिए कुछ समय चाहिए। जब उन्होंने भीम को राक्षस से लड़ने के लिए कहा तो युधिष्ठिर ने मना कर दिया।

"माताश्री! भीम हमारे परिवार का एकमात्र निस्तारक है। वह सारी रात लाक्षागृह की चौकसी करता था और उसी ने आपको और सहदेव को जंगल में रास्ते भर कन्धे पर ढोया। यदि हम उसे खो देंगे तो हमारा परिवार किसी भी खतरे में पड़ सकता है। और आपने सुना नहीं, वह राक्षस लगभग अजेय है?"

"पर मेरा भीम भी तो अजेय है," कुन्ती ने प्रत्युत्तर दिया, "यह न भूलो कि तुम्हारे भाई को वायुदेव का आशीर्वाद प्राप्त है जिनके बवंडर में राक्षस के पाँव उखड़ जाएँगे।" फिर रुककर बोलीं, "और फिर हम ब्राह्मण के आभारी भी तो हैं जिसने हमें इतने दिनों से आश्रय दे रखा है।"

वकासुर से युद्ध की बात पर भीम उछल पड़े। उन्होंने सोचा कि जब माँ का आशीर्वाद प्राप्त है तो उन्हें क्या हो सकता है?

"हे दयामयी नारी, ऐसा नहीं हो सकता," ब्राह्मण ने कहा, "अपने एक अतिथि को मृत्यु के मुँह में भेजकर क्या मैं स्वयं को कभी क्षमा कर पाऊँगा? ब्राह्मण होने के नाते मेरा धर्म है आपकी सेवा करना न कि आपमें से किसी का अपने परिवार की रक्षा के लिए बलिदान कर देना। यह तो घोर स्वार्थपरता होगी।"

तब भीम ने बाँहें चढ़ाते हुए हस्तक्षेप किया–"आप शायद मेरा बल कम करके आँक रहे हैं। रुक कर देख क्यों नहीं लेते कि मैं क्या कर सकता हूँ। मैं माताश्री की आज्ञा किसी भी सूरत में नहीं टाल सकता। मैंने कल उस राक्षस से भिड़ने का निश्चय कर लिया है। बस मेरे लिए प्रार्थना करें।"

जब ब्राह्मण के नन्हे बालक ने भीम को ऐसा कहते सुना तो वह बोला, "उस दैत्य का सर फोड़ने के लिए मेरा यह डंडा ले जाइए।"

"अवश्य, प्रिय बालक।" भीम ने मुस्कराकर जवाब दिया।

अगली सुबह प्रचंड वायु अपने पूरे वेग पर थी। जब बैलगाड़ी पर विभिन्न प्रकार के भोज्य पदार्थ लादे जा रहे थे तो सैकड़ों नगरवासी भीम को अपनी शुभकामना देने एकत्र हो गए। जब एक बूढ़ी औरत ने भीड़ से निकलकर भीम को माला पहनाई तो उन्होंने झुककर उसके पाँव छू लिए।

"आपके आशीर्वाद से, दादी-माँ, मैं अवश्य विजयी होकर लौटूँगा।"

फिर भीम उछलकर बैलगाड़ी पर जा बैठे। चाबुक फटकारते ही बैल चल पड़े।

'ईश्वर आपकी मदद करें' के जबरदस्त शोरगुल के बीच पहिये घरघराती बैलगाड़ी नगर से निकल पड़ी।

गुफा के निकट पहुँचकर भीम ने देखा कि चारों तरफ हड्डियाँ बिखरी थीं– अर्धभक्षित हाथ–पाँव। एक दुर्गंध हवा में भरी थी। ऊपर गिद्ध मँडरा रहे थे–राक्षस द्वारा मारे गए लोगों के मांस पर झपटने के लिए।

तभी गर्जना के साथ एक विशालकाय दैत्य भदभदाते हुए गुफा से बाहर निकला।

"ऐ मानव, इतने विलम्ब से क्यों आए?" दैत्य ने चिल्लाते हुए पूछा, "मैं काफी देर से अपने भोजन की प्रतीक्षा कर रहा हूँ।"

परन्तु भीम ने कोई उत्तर नहीं दिया। वह आराम से गाड़ी से उतरे और भोजन का सामान उतारकर स्वयं दही, चावल और फल खाने लगे।

क्रोधित राक्षस धमकाते हुए और अट्टाहस करते हुए उनकी तरफ बढ़ा। "तुमने मेरा भोजन छूने की हिम्मत कैसे की?" फिर विशालकाय भीम को गौर से देखते हुए बोला, "आ हा! आज तो मैं तुम्हें खाकर तृप्त हो जाऊँगा।" भीम ने राक्षस की बातों को ऐसे अनसुना किया जैसे हवा का कोई हल्का झोंका किसी झाड़ी से यूँ ही गुजर जाता है। पर जब वकासुर ने कन्धा पकड़ा तो भीम एक खूँखार जानवर की तरह एकाएक उठ खड़े हुए। वह विद्युत गति से राक्षस पर टूट पड़े और उसके उदर पर इतने जोर का प्रहार किया कि वह धम्म से गिर पड़ा।

"कुछ देर इसी तरह पड़े रहो ताकि मैं थोड़ा और चावल खा लूँ।"

अब राक्षस को लगा कि उसका सामना किसी शक्तिशाली प्रतिद्वन्द्वी से हुआ है। फिर दोनों लड़ाके भयंकर युद्ध करने लगे। भीम ने उसे ठेलते हुए एक पेड़ से सटा दिया और उसका सर पेड़ के तने से टकराने लगे। फिर उन्होंने गुफा के पास पड़े लकड़ी के कुन्दे से उसका सर चकनाचूर कर दिया। दम तोड़ते सांड़ की तरह वकासुर ने चीत्कार करते हुए अपनी अन्तिम साँस ली।

भीम ने उसके मृत शरीर को घसीटकर बैलगाड़ी के पिछले हिस्से से रस्सी से बाँध दिया और नगर की ओर लौट चले। जब नगरवासियों ने उन्हें गाड़ी हाँकते हुए और वकासुर को पीछे धरती पर घिसटते हुए देखा तो खुशी से चिल्लाने लगे।

"यह देखो, हमारे वीर चले आ रहे हैं," एक ने कहा, "विजय और गौरव की पताका फहराते। हमारे राजा को यहाँ इनका स्वागत करने के लिए रहना चाहिए था।"

"छिः, वह राजा जो कुत्ते की तरह दुम दबाकर भाग गया?" दूसरे ने कहा।

जब बैलगाड़ी ब्राह्मण के द्वार पर रुकी तो वह अपनी पत्नी और बच्चों के साथ शीघ्रता से बाहर आया। उसकी आँखों में खुशी के आँसू थे। उसने भीम के मस्तक पर आशीर्वाद और कृतज्ञतास्वरूप हल्दी का लेप लगाया। उसका नन्हा बेटा खुशी से उछल पड़ा और भीम से पूछा कि क्या उन्होंने राक्षस को मारने में उसके डंडे का प्रयोग किया था।

"निःसन्देह, प्रिय बालक," भीम ने उत्तर दिया, "आखिरी प्रहार वही था जिससे उसका अन्त हुआ।"

ब्राह्मण परिवार के पीछे कुन्ती अपने अन्य चारों पुत्रों के साथ खड़ी थीं। उनका चेहरा गर्व से चमक रहा था। भीम ने उनके पाँव छुए और फिर अपने भाइयों को गले लगा लिया।

अब तेज हवा शान्त हो चुकी थी और एक मंद पवन-सी बहने लगी थी।

बारह

स्वयंवर

पांडव एक दो वर्षों तक एकचक्रा में ही रहे। फिर एक सुबह उन्होंने पांचाल में होनेवाले राजा द्रुपद की पुत्री द्रौपदी के स्वयंवर का रोमांचक समाचार सुना। द्रौपदी अपने सौन्दर्य के लिए प्रसिद्ध थीं–दूधिया गोरा रंग, चिंकारे जैसी आँखें और हंसिनी जैसी मेहराबी गर्दन। स्वयंवर के समाचार ने पूरे भारतवर्ष के विवाहार्थियों का ध्यान आकृष्ट किया था। चूँकि राजा को बड़ी संख्या में विवाहार्थियों और अतिथियों के आने की उम्मीद थी इसलिए उन्होंने नगर में उनके ठहरने का व्यापक प्रबन्ध किया था। स्वयंवर का भव्य समारोह होनेवाला था। इसलिए दान-दक्षिणा की उम्मीद में ब्राह्मण भी काफी संख्या में आए थे।

एकचक्रा पांचाल से बहुत दूर नहीं था। इसलिए वहाँ के निवासियों ने भी इस शानदार समारोह को देखने का निर्णय किया। किन्तु कुन्ती के लिए अपने पुत्रों को स्वयंवर में भेजने के अलग कारण थे। एक माँ होने के नाते उन्हें यह आशा थी कि उनमें से कोई द्रौपदी को अपनी वधू के रूप में जीत लाएगा। अब उन्हें भी एक पुत्र-वधू होनी चाहिए थी।

मृगछाल पहले, जनेऊ धारण किए पांडव भी पांचाल जानेवाले एकचक्रावासियों के झुंड में शामिल हो गए। वहाँ पांडव एक कुम्हार के घर ब्राह्मण आगंतुकों की तरह ठहरे। हर जगह फूलों के तोरणद्वार से सजे पांचाल का स्वरूप उत्सवी लग रहा था। सुसज्जित घोड़े-हाथी सड़कों पर चल रहे थे और लोग नृत्य-गान में मग्न थे।

महल के केन्द्रीय कक्ष में मखमली कुर्सियों पर सभी विवाहार्थी और अतिथिगण बैठे थे। मंच पर राजा द्रुपद अपनी रानी और कुछ विशिष्ट अतिथियों के साथ विराजमान थे। मंच के पास ही हवन हो रहा था। पुरोहितगण वैदिक मन्त्रों का उच्चारण कर रहे थे। जब अनुष्ठान समाप्त हुआ तो राजा द्रुपद के पुत्र धृष्टद्युम्न ने जो द्रौपदी के सबसे बड़े भाई और शाही सेना के प्रमुख सेनापति थे कक्ष में प्रवेश किया। पीछे-पीछे स्वर्णजड़ित साड़ी में हीरे-मोतियों की मालाएँ पहने उनकी बहन द्रौपदी थीं। विवाहार्थियों को लगा मानो चाँद किसी झरोखे से उतर आया हो।

उत्तेजना की एक लहर विवाहार्थियों में दौड़ गई। उनकी नजरें द्रौपदी के मुखमंडल

पर टिकी थीं और हृदय में उम्मीद की धड़कन थी। सब इसी सोच में पड़े थे कि आखिर कौन इन्हें जीतेगा?

मंच से एक आवाज गूँजी। धृष्टद्युम्न सभा को संबोधित कर रहे थे :

"सर्वप्रथम मैं अपने पिताश्री राजा द्रुपद की ओर से आप सभी का स्वागत करता हूँ। जैसा कि आपको विदित है कि इस समारोह का आयोजन मेरी बहन द्रौपदी के लिए विवाहार्थियों में से पति के रूप में उसका चयन करने हेतु किया गया है जो मेरे द्वारा बताए गए धनुर्विद्या का कमाल दिखाने में सफल होगा। वहाँ बीच में आप देख रहे हैं, मेज पर एक विशाल धनुष और पाँच बाण पड़े हैं। एक कटोरे में तेल रखा है जिसमें ऊपर छत के पास चारों ओर घूमती मछली का प्रतिबिम्ब दिखाई देता है। हर प्रत्याशी को पहले धनुष उठाना होगा, फिर प्रत्यंचा चढ़ाकर सिर्फ कटोरे के तेल में मछली का प्रतिबिम्ब देखते हुए घूमती मछली की दाहिनी आँख में तीर मारना होगा। याद रहे, प्रत्येक प्रत्याशी को केवल पाँच बाण ही चलाने का मौका दिया जाएगा।"

एक नीरवता चारों तरफ छा गई। भृकुटी टेढ़ी कर कुछ राजकुमारों को फुसफुसाते सुना गया–"यह तो असम्भव कार्य है। केवल कटोरे में प्रतिबिम्ब देखते हुए कैसे कोई मछली की आँख वेध सकता है? क्या राजा द्रुपद चाहते हैं कि उनकी बेटी कुँवारी ही रह जाए और अविवाहित ही मरे?"

सबसे पहले दुर्योधन अपने आसन से उठे। तिरछी नजर से द्रौपदी को देखते हुए वह राजसी अन्दाज में मेज के पास पहुँचे। फिर उन्होंने एकत्रित जन-समूह की ओर देखा। उनकी आँखों में गर्व और विश्वास की चमक थी। धनुष के सम्मुख खड़े होते ही जोरों का जयघोष हुआ।

पर जब उन्होंने उसे उठाने का प्रयत्न किया तो काफी वजनी पाया। जोर लगाते ही उनके मस्तक पर पसीने की बूंदें उभर आईं। जब तीन बार विफल हुए तो उनका चेहरा स्याह पड़ गया और आँखों के सामने अँधेरा सा छा गया। मानहानि के डर से वह वापस अपने स्थान पर लौट गए–नजरें झुकी थीं और हाथ काँप रहे थे।

फिर कई राजकुमारों ने बारी-बारी से प्रयत्न किया। पर सभी विफल रहे।

तब राधेय उठे, जो दुर्योधन के बगल में बैठे थे। वह आत्मविश्वास के साथ उस विशाल धनुष के पास गए। मेज के सामने खड़े होकर जब उन्होंने चारों तरफ देखा तो उनका चेहरा सूरज की तरह चमक रहा था। सीना चौड़ा कर शेर के पंजों जैसे हाथ से उन्होंने धनुष एक झटके में अपने दाहिने हाथ में उठा लिया। कक्ष में जोरों की जय-जयकार हुई।

"यह अवश्य कर दिखाएँगे।" भीड़ में से किसी ने कहा।

पर ज्योंही उन्होंने अपना पहला बाण कटोरे में मछली का प्रतिबिम्ब देखते हुए साधा, एक तीव्र स्वर कक्ष में सुनाई पड़ा–

"यह भले ही अंग देश के राजा हैं पर हैं एक सारथी-पुत्र।"

कक्ष में एक चुप्पी छा गई। कई भौंहें तन गईं। इन शब्दों को सुनते ही राधेय क्रोध से उबलने लगे।

धृष्टद्युम्न द्रौपदी की प्रतिक्रिया जानने के लिए मुड़े। उन्होंने अस्वीकृति में अपना सर हिलाया। तब उनके भाई ने राधेय से प्रतियोगिता से बाहर हो जाने को कहा।

अपने मित्र के इस सार्वजनिक अपमान पर दुर्योधन ने, जो पहले से ही अपनी असफलता का दंश झेल रहे थे, धृष्टद्युम्न से पूछा, "क्या यह न्यायोचित है? प्रारम्भ में आपने स्पष्ट कहा था कि यह प्रतियोगिता सबों के लिए है। पर अब आपने इसे उच्च-कुल में जन्मे विवाहार्थियों तक ही सीमित कर दिया। क्या जन्म ही किसी धनुर्धर की योग्यता परखने का एक मात्र आधार है?"

जब दुर्योधन अपने मित्र के बचाव में खड़े थे, राधेय ने द्रौपदी की ओर देखकर कहा–

"ऐ द्रौपदी! तुम्हें इस अपमान की भारी कीमत चुकानी पड़ेगी। मैं उस दिन की प्रतीक्षा करूँगा जब तुमसे बदला सधा सकूँ। इस समय तो मैं शौर्य की मर्यादाओं से बँधा हूँ।" ऐसा कहते हुए वह अपने स्थान पर लौट आए। उनका सारा शरीर क्रोधाग्नि में जल रहा था।

अभी दुर्योधन और राधेय ने सभा का बहिष्कार करने की बात कही ही थी कि लम्बे कदमों से चलते हुए एक युवा ब्राह्मण ने कक्ष में प्रवेश किया। नंगे पाँव मृगछाल पहने उस युवक ने, जो वास्तव में अर्जुन थे, मंच के पास जाकर राजा को प्रणाम किया और धृष्टद्युम्न की ओर मुड़कर कहा, "हे राजकुमार! क्या किसी ब्राह्मण को अपना हाथ आजमाने की अनुमति है? मैं आपकी आज्ञा चाहता हूँ।"

ऐसा सुनते ही द्रौपदी ने उस युवा धनुर्धर की तरफ देखा। उसका मुखमंडल इन्द्रदेव की तरह चमक रहा था। उन्होंने मन ही मन सोचा–यह तो सभी विवाहार्थियों में सबसे आकर्षक हैं।

अपनी बहन की सहमति भाँपते हुए धृष्टद्युम्न ने कहा, "यद्यपि आप क्षत्रिय नहीं हैं पर आप अपना भाग्य आजमा सकते हैं।" राजा को, जिनकी नजर कुछ देर के लिए उस युवा ब्राह्मण के आनन पर टिक गई थी, दुबारा प्रणाम करके अर्जुन उस मेज की तरफ बढ़ गए जहाँ वह दुर्जेय धनुष पाँच बाणों के साथ पड़ा था।

साँस रोके सभी उन्हें मंच के सम्मुख आँख बन्द कर कोई मन्त्रोच्चार करते देख रहे थे। फिर उन्होंने दाहिने हाथ से बड़ी कोमलता से धनुष को छुआ। जैसे कोई तारों वाला वाद्ययन्त्र हो। फिर एक ही झटके में सहजता के साथ उठाकर उसे चूमा। हाथ में उठाए उन्होंने धनुष की प्रत्यंचा खींचकर सबों को उसकी टंकार सुनाई। भीड़ ने जोरों की जयध्वनि की।

फिर उन्होंने सहजता से एक बाण उठाकर धनुष पर चढ़ा दिया। अगले ही क्षण उन्होंने कटोरे में छत के पास घूमती मछली के प्रतिबिम्ब पर अपनी दृष्टि टिका दी।

कुछ देर वह उसकी गति ध्यान से देखते रहे। इस बीच उनके बाण की नोक स्थिर जमी हुई थी मानो अपने चरम क्षण की प्रतीक्षा कर रही हो।

फिर अचानक दाहिने हाथ के एक झटके से उन्होंने बाण छोड़ दिया जबकि दृष्टि कटोरे में मछली के प्रतिबिम्ब पर टिकी हुई थी। एक धमाका हो गया। मछली का चक्षुभेदन हो चुका था। अब यन्त्र का घूमना अचानक बन्द हो गया। पूरी सभा गगनभेदी जयकार से गूँज उठी।

"शाबाश! आपकी जय हो!" भीड़ में से कोई बोला। सभी ब्राह्मण अतिथि असीम उल्लास से उछल पड़े।

तब द्रौपदी हाथ में माला लिए मंच से नीचे आईं। स्वच्छ जल में तैरती किसी हंसिनी की तरह चलती हुई वह अर्जुन के पास पहुँचीं और उन्होंने उनके गले में वरमाला डाल दी।

अर्जुन ने देश की सबसे सुन्दर स्त्री को अपनी वधू के रूप में जीत लिया था।

द्रौपदी अर्जुन के पास ऐसे खड़ी थीं जैसे अब प्रेम और समर्पण के साथ हमेशा उनके पास रहेंगी। ब्राह्मण वेशधारी अर्जुन के अन्य चारों भाई उस जोड़े के पास एकत्र हो गए।

"ये मेरे भ्रातागण हैं।" अर्जुन ने द्रौपदी से कहा। द्रौपदी ने हाथ जोड़कर उनका अभिवादन किया।

अचानक उस तरफ शोरगुल होने लगा जिधर दुर्योधन अपने भाइयों के साथ बैठे थे। राजा द्रुपद को सम्बोधित करते हुए कौरवों में से एक चीखा, "आपने एक ब्राह्मण को स्वयंवर में भाग लेने की अनुमति देकर सभी क्षत्रियों का अपमान किया है। हम उसे आपकी बेटी लेकर जाने नहीं देंगे।"

दुर्योधन कुछ राजकुमारों का नेतृत्व करते हुए कक्ष के बीचोबीच आ गए जहाँ अर्जुन अपनी वधू का हाथ थामे खड़े थे। पर इससे पूर्व कि अर्जुन कुछ करते भीम शेर की तरह लपके। अपनी ऊँची आवाज में गरजते हुए उन्होंने कहा, "अगर किसी ने मेरे भाई या उनकी वधू को छूने की भी धृष्टता की तो मैं उसका सर चकनाचूर कर दूँगा। तुम अकेले या सब मिलकर जैसे चाहो मुझसे भिड़ सकते हो।"

फिर उन्होंने एक खंभा उखाड़ लिया और ऐसे भाँजने लगे जैसे उनकी गदा हो। कुछ विद्रोही तो उनके प्रहार की चपेट में आ गए पर बाकी सब हड़बड़ाकर भागने लगे।

तभी अर्जुन ने देखा कि राधेय दाहिने हाथ में धनुष उठाए उनकी ओर आक्रामकता के साथ बढ़ते चले आ रहे हैं।

"जब तक तुम्हारा भाई मर्कट की भाँति उछल रहा है, मैं तुम्हारी खबर लेता हूँ।" उन्होंने चुनौती दी।

अर्जुन ने अपने बाण से जवाब दिया जो राधेय की कनपटी से गुजर गया।

"यह सिर्फ तुम्हें एकल युद्ध हेतु आमन्त्रित करने के लिए था," अर्जुन ने कहा।

अब दोनों धनुर्धरों में गहन युद्ध होने लगा। तुरन्त राधेय को लगा कि उनका प्रतिद्वन्द्वी उन पर हावी हो रहा है। अपनी प्रत्यंचा से बाण उतारते हुए बोले, "ऐ ब्राह्मण! आज तो मैं स्वेच्छा से अपनी पराजय स्वीकार करता हूँ पर अवश्य कहीं न कहीं फिर हमारा सामना होगा।" ऐसा कहते हुए राधेय बाहर चले गए।

अब तक भीम के मारक प्रहार से कितने ही राजकुमार चूहों की तरह दौड़ते हुए भाग चुके थे।

पाँचों भाई द्रौपदी के साथ कक्ष से बाहर आए। कुछ ही देर में वे वापस एकचक्रा पहुँच गए। द्वार पर आकर उन्होंने देखा कि माता कुन्ती भोजन बनाने में जुटी हुई हैं पर अपने बेटों के अभी तक नहीं लौटने के कारण चिन्ता में हैं।

द्वार पर हल्की दस्तक देते हुए अर्जुन ने कहा, "देखिए माताश्री! हम आपके लिए क्या लाए हैं?"

चावल के बर्तन में कलछी चलाते हुए बिना पीछे मुड़े उन्होंने कहा, "जो भी है उसे सब बराबर-बराबर आपस में बाँट लो।"

पर जब वह मुड़ीं तब उन्हें यह महसूस हुआ कि उनसे कितनी बड़ी भूल हो गई थी।

"हे भगवान!" वह चिल्लाईं, "यह कोई भीख नहीं बल्कि राजकुमारी द्रौपदी हैं, जिन्हें तुम स्वयंवर से जीतकर लाए हो। ये मैंने क्या कह दिया!"

पर अब चूँकि शब्द मुँह से निकल चुके थे, उन्हें वापस नहीं लिया जा सकता था। वे तो धनुष से निकले बाण की तरह थे, जिस पर धनुर्धर का कोई वश नहीं रहता। इस प्रकार द्रौपदी पाँचो पांडवों की पत्नी बन गईं।

उन्हें यह बिलकुल ज्ञात न था कि उनके पीछे धृष्टद्युम्न के दूत लगे थे, जिन्होंने सब कुछ देख-सुन लिया था। लौटकर राजा को बताया कि जिस ब्राह्मण ने स्वयंवर जीता था वह कोई और नहीं बल्कि अर्जुन थे और उनके चारों भाई युधिष्ठिर, भीम, नकुल और सहदेव थे। यह सुनकर राजा द्रुपद अत्यन्त प्रसन्न हुए कि उनकी पुत्री अब परम यशस्वी पांडव परिवार की सदस्य थी यद्यपि वह यह बात पचा नहीं पा रहे थे कि वह पाँच भाइयों की पत्नी बनकर रहेगी।

'ब्रह्मा का विधान भी विचित्र है।' राजा द्रुपद ने सोचा। अर्जुन, जो उनके दुश्मन द्रोण द्वारा उन्हें बन्दी बनाने के लिए भेजे गए थे, आज उनकें जामाता थे। क्या पता, अब पासा पलटेगा और अर्जुन किसी दिन स्वयं को अपने गुरु के विरुद्ध खड़ा पाएँगे। और यदि देवताओं द्वारा उन्हें दिया गया वरदान सच हुआ तो उनका पुत्र धृष्टद्युम्न द्रोण की मृत्यु का कारण बनेगा।

बाद में संध्या पहर एक शाही दूत कुम्हार के द्वार पर पांडवों के लिए राजा द्रुपद के महल में ठहरने का आमन्त्रण लेकर आया।

तेरह

इन्द्रप्रस्थ

जब विदुर ने अपने गुप्तचरों से स्वयंवर में अर्जुन की सफलता के बारे में सुना तो उन्होंने यह सुखद समाचार धृतराष्ट्र को देने का फैसला किया।

"हे महाराज! यह समय तो खुशियाँ मनाने का है," वह बोले, "क्योंकि राजा द्रुपद की पुत्री द्रौपदी अब हमारी पुत्र-वधू बन चुकी हैं।"

महाराज के चेहरे पर प्रसन्नता की झलक दिखाई पड़ी। उन्हें लगा कि उनके पुत्र दुर्योधन ने पांचाल का स्वयंवर जीत लिया है। मुस्कराते हुए उन्होंने विदुर की तरफ मुड़कर कहा, "इस शुभ समाचार के लिए ईश्वर तुम्हारा भला करें। वास्तव में मुझे पहले से ही स्वयंवर में अपने पुत्र की सफलता का आभास हो गया था।" कुछ रुककर फिर बोले, "विदुर, अभी तत्काल जाओ और द्रौपदी को यहाँ ले आओ। अब वह कौरवों के मुकुट में सबसे द्युतिमान रत्न की तरह हैं।"

"नहीं। हे धृतराष्ट्र! पांचाल का वह दिन दुर्योधन नहीं बल्कि अर्जुन के नाम रहा है। परन्तु वधू पर सभी पांडवों का बराबर का हक होगा क्योंकि वे पाँच शरीर और एक आत्मा की तरह हैं।"

अचानक महाराज का चेहरा स्याह पड़ गया। उन्हें यह समझने में कुछ विलम्ब हुआ कि सभी पांडव जीवित थे। पर सबसे अधिक उन्हें इस बात से चोट पहुँची कि उनका पुत्र अर्जुन के हाथों स्वयंवर में पराजित हुआ था। उन्होंने पुनः अपने आप को सँभाला पर उनके मुँह से निकल पड़ा–"हे भगवान!" पर जब उन्हें लगा कि इस तरह उन्हें अपनी कलई नहीं खुलने देनी चाहिए थी तो उन्होंने जल्दी से जोड़ा–"मैं वास्तव में यह जानकर अति प्रसन्न हूँ कि मेरे भतीजे सब सुरक्षित हैं और उन्होंने पांचाल में इतना अच्छा प्रदर्शन किया है। क्या वे मुझे अपने पुत्रों जैसे ही प्रिय नहीं हैं? जरा सोचो, कैसे हम लोग उनकी मृत्यु पर शोक मनाते रहे!"

"हाँ, लगता है जैसे वे भस्म से पुनरोत्पन्न आत्माएँ हैं।" चेहरे पर मुस्कान के साथ विदुर ने कहा।

पांडवों के जीवित होने का समाचार जब हस्तिनापुर में फैला तो चारों तरफ खुशियाँ मनाई जाने लगीं। लोग नाचते-गाते सड़कों पर निकल आए। पांडवों की घर

वापसी सुनकर स्वागतार्थ हर घर की छत पर ध्वजाएँ फहरा दी गईं।

किन्तु दुर्योधन के महल में गहरी निराशा छाई हुई थी क्योंकि उनकी सारी योजनाएँ विफल हो चुकी थीं। तुरन्त पांडवों के प्रति लोगों का स्वाभाविक स्नेह उमड़ पड़ने से दुर्योधन को लग गया कि वह हर खेल में हार चुके हैं। अवसाद और उलझन में वह राधेय को लेकर शकुनि के पास विमर्श के लिए पहुँचे। शकुनि ने उन्हें सारी बातें महाराज से बताने को कहा।

"हे पिताश्री!" दुर्योधन बोले, "आप जान चुके होंगे कि क्रूर नियति ने हमें किस तरह नीचा दिखाया है। पांडवों को तो मैं फिर भी किसी युद्धभूमि में पराजित कर सकता हूँ परन्तु उस जन-आक्रोश का सामना कैसे करूँ जो मेरे खिलाफ बढ़ता जा रहा है? ताज्जुब नहीं यदि हमारे दुश्मन राजा द्रुपद जैसे शक्तिशाली का सहयोग लेकर हस्तिनापुर पर आक्रमण कर दें। मैं तो अन्दर से टूटा हुआ और किंकर्तव्यविमूढ़ महसूस कर रहा हूँ। मुझे क्या करना चाहिए?"

अपने पुत्र की व्यथा-कथा सुनकर महाराज का हृदय छलनी हो गया। माथे पर सिकुड़न लिए उन्होंने एक लम्बी आह भरी। यद्यपि दुर्योधन और राधेय उनके बोलने की प्रतीक्षा करते रहे। परन्तु वह चुप रहे। जब वह इस समस्या पर गहराई से विचार कर रहे थे तो दुर्योधन ने राधेय के कानों में फुसफुसाकर कहा, "मुझे अभी-अभी विचार आया है कि बहुपतित्व वाली शादी कभी सफल नहीं होती। इसलिए हम किसी तरह पांडवों के बीच दीवार खड़ी कर सकते हैं।"

"नहीं, दुर्योधन! यह तो बड़ा ही सहज होगा। मत भूलो कि वे एक ऐसे व्यूह की तरह संगठित हैं जिसमें दरार पैदा नहीं की जा सकती।"

अपने मित्र की अस्वीकृति में छिपे तथ्य को भाँपते हुए दुर्योधन ने दूसरा विचार रखा। "यदि द्रुपद को हीरे जवाहरात देकर हम अपने पक्ष में मिला लें तो कैसा रहेगा?"

"यह प्रयास भी निरर्थक होगा," राधेय ने कहा, "भला उनके स्तर के राजा को इस निर्लज्जता से खरीदा जा सकता है?"

"फिर उपाय क्या है?" दुर्योधन ने पूछा।

"वास्तव में बहादुरी के साथ उन्हें घुटने टेकने के लिए मजबूर किया जा सकता है। इसके पहले कि वे हमारे विरुद्ध कोई जोर लगाएँ हमें उन पर अकस्मात हमला कर देना चाहिए।"

"नहीं राधेय! यहाँ मैं आपसे सहमत नहीं हूँ।"

"मैं फिर कहता हूँ कि हमें उन्हें युद्ध के लिए खुली चुनौती देनी चाहिए।"

अब दुर्योधन के मामा शकुनि के हस्तक्षेप की बारी थी। उन्होंने राधेय से कहा, "तुम हमेशा आसमान पर रहते हो। क्या तुम्हें लगता है कि तुम और दुर्योधन अर्जुन और भीम का सामना कर सकोगे? उन्हें सिर्फ छल से ही पछाड़ा जा सकता है।"

उन सबों की फुसफुसाहट बन्द हो गई जब महाराज धृतराष्ट्र बोले, "मुझे भीष्म,

द्रोण और विदुर से परामर्श करने दो जो हम सबों से अधिक बुद्धिमान हैं।"

कुछ ही देर में वे सभी आ पहुँचे–भीष्म, विदुर और द्रोण। यद्यपि विदुर ने भीष्म से पांडवों के लाक्षागृह से बच निकलने की बात पहले ही बता रखी थी परन्तु यहाँ आने पर ही उन्हें ज्ञात हुआ कि अर्जुन ने स्वयंवर जीत लिया है और इस समय वे सभी पांचाल नरेश द्रुपद के महल में ठहरे हुए हैं।

भीष्म यह सब सुनकर अत्यन्त प्रसन्न हुए। धृतराष्ट्र की ओर मुड़कर बोले,

"क्या अब भविष्य के बारे में सोचने की घड़ी नहीं आ गई है? मैं गम्भीरता से महसूस करता हूँ कि पांडवों को उनका उचित हिस्सा देने से अब और इनकार नहीं किया जाना चाहिए। अन्यथा भयंकर युद्ध के सिवा कोई अन्य रास्ता नहीं बचेगा और उससे मृत्यु और विनाश के सिवा कुछ भी हासिल नहीं होगा। आप जानते ही हैं कि उन अभागे राजकुमारों के प्रति हुए अन्याय के कारण सामान्य जन पहले से ही आक्रोशित हैं। नगर में यह बात फैल चुकी है कि लाक्षागृह का अग्निकांड कोई दुर्घटना नहीं बल्कि दुर्योधन और शकुनि द्वारा रचे गए षड्यन्त्र का परिणाम था। इसलिए यदि हम कोई मैत्रीपूर्ण समाधान निकाल लेते तो शंकाओं के ये सभी जाले मिट जाते और दुर्योधन को भी अपनी खोई हुई प्रतिष्ठा और मान-मर्यादा वापस मिल जाती।"

भीष्म के सुझाव का समर्थन करने में गुरु द्रोण ने तनिक भी विलम्ब नहीं किया–"अब पांडव और कौरव भाइयों के बीच शान्ति और सद्भाव स्थापित होना चाहिए।"

भीष्म और गुरु द्रोण को गौर से सुनने के बाद धृतराष्ट्र के स्वर में चिन्ता झलक रही थी। मन ही मन वह समझ गए थे कि उनके पुत्र दुर्योधन ने सबों की सहानुभूति खो दी है। बिना घुमाए-फिराए उन्होंने भीष्म से सीधे कहा, "आपके मन में जो भी है उसे स्पष्ट करें।"

"उन्हें आधा साम्राज्य दे दें," भीष्म ने कुछ-कुछ तीखेपन के साथ कहा, "क्योंकि इसके सिवा कोई दूसरा चारा नहीं है।"

गुरु द्रोण ने तुरन्त उनका समर्थन किया–"यदि युद्ध होता है तो हमारे पास अर्जुन और भीम के विरुद्ध कुछ भी नहीं होगा।"

"यह तो नैराश्यपूर्ण सलाह है," दुर्योधन भड़क उठे, "मैं क्यों राज्य का कोई अंश सौंप दूँ जिसे मैंने न्यायोचित तरीके से सँभाल रखा है?"

"न्यायोचित तरीके से?" गुरु द्रोण ने ताना दिया, "तुम किस न्याय के तहत लाक्षागृह में उन्हें जलाने के कृत्य को सही ठहराओगे?"

जब भीष्म ने मामला गरमाते देखा तो संयम बरतने की सलाह दी।

कुछ देर के लिए चुप्पी छा गई और सभी इस विवादास्पद समस्या का सम्भावित समाधान ढूँढ़ने में लग गए। तब धृतराष्ट्र बोले, "मैं भीष्म से सहमत हूँ। साम्राज्य का बँटवारा ही एकमात्र समाधान दिखाई पड़ता है, हालाँकि यह किसी मानव अंग को खंडित करने जैसा है। अपने भतीजों को उनका उचित हिस्सा देने से मैं इनकार नहीं

करता। पर मेरे पुत्रों के हक का भी ध्यान रखना होगा।"

धृतराष्ट्र ने तब विदुर से तत्काल पांचाल जाकर भाभी कुन्ती को उनके पुत्रों सहित हस्तिनापुर वापस आने के लिए आग्रह करने को कहा। उन्होंने यह भी कहा कि उनका स्वागत पूरे सम्मान के साथ किया जाए। नगर के सभी रास्ते धुले होने चाहिए और उनके स्वागत में नगर के हर प्रवेश मार्ग पर फूलों के तोरणद्वार सजाए जाएँ।

पर जब विदुर पांचाल पहुँचे और कुन्ती से यह शुभ समाचार बताया तो वह सशंकित दिखीं।

"हे विदुर! मैं आपकी बातों पर पूरा विश्वास करती हूँ," उन्होंने कहा, "क्योंकि आपने हमेशा मेरे बेटों का हितरक्षण किया है। पर कहीं यह कोई और षड्यन्त्र तो नहीं रचा जा रहा है? आप तो जानते हैं कि मैं कौरवों पर बिलकुल विश्वास नहीं कर सकती।"

तब विदुर ने विस्तार से बताया कि भीष्म और गुरु द्रोण के कहने पर ही ऐसा निर्णय लिया गया है।

जब पांडव हस्तिनापुर आए तो उनका स्वागत बड़े धूम-धाम से हुआ। इससे उन्हें इत्मीनान हो गया कि उनका स्वागत सच्चे मन से किया गया है।

महाराज ने स्नेहपूर्वक युधिष्ठिर से कहा–"ऐ मेरे बच्चे, तुमने जितने भी कष्ट सहे हैं उनके लिए मुझे गहरा अफसोस है। पर तुम तो जानते हो कि क्षमा ही धर्म का सार है। इसलिए तुम्हें अब सब कुछ भूलकर क्षमा कर देना चाहिए। जीवन इतना अल्पकालिक है कि उसमें किसी के प्रति घृणा या प्रतिशोध के लिए समय कहाँ? मैं चाहता हूँ कि मेरा सम्पूर्ण कुरु-परिवार शान्ति और प्रेम से रहे।"

युधिष्ठिर ने कोई उत्तर नहीं दिया। उन्हें ये शब्द खोखले लगे।

तब महाराज ने युधिष्ठिर को हिस्से में खांडवप्रस्थ देने का प्रस्ताव किया। "यह भले ही हस्तिनापुर जैसा मोहक न हो पर मैं तुम्हें बता दूँ कि चूँकि यह हमारे पूर्वजों की राजधानी थी, इसमें हमारे विगत काल का सारा गौरव छिपा है। अतः वहाँ जाओ, मेरे बच्चे! और उस पर शासन करो।"

जब यह खबर द्वारका में कृष्ण के पास पहुँची कि धृतराष्ट्र ने युधिष्ठिर को साम्राज्य में हिस्से के रूप में खांडवप्रस्थ दिया है तो उन्होंने पांडवों से उनके नए स्थान पर मिलने का निर्णय किया। वहाँ पहुँचकर वह यह देख दुखी हुए कि चारों तरफ सिर्फ बंजर भूमि थी और हरियाली का नामोनिशान न था। अर्थात् कौरव राजा ने उन्हें धोखे से हस्तिनापुर के बदले खांडवप्रस्थ का बंजर इलाका सौंप दिया था। व्यंग्य भरे स्वर में उन्होंने युधिष्ठिर से कहा, "आपको तो अपने उदारमना चाचा का आभारी होना चाहिए जिन्होंने पत्थरों और नागफनी पर शासन करने का दायित्व सौंपा है। यह निश्चय ही एक बड़ा उपहार है।" फिर उनकी तरफ सान्त्वना भरी नजरों से देखते हुए उन्होंने कहा, "पर कोई बात नहीं। मुझे विश्वास है कि आप सभी इन चट्टानों से भी दूध की धार बहा देंगे

और इस उजाड़ भूमि को भी हरा-भरा बना देंगे क्योंकि आप सभी को देवताओं का आशीष प्राप्त है।"

"और आपका भी, हे वासुदेव!" युधिष्ठिर ने उत्तर दिया, "आपकी शुभकामना है तो हम निश्चय ही ईश्वर की इस परित्यक्त भूमि को एक सुन्दर स्वप्न-नगरी में बदल देंगे।"

कृष्ण के द्वारका प्रस्थान करते ही सभी पांडव काम में जुट गए। कुछ ही दिनों में दोषपूर्ण सड़कों और टूटे-फूटे भवनों के उस प्रदेश का कायाकल्प होने लगा। नए भवन, बाजार, बगीचे और ताल बन गए। अब खांडवप्रस्थ इतना सुन्दर दिखने लगा कि पांडवों ने इसका नाम बदलकर इन्द्रप्रस्थ रख दिया–अर्थात् इन्द्रदेव का निवास स्थान।

जब दुर्योधन के जासूसों ने उन्हें बताया कि किस तरह वह बंजर प्रदेश एक स्वर्गिक स्थान में परिवर्तित हो चुका है, तो वह ईर्ष्या से भर गए। उन्हें आश्चर्य हुआ कि आखिर कैसे उन लोगों ने यह चमत्कार कर दिया। जब उन्होंने शकुनि से अपना क्षोभ व्यक्त किया तो उन्होंने सान्त्वना दी।

"चिन्ता न करो, प्रिय दुर्योधन," उन्होंने कहा, "अभी हमारी सारी योजनाएँ खत्म नहीं हो गई हैं। आज नहीं तो कल वह निश्चय ही हमारे हत्थे चढ़ेंगे।"

चौदह

अर्जुन का एकवर्षीय प्रवास

पांडव अपने नए नगर इन्द्रप्रस्थ में आराम से रहने लगे थे। तभी एक दिन ऋषि नारद का आगमन हुआ। उनका स्वागत बड़े आदर और सम्मान के साथ किया गया। पाँचों भाइयों ने ऋषि के चरणों में साष्टांग प्रणाम कर उनका आशीष प्राप्त किया। तत्पश्चात युधिष्ठिर ने ऋषि को प्रणाम करने के लिए द्रौपदी को बुलाया। उन्होंने भी ऋषि का चरण स्पर्श किया और फिर नम्रतापूर्वक जाकर अपने पाँच पतियों के पास बैठ गईं।

"हाँ, मैंने सुना है ये आप सबों से ब्याही हुई हैं," नारद ने कहा। फिर रुककर बोले, "मैं यह देखकर सचमुच बड़ा प्रसन्न हूँ कि आप सब शान्ति और प्रेम के साथ रह रहे हैं।" फिर उन्होंने अपना दाहिना हाथ आशीर्वाद की मुद्रा में ऊपर उठाया। "पर मुझे आपको भविष्य में पनपने वाली ईर्ष्या और अनबन की संभावना के प्रति सतर्क कर देना चाहिए।...मैं आपको एक ऐसी ही स्थिति उदाहरणार्थ बताता हूँ। सुंड और उपसुंड दो भाई थे जो तिलोत्तमा नाम की एक सुन्दर स्त्री के प्रेम में पड़ गए। पर उससे विवाहोपरांत वे अपने सम्बन्धों में ताल-मेल नहीं रख पाए। फलतः उनकी शादी टूट गई। जब एक व्यक्ति एक से अधिक पत्नी रख सकता है तो एक औरत एक से अधिक पति क्यों नहीं रख सकती? नर-नारी में विभेद क्यों: इसलिए याद रखें, विवाह की सफलता आपके आपसी प्रेम और समझ पर निर्भर करती है।"

यद्यपि पांडव भाइयों के चेहरे पर लज्जा झलक रही थी पर वे सर हिलाकर ऋषि की बातों से मौन सहमति जताते रहे।

जब नारद इन्द्रप्रस्थ से चले गए तो पांडव द्रौपदी से अपने सम्बन्ध को सुलझाने में लग गए। कुछ सोच विचार के बाद यह तय हुआ कि यूँ तो वह सबों की पत्नी हैं पर उनका नर-नारी सम्बन्ध एक बार में किसी एक के साथ केवल एक वर्ष के लिए ही होगा। यदि इस अवधि में जाने-अनजाने कोई दूसरा भाई उनका एकांत भंग करेगा तो उसे प्रायश्चित के तौर पर एक वर्ष के लिए इन्द्रप्रस्थ से बहिर्गमन कर जाना होगा। इस व्यवस्था को बिना किसी आपत्ति के स्वीकार करते हुए वे सभी द्रौपदी के साथ शान्ति और सौहार्द से रहने लगे।

एक बार अर्जुन एक विकट परिस्थिति में पड़ गए। देर शाम उनके पास एक

ब्राह्मण आया और आग्रह करने लगा कि उसकी तीन गाएँ जो कुछ चोर चुरा ले गए थे उन्हें पुनः प्राप्त करने में वह उसकी मदद करें।

"हे यशस्वी राजकुमार! मुझे तत्काल आपकी सहायता चाहिए। यदि आप ना कर देंगे तो मैं दूध-मक्खन बिना भूखा मर जाऊँगा। ऋषि वशिष्ठ का गऊ प्रेम तो आपको पता ही है।"

अर्जुन बड़ी दुविधा में पड़ गए। उस समय चूँकि युधिष्ठिर द्रौपदी संग अपने शयनकक्ष में विश्राम कर रहे थे और वही कक्ष पांडवों का शस्त्रागार भी था इसलिए अर्जुन के लिए प्रवेश वर्जित हो गया। वहाँ जाना भ्राताश्री का एकांत भंग करना था। अतः बड़ी परेशानी में उन्होंने ब्राह्मण से कहा, "कुछ व्यक्तिगत कारणों से, जो मैं आपको बता नहीं सकता, मेरा अपने अस्त्र तक पहुँचना असम्भव है। इसलिए खेद के साथ में कहना चाहता हूँ कि मैं आपकी गायों को नहीं छुड़ा सकता। कृपा कर मुझे मेरी असहायावस्था के लिए क्षमा करें।"

पर ब्राह्मण को इन बातों में कोई सार नहीं दिखा। उसने कहा, "यह तो महज एक बहाना है। क्षत्रिय होने के नाते संकट में पड़े ब्राह्मण की सहायता करना क्या आपका कर्तव्य नहीं है?" फिर अर्जुन पर आँखें तरेरते हुए उसने ऊँची आवाज में कहा, "यदि आप गायों की पुनः प्राप्ति में मेरी मदद नहीं करते हैं तो मेरे पास आपको शाप देने के सिवा और कोई विकल्प नहीं बचेगा। इसलिए आप मेरे आशीर्वाद और शाप में से जो चाहें चुन लें।"

ब्राह्मण की धमकी से भयभीत अर्जुन ने युधिष्ठिर के शयनकक्ष में प्रवेश का जोखिम उठाने का निर्णय किया। चूँकि दोनों गहरी नींद में थे, वह अपना गांडीव और बाण निकाल लाए। कुछ ही देर में उन्होंने चोरों को पकड़ लिया और गायों को छुड़ाकर ब्राह्मण का आशीर्वाद प्राप्त किया।

परन्तु अगली सुबह अर्जुन ने स्वयं युधिष्ठिर के सम्मुख उपस्थित होकर उन्हें सारा वृत्तांत बता दिया।

"मेरे इस अपराध के लिए, हे भ्राताश्री, मुझे एक वर्ष के प्रवास पर जाने की अनुमति दें।"

पर युधिष्ठिर मुस्कराते हुए बोले, "नहीं, प्रिय अर्जुन, उस परिस्थिति में तुम्हारे पास कोई विकल्प नहीं था। इसलिए उस बात के लिए जिस पर तुम्हारा कोई वश नहीं था क्यों स्वयं को दोषी मानते हो?"

"मैं समझ रहा हूँ कि आप यह सब मेरे प्रति स्नेह-वश कह रहे हैं," अर्जुन ने कहा, "परन्तु मुझे लगता है कि ऐसे गम्भीर अपराध की अनदेखी नहीं की जा सकती। अतः मुझे जाना ही होगा।"

बड़े अन्यमनस्क भाव से युधिष्ठिर ने एक वर्ष के लिए जाने की आज्ञा दी। अश्रुपूर्ण नेत्रों से उनके भाइयों ने उन्हें विदा किया और वह नंगे पाँव अपने अज्ञात

गंतव्य की यात्रा पर निकल पड़े।

इन्द्रप्रस्थ से कुछ मील दूर जाकर अर्जुन गंगा-तट पर स्नान के लिए रुके। अपने वस्त्र किनारे पर रखकर वह नदी में कूद पड़े। काफी गहराई में तैरते हुए उन्होंने एक सुन्दर स्त्री को अपनी ओर तैरते हुए आते देखा। 'पानी के अन्दर यह अनोखी मुलाकात!' वह स्वयं से बुदबुदाए। तब उनके सँभलने के पहले ही एक कोमल इन्द्रियगत आवाज आई–"मैंने कभी भी आपसे ज्यादा आकर्षक व्यक्ति नहीं देखा–ये गहरी भूरी आँखें, ये चौड़ी छाती...मुझे तो आपसे प्रेम हो गया।"

अर्जुन भी उस नारी के आकर्षण में बँध चुके थे। पर उनके कुछ बोलने से पहले ही उसने वैसे ही सम्मोहक स्वर में पूछा–"कौन हैं आप?"

"मैं अर्जुन हूँ, पांडव राजकुमारों में से एक।"

"तो यह है आपके चमत्कारी व्यक्तित्व का राज।" वह कूँजी।

"ये राजसी अन्दाज, जो आपके चेहरे से झलक रहा है...मुझे तो समझ लेना चाहिए था कि आप कोई राजकुमार हैं।"

तब अर्जुन ने भी उनका परिचय पूछा। और यह भी कि वह पानी के अन्दर कैसे रहती हैं।

"मैं नाग कन्या उलूपी हूँ। मैं अपने पिता के साथ यहीं जल के अन्दर महल में रहती हूँ।" फिर लजाते हुए उसने कहा, "क्या आप मेरे निजी कक्ष में अपने थके शरीर को एक रात के लिए विश्राम देना नहीं पसन्द करेंगे?"

"नहीं", उन्होंने उत्तर दिया "क्योंकि मैं शपथबद्ध हूँ।" पर जब उन्होंने बताया कि वह किसी भी नारी का स्पर्श नहीं कर सकते तो उसने इसे हँसी में उड़ा दिया।

"हे राजकुमार! वह प्रतिज्ञा तो आपकी पत्नी द्रौपदी तक ही मान्य है, न कि किसी भी औरत के सन्दर्भ में।...इसलिए आप मेरे पास आएँ। एक रात के लिए ही क्यों नहीं पर प्रेम के इस उपहार को न ठुकराएँ।"

अर्जुन अवाक उसे देखते रहे और उसने उनका दायाँ हाथ पकड़ लिया। अब वह उसके पीछे-पीछे तैरने लगे मानो कोई नर मत्स्य स्वच्छ जल में अपनी मादा के पीछे भाग रहा हो।

दूसरे दिन सुबह जब उसने अश्रुपूर्ण नेत्रों से उन्हें विदाई दी तो कहा, "है न एक क्षण का असीमित हर्षोन्माद एक लम्बे प्रेमशून्य जीवन से कहीं ज्यादा आत्मसन्तोष देनेवाला?"

यहाँ से अर्जुन हिमालय की ओर बढ़ गए और पूर्वी क्षेत्र में भ्रमण करते रहे। फिर वह दक्षिण की ओर मुड़े क्योंकि वह पूरा भारतवर्ष देखना चाहते थे। वह गोदावरी तथा कावेरी नदियों के पार पहुँच गए। जब वह मारालूर में रुके तो वहाँ के राजा चित्रसेन ने यह जानकर कि वह यशस्वी पांडव राजकुमार अर्जुन हैं उनका बड़ा सत्कार किया।

यहाँ भी अर्जुन राजपुत्री चित्रांगदा के प्रति आकर्षित हुए जो अप्सरा सी दिखती

थीं। उनकी हंसिनी की सी कोमल काया और सितारों की चमकवाली आँखों ने अर्जुन को अपनी ओर खींच लिया। पर जब उन्होंने विवाह का प्रस्ताव रखा तो चित्रांगदा ने कहा, "मैं अपने पिता की इकलौती सन्तान हूँ। इसलिए यह निर्णय मुझे उन्हीं पर छोड़ देना चाहिए। आप उन्हीं से क्यों नहीं मेरा हाथ माँगते?"

तब अर्जुन अपना प्रस्ताव लेकर राजा चित्रसेन के पास गए। चित्रसेन ने कहा कि यदि उन्हें चित्रांगदा और उससे होनेवाले पुत्र को वहीं छोड़ जाने की शर्त स्वीकार हो तो वह अपनी बेटी उनसे ब्याह देंगे।

"ऐसा इसलिए कि मुझे अपने सिंहासन का उत्तराधिकारी मिल जाएगा", राजा ने कहा। "अब तक ईश्वर ने मुझे सौभाग्य नहीं दिया।"

अर्जुन ने तुरन्त शर्त स्वीकार कर ली और मारालूर में करीब तीन महीने तक ठहरे।

जब अर्जुन के प्रवास का एक वर्ष पूरा होनेवाला था तो वह वापस उत्तर दिशा की यात्रा पर चल पड़े। लौटते समय वह द्वारका के पास एक गाँव में ठहरे जहाँ अचानक उनकी मुलाकात अपने पुराने दोस्त गदा से हो गई जो कृष्ण के चचेरे भाई थे। जो दो-चार दिन वह उनके साथ ठहरे उसमें गदा प्रायः कृष्ण की बहन सुभद्रा की चर्चा करते रहे। सुभद्रा का चित्रण इतना जीवंत और उत्तेजक था कि बिना देखे ही अर्जुन को सुभद्रा से प्रेम हो गया। मन की आँखों में उन्होंने एक ऐसी नारी का चित्र बिठा लिया जो सौंदर्य और गरिमा की प्रतिमूर्ति थीं। उन्होंने उनका प्यार पाने के लिए हर सम्भव प्रयत्न करने का मन बना लिया।

पन्द्रह

अर्जुन का सुभद्रा से प्रणय-निवेदन

संन्यासी का भेष धारण किए, मस्तक पर जटा, ललाट पर भस्म लगाए और हाथ में त्रिशूल लिये वह द्वारका की सीमा पर स्थित प्रभास नामक गाँव में एक स्थान पर आसीन हो गए। यहीं एक बरगद की छाँव में ध्यानमग्न होने का अभिनय करने लगे। एक दिन भारी वर्षा के बावजूद वह पेड़ के नीचे ही बैठे रहे, यद्यपि वह पूरी तरह भीग चुके थे। पर किसी को पता नहीं था कि यह युवा संन्यासी नारायण का नहीं बल्कि सुभद्रा का ध्यान कर रहा है जो उसके मन की मूरत बन गई थीं। कुछ स्थानीय लोगों ने उन्हें एक महान आध्यात्मिक शक्तियों वाला ऋषि समझ लिया।

वह प्राय: सोचते रहते कि यदि किसी प्रकार कृष्ण से मुलाकात हो जाए तो उन्हें अपने सपनों की नारी से मिलने में सहायता मिल सकती है। जब कृष्ण को पता चला कि कोई युवा आकर्षक संन्यासी प्रभास में तपस्यारत है तो उनकी जिज्ञासा बढ़ गई। परन्तु उस संन्यासी के वर्णन से उन्हें लग गया कि वह निश्चय ही अर्जुन होंगे। एक रात जब वह अपनी पत्नी सत्यभामा के साथ बैठे थे तो अपनी हँसी नहीं रोक पाए।

"ये अचानक क्या हो गया आपको?" सत्यभामा ने पूछा।

"मैंने अभी-अभी सुना है कि अर्जुन प्रभास में बरगद के नीचे दिन-रात ध्यानमग्न रह रहे हैं। एक महान धनुर्धर का संन्यासी बन जाना क्या मजेदार बात नहीं है? मेरी पश्चदृष्टि बताती है कि यह सुभद्रा के प्रति उनकी आसक्ति ही है जो उन्हें यहाँ खींच लाई है। क्या एक क्षत्रिय राजकुमार का अपना सपना पूरा करने के लिए ऋषि भेष धारण करना रोचक नहीं है? भावानुराग का स्वरूप भी बड़ा विचित्र है!"

दूसरे दिन प्रात:काल जब कृष्ण बरगद के पास आए तो उन्होंने अर्जुन को तत्काल पहचान लिया।

"बहुत तपस्या कर ली तुमने," कृष्ण ने मजाकिया लहजे में कहा, "अब देवताओं के लिए तुम्हारी इच्छा पूरी करने का समय आ गया है।"

"तो आप सब जान चुके हैं," अर्जुन ने मुस्कराते हुए कहा, "पर मुझे लगता है कि बिना आपकी सहायता के तो मैं उनके करीब भी नहीं पहुँच सकूँगा।"

"हे अर्जुन, प्रेम-पथ पर हर पथिक को स्वयं अपना मार्गदर्शक बनना पड़ता है। मैं

सिर्फ उस दिशा में तुम्हें पहला कदम बढ़ाने में मदद कर सकता हूँ।"

फिर उन्होंने अर्जुन से कहा कि अब से एक-दो दिनों में उनके परिवार के सभी सदस्य एक धार्मिक उत्सव में रैवातक की सुरम्य पहाड़ी पर जाएँगे। यदि वह भी वहाँ योगी-भेष में उपस्थित रहें तो उन्हें उनकी बहन सुभद्रा की एक झलक अवश्य मिल जाएगी।

उत्सव से काफी पहले अर्जुन ने रैवातक के करीब एक वृक्ष चुना जिसके नीचे वह योगिक ध्यान में मग्न दिखे और वहीं तब सुभद्रा का दर्शन हुआ। लगा जैसे देवताओं ने उन्हें उनके समर्पण के लिए पुरस्कृत करने की ठान ली हो। अनुष्ठान के प्रारम्भ होते ही उन्होंने एक अति सुन्दर स्त्री को अपनी सेविकाओं के साथ आते देखा। उनके हृदय की धड़कन ने उन्हें बता दिया कि वही उनकी प्रियतमा थीं। दृष्टि उनके मुखमंडल पर चिपक गई जो तारों से घिरे चाँद की तरह दमक रहा था। उन्होंने मन ही मन सोचा कि काश वह उठ पाते और उनके चरणों में गिरकर कहते-"हे देवी! क्या आप मेरे प्रेम की भेंट स्वीकार करेंगी? मेरे पास और तो कुछ नहीं बस आपके लिए श्रद्धा है।"

पर उन्हें पता था कि जब तक वह चाँद उनके हाथों में नहीं आ जाता उन्हें धैर्यपूर्वक प्रतीक्षा करनी होगी।

सौभाग्य से कृष्ण के बड़े भ्राता बलराम ने भी एक साधु को सड़कों पर घूमते देखा था। उनके रूप, रंग तथा आध्यात्मिक उपलब्धियों से प्रभावित होकर उन्होंने अपनी बहन के सुखद वैवाहिक जीवन के लिए उनसे आशीर्वाद प्राप्त करने की सोची। उन्होंने सोचा कि क्यों नहीं उन्हें भी सुभद्रा के निवास के पास ही ठहरा दिया जाए ताकि वह आसानी से उस दिव्य पुरुष से मिल सकेंगी। जब अर्जुन ने इस व्यवस्था की बात सुनी तो उन्हें लगा जैसे स्वर्ग के विशाल द्वार उनके लिए स्वयं खुल गए हों। अब वह सुभद्रा से प्रतिदिन उनके कक्ष के चारों तरफ फैले बगीचे में मिलने लगे और योगिक ध्यान की चर्चा करने लगे जिससे स्वर्गिक आनंद की प्राप्ति होती है। उधर सुभद्रा हमेशा पांडव राजकुमार अर्जुन से मिलने का स्वप्न देखा करती थीं जिनके आकर्षण और पराक्रम की चर्चा उन्होंने अपनी सेविकाओं के मुँह से सुनी थी। इसलिए एक दिन धार्मिक प्रवचन के बीच में ही उन्होंने साधू से पूछ लिया, "हे ऋषि! सुना है आपने बहुत भ्रमण किया है। क्या आप इन्द्रप्रस्थ भी गए हैं?"

"हाँ-हाँ, मैं तो उस नगर को भली-भाँति जानता हूँ।" अर्जुन ने कहा।

"तब तो आप सभी पांडव राजकुमारों को जानते होंगे।" सुभद्रा ने कहा। फिर लालायित आँखों से देखते हुए पूछा, "अर्जुन के बारे में आप क्या जानते हैं? क्या कभी उनसे आपकी निकटता थी?"

"अवश्य-उतनी ही निकटता जितनी यहाँ इस समय आपसे है।" पर सुभद्रा उनकी बातों की गहराई तक नहीं पहुँच पाईं। अतः उन्होंने फिर पूछा, "वह देखने में कैसे हैं? बहुत आकर्षक?"

"वह सभी पांडवों में सबसे आकर्षक हैं," होंठों पर मुस्कान लिए उन्होंने उत्तर दिया, "लम्बे, गोरे, चौड़े कन्धोंवाले और दृष्टि इतनी पैनी जैसे प्रातःकालीन सूर्य की किरण। पर इन सब से बढ़कर, मैंने सुना है, वह एक सव्यसाची हैं क्योंकि वह अपने दोनों हाथों से गांडीव का प्रयोग कर सकते हैं।"

ऐसा कहते हुए उन्होंने सुभद्रा का हाथ पकड़ने के लिए अपनी दोनों हथेली कबूतर के पंखों की तरह फैलाई।

"इन हाथों की तरह," अर्जुन ने कहा। फिर थोड़ी और ढिठाई से बोले, "वास्तव में अर्जुन तो यहीं उपस्थित हैं, आपके सामने बैठे आपका सौन्दर्यपान करते हुए। मुझे योगी का भेष धारण करना पड़ा अन्यथा अपने मनःव्योम के चाँद तक कैसे पहुँच पाता?"

सुभद्रा का चेहरा सुर्ख लाल हो गया और उन्होंने उसे अपने दोनों हाथों से ढक लिया। अर्जुन उनके हृदय की धड़कन सुन सकते थे।

"हे प्रियतमे! मैं आपसे विवाह करना चाहता हूँ," अर्जुन ने आहें लेते हुए कहा, "मुझे लगता है हम एक दूसरे के लिए ही बने हैं। आप हमेशा मेरा दूसरा हाथ रहेंगी– मेरे गांडीव का दूसरा तार।"

फिर उन्होंने बताया कि उनके मन का रहस्य कृष्ण को ज्ञात है।

सुभद्रा ने राहत की साँस ली और अपना सर उनके कन्धों पर रख दिया। तभी बगीचे में कोई चिड़िया चहचहाई। सुभद्रा ने फुसफुसाकर कहा, "यह भी कह रही है– हाँ, हाँ, हाँ।"

फिर हम क्यों नहीं गन्धर्व-विवाह कर लें? मैं बस आपको अपनी वधू के रूप में लेकर सीधे इन्द्रप्रस्थ प्रस्थान कर जाता हूँ। मुझे विश्वास है कृष्ण हमें अपने रथ का प्रयोग करने देंगे..."

वह सिर्फ मुस्कराईं।

ज्यों ही क्षितिज पर सूर्यास्त हुआ और सुभद्रा के बगीचे में अँधेरा फैला, मुख्य द्वार पर एक रथ दिखा जिसमें पाँच भरोसेमंद घोड़े जुते थे–मेघ, पुष्प, बालहक, सुग्रीव और सैव्य। सुभद्रा ने अर्जुन से बताया कि वह भी एक निपुण सारथी हैं। इसलिए अर्जुन को अब लगाम उनके हाथों में दे देनी चाहिए और स्वयं राजकुमार के भेष में पीछे बैठना चाहिए। वे प्रस्थान करने ही वाले थे कि वर्षा की हल्की फुहार पड़ने लगी–वैसी भारी बारिश नहीं जिसमें भीगते हुए भी अर्जुन ध्यानमग्न बैठे रहे थे। "यह फुहार एक शुभ संकेत है।" अर्जुन ने अपनी प्रियतमा से कहा।

रथ ज्यों ही मुख्य द्वार से निकला, पहरेदारों ने खतरे का शोर मचाया। सुभद्रा के कई परिजन सड़कों पर निकल आए। जंगल की आग की तरह यह बात फैल गई कि सुभद्रा को कोई क्षत्रिय लिए जा रहा है। शोर-गुल सुनकर बलराम बाहर आए, और पीछे-पीछे कृष्ण भी।

"देखो, उस छद्म भेषधारी ढोंगी साधु ने क्या किया।" बलराम बोले।

पर कृष्ण खड़े मुस्कराते रहे।

"लगता है तुम भी इस पलायन में सह-अपराधी हो।" बलराम ने अपने छोटे भाई पर आँखें तरेरते हुए कहा। फिर उन्होंने इन्द्रप्रस्थ पर हमला करने की धमकी दी ताकि वह अपनी बहन को वापस द्वारका ला सकें।

तब कृष्ण ने भ्राता के क्रोध को शान्त करने के लिए अनुनय-विनय की सारी युक्तियाँ लगा दी। बोले, "हम क्यों इन दो प्रेमियों के बीच पड़ें, खासकर जब सुभद्रा ने स्वेच्छा से अर्जुन को अपना पति स्वीकार कर लिया है? ऐसे पवित्र प्रेम में बाधा डालना पाप होगा।...इसके अतिरिक्त, क्या हम अपनी बहन के लिए अर्जुन से बेहतर जोड़ा ढूँढ़ सकते थे? वे सभी पांडवों में सबसे आकर्षक हैं, और एक अद्वितीय धनुर्धर भी। परमप्रतापी कुरुवंश के एक सदस्य और इन्द्रदेव के पुत्र हैं। अर्जुन से ज्यादा सुयोग्य वर हमें कहाँ मिलता? इस विवाह से वृष्णियों और पांडवों के बीच का बन्धन और भी ठोस होगा। अत: भ्राताश्री! इसे स्वीकार करें।"

इन बातों ने बलराम को सन्तुष्ट कर दिया कि सुभद्रा का चुनाव सही था। और जब इस सम्बन्ध को देवताओं का आशीष प्राप्त है तो फिर कोई क्यों इस पवित्र प्रेम के सहज मार्ग में बाधक बने?

जब रथ इन्द्रप्रस्थ की सीमा पर पहुँचा तो अर्जुन ने सुभद्रा को ग्वालिन का भेष धारण कर लेने की सलाह दी क्योंकि वर्तमान वस्त्र में उनका रूप चौंधिया देनेवाला था जो निश्चय ही द्रौपदी के मन में ईर्ष्या जागृत कर देता।

"अब आपको अपने सारे गुणों, विनम्रता और आदर द्वारा द्रौपदी का मन जीतना होगा क्योंकि उनकी तुनकमिजाजी सर्वविदित है।"

सिखाए अनुसार सुभद्रा जाते ही द्रौपदी के पैरों पर यह कहते हुए गिर पड़ीं कि चूँकि वह उन्हें अपनी बड़ी बहन के रूप में देखती हैं इसलिए उन्हें उनका आशीर्वाद चाहिए। इस सद्भावना प्रदर्शन से द्रौपदी तत्क्षण निरस्त्र हो गईं और उन्होंने सुभद्रा को गले लगा लिया।

"तुम्हारे प्रेम में पड़ने के लिए मैं अर्जुन को कैसे दोषी ठहराऊँ। तुम हो ही इतनी सुन्दर और ऊपर से ऐसा मोहक शिष्ट आचरण। मेरा आशीर्वाद निश्चय ही तुम्हारे साथ है। ईश्वर तुम्हें ऐसा पुत्र-रत्न दें जो कुरुवंश का गौरव बढ़ाए।"

फिर पुरोहितों ने एक शुभ दिन विवाह के लिए निर्धारित किया जिसमें सभी वृष्णी दहेज स्वरूप हीरे-जवाहरात लेकर सम्मिलित हुए। इस प्रकार अर्जुन-सुभद्रा विवाह सम्पन्न हुआ। एक वर्ष बाद उन्होंने अपने पुत्र अभिमन्यु को जन्म दिया जो एक निपुण धनुर्धर के रूप में बड़े हुए-अपने पिता के टक्कर के। कृष्ण के भानजे के रूप में, और युधिष्ठिर के भतीजे के रूप में भी, अभिमन्यु पर सबों के स्नेह और प्रेम की वर्षा होने लगी।

सोलह

जरासंध-वध

जब इन्द्रप्रस्थ के महाराज युधिष्ठिर का राज-काज सुव्यवस्थित हो गया तो उनके मंत्रियों और सलाहकारों ने उनसे राजसूय यज्ञ करने का आग्रह किया ताकि वह भारतवर्ष के सम्राट की उपाधि प्राप्त कर सकें। परन्तु स्वभाव से विनम्र युधिष्ठिर इस प्रस्ताव से उत्साहित नहीं हुए। उन्हें अन्य राज्यों पर अपना वर्चस्व स्थापित करने से कहीं ज्यादा अपनी प्रजा की सेवा करना तथा उन्हें शान्ति और स्थायित्व प्रदान करना पसन्द था। एक राजा को अहंकार और झूठी प्रशंसा जैसे अवगुणों पर विजय प्राप्त करनी चाहिए। पर जब उनके हितैषियों ने उनसे बार-बार आग्रह किया तो उन्होंने कृष्ण से परामर्श करने का निर्णय लिया। जब कृष्ण इन्द्रप्रस्थ आए तो उन्होंने भी स्पष्ट शब्दों में कहा–

"जो सम्मान और प्रेम आपको अन्य राज्यों से प्राप्त है उसके हिसाब से तो आपको सम्राट की उपाधि मिलनी ही चाहिए। परन्तु यदि किसी शासक ने आपके अधिकार को चुनौती दी तो आपकी प्रतिष्ठा अरक्षणीय हो जाएगी। मैं ऐसा इसलिए कह रहा हूँ क्योंकि मैं जानता हूँ कि मगध नरेश जरासंध आपके अधिराज्य को कभी स्वीकार नहीं करेंगे क्योंकि वह बड़े घमंडी हैं। वह इतने शक्तिशाली हैं कि कई राजा उनके कारागार में बन्द पड़े हैं। अभी तक किसी भी शासक ने उन्हें चुनौती देने की हिम्मत नहीं की है।"

"फिर तो यह मेरे लिए रक्तपात से बचने का और भी ठोस कारण है," युधिष्ठिर ने कहा, "मैं क्यों अपने अहंकार की तुष्टि के लिए अपने सैनिकों का जीवन संकट में डालूँ? आप तो जानते हैं खून की नदी पार करने से बेहतर मैं पुनः वनगमन करना पसन्द करूँगा ताकि शान्ति से जीवन व्यतीत कर सकूँ। मेरे भ्रातागण मुझे राजसूय यज्ञ सम्पन्न करने के लिए उकसा रहे हैं। पर मुझे इस प्रलोभन में नहीं पड़ना चाहिए।"

भीम ने, जो वहीं पर खड़े थे, अपने ज्येष्ठ भ्राता को आकाश में विचरण करनेवाला स्वप्नद्रष्टा बताया। कृष्ण की ओर मुड़कर उन्होंने कहा, "ये यह नहीं समझते कि महत्त्वाकांक्षाविहीन राजा सुस्त हवा में पड़े तिनके की तरह होता है। एक कमजोर शासक कैसे अपनी प्रजा की रक्षा कर सकता है? आकांक्षा और पराक्रम वीरोचित गुण

हैं। आत्मत्याग और विनम्रता तो ऋषियों के लिए है, क्षत्रियों के लिए नहीं। कृपा कर इन्हें जरासंध से भिड़ने का परामर्श दें। आखिर वह एक नश्वर प्राणी है, कोई दिव्यात्मा नहीं।''

भीम से वीरतापूर्ण कार्यों के पक्ष में जोशीली बातें सुनकर कृष्ण ने कहा, ''मैं भी युद्ध के पक्ष में हूँ। हर व्यक्ति को निरर्थक आदर्शवाद का सहारा लेने के बजाय अपना कर्म करना चाहिए। जरासंध का अन्त आवश्यक है यदि उन राजाओं को मुक्ति दिलानी है जो उनका अत्याचार झेल रहे हैं। यदि आप उनका उद्धार नहीं करेंगे तो और कौन करेगा?''

फिर कृष्ण ने कहा कि यदि भीम और अर्जुन जरासंध से युद्ध के लिए सहमत हों तो वह उनके साथ चलने को तैयार हैं।

''पर मैं नहीं चाहूँगा कि भीम और अर्जुन मगध नरेश से युद्ध करें,'' युधिष्ठिर ने कृष्ण से कहा, ''खासकर जब मैं आप से उनके बारे में सुन चुका हूँ। मैं बता दूँ कि भीम और अर्जुन मेरी आँखें और मेरे हाथ हैं। यदि मैंने उन्हें खो दिया तो मेरा क्या होगा ?''

कृष्ण मुस्कराए। ''कभी-कभी आप कमजोर आस्था वाले व्यक्ति दिखते हैं,'' उन्होंने कहा, ''जब मैंने साथ जाने का वचन दिया है तो निश्चय ही मेरे मन में उसे मारने की योजना है। आपके ठीक विपरीत मैं हमेशा अपने आँख-कान खुले रखता हूँ और बुरी से बुरी स्थिति के लिए तैयार रहता हूँ। इसलिए अब हमें युद्ध की तैयारी शुरू कर देनी चाहिए।''

''यही उत्साह होना चाहिए,'' अर्जुन बीच में बोल पड़े, ''कायर तो मृत्यु के पहले ही कई बार मर चुका होता है। यदि जरासंध बलशाली हैं तो हम भी कोई खर-पात के बने नहीं हैं। जहाँ मेरे गांडीव की टंकार किसी भी दुश्मन को समर्पण के लिए बाध्य कर सकती है वहीं भीम की गदा दैत्यों के हृदय में भी आतंक भर सकती है। प्रत्याहार और निष्क्रियता तो बुढ़ापे के लक्ष्य हैं। पर युवावस्था तो मुठभेड़ के लिए ही होती है। हाँ, वन में विश्राम और तपस्या करने का समय भी आएगा, परन्तु अभी नहीं। अब जब कृष्ण हमारे साथ हैं तो सफलता तो मिलनी ही है।''

अब युधिष्ठिर मुस्कराए। कहा, ''मैं खुशी-खुशी अपनी हार स्वीकार करता हूँ।''

कृष्ण ने एक गुप्त योजना की ओर इशारा किया जो जरासंध के जन्म से जुड़े उस रहस्य को ध्यान में रखकर बनाई गई थी जिसमें उसका भाग्य कैद था। जरासंध का जन्म बड़ी विचित्र परिस्थितियों में हुआ था। उनके पिता मगध नरेश वृहद्रथ अपनी बहादुरी के लिए प्रसिद्ध थे। तत्कालीन परम्पराओं के अनुसार लगभग सभी राजाओं की दो पत्नियाँ हुआ करती थीं ताकि उनमें से कम-से-कम एक भी किसी नर सन्तान को जन्म दें जो राजगद्दी सँभाले। इसलिए वृहद्रथ ने काशी नरेश की दो कन्याओं से विवाह किया था और उनके पिता को यह वचन दिया था कि वह दोनों को समान रूप से प्यार करेंगे और उनका ध्यान रखेंगे। पर नियति कुछ और ही थी। वह बिना पिता बने ही बूढ़े

हो गए। घोर निराशा में उन्होंने राज-काज अपने मन्त्रियों को सौंप दिया और स्वयं अपनी दोनों भार्यायों के साथ जंगल में तप करने चले गए। वह दिन-रात प्रार्थना और ध्यान में लग गए।

तब एक दिन उन्होंने एक ऋषि को आम के पेड़ तले समाधि में निमग्न देखा। उन्होंने कुछ फल-फूल उनके चरणों में रखे और उनके नेत्र खुलने की प्रतीक्षा करने लगे। जब ऋषि समाधि से जागे तो उन्होंने वृहद्रथ को अपने चरणों में साष्टांग पड़े देखा।

"कौन हैं आप?" ऋषि ने पूछा।

"हे देव! मैं मगध नरेश वृहद्रथ हूँ। मैंने वनवास ग्रहण कर लिया है क्योंकि नियति के अभिशाप ने मुझे सन्तानहीन बना दिया।"

ऋषि ने अपनी आँखें पुनः बन्द कर लीं मानो किसी चीज पर मनन कर रहे हों। नेत्र खोलने पर उन्होंने राजा को करुणाभरी दृष्टि से देखा और बोले, "आपकी प्रतीक्षा के दिन अब समाप्त हो चुके हैं।"

ऐसा कहते ही एक आम्रफल वृहद्रथ की गोद में आ गिरा।

फल की ओर इंगित करते हुए ऋषि ने कहा, "इस आम को अपनी पत्नी को खिला दें। वह एक पुत्र को जन्म देंगी।"

इस वरदान से प्रसन्न राजा अपनी कुटिया की ओर दौड़ पड़े जहाँ उनकी दोनों पत्नियाँ प्रतीक्षारत थीं। चूँकि उन्होंने दोनों को बराबर-बराबर प्रेम करने का वचन दिया था इसलिए उन्होंने आम को आधा-आधा बाँटकर खा लेने को कहा। परन्तु उनकी नियति फिर उनके मार्ग में आ गई। उनकी स्त्रियाँ गर्भवती तो हुईं पर उन्होंने दो विकृत नर सन्तानों को जन्म दिया—आधा शरीर, एक आँख और एक पैरवाली सन्तानें।

यह वीभत्स दृश्य सहन न कर सकने के कारण उन्होंने एक सेवक को आदेश दिया कि वह दोनों अर्ध-शरीरों को एक कपड़े में लपेटकर कूड़े के ढेर में फेंक दे। तभी जरा नामक राक्षसी कूड़े के पास से गुजर रही थी। उसे ताजे माँस की गंध लगी। पर ज्यों ही उसने गठरी खोली दोनों अर्धभाग चुम्बक की दो छड़ों की तरह अचानक जुड़ गए और एक पूर्ण बालक बन गए।

चूँकि राक्षसी ने राजा के सन्तानविहीन होने की बात सुनी थी, वह सीधे उनके पास पहुँच गई। "हे महाराज, मेरा यह उपहार स्वीकार करें," उसने कहा, "यह आपका पुत्र है जो राजगद्दी सँभालेगा।"

राजा ने इसे ईश्वर का उपहार माना। वह अत्यन्त रोमांचित हो उठे और सारे मगध में उत्सव मनाने का आदेश दे दिया। सभी ब्राह्मणों को दान-दक्षिणा और उपहार बाँटे गए।

जरासंध नाम का यह बालक बड़ा होकर परामानवीय शक्तियों वाला व्यक्ति बना। अपने पिता की मृत्यु के बाद उसने मगध का राज-काज सँभाल लिया। पर उसके

शासन में इतना अत्याचार था कि वह देश के सबसे क्रूर राजा के रूप में जाना जाने लगा। उसने सभी पड़ोसी राज्यों को जीत लिया और उनके राजाओं को बन्दीगृह में कैद कर लिया।

इसीलिए कृष्ण ने युधिष्ठिर, भीम और अर्जुन से कहा कि इस भयानक जीव के अन्त से पहले राजसूय यज्ञ निरर्थक है।

"आप जानते हैं," कृष्ण ने पांडवों से कहा, "कि क्षत्रिय होने के नाते जरासंध को द्वन्द्व की कोई भी चुनौती, चाहे सशस्त्र हो या बिना शस्त्र के, स्वीकार करनी ही होगी। अतः यदि उसे मल्लयुद्ध के लिए ललकारा जाए तो वह अवश्य तैयार हो जाएगा"।

फिर कृष्ण ने भीम और अर्जुन से कहा कि वे बाकी सब कुछ उन पर छोड़ दें।

तब मृगछाल पहने ब्राह्मणों के वेष में हाथ में पवित्र दर्भ-पत्र लिए वे तीनों मगध पहुँचे।

संयोग से यह वही दिन था जिस दिन किसी सम्भावित अनहोनी के लिए राज पंडितों ने जरासंध को आगाह कर रखा था। फलतः वह अनेक प्रायश्चितिक अनुष्ठानों में लगे हुए थे।

जब कृष्ण और दोनों पांडवों ने राजमहल में निहत्थे प्रवेश किया तो राजा ने बड़े सम्मान के साथ उनका स्वागत किया, खासकर इसलिए कि वह हर पुनीत व्यक्ति का आशीर्वाद प्राप्त करना चाहते थे। तब कृष्ण ने भीम और अर्जुन का परिचय असाधारण आध्यात्मिक शक्तियों वाले ब्राह्मण के रूप में कराया और बताया कि वे उन्हें रक्षा और हित का आशीष देने आए हैं। किन्तु मौन व्रत में हैं, इसलिए मध्यरात्रि में ही अपना मौन भंग करेंगे। जरासंध ने हाथ जोड़कर दोनों ब्राह्मणों को नमन किया।

"आप दोनों मेरे लिए ईश्वर-प्रदत्त हैं," राजा ने कहा, "क्योंकि मेरे राजपुरोहितगण भी किसी अनिष्ट से मेरी रक्षा के लिए आज विशेष अनुष्ठान कर रहे हैं।"

फिर उन्होंने अपने केन्द्रीय कक्ष में उनके ठहरने और भोजन की व्यवस्था की । मध्यरात्रि में जरासंध ब्राह्मणों से आशीष लेने कक्ष में आए। पर जब चमकती रोशनी में उन्होंने गौर से देखा तो पाया कि उनके हाथों पर कटे के निशान थे। आमने-सामने वे दो योद्धाओं जैसे दिख रहे थे। शंका गहराते ही उन्होंने पूछ लिया-"कौन हैं आप? ब्राह्मण या क्षत्रिय?"

तब भीम ने कहा,"हम दो पांडव राजकुमार हैं। मैं भीम हूँ और ये अर्जुन हैं। और-वहाँ खड़े हैं कृष्ण।" थोड़ा ठहरकर फिर कहा,"हम यहाँ तुम्हें द्वन्द्व-युद्ध के लिए चुनौती देने आए हैं। चूँकि तुम भी क्षत्रिय हो इसलिए दोनों में से किसी एक को चुन सकते हो।"

किसी जंगली जानवर की तरह क्रोधित जरासंध की आँखें अंगारें बन गईं।

"ऐ छद्म भेषधारी," वह चीखे, "मुझे तुम्हारी चुनौती स्वीकार है। चूँकि तुम निहत्थे हो इसलिए मैं तुम्हें मल्लयुद्ध के लिए आमन्त्रित करता हूँ।" फिर भीम और

अर्जुन को देखते हुए बोले कि अर्जुन तो अभी लड़का है इसलिए वह भीम से ही भिड़ेंगे जो थोड़ा भारी भरकम और वयस्क दिखता है।

फिर दो बराबरी के भीमकाय योद्धाओं–भीम और जरासंध–के बीच अचानक मल्लयुद्ध प्रारम्भ हुआ। शुरू के कुछ चक्रों में भीम ने अपने प्रतिद्वन्द्वी को अपना कौशल दिखाने दिया पर बाद में वह अपने रंग में आ गए। वह जरासंध पर दाएँ-बाएँ प्रहार करने लगे। तेरह दिनों तक वे दो शेरों की तरह जंगल में लड़ते रहे, एक दूसरे पर गुर्राते और झपटते हुए। चौदहवें दिन भीम ने जरासंध को एक जबरदस्त प्रहार के साथ धरती पर पटक दिया और उनके दोनों पैरों को पकड़कर चीर दिया। पर आश्चर्य यह कि दोनों अंग फिर आपस में जुड़ गए और जरासंध फिर एक शक्तिशाली प्रतिद्वन्द्वी के रूप में लड़ने को खड़े हो गए।

जब भीम दुबारा अपने दुश्मन को दो फाँक कर रहे थे तो कृष्ण ने खाँस कर उनका ध्यान आकृष्ट किया। उन्होंने एक तृण को दो भागों में तोड़कर दो विपरीत दिशाओं में फेंक दिया। भीम ने संकेत समझ लिया और इस बार जरासंध को चीरने के बाद दोनों भागों को दो विपरीत दिशाओं में फेंक दिया। इस प्रकार आततायी जरासंध का अन्त हुआ जो अपने सभी पड़ोसी राज्यों के लिए एक लोक-कंटक था।

कृष्ण, भीम और अर्जुन ने तब बन्दीगृह में कैद सभी राजाओं को मुक्त किया। सारे मगध में आनन्दोत्सव मनाया गया।

जब वे इन्द्रप्रस्थ वापस लौटे तो युधिष्ठिर और कुन्ती ने बड़े उत्साह के साथ उन्हें गले लगाया।

"अब आप अपना राजसूय यज्ञ कर सकते हैं," कृष्ण ने युधिष्ठिर से कहा, "और भारतवर्ष के सभी राजाओं पर अपना प्रभुत्व स्थापित कर सकते हैं।"

सत्रह

कृष्ण का सम्मान

इन्द्रप्रस्थ में सर्वत्र उत्साह का माहौल था। पुरोहितों द्वारा निर्धारित शुभ तिथि को राजसूय यज्ञ का आयोजन होनेवाला था। सूर्योदय के साथ ही नगर के सभी नर-नारी और बच्चे उत्सवी पोशाक में सजे सड़कों पर निकल आए। राजप्रासाद के द्वार पर शाही परिवार से भोजन और वस्त्र प्राप्त करने के लिए ब्राह्मणों की लम्बी कतार लग गई।

महल के अन्दर सभा-कक्ष फूलों से सजा हुआ था और मंच पर रेशमी कपड़े से ढका राजसिंहासन रखा हुआ था। कक्ष के बीचोबीच पूजा चल रही थी। एक तरफ वैदिक मन्त्रों का जाप हो रहा था और दूसरी तरफ युधिष्ठिर के आजू-बाजू कुन्ती और द्रौपदी बैठी थीं। पीछे युधिष्ठिर के चारों भाई बैठे थे। अग्निकुंड से निकली धूप-चन्दन की सुगन्ध चारों ओर फैल रही थी।

जब पूजा समाप्त हुई तो प्रधान पुरोहितजी युधिष्ठिर को राज सिंहासन तक ले गए और उनके माथे पर रत्नजड़ित मुकुट रख दिया। कक्ष में एक जोरदार जयघोष गूँज उठा। जब युधिष्ठिर ने चारों ओर नजर दौड़ाई तो यह देखकर काफी सन्तुष्ट हुए कि भीम, द्रोण, विदुर, कृपाचार्य, राधेय और यहाँ तक कि दुर्योधन जैसे विशिष्ट व्यक्तियों के साथ उनके चचेरे कौरव भ्रातागण भी कक्ष में विराजमान थे। कुरुवंश के दोनों पक्षों के बीच एक सौहार्द देखकर उन्हें प्रसन्नता हुई। ज्यों ही युधिष्ठिर ने अपना दाहिना हाथ उठाया कक्ष के एक कोने में बैठे संगीतज्ञों के वाद्ययन्त्र चुप हो गए और एक नीरवता-सी छा गई। तत्पश्चात युधिष्ठिर ने राजसिंहासन से उठकर हाथ जोड़कर सबों का अभिवादन करते हुए सभा को सम्बोधित किया–

"मित्रो, मैं आप सबों का आभारी हूँ कि आपने मुझे सम्राट की उपाधि से विभूषित किया, एक ऐसा सम्मान जिसे मैं कृतज्ञतापूर्वक स्वीकार करता हूँ। मेरे लिए सबसे मर्मस्पर्शी बात है मेरे कौरव भ्राताओं की कृपापूर्ण उपस्थिति, खासकर दुर्योधन, भीष्म, गुरु द्रोण, विदुर और कृपाचार्य जैसे विशिष्टिजनों की उपस्थिति। मैं देश-भर से आए सभी राजाओं और राजकुमारों का भी स्वागत करता हूँ। यद्यपि हमारी बोली अलग-अलग है और हमारे परिधान और रीति-रिवाज भी भिन्न हैं तथापि हम एक ही सर्वमान्य सभ्यता और परम्परा से बँधे हैं। अनेकता में निहित यही एकता हमारी शक्ति

है। आइए हम समान रूप से एक ही विशाल परिवार के सदस्यों की तरह रहें।"

एक अल्प विराम के बाद वह फिर बोले, "और अब मैं एक महत्त्वपूर्ण घोषणा करने जा रहा हूँ। आज के विशिष्ट अतिथि के रूप में मैं उनका नाम प्रस्तावित करता हूँ जिनकी दूरदर्शिता और आध्यात्मिक मर्यादा ने हम सबों को सत्य और न्याय के मार्ग पर बढ़ना सिखाया है। विपत्ति के क्षणों में उनके मार्गदर्शन के लिए मैं उनका व्यक्तिगत रूप से भी आभारी हूँ। वह हैं श्री कृष्ण।"

नाम घोषित होते ही उपस्थित जन समूह ने एक जोरदार जयकार किया। मंच के पास अग्रिम पंक्ति में बैठे कृष्ण ने खड़े होकर और हाथ जोड़कर यह अभिवादन स्वीकार किया। कन्धों तक झूलते घुँघराले बाल और रेशमी पोशाक में देदीप्यमान वह देवलोक से पधारे अतिथि की तरह लग रहे थे।

पर ज्यों ही जयकार की ध्वनि मंद पड़ी कक्ष के एक कोने से खराश भरी आवाज सुनाई पड़ी। यह चेदि राज शिशुपाल थे जो आग्नेय नेत्रों से देखते हुए उठ खड़े हुए थे। कृष्ण की तरफ ऊँगली उठाते हुए वह चीखे-

"यह चरवाहा! यह चालबाज जो अपने लक्ष्य की प्राप्ति के लिए किसी भी स्तर तक गिर सकता है। इसी तरह इसने जरासंध की मृत्यु का उपाय किया था। क्या यह वासुदेव का पुत्र नहीं है जो राजा उग्रसेन का सेवक था? और क्या इसका लालन-पालन एक धात्री के हाथों नहीं हुआ है? अपनी युवावस्था में इसने अबोध गोपिकाओं को बांसुरी बजाकर बहकाने के सिवा किया ही क्या है। अगर मेरे पास समय होता तो मैं इसकी दुष्टता के सौ कृत्य खोलकर रख देता। पर मर्यादा का विचार मुझे रोक देता है। इसलिए हे युधिष्ठिर! मैं आपके प्रस्ताव से आहत और विस्मित हूँ। लगता है आपने अपना नैतिक विवेक खो दिया है और कच्चे मोह में पड़ गए हैं। अनेकों श्रेष्ठ व्यक्तियों के होते आपने विशिष्ठ सम्मान के लिए इसे कैसे चुना? आपके पितामह भीष्म क्यों नहीं, यद्यपि वह काफी बूढ़े हो चुके हैं? फिर द्रोण, जिन्होंने आपको धनुर्विद्या की शिक्षा दी? और आपके कुलगुरु कृपाचार्य? पर मैं तो कह ही चुका हूँ कि आपने अपनी दूरदर्शिता खो दी है। जबकि आप धर्मराज कहलाते हैं—धर्मपरायणता के अधिपति। यदि आप मानते हैं कि हम सभी एक ही परिवार के बराबरी के हक वाले सदस्य हैं तो मुझे विरोध करने का पूरा हक है।"

"परन्तु किसी ऐसे व्यक्ति के अनादर या अवमानना का हक नहीं जो सबके लिए सम्माननीय हैं," युधिष्ठिर ने टोका, क्योंकि अब और संयम बनाए रखना सम्भव नहीं था। "सच तो यह है कि आप पागल हो गए हैं। आज यदि आप मेरे अतिथि नहीं होते तो मैं आपको यहाँ से निकाल देता।"

"तो फिर आपके चरवाहे को इस पागल की चुनौती है, भिड़कर देख ले-इसकी बांसुरी और मेरी तलवार।" कृष्ण को धमकी देते हुए उन्होंने हवा में अपनी तलवार भाँजी।

भय का एक आवरण कक्ष पर छा गया। सभी शिशुपाल और कृष्ण की तरफ

असमंजस से देखने लगे—जैसे काठ मार गया हो। परन्तु उस तरफ जहाँ दुर्योधन, उनके भ्रातागण और राधेय बैठे थे, उल्लास की एक लहर दौड़ गई। अन्त में कृष्ण ने चुप्पी तोड़ी। शिशुपाल की तरफ मुड़कर बोले, "मैं चाहता था कि आप मेरे विरुद्ध अपने पूरे सौ आरोप बता ही देते। पर अब जबकि आपने खड़्ग की भाषा चुन ही ली है तो मुझे आपको इस चरवाहे की शक्ति का स्वाद चखाना ही होगा।"

कृष्ण के मुखमंडल पर छाई रहनेवाली रहस्यमय मुस्कान अब कठोर क्रोध में बदल गई। उनकी आँखों से ज्वाला धधकने लगी । ज्यों ही उन्होंने अपने दाहिने हाथ की तर्जनी उठाई सुदर्शन चक्र, जो एक दिव्य चक्र था, मूर्त रूप में प्रस्तुत हो गया, मानो वायुमंडल से निकला हो । उसका तेज इतना चकाचौंध भरा था कि चारों तरफ ऊँची-ऊँची खिड़कियों से कक्ष में आती सूर्य की रोशनी पर जैसे ग्रहण लग गया। फिर अचानक पूरा कक्ष गहरे अन्धकार में डूब गया। बस केवल चक्र से निकलती रोशनी ही दिख रही थी जो सबों के माथे पर घूम रहा था। वह तेजी से शिशुपाल के मस्तक को लक्ष्य में लेता हुआ बढ़ा जैसे कोई शिकारी पक्षी अपने शिकार की ओर लपकता है। शिशुपाल ने अपने सर को गोता खिलाकर चक्र के वार से बचने की कोशिश की, पर असफल रहे। एक झटके में चक्र ने उनकी गर्दन तराश दी और उनका मस्तक धरती पर लुढ़क गया।

"हे नारायण!" उपस्थित भीड़ चीख पड़ी, "हम पर कृपा करें।" फिर दूसरी चीख सुनाई पड़ी—"न्याय की जीत हुई है।" शिशुपाल के वध के साथ ही युधिष्ठिर के राज्याभिषेक के मार्ग का अन्तिम अवरोध समाप्त हो गया और कृष्ण का राजसूय यज्ञ में विशिष्ट अतिथि के रूप में अभिवादन किया गया ।

विस्मय से भरे सभी कक्ष से बाहर निकलने लगे। जब युधिष्ठिर मंच से नीचे उतरे तो उन्होंने ऋषि व्यास को अपनी ओर आते देखा। वह तुरन्त उनके चरण-स्पर्श के लिए झुके।

"आप सही समय पर पधारे हैं, ऋषिवर!" उन्होंने कहा, "मुझे आपका आशीर्वाद चाहिए।"

"इसीलिए तो मैं आया हूँ," व्यास ने उत्तर दिया, "कि आपसे कुछ बातें कर सकूँ। इस शुभ अवसर पर कृष्ण के विरुद्ध शिशुपाल के विस्फोट से मैं दुःखी हूँ। कृष्ण इस सम्मान के सर्वथा योग्य हैं। पर यही जीवन है—एक मिश्रण, यश और अपयश का, प्रकाश और अन्धकार का।" फिर थोड़ा रुककर बोले, "मैं आपका उत्साह कम नहीं करना चाहता। परन्तु मैं भयभीत हूँ। मैं आपके माथे पर अपशकुन मँडराते देख रहा हूँ। वे आनेवाले वर्षों में मृत्यु और विनाश, प्रतिशोध और विश्वासधात की पूर्वसूचना दे रहे हैं। पर इन पूर्व सूचनाओं से आप निराश न हों। आपको न्याय-पथ का अनुसरण करते रहना चाहिए क्योंकि उसी में आपकी शक्ति छिपी है। याद रखें, करुणामय प्रेम ही क्रोध के शमन का एक मात्र मार्ग है। आपको अपने दुश्मनों को क्षमाशीलता से वश में करना

होगा–यहाँ तक कि कौरवों को भी जो ईर्ष्या और लोभ से भरे हैं। हे युधिष्ठिर! नारायण आपकी सहायता करें।" ऐसा कहते हुए वह सुविख्यात ऋषि युधिष्ठिर को आत्मनिरीक्षण में डूबा हुआ छोड़कर बहिर्गमन कर गए।

ऋषि व्यास के परामर्शानुसार कार्य करते हुए युधिष्ठिर ने अपने चचेरे भाइयों, खासकर दुर्योधन, के प्रति यथासम्भव कृपालु बने रहने का निर्णय किया। उन्होंने अपना विशेष दूत भेजकर यह जानने की चेष्टा की कि क्या दुर्योधन दर्शनीय स्थलों का अवलोकन करना चाहेंगे। पर उन्हें ज्ञात हुआ कि उनके चचेरे भाइयों ने पहले ही उन सभी रोचक स्थलों का भ्रमण कर लिया था जिनके लिए इन्द्रप्रस्थ प्रसिद्ध था। दुर्योधन ने अपना अधिक समय नगर के बाग-बगीचों, तालों और चौक-चौराहों का निरीक्षण करने में ही बिताया। उन्हें विश्वास ही नहीं हो रहा था कि एक-दो वर्षों में ही उनके पांडव भ्राताओं ने कैसे इस बंजर भूमि को स्वर्ग बना दिया। नगर का नाम ठीक ही रखा गया था–इन्द्रप्रस्थ, अर्थात इन्द्र का निवास स्थल। दुर्योधन को तुलनात्मक रूप से हस्तिनापुर अब नीरस लग रहा था।

नगर का एक मात्र अंश जो दुर्योधन ने नहीं देखा था वह था राजमहल जिसकी जादुई संरचना का निर्माण, उन्होंने सुना था, किसी ऐसे वास्तुकार ने किया था जिसे अलौकिक दक्षता और कल्पनाशक्ति प्राप्त थी। अतः दूसरे दिन प्रातः वह वास्तुकला के उस अद्‌भुत नमूने के हर हिस्से को देखने निकल पड़े।

महल में, उन्होंने गौर किया, कि घूमते हुए दर्पण वाले दरवाजे लगे थे और सरकने वाली दीवारें और सतहें थीं जो शीशे की चादर सी दिखती थीं। उस वास्तुकार ने अवतल और अवतलोत्तल दर्पणों को इस रहस्यमय ढंग से लगाया था कि कहीं एक कमरा अपने से बड़ा दिखता था तो दूसरा अपने से बौना।

परन्तु उस वास्तुकार द्वारा सृजित दृष्टिभ्रम का सबसे अनोखा नमूना संगमरमर की वह सतह थी जो ताल की सतह होने का भ्रम पैदा करती थी। जबकि वास्तव में जल की छवि केवल भ्रमात्मक थी। जब दुर्योधन उस कमरे में आए तो उनका सर एक दीवार से टकरा गया जो वास्तव में एक घूमता हुआ दरवाजा था। कमरे में कदम रखने के पहले ही उन्होंने अपनी पादुका यह समझकर उतार ली कि सामने ताल है। ठीक उसी क्षण बगल के कमरे के छज्जे से 'हीं-हीं' की आवाज सुनाई पड़ी।

"ये गिरा नेत्रहीन पिता का नेत्रहीन पुत्र।"

कमरे की ध्वनिक विशेषता के कारण 'हीं-हीं' की आवाज एक बड़ी उपहासपूर्ण हँसी में अतिरंजित हो गई।

जब दुर्योधन सँभलकर खड़े हुए तो उन्होंने छज्जे पर खड़ी द्रौपदी को पहचान लिया–वही स्त्री जिसने उनके मित्र राधेय को स्वयंवर में अपमानित किया था।

द्रौपदी के कटु शब्दों ने दुर्योधन को भाले की तरह वेध दिया। उनकी ओर मुड़कर वह भड़क उठे।

"ऐ घमंडी नारी, क्या इसी तरह तुम अपने अतिथियों से व्यवहार करती हो? कृष्ण द्वारा शिशुपाल का वध भी उतना घृणित कृत्य नहीं था जितना तुम्हारे द्वारा की गई मेरी अवमानना। किसी दिन मैं ऐसा सबक सिखाऊँगा जो जीवनपर्यन्त याद रहेगा।"

"हवा के गुब्बारे सी खोखली धमकी है यह," द्रौपदी ने प्रत्युत्तर दिया, "अपनी पादुका पहन लो और अपने अतिथि कक्ष में वापस चले जाओ अन्यथा फिर किसी दूसरे तल पर ठोकर खाकर गिरोगे।"

जब दुर्योधन ने राधेय से अपनी अवमानना की बात बताई तो उन्होंने धीरज बँधाते हुए कहा, "अगली बारी हमारी होगी। इस स्त्री को अपनी कटाक्षपूर्ण बोली की भारी कीमत चुकानी पड़ेगी।"

जल्द ही हस्तिनापुर का पूरा दल इन्द्रप्रस्थ से प्रस्थान कर गया। इससे पहले कभी भी पांडवों के प्रति दुर्योधन का प्रतिशोध भाव इतना दृढ़ नहीं था।

अठारह

शकुनि

शकुनि पासा खेलने में निपुण थे। वह इस खेल को एक ऐसा विश्वासी सैनिक मानते थे जो उनका सर कभी झुकने नहीं देगा। उनका मानना था कि हाथ की सफाई से कोई भी निपुण खिलाड़ी हर दाँव को अपने पक्ष में कर ले सकता है। इसलिए उन्होंने जब अपने भानजे दुर्योधन को इन्द्रप्रस्थ लौटने के बाद गहरे अवसाद में डूबा देखा तो उन्हें उबारने का निश्चय किया। दुर्योधन ने अपनी सारी आपबीती शकुनि को सुनाई और इन्द्रप्रस्थ पर आक्रमण करने की धमकी दी। परन्तु शकुनि ने पांडवों से युद्ध का दुस्साहस न करने की सलाह दी।

उन्होंने कहा, "जिस काम में पटुता से बेहतर परिणाम मिल सकता है उसके लिए खून बहाना तो व्यर्थ है।"

"प्रिय मामाश्री," दुर्योधन ने कहा, "मुझे लगता है आपके दिमाग में अवश्य कुछ चल रहा है। आप बता क्यों नहीं देते?"

"वास्तव में," शकुनि ने कहा, "तुम मुझे कभी भी ऊँघते हुए नहीं पाओगे। मैं हमेशा सचेष्ट रहता हूँ–दूसरों की कमजोरी ढूँढ़ता हुआ।" ऐसा कहकर वे रुक गए और दुर्योधन के चेहरे को पढ़ने लगे।

"जुआ खेलने की प्रबल इच्छा ही युधिष्ठिर की कमजोरी है। याद रखो, पूर्ण-धर्म नाम की ऐसी कोई चीज नहीं होती जिसे चुटकीभर मानवीय कमजोरी से खोटा न बनाया जा सके। इसलिए हमें चाहिए कि हम उन्हें पासे की विसात पर बुलाएँ जो हमारी युद्धभूमि होगी और जहाँ मैं तुम्हारा सेनापति होऊँगा। काश तुम्हारे गुरु द्रोण ने अपने शिष्यों को जुआ खेलने की कला में भी प्रशिक्षित किया होता!"

"आप तो बड़े प्रतिभाशाली व्यक्ति हैं, मामाश्री।" दुर्योधन ने कहा।

"वो तो मेरी जन्मकुंडली में ही लिखा था कि तुम्हारे जीवन में मेरा पदार्पण तुम्हें समस्याओं से उबारने के लिए ही होगा।" शकुनि ने कहा। फिर ठहाका लगाते हुए बोले, "पता है, मैं भी एक तरह की आस्था वाला ही व्यक्ति हूँ। जुए में छः का अंक ही हमारे नारायण हैं, और उन्होंने मुझे कभी निराश नहीं किया।"

अब दुर्योधन के हँसने की बारी थी।

तत्पश्चात् शकुनि ने अपनी सारी योजना बताई जिसके अनुसार दुर्योधन को राधेय के साथ महाराज धृतराष्ट्र से मिलकर आग्रह करना था कि वह युधिष्ठिर को जुए के एक दोस्ताना खेल के लिए आमन्त्रित करें। "पर याद रहे, नेत्रहीनों की छठी इन्द्रिय बहुत तेज होती है। इसलिए इस बात की सावधानी बरतनी होगी कि उन्हें जरा भी शक न हो। जोर इस बात पर होना चाहिए कि जुए के इस खेल द्वारा, जो कि क्षत्रियों का एक शगल है, कुरु परिवार के दोनों अंगों के बीच प्रेम और मित्रता बढ़ेगी। जैसे भोले-भाले युधिष्ठिर हैं यह प्रस्ताव वह अवश्य मान लेंगे। यह काम मुट्‌ठीभर दाना फेंककर किसी असतर्क पक्षी को जाल में फँसाने जैसा होगा।"

दुर्योधन का चेहरा खिल उठा।

"आज से आप मेरे गुरु होंगे, द्रोण नहीं," उन्होंने मुस्कराते हुए कहा, "पर मुझे राधेय से भी इस योजना पर परामर्श कर लेने दीजिए। मुझे विश्वास है कि वह इसे अवश्य पसन्द करेंगे।"

परन्तु जब दुर्योधन ने राधेय से चर्चा की तो उन्होंने सीधे-सीधे इस योजना को नकार दिया।

"मेरी समझ में नहीं आता कि ऐसी कपटपूर्ण कार्रवाई के स्तर तक हम क्यों गिरें? यह तो आप जैसे क्षत्रिय की मर्यादा के विपरीत है। जहाँ तक मेरा सवाल है, मैं हमेशा पांडवों से सीधे युद्ध के पक्ष में हूँ, खासकर जब भीष्म, द्रोण और अश्वत्थामा जैसे महारथी हमारे पक्ष में हैं। वैसे मैं हमेशा और हर जगह आपके साथ हूँ।"

पर चूँकि दुर्योधन ने अपना मन बना लिया था इसलिए उन्होंने राधेय की अस्वीकृति को दरकिनार कर दिया। उन्होंने ठान लिया कि युधिष्ठिर को सही या गलत किसी भी तरीके से बेदखल करना है।

"मुझे इस योजना को आजमाना चाहिए।" दुर्योधन ने बात पर बल देकर कहा।

"तो ठीक है मैं आपके साथ हूँ, क्योंकि मित्र होने के नाते आपके निर्णय पर प्रश्नचिह्न लगाना मेरा काम नहीं है। पर आप दोनों जाकर महाराज से बात करें, मैं उसमें शामिल नहीं होऊँगा।"

जब दुर्योधन और शकुनि धृतराष्ट्र के पास अपना प्रस्ताव लेकर गए तो उन्होंने उसे अस्वीकार कर दिया। तब दुर्योधन ने अपने पिता से कहा कि जब से वह इन्द्रप्रस्थ से लौटे हैं, बुझे-बुझे से रह रहे हैं। इसीलिए उन्होंने सोचा कि जुए के इस खेल से शायद कुछ मन बदले।

"पर मेरे बच्चे, निराश होने की क्या जरूरत है?" महाराज ने कहा, "हस्तिनापुर के युवराज के रूप में तुम्हें किसी चीज की कमी नहीं है। अधिकार, यश और धन सब कुछ तुम्हारे कदमों में है। और भीष्म, द्रोण तथा कृपाचार्य जैसे शुभेच्छुओं का सहारा भी प्राप्त है।"

"परन्तु इन्द्रप्रस्थ में युधिष्ठिर को अन्य राजाओं पर अपना प्रभुत्व जमाते देखकर

मुझे अच्छा नहीं लगा। अब वे राजागण सोने और रत्नों का उपहार देकर युधिष्ठिर की मित्रता प्राप्त करना चाहते हैं।"

"तुम फिर ईर्ष्या कर रहे हो," महाराज ने कहा, "देखो, तुम्हें अपने चचेरे भाइयों का दिल जीतने का प्रयास करना चाहिए।"

"इसीलिए तो मैं चाहता हूँ," दुर्योधन ने कहा, "कि उनके साथ जुए का एक मैत्रीपूर्ण खेल हो। यदि मैं जीतता हूँ तो पुनर्प्रतिष्ठित होऊँगा और साथ में कुछ प्राप्ति भी होगी, यों तो हार-जीत का फैसला नियति के हाथ है।"

धृतराष्ट्र को लगा कि उनका बेटा युधिष्ठिर के साथ जुआ खेलने के लिए बहुत इच्छुक है। पुत्रमोह से ग्रसित उन्होंने स्वीकृति दे दी।

"पर जरा मुझे विदुर से परामर्श कर लेने दो क्योंकि उनके निर्णय में कोई भ्रम नहीं होता," धृतराष्ट्र ने कहा, "आखिर वह मेरे प्रमुख सलाहकार हैं।"

दुर्योधन ने अपने पिता की बात पर आपत्ति की–"इसमें विदुर से क्या पूछना, खासकर जब आपको मालूम है कि वह कभी भी मेरे प्रति अनुकूल नहीं रहे हैं। वह आपके परामर्शदाता हो सकते हैं परन्तु हृदय से वह किसी और के हैं। वह और द्रोण तो इस बात से अतिप्रसन्न होंगे कि हस्तिनापुर भी युधिष्ठिर के अधीन हो जाए।"

"तुम तो अपनी काल्पनिकता के शिकार हो, पुत्र," धृतराष्ट्र ने उन्हें सान्त्वना देने का प्रयास किया, "जो भी हो, मुझे तो विदुर से विमर्श कर ही लेना चाहिए।"

दुर्योधन और युधिष्ठिर के बीच पासे के खेल की बात सुनकर विदुर बड़े चिन्तित हुए। वह तुरन्त शकुनि की असली मंशा समझ गए। जिस दिन से वे हस्तिनापुर में आए थे उसी दिन से विदुर को यह आशंका थी कि शकुनि किसी न किसी अनिष्ट की ताक में हैं।

"हे महाराज! मैं अपनी स्पष्ट राय देने के लिए वचनबद्ध हूँ चाहे वह कितना भी अप्रिय क्यों न हो। सबसे पहले तो मैं यह कहना चाहता हूँ कि जुए को मैं एक दैत्य मानता हूँ जो न जाने कितने निर्दोषों को निगल चुका है। यह हमेशा प्रतिद्वन्द्वियों के बीच द्वेष, घृणा और प्रतिशोध पैदा करता है। यहाँ तक कि जीतने वाला भी किसी-न-किसी रूप में हारा हुआ ही महसूस करता है। अस्तल, देवला आदि अनेक ऋषियों ने इस बुरे खेल की भर्त्सना की है। मुझे तो हाथी दाँत की उस गोटी पर का हर काला बिन्दु एक ऐसी बुरी नजर दिखता है जो केवल अनिष्ट की पूर्व-सूचना देता हो। यह किसी आने वाले ज्वार के अग्रदूत की तरह काम करता है। अतः महाराज, आपसे मेरी विनती है कि इस खेल के लिए अनुमति न दें।" फिर रुककर बोले, "जहाँ तक आपके साले शकुनि का सवाल है, तो उनकी दुर्योजनाओं से सावधान रहना चाहिए। अपने परिवार को संगठित रहने दें। इसे नित्य कलह से बिखरने न दें।"

विदुर के शब्दों ने महाराज को सोचने पर बाध्य कर दिया। परन्तु पुत्र-प्रेम में अन्धे होकर उन्होंने दुर्योधन को द्यूत-क्रीड़ा की अनुमति देने का मन बना लिया।

"हे विदुर, मैंने आपकी बात धैर्यपूर्वक सुनी। आपने अपना कर्तव्य पूरा किया। परन्तु हस्तिनापुर के महाराज के रूप में निर्णय मुझे करना है। अतः आप युधिष्ठिर के पास जाकर हस्तिनापुर में दुर्योधन के साथ द्यूत-क्रीड़ा के लिए उन्हें आमन्त्रित करें। और मुझे पूरी उम्मीद है कि यह काम आप कुशलतापूर्वक करेंगे। पांडवों से बताएँ कि वे मुझे अपने पुत्रों की तरह ही प्रिय हैं। और यह भी कि यहाँ उनका स्वागत आदर और सम्मान के साथ होगा, क्योंकि वह मेरे स्वर्गीय भ्राता पांडु के बच्चे ही तो हैं।"

विदुर समझ गए कि धृतराष्ट्र पर उनके पुत्र ने पूरी तरह से अपना मत आरोपित कर दिया है। उन्हें बस एक ही उम्मीद थी कि चूँकि दुर्योधन और युधिष्ठिर में से कोई भी निपुण खिलाड़ी नहीं थे इसलिए विषमता का कोई लाभ उन्हें नहीं मिलेगा।

उन्नीस

पासे का खेल

जब विदुर इन्द्रप्रस्थ पहुँचे तो कुन्ती उनसे मिलकर अत्यन्त हर्षित हुईं। सामान्य हास-परिहास के बाद उन्होंने उनसे आने का उद्देश्य पूछा।

"महाराज धृतराष्ट्र ने युधिष्ठिर को दुर्योधन के साथ द्यूत-क्रीड़ा के लिए हस्तिनापुर आने का न्योता भेजा है।" उन्होंने कहा।

"क्या आप आश्वस्त हैं कि उन्होंने कोई नया कुचक्र नहीं रचा है?" कुन्ती ने पूछा।

"स्पष्ट कहूँ तो मुझे सन्देह हो रहा है कि इस आमन्त्रण के पीछे कोई चाल है।"

परन्तु युधिष्ठिर ने, जो वहीं पर मौजूद थे, अपनी माता से कहा कि वह चाचा धृतराष्ट्र के प्रति अपने मन में कोई सन्देह न रखें। फिर उन्होंने बताया कि कैसे ऋषि व्यास ने सबों के प्रति, यहाँ तक कि दुश्मनों के प्रति भी, खुले मन से व्यवहार करने की सलाह दी है। उन्हीं से उन्होंने सीखा कि क्षमा ही टूटे दिलों के बीच सेतु-निर्माण का एकमात्र मार्ग है।

"माताश्री! मैं इस निमन्त्रण को पारिवारिक समन्वय की शुरुआत के रूप में देख रहा हूँ," युधिष्ठिर ने कहा, "आखिर कब तक हस्तिनापुर और इन्द्रप्रस्थ एक-दूसरे से विमुख रहेंगे?"

पर विदुर समझ गए कि युधिष्ठिर का मन द्यूत-क्रीड़ा के लिए बेचैन हो रहा है। जब पांडव हस्तिनापुर आए तो अपना आदर-सत्कार देखकर गद्गद हो गए। उनके सम्मान में प्रीतिभोज का आयोजन किया गया था और उन्हें महल के विशिष्ट अतिथि भवन में ठहराया गया था। उनके एक बुलावे पर अनेकों सेवक सेवा के लिए तत्पर थे।

अगले दिन दुर्योधन स्वयं पांडवों की अगुआई के लिए आए और उन्हें केन्द्रीय कक्ष तक ले गए जहाँ पासे का खेल होना था।

कक्ष की सजावट विलासतापूर्ण थी। चारों तरफ से आसन लगे थे। विशिष्ट व्यक्तियों में भीष्म, द्रोण, विदुर, कृपाचार्य और अश्वत्थामा इस अवसर पर विराजमान थे।

कक्ष के मध्य में कसीदों वाला रेशमी कपड़ा पासे के खेल के लिए बिसात के रूप में बिछा हुआ था। परन्तु विदुर की नजर में यह एक ऐसे शव की तरह था जिसकी बाँहें

फैली हुईं और जिसके पैर एक साथ मुड़े हों। तब शकुनि ने दोनों खिलाड़ियों को आमने-सामने बैठने का इशारा किया और स्वयं दुर्योधन के पीछे बैठ गए।

"आपको कोई आपत्ति तो नहीं होगी यदि दाँव मैं चलूँ और पासा मामा शकुनि फेंकें?" दुर्योधन ने पूछा।

"यह तो सामान्य चलन के विरुद्ध है," युधिष्ठिर ने कहा, "जब खेल हम दोनों के बीच होना है तो कोई तीसरा इसमें कैसे आ सकता है?"

परन्तु पासे को देखकर युधिष्ठिर की आँखों में एक चमक आ गई थी। आखिर वह एक बाध्यकर जुआरी जो ठहरे।

उनकी आँखों में एक अदमनीय इच्छा भाँपकर शकुनि ने कहा, "यदि आपको आपत्ति है तो हम अब भी खेल को रोक दे सकते हैं। इस बात से क्या अन्तर पड़ता है कि पासा कौन फेंक रहा है? छक्का या शून्य बनाना तो गोटी पर ही निर्भर है।"

"ठीक है, शुरु कीजिए।" युधिष्ठिर ने अपना सारा सोना और रत्न दाँव पर लगाते हुए कहा। दाहिने हाथ से पासा फेंकते हुए और आँखें लोमड़ी की तरह मिचकाते हुए शकुनि ने चौसर पर पासा लुढ़का दिया। चूँकि छक्का बन चुका था इसलिए युधिष्ठिर समझ गए कि वह पहला दाँव हार चुके हैं। पर उन्होंने यह सोचकर स्वयं को सान्त्वना दी कि अभी और कई दाँव खेले जाने बाकी हैं।

फिर उन्होंने अपने सारे घोड़े, हाथी और मवेशियों को दाँव पर लगा दिया और पुनः पासा उन्हें निगल गया। वह खाली-खाली आँखों से चारों तरफ देखने लगे यह सोचते हुए कि अब क्या दाँव पर लगाएँगे। पर चूँकि वह खेल में गहरे डूब चुके थे, पीछे हटने का सवाल ही नहीं था।

"मैं अपने छोटे भाई सहदेव को, जिसकी आँखें तारों जैसी हैं और रंग गगन जैसा, दाँव पर लगाता हूँ।" परन्तु जब पासे ने उन्हें भी निगल लिया तो उनके हृदय की धड़कन एक क्षण के लिए रुक गई।

"अब मैं अपने भाई नकुल को दाँव पर लगाता हूँ जो सभी कलाओं के क्षेत्र में बहुमुखी प्रतिभा के धनी हैं।"

पर शकुनि ने उन्हें भी जीत लिया।

थोड़ा रुककर शकुनि ने कटाक्ष करते हुए कहा, "मुझे लगता है अपने सौतेले भाइयों को, जो माद्री के पुत्र हैं, हारने में आपको कोई दर्द नहीं हुआ होगा। यह आपके लिए कोई बड़ी हानि नहीं है।"

इस तीखी टिप्पणी से युधिष्ठिर को गहरा आघात लगा।

"आपने यह कहने की हिम्मत कैसे की कि नकुल और सहदेव मुझे अर्जुन और भीम के समान प्रिय नहीं हैं?" फिर एक गहरी साँस लेते हुए उन्होंने अर्जुन को दाँव पर रखा जिसका गांडीव, उन्होंने कहा, चन्द्रमा को भी मार गिरा सकता है।

यह दिखाने के लिए कि खेल पूरी ईमानदारी के साथ हो रहा है शकुनि इस बार

पहले से ही पासा अपनी हथेलियों के बीच फेंट रहे थे। पर जब पासा चौसड़ पर लुढका तो उसने पुनः अपनी छः काली आँखें युधिष्ठिर पर तरेरीं। और इस प्रकार युधिष्ठिर ने अर्जुन को भी विरोधियों के हाथों खो दिया।

किसी बेलगाम घोड़े की तरह टाप मारते हुए युधिष्ठिर ने अपने अगले दाँव पर भीम को लगा दिया–"हम सबों में सबसे अधिक शक्तिशाली जिनकी गदा दैत्यों में भी आतंक पैदा कर देती है।"

पर जब भीम को भी हार गए तो युधिष्ठिर की आँखें नम हो गईं और गहरी व्यथा से उनका सर झुक गया।

"आप कहीं ऐसा न कहें कि मैंने स्वयं को बचाए रखा इसलिए मैं अपने आप को भी दाँव पर लगाता हूँ और अपने इन्द्रप्रस्थ को भी जिसे मैंने अपने स्वप्न-लोक की तरह विकसित किया है।"

"हे युधिष्ठिर! हो सकता है अबकी जीतने की बारी आपकी हो," शकुनि ने कहा, "आखिर पासे को तो भाग्य ही नियंत्रित करता है, खिलाड़ी नहीं।"

शकुनि ने तब पासे को चूमा और 'हे नारायण, मेरा मार्गदर्शन करें' बुदबुदाते हुए अपना दाहिना हाथ आकाश की तरफ उठाया। फिर उन्होंने धीरे से पासा विसात पर लुढ़का दिया जहाँ वह पहले तो बगल की तरफ पलटा पर फिर छक्के की तरफ स्थिर हो गया।

"मेरे पास अब दाँव पर लगाने के लिए कुछ भी नहीं बचा," युधिष्ठिर अपना सर पकड़कर हकलाते हुए बोले, "मैं तो बर्बाद हो गया।"

"नहीं, एक क्षत्रिय को इस तरह व्यथित होकर अपने हाथ नहीं खड़े कर देने चाहिए," शकुनि ने व्यंग्य किया। उनके होंठों पर एक कुटिल मुस्कान थी, "आपके पास तो अभी भी एक अनमोल रत्न है–दूध की धुली द्रौपदी, जिसे अर्जुन ने स्वयंवर में जीता था। यह हमारा आखिरी दाँव होगा। और कौन जाने नियति इस बार आपके पक्ष में फिर जाए!"

उम्मीद में जकड़े युधिष्ठिर ने अपने हाथों से अपनी आँखें बन्द करते हुए अपनी पत्नी को भी दाँव पर लगा देने का निर्णय कर लिया। पर जब आँखें खुलीं तो एक और छक्का उन्हें घूर रहा था।

"अब जबकि आप अपना सब कुछ हार चुके हैं," दुर्योधन ने कहा, "मैं सिर्फ आपको अपने वस्त्र पहनने दूँगा।"

युधिष्ठिर के गालों पर से अश्रु की धार बह चली। वह मुश्किल से खड़े हो पाए थे कि दुर्योधन का क्रूरतम प्रहार सुनाई पड़ा–"नहीं, मैं ऐसी स्त्री को अपनी रखैल नहीं बनाऊँगा जो पाँच-पाँच पतियों से ब्याही है।"

"और ऐसी स्त्री एक वेश्या नहीं तो और क्या है?–रंडी?" राधेय उनके साथ शामिल हो गए। "उसने स्वयंवर में मेरा अपमान किया था।"

इस पर अर्जुन लपक पड़े और चीखते हुए बोले—"ऐ राधेय, तुम्हें अपने गन्दे शब्दों की कीमत चुकानी पड़ेगी। मैं प्रतिज्ञा करता हूँ कि तुम्हें युद्धभूमि में मारूँगा, जब तुम जीवन की भीख माँग रहे होगे।"

"मैं उस क्षण की प्रतीक्षा करूँगा।" राधेय ने पलटकर कहा।

"ऐ अर्जुन, तुमने अपने स्वामी के सामने मुँह खोलने की हिम्मत कैसे की?" दुर्योधन ने कहा, "स्वयंवर में द्रौपदी ने जो अपमान मेरे मित्र का किया था उसका क्या? और उसने मुझे नेत्रहीन पिता का नेत्रहीन पुत्र नहीं कहा था?...यद्यपि अब वह मेरी नौकरानियों में से एक होगी तथापि मैं उसे अपनी जंघा पर बैठने का गौरव प्रदान करूँगा।" उन्होंने अपनी बात समाप्त करते हुए अपनी जाँघ थपथपाई।

"तुम्हारी जाँघ," भीम शेर की तरह उछलते हुए गुर्राए, "उस दिन की प्रतीक्षा करो जब मैं अपनी गदा से तुम्हारी जाँघ कुचल कर गूदा बना दूँगा।"

भीम की धमकी को नजरअन्दाज करते हुए दुर्योधन ने अपने सारथी प्रातिकामी को आदेश दिया कि वह द्रौपदी को सभा में ले आए। "दूसरे स्वयंवर के लिए।" उन्होंने कटाक्ष किया।

इस पूरी अवधि में सभी बुजुर्ग जमे बर्फ की तरह चुप थे—भीष्म, द्रोण और अन्य सभी। एक मात्र विदुर ही थे जिन्होंने कहा—"दुर्योधन, तुम देवताओं को उकसा रहे हो। आज जो कुछ तुमने कहा है और किया है उसके लिए वे तुम्हें कभी माफ नहीं करेंगे। जहाँ तक तुम्हारे मामा शकुनि का सवाल है, उन्हें तो निश्चित रूप से नर्क मिलेगा। यह वहीं के योग्य हैं।"

बीस

द्रौपदी चीरहरण

बसन्त के उत्तरार्ध में उस अपराह्न द्रौपदी अतिथि कक्ष के एक झरोखे पर खड़ी अपने लम्बे सुनहरे बाल झाड़ रही थीं। वातावरण कस्तूरी के तेल की तरह सुगन्ध से भरा था। बाहर की हरी घास पर एक फव्वारा चारों ओर जल बिखेर रहा था।

निश्चिंत और प्रसन्न वह लगभग भूल गई थीं कि वह अपने इन्द्रप्रस्थ के महल से दूर कहीं अन्यत्र थीं। अचानक दरवाजे पर दस्तक से उनका चिन्तन भंग हुआ। मुड़कर देखा तो एक महिला परिचर अन्दर आ रही थी।

"हे रानी! युवराज दुर्योधन का सारथी प्रातिकामी आपसे मिलना चाहता है," उसने कहा।

जल्दी से अपने बाल लपेटकर एक छोटा जूड़ा गर्दन के पीछे बनाते हुए उन्होंने परिचर को उसे आने देने की अनुमति दी।

प्रातिकामी ने सम्मानपूर्वक झुककर कहा, "हे रानी! मैं आपके लिए एक सन्देश लाया हूँ।"

"पहले यह बताओ कि पासे का खेल कैसा रहा?" उन्होंने पूछा।

"राजा युधिष्ठिर के लिए अच्छा नहीं रहा," उसने उत्तर दिया, "वह अपना सब कुछ मेरे स्वामी को हार चुके हैं– अपने रत्न, अपने हाथी-घोड़े, अपना इन्द्रप्रस्थ और अपने भाइयों को भी।"

"असम्भव! तुम्हारा दिमाग तो नहीं खराब हो गया है?"

"यही नग्न सत्य है। मैंने स्वयं देखा और सुना है," उसने जवाब दिया, "राजा युधिष्ठिर ने अन्धाधुन्ध दाँव लगाया।"

"मुझे तो विश्वास ही नहीं हो रहा है," वह बुदबुदाईं, पर उनका चेहरा पीला पड़ चुका था, "तुम्हारे स्वामी का मेरे लिए क्या सन्देश है?"

"उन्होंने आपको सभाकक्ष में बुलाया है क्योंकि राजा युधिष्ठिर ने आपको भी दाँव पर लगा दिया था, और हार गए।"

"हे भगवान!" दोनों हाथों से अपना चेहरा ढ़कते हुए वह हकलाईं। उनके तो पैरों तले से धरती ही खिसक गई थी। वह धम से एक कुर्सी में गिर पड़ीं। फिर पूछा, "यह

बताओ, क्या मेरे पति मुझे दाँव पर लगाने से पहले स्वयं को हार चुके थे?"

"हाँ, आप उनका आखिरी दाँव थीं," उसने कहा, "मुझे लगता है उन्हें अपने आप पर नियन्त्रण नहीं था।"

"परन्तु वह मुझे दाँव पर कैसे लगा सकते थे, जबकि स्वयं को हार चुके थे?"

"यह सब समझने वाला मैं कौन होता हूँ? मैं तो बस अपने स्वामी का सारथी हूँ जिसे आपको ले आने का आदेश मिला है।" प्रातिकामी ने कहा।

"तब अपने स्वामी से जाकर कह दो कि चूँकि मेरे पति स्वतन्त्र नहीं थे जब उन्होंने मुझे दाँव पर लगाया, इसलिए मैं वहाँ नहीं जाना चाहती।"

पर जब सन्देशवाहक कमरे से बाहर चला गया तो वह बच्चों की तरह रो पड़ीं। उन्हें लगा जैसे उनका संसार लुट चुका है। अब वह किससे अपेक्षा कर सकती हैं जब स्वयं उनके पति ने ही उन्हें एक पालतू पशु की तरह उपयोग किया।

जब प्रातिकामी ने दुर्योधन से जाकर बताया कि किस तरह द्रौपदी ने यह कहकर आने से इनकार किया कि वह दाँव ही गलत था तो दुर्योधन आग बबूला हो गए।

"इस घमंडी स्त्री को मैं झुकाकर रहूँगा।"

यद्यपि अन्य सभी मूक और सम्भ्रमित बैठे रहे पर विदुर द्रौपदी के पक्ष में उठ खड़े हुए।

"हे श्रेष्ठजन!" उन्होंने कहा, "द्रौपदी ने एक महत्त्वपूर्ण न्यायिक प्रश्न किया है जिस पर गम्भीरता से विचार होना चाहिए। मूल बात यह है कि युधिष्ठिर स्वयं ही स्वतन्त्र नहीं थे जब उन्होंने उन्हें दाँव पर लगाया। इसलिए वह इस खेल में नहीं हारी गई हैं।...मैं भी महसूस करता हूँ कि कौरवों ने अपनी यशस्वी कुल–परम्परा को खंडित किया है।"

"हे विदुर, यह समय या स्थान हमें उपदेश देने का नहीं है," दुर्योधन ने कहा, "आप हमेशा अपने विवेक की तलवार चमकाने लगते हैं।"

फिर उन्होंने अपने भाई दुःशासन की ओर मुड़कर कहा–"इस औरत को आज्ञाकारी बनाना आवश्यक है।"

दुःशासन ने वहाँ से ऐसे प्रस्थान किया जैसे उन्हें किसी शासक का दमन करने के लिए जाने का आदेश मिला हो।

इस बार दरवाजे पर कोई दस्तक नहीं दी गई। दुःशासन ने मुख्य दरवाजे को धक्का दिया और सीधे अन्दर प्रवेश कर गए।

"ऐ द्रौपदी, तुम मेरे साथ स्वेच्छा से चलोगी या तुम्हें बालों से पकड़कर घसीटते हुए सभाकक्ष तक ले जाना होगा?"

द्रौपदी को लगा जैसे वह किसी पकड़ लिए गए मृगशावक की तरह हैं। जिस तरह दुःशासन उन पर गरजे उससे उन्हें अपनी तबाही निश्चित लगी। अश्रुपूरित नेत्रों से उन्होंने छोड़ दिए जाने की याचना की।

"हे दुःशासन! क्या आप मेरे देवर समान नहीं हैं? मुझ निःसहाय पर दया कीजिए। मैं आपके शौर्य की दुहाई देती हूँ।"

पर वह उनकी ओर क्रूरता से देखते रहे। "मैं यहाँ तुम्हारी वकालत सुनने नहीं आया हूँ। सीधे मेरे साथ चलो और दया की भीख भरी सभा में मेरे भ्राताश्री से माँगना।...अब चलती हो या..."

द्रौपदी को अब भी झिझकते देख वह उन पर जंगली जानवर की तरह झपट पड़े और उन्हें बालों से पकड़कर चावल की बोरी की तरह घसीटते हुए सभाकक्ष तक ले आए। वहाँ खड़े सभी सेवक दुःशासन के इस राक्षसी व्यवहार पर स्तब्ध थे।

"ये रही इन्द्रप्रस्थ की महारानी।" दुःशासन ने कटाक्ष करते हुए कहा और भरी सभा में लाकर धकेल दिया।

यद्यपि वह अवमानित हुई थीं पर साहस जुटाकर उन्होंने सभी श्रेष्ठजनों को सम्बोधित किया। उनकी आँखों में क्रोध की ज्वाला धधक रही थी।

"हे धर्म के अभिरक्षकगण, आप सब गूंगे क्यों हो गए हैं। अपनी-अपनी माताओं को याद करें जिन्होंने आपको अपना दूध पिलाया। अपनी बेटियों और बहनों की सोचें जो अपनी रक्षा के लिए आप पर निर्भर हैं और तब निर्णय करें कि क्या यह सही हो रहा है? या यह पूरा भारतवर्ष ही अभिशप्त हो गया है और अब विनाश ही इसका प्रारब्ध है? मैं समझती हूँ कि अवश्य मेरे पति को पासे के इस खेल में छला गया है अन्यथा वह सारे दाँव नहीं हारते। क्या आप सबों ने अपनी आँखों पर पट्टी बाँध ली है? ऐसा लगता है कि हस्तिनापुर में धृतराष्ट्र ही एक मात्र नेत्रहीन व्यक्ति नहीं हैं क्योंकि आप सबों ने भी मर्यादा, क्षात्रधर्म और सत्य के प्रति अपनी आँखें मूँद ली हैं।"

द्रौपदी की बातें इतनी वेदनायुक्त तथा हृदयविदारक थीं कि भीम उछलकर खड़े हो गए और सहदेव से एक मोमबत्ती लाने को कहा ताकि वह पूरे महल को ही आग लगा दें। पर अर्जुन ने उन्हें यह कहते हुए रोक दिया कि अब वे सभी अपने अग्रज के वचन से बँधे हैं।

अचानक सभी आश्चर्य में पड़ गए जब विकर्ण, जो दुर्योधन के सहोदर भाइयों में से एक थे, उठ खड़े हुए और द्रौपदी के पक्ष में बोलने लगे।

"मेरे अपने ही परिवार वालों ने इनका जो अपमान किया है उसके लिए मैं भी दोषी हूँ। आखिर क्यों हमलोगों ने स्त्रियों की मर्यादा और रक्षा का अपना क्षात्रधर्म त्याग दिया है? मैं भले ही छोटा हूँ पर अच्छी तरह समझता हूँ कि ताऊ युधिष्ठिर स्वतन्त्र नहीं थे जब उन्होंने अपनी पत्नी को दाँव पर लगाया। और वह उनके पाँच पतियों में से सिर्फ एक थे। क्या दाँव पर लगाने से पहले उन्हें अपने भाइयों से परामर्श नहीं करना चाहिए था? और मामा शकुनि को यह कहने का क्या अधिकार था कि वह उन्हें दाँव पर लगाएँ? अपना दाँव चुनना तो सिर्फ खेलने वाले का हक होता है। इसलिए इस पूरे प्रकरण से अधर्म और अन्याय की बू आती है।"

ज्यों ही विकर्ण ने अपनी बात समाप्त की, उनकी स्पष्टवादिता के लिए कुछ लोगों ने उन्हें साधुवाद दिया।

परन्तु राधेय ने उठकर उन्हें यह कहते हुए चुप करा दिया कि इन्होंने अपने ही परिवार के साथ विश्वासघात किया है।

"अपने श्रेष्ठजनों के सम्मुख महज एक छोटे लड़के को कुछ ज्यादा ही मुँह खोलते देखकर मैं चकित हूँ। चूँकि यह बहुत बोल चुका है, मैं आप सबों से पूछना चाहता हूँ कि क्या युधिष्ठिर को किसी ने द्यूत-क्रीड़ा के लिए बाध्य किया था? और क्या एक के बाद दूसरा दाँव उन्होंने स्वयं नहीं चुना? वह चाहते तो बीच में ही खेल छोड़ सकते थे। पर वह तो ऐसे खेल रहे थे जैसे उन पर कोई सनक सवार हो।"

सभा में कुछ लोगों ने राधेय की बातों के समर्थन में सिर हिलाया।

विदुर और विकर्ण के तर्कों से अप्रभावित दुर्योधन ने द्रौपदी से उनके महल में किए गए कटाक्ष–"दृष्टिहीन पिता के दृष्टिहीन पुत्र"–का बदला लेने की ठान ली। उन्होंने दु:शासन से कहा कि वह द्रौपदी को भरी सभा में निर्वस्त्र कर दे। वह ज्यों ही उनकी साड़ी पकड़ने के लिए आगे बढ़े द्रौपदी ने आर्तपूर्ण करुण पुकार की–"हे कृष्ण, कहाँ हैं आप?"

"ऐ दु:शासन," भीम गरजे, "मैं उस दिन की प्रतीक्षा करूँगा जब तुम्हारा सीना चीरकर रक्तपान करूँगा। ऐ राक्षस, यह मेरा प्रण है। जब तक अपनी तलवार तुम्हारे सीने में घुसेड़ न दूँ और तुम्हें अन्तिम साँसों के लिए तड़पते न देख लूँ, मैं चैन से नहीं रहूँगा।"

परन्तु दु:शासन ने उनकी धमकी को अनसुना करते हुए द्रौपदी का चीरहरण प्रारम्भ कर दिया।

तभी एक चमत्कार से सारी सभा विस्मित रह गई। जैसे-जैसे दु:शासन साड़ी खींचते थे, दूसरी साड़ी द्रौपदी को तत्क्षण लपेट लेती थी। ऐसा लग रहा था मानो कोई अदृश्य दैवी हाथ अनन्त लम्बाई की वैसी ही साड़ी बढ़ाता जा रहा हो। यह सिलसिला इतनी लम्बी अवधि तक चला कि दु:शासन थककर चूर हो गए और धम से धरती पर गिर पड़े।

सभा में सभी लोग भौंचक थे। विदुर, भीष्म, द्रोण और कृपाचार्य के चेहरे पर राहत झलक रही थी और पांडव आकाश की ओर हाथ उठाकर कृतज्ञता ज्ञापित कर रहे थे।

"सचमुच ईश्वर के घर न्याय है।" युधिष्ठिर ने अपने आप से कहा।

इस पूरी घटना के क्रम में धृतराष्ट्र की चुप्पी से सभी घबराए हुए थे। ऐसे भी क्षण आए जब लगा कि वह अपनी पथराई आँखों पर जोर देकर यह देखने का प्रयास कर रहे हों कि उनके इर्द-गिर्द क्या चल रहा है। परन्तु उनकी दृष्टिहीनता एक अभेद्य आवरण की तरह थी। स्पष्ट झलक रहा था कि वह घोर मानसिक अशान्ति में थे।

अचानक उन्होंने अपना दायाँ हाथ उठाया मानो लोगों का ध्यान आकर्षित करना चाहते हों। फिर बोले–

"यद्यपि मैं कुछ देख नहीं सका पर मैंने सबकुछ सुन लिया है। लगातार मेरे मानस पटल पर वीभत्स चित्र उभर रहे थे। पर लगता है एक लम्बी अँधेरी सुरंग के बाहर अब प्रकाश दिख रहा है। क्या यह कोई आन्तरिक उद्‌बोधन है? अब समय आ गया है जब मुझे अपनी चुप्पी तोड़ देनी चाहिए। सर्वप्रथम मैं अपनी बच्ची द्रौपदी से आग्रह करूँगा कि मेरे पथभ्रष्ट पुत्रों–दुर्योधन और दुःशासन–को क्षमा कर दे। गम्भीर पाप किए हैं इन लोगों ने जिसके लिए मुझे स्वयं को भी जिम्मेदार मानना चाहिए। पर इस अल्प जीवन में विद्वेष को लम्बा खिंचने नहीं दिया जा सकता। हस्तिनापुर और इन्द्रप्रस्थ को प्रेम और मित्रता में बँधा देखकर मुझसे ज्यादा खुशी किसी को नहीं होगी। मृत्यु से पहले मैं पूरे भारतवर्ष पर शान्ति के साम्राज्य का आकांक्षी हूँ।

"और अब मैं एक महत्त्वपूर्ण घोषणा करना चाहता हूँ। मैं घोषित करता हूँ कि पांडवों की सभी हारी हुई चीजें उन्हें तत्काल लौटा दी जाएँ–उनकी सम्पत्ति, उनके हाथी–घोड़े और उनकी स्वतन्त्रता। मैं यह भी चाहूँगा कि पुत्र युधिष्ठिर इन्द्रप्रस्थ वापस जाकर अपने राज्य पर गौरव के साथ शासन करें।"

ज्यों ही उन्होंने अपनी बात समाप्त की पूरी सभा स्वतः करतल ध्वनि करने लगी। "यह दूसरा चमत्कार है"–सभा के बीच से किसी ने कहा। और पांडवों के लिए तो दासता से स्वतन्त्रता में यह बदलाव आश्चर्यजनक था। "पर क्या इतना होने पर भी दुर्योधन बदल जाएगा," युधिष्ठिर सोचने लगे।

युधिष्ठिर ने महाराज धृतराष्ट्र के पाँव छुए और द्रौपदी तथा अपने भाइयों को लेकर सभाकक्ष से प्रस्थान कर गए।

बाहर कदम रखते ही क्रोधाग्नि में जल रही द्रौपदी ने भीम की तरफ मुड़कर कहा–"चूँकि आप ही एक व्यक्ति थे जो मेरे लिए बोलने का साहस जुटा पाए, मैं बताना चाहती हूँ कि मैंने एक प्रण कर लिया है। मैं शपथ लेती हूँ कि जब तक आप चुल्लू भर दुःशासन का लहू मेरे बालों में लगाने के लिए नहीं लाएँगे मैं अपने बाल खुले रखूँगी।"

"हे द्रौपदी! मैं आपको विश्वास दिलाता हूँ कि मैं आपको निराश नहीं होने दूँगा। बस उस क्षण के लिए प्रार्थना करें...।"

उधर दुर्योधन तुरन्त शकुनि, दुःशासन और राधेय से परामर्श करने लगे। उनकी नजर में महाराज की उलटबांसी बुढ़ापे की भूल थी। वे इस बात से निराश थे कि जो सब कुछ उन लोगों ने धूर्तता से प्राप्त किया था महाराज ने उसे एक ही झटके में गँवा दिया। परन्तु शकुनि अपने कुचक्र के खेल में पूरी तरह परास्त नहीं लग रहे थे। उन्होंने बृहस्पति को उद्धृत किया जिनका मानना था कि किसी भी साध्य की प्राप्ति में कोई भी साधन अनुचित नहीं होता क्योंकि जीवन के संग्राम में जीतने के लिए छल भी उचित है।

इसलिए उन्होंने दुर्योधन को एक और द्यूत-क्रीड़ा के लिए अपने पिता की सहमति प्राप्त करने की सलाह दी। इस बार का खेल बिना किसी दाँव के और दोस्ताना होगा। उन्हें विश्वास था कि एक जुआरी और सच्चा क्षत्रिय होने के कारण युधिष्ठिर फिर खेलने के लिए तैयार हो जाएँगे।

इसलिए पांडव अभी इन्द्रप्रस्थ पहुँचे ही थे कि दुर्योधन का एक दूत युधिष्ठिर के लिए एक और बिना दाँव वाली द्यूत-क्रीड़ा का आमन्त्रण लेकर आ गया। सरल हृदय युधिष्ठिर ने इसे सही अर्थों में एक दोस्ताना खेल समझा। द्रौपदी और अपने भाइयों के कड़े विरोध के बावजूद वह हस्तिनापुर लौटने के लिए तैयार हो गए।

खेल शुरू होने से पहले दुर्योधन ने युधिष्ठिर को कहा–

"प्रिय भ्राता, आपको तो ज्ञात है ही कि इस बार खेल में कुछ भी दाँव पर नहीं होगा। हम सिर्फ आनन्द के लिए खेलेंगे।" फिर रुककर बोले, "किन्तु हमारे बीच यह तय रहे कि जो हारेगा उसे तेरह वर्ष का वनवास मिलेगा जिसमें आखिरी वर्ष अज्ञातवास का होगा। हारा हुआ पक्ष यदि अज्ञातवास के दौरान कहीं भी दिख गया तो उसे तेरह वर्ष का कालचक्र पुनः पूरा करना होगा। और इस बार चिन्ता की कोई बात नहीं है, क्योंकि इस बार मैं भी हार सकता हूँ। वैसी दशा में मैं सहर्ष प्रवास पर चला जाऊँगा।"

दुर्योधन की बुरी नीयत पर बिना शक किए युधिष्ठिर ने हामी भर दी और खेल शुरू हो गया।

शकुनि ने फिर पासा अपने दाहिने हाथ में लिया और कुछ मन्त्र पढ़े। यद्यपि उन्होंने पहले से ही पासे में धोखेबाजी कर दी थी पर पांडवों को यह समझा दिया कि सब कुछ गोटी के पलटने पर ही निर्भर है।

फिर चारों तरफ देखते हुए उन्होंने पासे को चौसर पर खेल दिया। गोटी एक तरफ लुढ़की, फिर दूसरी तरफ और अन्त में छक्के पर आकर ठहर गई।

"हम जीत गए"–शकुनि खुशी से चीख पड़े। दुर्योधन ने उछलकर अपने मामा को गले लगा लिया–"आपने फिर कर दिखाया।"

एक ही झटके में दुर्योधन ने न केवल इन्द्रप्रस्थ हड़प लिया बल्कि पांडवों को शरणार्थी भी बना दिया। उन्हें विश्वास था कि उनके आठ सतर्क गुप्तचर तेरहवें वर्ष में पांडवों को कहीं-न-कहीं अवश्य ढूँढ़ लेंगे और वे पुनः अगले तेरह वर्ष का प्रवास भोगने के लिए बाध्य होंगे।

इक्कीस

महल से जंगल की ओर

पांडवों ने जब नंगे पाँव अपर्याप्त वस्त्रों में इन्द्रप्रस्थ से जंगल की ओर प्रस्थान किया तो लोग सड़कों पर निकल आए और अश्रुपूरित नेत्रों से उन्हें विदा किया। रोते-सिसकते वे यही अनुनय-विनय कर रहे थे कि वे उन्हें हस्तिनापुर के जंगली जानवरों के हवाले छोड़कर न जाएँ। उन्हें मालूम था कि उनका वनवास दुर्योधन और उनके मामा शकुनि की कारिस्तानी थी। "दुष्टों का नाश हो।" भीड़ में से कोई बोला। जब कुछ ब्राह्मणों ने उनके साथ चलने का आग्रह किया तो युधिष्ठिर ने हाथ हिलाकर यह कहते हुए मना कर दिया कि यह प्रायश्चित्त उनके परिवार को अकेले ही करना चाहिए। परन्तु लोगों का उनके और उनके भाइयों के प्रति जो प्रेम था उसे देखकर युधिष्ठिर अभिभूत थे। एक राजा को प्रजा के समर्पण के सिवा और क्या चाहिए?

इन्द्रप्रस्थ से कुछ मील दूर जाने के बाद पांडव एक जंगल में ठहरे जहाँ भीम ने उनके रहने के लिए एक कुटी का निर्माण किया। द्रौपदी अपने परिवार को राजमहल के विलासतापूर्ण जीवन से वंचित देखकर अत्यन्त दुखी थीं। उन्हें निराश देखकर युधिष्ठिर ने कहा कि वह पांचाल की राजकुमारी को कष्ट में पाकर अत्यन्त व्यथित हैं।

"हे द्रौपदी!" उन्होंने कहा, "परिवार को इस अग्निपरीक्षा में डालने का सारा दोष मेरा है। आप अवश्य मुझे कोस रही होंगी।"

"नहीं, मैं तो खुश हूँ कि अब ज्यादा से ज्यादा समय मैं आप सबों के साथ रहूँगी। इन्द्रप्रस्थ में तो आप राज-काज में फँसे रहते थे जबकि यहाँ हम सब साथ होंगे। कौन जाने हमारे इस कष्टभोग में ही कोई शुभता छिपी हो।"

"वह व्यक्ति भाग्यशाली है जिसकी आप जैसी पत्नी हो, इतनी समर्पित, इतनी स्नेहमयी।" युधिष्ठिर ने उत्तर दिया।

जंगल की पहली रात उनके लिए एक दुःस्वप्न जैसी थी। जंगली जानवरों का हुँआना सारी रात सुनाई पड़ता रहा। अगली सुबह जब द्रौपदी ताजी हवा में साँस लेने के लिए बाहर निकलीं तो उन्होंने एक हिरण को अपनी ओर उत्सुकता से देखते हुए पाया, मानो वह जंगल में एक नए निवासी को पाकर प्रसन्न हो।

युधिष्ठिर रोज खूब सवेरे जग जाते थे और एक पेड़ के नीचे ध्यान करते थे।

पहली बार उन्हें महसूस हुआ कि दु:ख मनुष्य में ईश्वरीय योजना की समझ बढ़ा देता है। जंगल के जानवरों और पक्षियों के विषय में सोचते हुए उन्हें लगा कि वे भी एक वृहद परिवार के सदस्य जैसे थे। ईश्वर की सारी रचनाओं को गले लगाए बिना मनुष्य स्वर्गिक आनन्द कैसे प्राप्त कर सकता है?

उधर हस्तिनापुर में धृतराष्ट्र चिन्ता के भँवर में फँसे थे। वह स्वयं से प्रश्न कर रहे थे कि पुन: दूसरी बार द्यूत-क्रीड़ा के लिए उन्होंने क्यों अनुमति दी। पर दिमाग से ढुलमुल, वह यह सोचकर खुश भी थे कि उनका पुत्र दुर्योधन अब हस्तिनापुर और इन्द्रप्रस्थ दोनों का निर्विरोध शासक बन गया था। उनके लिए दुर्योधन की खुशी सर्वोपरि थी।

इसलिए जब विदुर ने उन्हें कहा कि कभी-न-कभी उन्हें अपने पुत्रों, दुर्योधन और दु:शासन, के पापों की भारी कीमत चुकानी होगी तो वह घबरा गए।

"हे महाराज!" विदुर ने कहा,"मुझे भविष्य में कौरवों के लिए मृत्यु और विनाश के सिवा और कुछ भी नहीं दिख रहा क्योंकि अन्त में तो सत्य की ही विजय होती है। आपने अपनी अन्तर्दृष्टि केवल एक ही बार खोली जब पांडवों का पहली धूत-क्रीड़ा में हारा हुआ सब कुछ उन्हें वापस दे दिया । पर तदोपरान्त आप फिर से नैतिक दृष्टिहीनता में डूब गए। ईश्वर के दंड से सावधान हो जाएँ। यदि आप मेरी राय पूछें तो मैं कहूँगा कि अब भी मौका है। पांडवों को वन से वापस बुला लें और उन्हें उनका राज्य वापस कर दें।"

यद्यपि विदुर की स्पष्टवादिता ने उनके अन्त:करण को छेड़ दिया पर वह अपने पुत्र को उसकी उपलब्धियों से वंचित करने की मन:स्थिति में नहीं थे। इसलिए क्रोध से आग-बबूला होकर उन्होंने विदुर को डाँट दिया।

"फिर आप मुझे उपदेश सुनाने लगे। यदि आप पिता होते तब दुर्योधन के लिए मेरी चिन्ता को समझ पाते। मैंने बहुत सुन ली आपकी। क्यों नहीं आप भी अपने प्रिय पांडवों के पास जंगल चले जाते हो, ताकि आपसे पिंड छूटे?"

"मुझे आपकी सेवा छोड़कर प्रसन्नता होगी। जो राजा आँखों और नैतिकता दोनों से दृष्टिहीन हो वह मेरे जैसे सलाहकार के योग्य नहीं।"

विदुर ने ये शब्द धृतराष्ट्र पर दे मारे और रुखाई के साथ बाहर निकल गए।

जब भीष्म को पता चला कि महाराज ने अपने एक निष्ठावान सलाहकार को सेवा से निकाल दिया है तो उनके चिड़चिड़े स्वभाव और अविवेकी निर्णय पर कड़ी आपत्ति जताई।

इस घटना ने धृतराष्ट्र को सोच में डाल दिया। पर जब तक उनका दूत विदुर को वापस बुलाने के लिए पहुँचा, वह वन के लिए प्रस्थान कर चुके थे।

जब पांडवों ने विदुर को अपनी कुटी के सम्मुख देखा तो वे अत्यन्त आह्लादित हुए।

"आपको वन में क्यों आना पड़ा, चाचाश्री?" युधिष्ठिर ने पूछा।

युधिष्ठिर यह जानकर अत्यन्त दुःखी हुए कि महाराज ने उनके साथ अनुचित व्यवहार किया। अभी वे बातें कर ही रहे थे कि धृतराष्ट्र का सारथी संजय वहाँ पहुँचा।

"मैं आपको हस्तिनापुर वापस ले जाने के लिए महाराज द्वारा भेजा गया हूँ," संजय ने विदुर से कहा, "उन्होंने आपसे गहरा खेद भी व्यक्त किया है।"

जब युधिष्ठिर ने कहा कि महाराज की बातों को जाने दें तो विदुर बोले, "हे युधिष्ठिर, आपकी करुणा और उदारता अदम्य है। आप सामान्य नर हैं या सन्त?"

युधिष्ठिर ने मुस्कराकर विदुर के पाँव छू लिए। चन्द दिनों में ही पांडव अपनी नई दिनचर्या में रम गए। अर्जुन शिकार पर निकल जाते थे क्योंकि परिवार को वस्त्र के लिए हिरण की खाल की आवश्यकता थी, और नकुल और सहदेव द्रौपदी की रसोई के लिए लकड़ी इकट्ठा करते थे। भीम का काम दिन-रात चौकसी बरतना था। युधिष्ठिर प्राय: अपने ध्यान में खोए रहते थे, या फिर जंगल के ऋषियों के साथ भाग्य और कर्म अथवा धर्म के स्वरूप पर विचार-विमर्श करते रहते थे।

वह यह भी जानने का प्रयास करते थे कि जब ईश्वर इतने कृपालु हैं तो फिर उन्होंने बुराई को क्यों सृजित किया? जो ऋषि अकसर वहाँ रुकते थे उनका नाम मैत्रेय था और सत्य तथा धर्मपरायणता पर उनके प्रवचन युधिष्ठिर के नीति विषयक चिन्तन से मेल खाते थे।

घूमते-घूमते जब ऋषि मैत्रेय धृतराष्ट्र के दरबार में पहुँचे तो उनका स्वागत बड़े आदर और सम्मान के साथ हुआ। राजा ने इस अवसर का लाभ उठाते हुए ऋषि से पूछा कि क्या वह काम्यक वन में पांडवों से मिले हैं?

"हाँ, मैं कई बार मिल चुका हूँ। युधिष्ठिर पर जंगल के सभी ऋषियों की श्रद्धा है।"

धृतराष्ट्र का सर झुक गया। वह कुछ कह नहीं पाए। जब दुर्योधन ऋषि मैत्रेय को प्रणाम करने गए तो ऋषि ने उनकी तरफ मुड़कर कुछ रूखे स्वर में कहा–

"आप क्यों नहीं पांडवों के पास जाकर उन्हें प्रेम और विश्वास देते हैं। एक ही परिवार के दो पक्षों के बीच इतनी शत्रुता क्यों है? वैसे पिछले दिनों जो कुछ भी हुआ वह मुझे ज्ञात है।"

ऋषि की बातों का उत्तर देने के बजाय दुर्योधन होंठ बिचकाते हुए मुस्कराए और तेज कदमों से वहाँ से चले गए।

दुर्योधन की धृष्टता से ऋषि को क्रोध आ गया। "हे राजन! मैं आपको बताता हूँ," उन्होंने कहा, "आपका पुत्र आपके पतन का कारण बनेगा। देखिए, वह किस तरह अहंकार और क्रोध से भर कर मेरी उपेक्षा कर गया। मेरी भविष्यवाणी है कि भीम के हाथों इसका कष्टदायक अन्त होगा। मैं पूरे कौरव परिवार को शाप देता हूँ जिसका सर्वनाश अब नियत है। आप लोगों के लिए कोई उम्मीद शेष नहीं है।"

ऋषि जब चलने को हुए तो धृतराष्ट्र ने याचना की–"हे दयावान ऋषि! मेरी आपसे प्रार्थना है कि आप अपना शाप वापस ले लें। मैं आपसे करुणा और क्षमा की भीख माँगता हूँ। दुर्योधन वास्तव में मेरी बिगड़ी हुई संतान है, पर मैं किसी तरह उसे सुधार लूँगा।"

"ठीक है। मैं अपना शाप शर्तबद्ध कर देता हूँ। यदि आप और आपके पुत्र ने पांडवों के साथ सन्धि कर ली तो यह शाप निष्क्रिय हो जाएगा।"

मैत्रेय के दरबार से जाते ही धृतराष्ट्र भयग्रस्त हो गए। तरह-तरह के घिनावने दृश्य उनके मानस पटल पर उभरने लगे क्योंकि उन्हें पता था कि दुर्योधन कभी नहीं झुकेगा। फलतः ऋषि का शाप अपरिहार्य रूप से पूर्णतः प्रभावी होगा।

बाइस

अर्जुन और शिव

युधिष्ठिर के भाइयों में सिर्फ भीम ही थे जो उन्हें उनकी विनम्रता और भीरुता के लिए टोकते थे। वह हमेशा उन्हें कौरवों से युद्ध के लिए प्रेरित करने की कोशिश करते थे।

"अन्याय और क्रूरता सहते हुए आप ब्राह्मण ज्यादा और क्षत्रिय कम लगते हैं," भीम ने एक दिन उन पर व्यंग्य किया, "क्षत्रिय धर्म की माँग है कि हम अपने अधिकार के लिए लड़ें, न कि अकर्मण्यता अपना लें। नियति को अपने अनुसार ढालना हमारी जिम्मेदारी है न कि स्वयं को उसके हाथों सौंप देना।"

परन्तु युधिष्ठिर हमेशा उनकी बात काटते हुए कहते थे–"यह न भूलो कि हम मर्यादा के नियमों से बँधे हैं। मैंने दूसरी बार द्यूत-क्रीड़ा के समय कुछ शर्तों के पालन का वचन दिया था और मुझे उनके अनुसार आचरण करना चाहिए, हाँ इतना अवश्य है कि जिस खेल में मैं निपुण नहीं हूँ उसे खेलकर अपने अपराध बोध से मुक्त नहीं हो पाया हूँ। परन्तु जो हो गया उसे बदला तो जा नहीं सकता। अपने परिवार से मेरी यही विनती है कि जो कष्ट मैंने उन्हें दिए हैं उसके लिए मुझे क्षमा करें। और फिर युद्ध किसी समस्या का हल नहीं है। और प्रिय भ्राता, यह न भूलो कि भीष्म और द्रोण जैसे महारथियों के आगे हमारी कोई हस्ती नहीं है।"

जोश से भरे भीम ने अपने अग्रज की सतर्कता की बातों को नैराश्यपूर्ण सलाह कहकर अस्वीकृत कर दिया। "क्या उनमें से कोई अर्जुन के गांडीव के सामने टिक सकता है?"

और इस प्रकार उनका तर्क-वितर्क बिना किसी नतीजे पर पहुँचे समाप्त हो जाता था। अर्जुन भी सामरिक कार्रवाई के पक्षधर थे पर अपने अग्रज के प्रति आदरभाव के कारण उन्होंने कभी तर्क-वितर्क नहीं किया।

जब एक दिन अर्जुन ने दिव्यास्त्रों की खोज के लिए हिमालय पर जाने की घोषणा की तो भीम उत्साहित हुए। प्रस्थान के पूर्व अर्जुन ने विनम्रतापूर्वक द्रौपदी और युधिष्ठिर का आशीष ग्रहण किया।

यह पहाड़ियों और घाटियों से गुजरनेवाली एक दुष्कर यात्रा थी। एक ऊँचे पहाड़ की चोटी पर पहुँचकर वह तप करने के लिए बैठ गए। दिन-रात उन्होंने कठिन तपस्या

की। तब एक सुबह इन्द्रदेव उनके सम्मुख प्रकट हुए। मुखमंडल पर दयामय मुस्कान लिए इन्द्र ने पूछा–

"क्या चाहते हो, प्रिय पुत्र? मैं तुम्हारी प्रार्थना पर यहाँ आया हूँ।"

अर्जुन को ज्ञात न था कि यही देवता उनके पिता थे।

"मैंने अपने गुरु द्रोणाचार्य से धनुर्विद्या का प्रशिक्षण प्राप्त किया है," अर्जुन ने कहा, "पर मैं यहाँ दिव्यास्त्रों की खोज में आया हूँ जो मुझे अभेद्य बना सकें।"

इन्द्र पुनः मुस्कराए और बोले, "इसके लिए तो मेरी राय में तुम्हें भगवान शिव की कृपा चाहिए जो धनुर्धर के रूप में सर्वश्रेष्ठ हैं। यदि तुम प्रबल निष्ठा के साथ उनकी आराधना करो तो वह तुम्हें इन पहाड़ियों में कहीं-न-कहीं अवश्य मिल जाएँगे।"

जब अर्जुन ने इन्द्रदेव का चरण स्पर्श किया तो उन्हें लगा जैसे पितृ-स्नेह से भरा हाथ उनके सर पर है।

कई दिन-रात वह भगवान शिव की पूजा करते रहे पर उनका कोई आभास नहीं मिला। फिर एक दिन वहीं पहाड़ियों में घूमते हुए उन्हें एक बनैला सूअर दिखा जो उन पर झपटने ही वाला था। तुरन्त उन्होंने धनुष उठाया और उस जानवर के बीच ललाट पर बाण मारा। पर आश्चर्य यह कि उसी क्षण एक दूसरा बाण जो उनकी कनपटी के पास से सनसनाता हुआ गुजरा था ठीक उसी निशाने पर जा लगा। पीछे मुड़े तो एक आखेटक को उसकी पत्नी के संग देखा। इसके पहले कि वह सँभल पाते आखेटक उन पर चीख पड़ा-"कौन हो तुम? और तुमने मेरे शिकार को निशाना बनाने की हिम्मत कैसे की?"

"परन्तु ये पर्वत श्रृंखलाएँ तो किसी के भी शिकार, तप या भ्रमण के लिए खुली हैं। आप हिमालय पर अपना खास क्षेत्र होने का दावा कैसे कर सकते हैं?"

फिर उस आखेटक को द्वन्द्व-युद्ध की चुनौती देते हुए अर्जुन ने उस पर बाणों की बौछार कर दी। पर विचित्र बात यह थी कि हर बाण प्रतिद्वन्द्वी को बिना आहत किए उन्हीं की तरफ लौट आता था। तब उन्होंने उसके सर पर वार करने के लिए अपनी तलवार निकाली। पर उसने तलवार उनके हाथ से छीनकर टुकड़े-टुकड़े कर दिया।

शस्त्रविहीन और विफल अर्जुन ने उससे मल्लयुद्ध के लिए कमर कसी। पर उसके दाहिने हाथ के एक झटके से ही वह धरती पर लुढ़क गए। अब अर्जुन को लगा कि उनका सामना किसी देवता से हो गया है।

अपने दुश्मन के विरुद्ध सहायता के लिए शिव की आराधना का समय आ गया था। ज्यों ही उन्होंने शिवस्तुति की, आखेटक के मध्य ललाट पर त्रिनेत्र खुलता हुआ दिखा। उनके मस्तिष्क में कुछ कौंधा। कहीं उनके सम्मुख स्वयं भगवान शिव अपनी पत्नी माता पार्वती के साथ तो नहीं खड़े हैं? वह तुरन्त भगवान के चरणों में साष्टांग लेट गए।

"नहीं, मैं तुमसे नाराज नहीं हूँ , नवयुवक। मैं तुम्हारे पराक्रम की प्रशंसा करता हूँ,

खासकर जिस कौशल के साथ तुमने सूअर के मस्तक पर बाण चलाया। अब तुम मुझसे कोई भी वर माँग सकते हो। मैं तुम्हें अवश्य दूँगा।"

"मैं इन पर्वतों में दिव्यास्त्रों की खोज में आया था, जो मुझे अभेद्य बना दें। इसलिए, हे प्रभु! मुझे ऐसा ही कोई अमोघ अस्त्र दें। मैं सदा आपका आभारी रहूँगा।"

अपनी दिव्य मुस्कान के साथ शिव ने एक अस्त्र दाहिने हाथ से बढ़ाया–"यह पशुपत है, एक ऐसा अस्त्र जो तुम्हें पृथ्वी लोक के सबसे शक्तिशाली व्यक्ति को भी परास्त करने में सहायक होगा।" फिर रुककर बोले, "पर याद रखो, तुम्हें अपने पिता इन्द्र का आभारी होना चाहिए जिन्होंने तुम्हें मुझ तक पहुँचाया।"

तेइस

कृष्ण का प्रण

कृष्ण की अनुपस्थिति का लाभ उठाते हुए शाल्व ने अपने मित्र शिशुपाल की हत्या का बदला लेने के लिए द्वारका को घेर लिया। उस समय नगर अग्रसेन के नियन्त्रण में था जो दुश्मनों को दूर रखने के हर सम्भव प्रयास में लगे हुए थे।

सौभाग्य से नगर एक किले की तरह बसा हुआ था जिसकी मजबूत दीवारें और चारों ओर बनी खाई दुश्मन के आक्रमण से सुरक्षा प्रदान करती थीं। नगर द्वारों पर तैनात रक्षक निरन्तर निगरानी में लगे थे कि कहीं शाल्व के सैनिक दीवारों में सेंध न मार दें। अग्रसेन ने भी प्रचुर मात्रा में अस्त्र-शस्त्र और भोजन सामग्री एकत्र कर ली थी ताकि उनके सैनिक लम्बे समय तक टिक सकें। पर कुछ दिनों के बाद उन्हें यह चिन्ता सताने लगी कि आखिर कब तक वह नगर पर नियन्त्रण रख पाएँगे।

जब कृष्ण अपने प्रिय नगर वापस आए तो उसे दुश्मनों से घिरा पाया। तुरन्त उन्होंने बड़ी संख्या में सैनिकों को शाल्व की सेना पर आक्रमण करने में लगा दिया। शाल्व की सेना ने मामूली प्रतिरोध के बाद ही हथियार डाल दिए। चूँकि शाल्व ने स्वेच्छा से समर्पण किया था इसलिए कृष्ण ने उन्हें जीवन दान दे दिया।

"यदि तुम्हारी बोली भी अपने मित्र शिशुपाल की तरह ही गंदी होती तो मैं तुम्हारे सैनिकों के सामने तुम्हारा सर काट देता। पर अब मैं तम्हें और तुम्हारी सेना को सही सलामत जाने दूँगा।"

द्वारका की घेराबन्दी समाप्त होने और नगर के पुनर्व्यवस्थित होने के पश्चात् ही कृष्ण ने काम्यक वन में जाकर पांडवों से मिलने का निश्चय किया जहाँ वे अपने तेरह वर्ष के वनवास के प्रथम चरण में कुछ दिनों के लिए ठहरे हुए थे।

कृष्ण इस बात से चकित थे कि आखिर युधिष्ठिर दूसरी बार द्यूत-क्रीड़ा के लिए कैसे सहमत हो गए जबकि द्रौपदी घोर संकट से उबरी थीं और धृतराष्ट्र ने उदारता के उस क्षण में, जो बिरले ही होते हैं, उन्हें हारा हुआ इन्द्रप्रस्थ लौटा दिया था।

जब वह काम्यक वन में पहुँचे तो द्रौपदी ही सबसे पहले दौड़ी आईं। उनकी आँखों से अश्रुधारा बह रही थी–"आप कहाँ चले गए थे, हे वासुदेव! जब वह राक्षस दुःशासन मेरा चीरहरण कर रहा था? मैंने आपको बहुत पुकारा..."

कृष्ण ने उन्हें पहले जी भरकर रो लेने दिया।

"और तब एक अद्‌भुत घटना घटी," द्रौपदी ने अपनी बात जारी रखी, "किसी दैवीय हाथ ने मुझे उस घोर अपमान से बचाया..."

"और अन्तहीन लम्बाई वाली साड़ी उपलब्ध करा दी," कृष्ण ने एक रहस्यमय मुस्कान के साथ हस्तक्षेप करते हुए द्रौपदी के कथन को पूरा किया।

अचानक द्रौपदी के मस्तिष्क में कुछ कौंधा। कहीं कृष्ण ने ही तो वह चमत्कार नहीं किया? तत्क्षण वह उनके चरणों में गिर पड़ीं और खुशी के आँसू छलक पड़े।

द्रौपदी को उठाते हुए कृष्ण ने अपना दायाँ हाथ उनके माथे पर स्नेह से फेरा। इस बीच पांडव भ्रातागण भी, जिन्होंने सब कुछ सुन लिया था, कृष्ण के इर्द-गिर्द एकत्रित हो गए। उनकी आँखों में कृतज्ञता के आँसू उमड़ रहे थे।

उन सबों की ओर मुड़कर कृष्ण ने कहा, "फिर कभी आप ऐसी कठिन परीक्षा नहीं झेलेंगे। आज इसी क्षण मैं प्रण करता हूँ कि हर संकट का सामना करने में मैं आपकी सहायता करूँगा। चूँकि आप न्याय के निमित्त कष्ट झेल रहे हैं इसलिए विजयश्री आपको ही मिलेगी क्योंकि अन्ततः सत्य ही प्रभावी होता है।"

कृष्ण से सहायता का आश्वासन पाकर उत्साहित भीम युधिष्ठिर की तरफ मुड़े और बोले, "हम क्यों नहीं कौरवों पर अविलम्ब आक्रमण कर दें? अपने मित्रों को लामबन्द करने और उनका सहयोग प्राप्त करने में हमें कोई दिक्कत नहीं होगी।"

परन्तु कृष्ण ने इस प्रस्ताव का कड़ा विरोध किया। "नहीं भीम," उन्होंने कहा, "युद्ध हमारा अन्तिम विकल्प होगा। पहले मुझे अन्य रास्ते ढूँढ़ने दो। कूटनीतिक जीत युद्ध से कम लाभप्रद नहीं होती। ऐसा मैं किसी कमजोरी के कारण नहीं कह रहा हूँ। अब भी मेरा अन्तिम लक्ष्य कौरवों को परास्त करना है, उन्हें घुटने टेकने पर मजबूर करना है।"

कृष्ण के प्रस्थानोपरान्त द्रौपदी ने अपने पतियों से कहा, "जब यह देवता स्वयं हमारी सहायता के लिए तैयार हैं तो हमें निराश नहीं होना चाहिए। अब मैं अपने मन से सारी चिन्ताएँ निकाल दूँगी।"

चौबीस
हनुमान से सामना

यों तो ऋषि मैत्रेय ने पांडवों को आश्वस्त किया था कि अर्जुन जल्द ही हिमालय से लौट आएँगे पर द्रौपदी दुविधा में पड़ी थीं । दिन-रात वह यही सोचतीं कि इतना विलम्ब क्यों हो रहा है।

"जंगल अब अर्जुन के बिना सूना लगता है," एक सुबह उन्होंने भीम से कहा, "क्या पता स्थान परिवर्तन से मेरे अशान्त मन को राहत मिले।"

भीम ने द्रौपदी की चिन्ता से युधिष्ठिर को अवगत कराने का सोचा। संयोग से उसी दिन अपराह्न में ऋषि धौम्य कुटी के पास से गुजर रहे थे।

"कभी-कभी मैं सोचता हूँ," युधिष्ठिर ने ऋषि से कहा, "कि अर्जुन को दिव्यास्त्रों की खोज में भेजना क्या उचित निर्णय था? वह किसी ऐसे अस्त्र की प्राप्ति के लिए बड़े इच्छुक थे जो भीष्म, दुर्योधन, द्रोण और अश्वत्थामा पर भारी पड़े, क्योंकि अब हमारा कौरवों के साथ युद्ध अवश्यम्भावी लगता है।" वह रुककर बोले, "चूँकि प्रायः द्रौपदी और भीम चिन्तित रहते हैं, उन्हें लगता है कि हमें कहीं और स्थानांतरित हो जाना चाहिए। लेकिन कहाँ?"

"हे युधिष्ठिर! स्थान परिवर्तन मात्र से मन को नियन्त्रित नहीं किया जा सकता," ऋषि ने उत्तर दिया, "क्योंकि मन तो काल और स्थान को लाँघ जाता है। पर आप अर्जुन के लिए चिन्तित न हों। वह जल्द ही अस्त्र प्राप्त कर वापस आएँगे। आप सब कुछ ईश्वर की इच्छा पर छोड़ दें। चिन्ता से किसी समस्या का हल नहीं होता, बल्कि समस्या और बढ़ जाती है।"

किन्तु निरन्तर चिन्ता से ग्रस्त पांडव एक स्थान से दूसरे स्थान पर भटकते रहे। द्रौपदी प्रायः थकावट और पैरों में जख्म की शिकायत करती थीं पर उन्होंने भीम के कन्धे पर चलने से मना कर दिया। थककर चूर और चोटिल होने के बावजूद वे घने जंगलों में, बीहड़ रास्तों और जोखिम भरी तंग घाटियों से तब तक गुजरते रहे जब तक कि कुलिंदा नहीं पहुँच गए जहाँ के राजा ने उनका अतिथि सत्कार किया। वहाँ वे कुछ दिन ठहरे पर पुनः उनकी बेचैनी उन्हें जलाती रही और वे नैमिषारण्य पहुँच गए जो फल-फूलों से भरा एक सुन्दर वन था।

यहाँ एक दिन प्रात:काल द्रौपदी ने अपने पाँव पर एक पुष्प गिरते देखा जो कहीं से मंद पवन के झोंके के साथ वहाँ आ गिरा था। हाथ में उठाया तो उसके रंग, सुगन्ध और सौन्दर्य ने मोह लिया। पहले तो इच्छा हुई कि उसे बालों में लगा लें किन्तु उन्होंने भीम से अंजलीभर वैसा ही पुष्प लाने को कहा।

"हे भीम," पुष्प दिखाते हुए वह बोलीं, "यह उत्तर पूर्वी हवा संग आ गिरा एक अद्‌भुत सुन्दर पुष्प है। क्या आप उस दिशा में जाकर मेरे लिए इसके कुछ बाल-पौधे ले आएँगे? अपनी कुटी के चारों ओर मैं इन्हें उगाना चाहती हूँ।"

तुरन्त भीम पुष्पों की तलाश में निकल पड़े। लग रहा था जैसे पुष्प की खुशबू ही उन्हें गन्तव्य तक ले जा रही थी। जब वह केले के पेड़ों के एक झुंड के पास पहुँचे तो देखा कि एक विशालकाय बन्दर उनके रास्ते पर सोया हुआ है। चूँकि वह जल्दी में थे इसलिए उन्होंने पहले जोर से बोलते हुए उस जानवर को अपने दाएँ पैर से किनारे ठेला। इत्मीनान से जगते हुए बन्दर ने भीम पर आँखें तरेरीं।

"ऐ मानव, तुमने मेरी नींद क्यों तोड़ी? ये आदमी लोग हमेशा जानवरों से दुर्व्यवहार क्यों करते हैं? क्या हम ईश्वर की रचना नहीं हैं?"

थोड़ा ठहरकर बोला, "खैर, तुम हो कौन और इस बीहड़ जंगल में क्या ढूँढ़ रहे हो? शायद तम्हें पता नहीं है कि कोई भी मानव यहाँ से आगे नहीं जा सकता क्योंकि इसके आगे देवताओं का निवास स्थान है। इसलिए लौट जाओ और आराम करो।"

बन्दर के ऐसे रूखे व्यवहार से भीम उत्तेजित हो गए। गुस्से में बोले, "पहले तुम बताओ कि तुम कौन हो और इस तरह बात करने की तुमने हिम्मत कैसे की? तुम्हें बता दूँ कि मैं यशस्वी कुरुकुल की सन्तान हूँ और मेरे पिता वायु हैं—वायुदेव। और अब तुम रास्ते से हटोगे या मैं तुम्हें ठोकर मारकर हटा दूँ?"

बिना हिले-डुले बन्दर ने दाँत निकालकर गुस्सा व्यक्त किया।

"लगता है तुम्हारा बुरा समय आ गया है। मैं तुम्हें चेतावनी देता हूँ कि यदि तुमने मुझे छुआ भी तो मैं तुम्हें उठाकर फेंक दूँगा, तुम्हारे पिता वायुदेव के पास, यद्यपि मैं काफी बूढ़ा हूँ।" फिर रुककर बोला, "क्यों नहीं मुझे अपने रास्ते से किनारे कर देने का प्रयास करते हो? मुझे तो उठने में आलस्य हो रहा है। या चाहो तो मुझ पर झपटकर देखो।"

भीम को उस बन्दर के अक्खड़पन पर थोड़ा कुतूहल हुआ। 'कैसा जानवर है यह,' वह सोचने लगे।

"असल में तुम्हारे बदन पर पाँव रखकर आगे जाना ज्यादा आसान होगा," भीम ने कहा, "परन्तु धर्मग्रन्थ हमें किसी मर्कट के तन पर पाँव रखने की अनुमति नहीं देते, अन्यथा मैं तो अपने भ्राता हनुमान की तरह विस्तृत समुद्र को भी लाँघ सकता हूँ।"

"ये हनुमान कौन है?" बन्दर ने मुस्कराते हुए पूछा।

"मूर्ख। जानते नहीं कि भगवान राम के प्रति उनकी भक्ति अद्वितीय है? अपने

स्वामी की पत्नी सीता की खोज में उन्होंने विकराल समुद्र लाँघ दिया था। मैं उन्हीं का भाई हूँ। और अब तुम रास्ते से हटोगे, धृष्ट बन्दर? या मैं तुझे पैर की ठोकर से उछाल दूँ?"

बन्दर फिर भी इत्मीनान से पड़ा रहा। उसने करवट तक नहीं बदली। फिर मुस्कान बिखेरते हुए बोला, "मैं अब इतना बूढ़ा हो गया हूँ कि स्वयं अपने पैरों पर खड़ा नहीं हो सकता। पर यदि तुम्हारे धर्मग्रन्थ तुम्हें हमारे ऊपर पैर रखकर जाने से रोकते हैं तो इतना भर करो कि मेरी पूँछ एक ओर खिसका दो और आगे प्रस्थान कर जाओ।"

उसकी चुनौती भीम को डँस गई। उन्होंने उसकी पूँछ की तरफ देखा जिससे उनका मार्ग अवरुद्ध था। पर जब उसे उठाने का प्रयास किया तो काफी भारी लगा। उन्होंने अपना सारा जोर लगा दिया और पसीने से लथपथ हो गए। हारकर खड़े हो गए और विस्मय के साथ उस बन्दर को गौर से देखा। उन्हें लगा कि हो-न-हो यह जानवर कोई दैवी प्राणी है।

"कौन हैं आप-बन्दर या कोई देवता?" भीम ने पूछा, "मैं नतमस्तक हूँ और अपनी पराजय स्वीकार करता हूँ।"

इस बात पर बन्दर के कुंचित होंठ पर कृपापूर्ण मुस्कान उभर आई। "हे भीम! मैं हनुमान हूँ, तुम्हारा भाई," उस जानवर ने कहा, "मैंने देखते ही तुम्हें पहचान लिया था। पर मेरा मन हुआ कि तुम्हारे साथ थोड़ा मनोविनोद करूँ।"

फिर उन्होंने बताया कि उन्हें कुछ देर तक जो उन्होंने रोके रखा वह इसलिए कि आगे जंगली जानवरों और दुष्ट आत्माओं का खतरा था।

"पर अब तुम्हें आगे जाने की जरूरत नहीं है," हनुमान ने सान्त्वना देते हुए कहा, "क्योंकि यहीं पर पेड़ों के झुंड के पीछे वह सरिता बहती है जिसके किनारे तुम्हें वे सौगन्धिक पुष्प के पौधे मिल जाएँगे जिनकी तुम्हें तलाश है।"

किन्तु भाई से विदा लेने के पहले भीम ने वह रूप दिखाने का आग्रह किया जिसे धारण कर सीता की खोज में उन्होंने समुद्र लाँघा था।"

तत्क्षण हनुमान का आकार बढ़ने लगा और एक विशाल पर्वत के समान हो गया। उनके नेत्रों से दिव्य ज्योति निकल रही थी जिससे सारा जंगल प्रकाशमान हो गया। चमक इतनी चकाचौंध भरी थी कि भीम को दोनों हाथों से अपने नेत्र ढकने पड़े। हनुमान को भी अपने स्वाभाविक रूप में लौटने में थोड़ा समय लगा। "जब भी दुश्मनों से सामना हो मैं इसी तरह अपना शरीर विस्तारित कर सकता हूँ।" हनुमान ने कहा।

भीम को लगा जैसे वह भी किसी नई ऊर्जा से भर गए हों। जब वह अपने भाई को एकटक देख रहे थे तो उन्होंने उन्हें कहते सुना-"हे भीम! मैं हर संकट की घड़ी में तुम्हारे साथ रहूँगा। मैं तुम्हारे भ्राता अर्जुन के रथ की ध्वजा पर प्रतीक चिह्न के रूप में फहराता रहूँगा। जैसे भगवान राम हर कदम पर मेरे मार्गदर्शक थे उसी तरह तुम सबों को भी विजयश्री दिलाने में कृष्ण का नेतृत्व प्राप्त होगा।"

भीम ने आशीष प्राप्ति के लिए अपने भाई के चरणों में लेटकर साष्टांग प्रणाम किया। पर जब उठे तो हनुमान अदृश्य हो चुके थे। भीम सोचने लगे कि कहीं यह मुलाकात कोई चमत्कार तो नहीं था। तब उन्हें लगा कि अवश्य किसी दैवी शक्ति ने द्रौपदी को प्रेरित किया होगा कि वह उन्हें सौगन्धिक पुष्प लाने के लिए भेजें। तभी तो आमने-सामने दोनों भाइयों की मुलाकात हो पाई।

जल्दी से उन्होंने सौगन्धिक पुष्प के कुछ पौधे सरिता किनारे से जमा किए और अपनी कुटी में लौट आए। जब द्रौपदी और उनके भाइयों को पता चला कि किस तरह उनका सामना हनुमान से हुआ था तो सबों ने इसे एक शुभ-शकुन माना। अब उन्हें विश्वास हो गया कि दुखों की अन्धेरी सुरंग के उस पार अवश्य प्रकाश होगा जो बुराई पर अच्छाई की जीत का द्योतक होगा।

पच्चीस

दुर्योधन की अवमानना

हस्तिनापुर के कुछ ब्राह्मण प्रायः पांडवों से काम्यक वन में मिला करते थे। इसलिए उनकी कठिनाइयों की जानकारी हस्तिनापुर में मिलती रहती थी। जब भी ऐसे समाचार धृतराष्ट्र को मिलते तो जो दुःख उन्होंने अपने भतीजों को दिए थे उसके कारण वे उनके अन्तःकरण में चुभते थे। प्रायः वह सपने में अपने स्वर्गवासी भ्राता पांडु को उनके पुत्रों के प्रति अपनी निर्दयता के लिए उन्हें कोसते हुए सुनते थे। दिन-रात धृतराष्ट्र की कल्पना में प्रतिशोध की तलवार उनके सर पर लटकती रहती थी। पर ये बातें उन्होंने अपने तक ही रखीं। यहाँ तक कि अपनी धर्मपत्नी गान्धारी से भी नहीं बताया।

जब उन्होंने सुना कि अर्जुन किसी दिव्यास्त्र की तलाश में हिमालय की ओर गए हुए हैं तो उन्हें लग गया कि युद्ध अवश्यम्भावी है। वह जानते थे कि युधिष्ठिर अपने मन में कौरवों के प्रति बदले की भावना नहीं रख सकते। किन्तु क्या भीम और अर्जुन तब तक चैन से बैठेंगे जब तक कि भरी सभा में हुए द्रौपदी के चीरहरण का बदला नहीं ले लेते?

उधर दुर्योधन अपने चचेरे भाइयों को जंगल में हो रही कठिनाइयों पर अपनी आँखें सेंक रहे थे। कितना मजेदार होगा उन्हें शरणार्थियों की तरह रहते देखना! जब यह बात उन्होंने राधेय को बताई तो वह उनके साथ चलने को तैयार हो गए। तय हुआ कि जंगल में अपने गाय-बछड़ों की सूची तैयार करने के लिए धृतराष्ट्र से अनुमति ले ली जाए।

परन्तु जब उन्होंने धृतराष्ट्र से बताया तो उन्होंने प्रतिकार किया–"यह काम राजकुमारों का नहीं है। शिकार के लिए जंगल जाने की बात तो समझ में आती है पर जानवरों की सूची तैयार करने की नहीं।"

"तो फिर हम शिकार के लिए ही जाना चाहेंगे।," दुर्योधन ने कहा, "विशेषकर इसलिए कि पिछले दिनों मैं राजकाज में बहुत व्यस्त रहा हूँ। क्या मेरे लिए कुछ मनोरंजक बदलाव आवश्यक नहीं है?"

"निश्चय ही, पुत्र," महाराज ने कहा, "काश मैं भी तुम्हारे साथ जा पाता। पर ये मेरी दृष्टिहीनता..." उनकी आवाज लड़खड़ा गई। "मैं जानता हूँ कि तुम राधेय को भी

अपने साथ ले जाओगे। तुम दोनों को मेरी शुभ कामनाएँ।"

दुर्योधन ने सोचा कि फिर वह अपने पिता को झाँसा देने में सफल रहे।

अगले ही दिन दोनों घोड़ों पर सवार जंगल की ओर चल पड़े और एक ऐसी पहाड़ी पर अपना डेरा जमाया जहाँ से पांडवों की कुटी साफ दिखाई देती थी। इस अनुकूल स्थान से उन्होंने युधिष्ठिर को वृक्ष के नीचे ध्यान करते, भीम को रखवाली करते और धुँए से पीड़ित द्रौपदी को भोजन पकाते देखा।

"ठीक से करो उनकी सेवा।" दुर्योधन ने कहा।

"वे स्वर्ग से गिरे वस्तु ही हैं न?" राधेय ने परिहास किया।

पांडवों की दुर्दशा पर आँख सेंकने के बाद उन्होंने वन में इधर-उधर घूमने का निश्चय किया। जब वे झरने के पास पहुँचे तो उन्होंने एक कबीली बाला को स्नान करके घर जाते देखा। वह अति सुन्दर थी–मृगी समान आँखें, कन्धों से लटकते तरंगवत लम्बे बाल और चाल में मोरनी की शालीनता। उसके खुले कन्धे पंडुक के जोड़े की तरह थे और उसके उन्नत उरोज अन्तःवस्त्र में जैसे कसे हुए थे। वह दुर्योधन और राधेय दोनों के मन पर छा गई। किसी कामोत्तेजित श्वान की तरह दुर्योधन के मुँह से लार टपकने लगी।

"कहाँ जा रही हो, सुन्दरी?" बुरी नजर से देखते हुए दुर्योधन ने पूछा। फिर अपने गले के मोतियों की माला दिखाते हुए बोले, "यह तुम्हारे गले की शोभा बढ़ाएगा यदि आज रात हमारे शिविर में आ जाओ–वहाँ पहाड़ी पर।"

राधेय ने ज्यों ही उसकी कलाई पकड़ने की कोशिश की वह पीछे हट गई। उसकी आँखों में क्रोधाग्नि थी।

"तुम समझते क्या हो अपने आप को?" उसने आँखें तरेरते हुए कहा, "यदि तुमने मुझे छुआ तो...वह अचानक रुक गई।

"ये दुर्योधन हैं, हस्तिनापुर के युवराज," राधेय ने कहा, "और मैं इनका मित्र। पर हम दोनों सौन्दर्य प्रेमी हैं–कोई सुन्दर चेहरा, कोई प्यारा सा फूल, या चाँदनी–कुछ भी जो हमारी नब्ज को उत्तेजित कर दे।"

तीव्र क्रोध से उसकी छाती फूल रही थी। उसने कहा, "लगता है तुम दोनों पर सख्ती की जरूरत है, जैसे ढ़ीले धनुष को कसा जाता है। जान लो कि मैं कहाँ के गन्धर्वों के कबीले के सरदार की बेटी हूँ। इस युवराज की खबर तो मेरे पिता लेंगे। किसी असहाय नारी पर घात लगाते तुम्हें शर्म नहीं आती? हो सकता है यही तुम्हारी आदत हो। पर इस जंगल में यह सब नहीं चलेगा।"

इसके पहले कि दुर्योधन या राधेय उसे पकड़ पाते उसके मुँह से एक गगनभेदी चीख निकली। तुरन्त पेड़ों के झुरमुट से कबीलों की एक पूरी जमात तीर-धनुष लिए निकल आई। उनमें जो सबसे लम्बा था, बरगद के विशाल तने जैसा, उसने पूछा, "क्या हुआ बेटी?"

तब उसने बताया कि कैसे उन दो शिकारियों ने उससे छेड़खानी करने की कोशिश की। फिर दुर्योधन की तरफ इंगित करते हुए बोली–"यह आदमी अपने को हस्तिनापुर का युवराज कहता है।"

"तो क्या हुआ।" सरदार ने दाँत पीसते हुए कहा। फिर उसने अपने आदमियों को उन्हें बन्दी बना लेने की आज्ञा दी।

पर जब दुर्योधन और राधेय को वे ले जानेवाले थे तभी पांडव वहाँ आ गए। उन्होंने भी उस बाला की चीख सुनी थी, और उसके बाद जो शोरगुल हुआ वह भी सुना था।

भीम तो खुशी से ऊछल पड़े यह देखकर कि उनके दुश्मन बन्दी बनाकर ले जाए जा रहे थे, जैसे भटके हुए पशुओं को ले जाया जाता है। पर तभी वह निराश हो गए जब युधिष्ठिर ने कहा, "नहीं मैं उन्हें बन्दी बनने और अपमानित होने नहीं दूँगा। युद्धभूमि में हमलोगों का सामना होना अलग बात है।...यदि किसी तीसरे ने उनका अपमान किया तो वह मेरा भी अपमान होगा।" फिर रुककर बोले, "इसलिए हे भीम, क्या तुम इन्हें कबीलों से मुक्त कराओगे?"

यों तो अन्दर से भीम निराश थे पर उन्होंने अपनी गदा भाँजते हुए उन कबीलों को ललकारा। उनको हराकर दुर्योधन और राधेय को छुड़ाने में उन्हें अधिक देर नहीं लगी।

"हे दुर्योधन, तुम्हें कैदी के रूप में देखकर मुझे बर्दाश्त नहीं हुआ," युधिष्ठिर ने कहा, "वैसे मैं जानता हूँ कि तुम जंगल में हमारी दुर्दशा देखने के इरादे से आए थे–हर चीज से बेदखल। पर मत भूलो कि सत्य और न्याय हमारे पक्ष में हैं। ठीक है, अब जब तुम मुक्त हो गए हो, वापस हस्तिनापुर जा सकते हो..."

युधिष्ठिर के शब्द दुर्योधन के हृदय में चाकू की तरह चुभ रहे थे।

"ओह, ये दुश्मन के हाथों बचाए जाने का कलंक!" वह राधेय से बुदबुदाए, "इससे तो अच्छा था कि वह कबीले मुझे मार देते। क्या कभी मैं इस अपमान को भुला पाऊँगा? मैं जानता हूँ, सोते-जागते यह आजीवन मेरा पीछा करता रहेगा।"

हस्तिनापुर लौटकर जब उन्होंने जंगल में हुए अपने अपमान की बात शकुनि को बताई तो उन्होंने दुर्योधन को यह कहकर सान्त्वना दी कि उनके तरकश में योजनाओं के तीर अभी खत्म नहीं हो गए हैं।

"आज-न-कल हम उन्हें फिर देख लेंगे," उन्होंने कहा, "जो भी हो, ये बेचारे अकिंचन अभी-अभी अपने निर्वासन के सबसे नाजुक दौर में प्रवेश किए हैं। यदि तुम्हारे गुप्तचर किसी तरह तेरहवें वर्ष में इन्हें ढूँढ़ लें तो ये फिर से पूरे निर्वासन काल के लिए कठिनाइयों में पिसते रहेंगे। और इसी तरह यह सिलसिला चलता रहेगा। इसलिए मेरे प्रिय भानजे, ढाढ़स रखो।"

यद्यपि शकुनि की बातों से दुर्योधन के चेहरे पर क्षणिक मुस्कान उभर आई पर अन्दर-ही-अन्दर वह अब भी क्रोध से उबल रहे थे।

उधर हस्तिनापुर में दुर्योधन के अपमान की बात जंगल की आग की तरह फैल गई। धृतराष्ट्र को यह जानकर राहत मिली कि उनका पुत्र भाग्यवश बच गया था, पर विदुर अपना कटाक्ष रोक नहीं पाए।

"हे राजन! आपके पुत्र और राधेय को मौत के मुँह से निकाल लेने के लिए युधिष्ठिर धन्यवाद के पात्र हैं," विदुर ने कहा, "कैसी विडम्बना है कि आपने जिन भतीजों को हर चीज से बेदखल कर दिया वही आपके पुत्र के रक्षक बने।"

कुछ रुककर वह बोले, "मैं जानता हूँ कि जब से आपने दुर्योधन के गुप्तचरों से जाना कि अर्जुन दिव्यास्त्र प्राप्त कर हिमालय से लौट आए हैं तभी से आप अशान्त हैं। लेकिन सबसे प्राणघातक अस्त्र से भी प्रबल एक अस्त्र है। और वह है धर्म, जो युधिष्ठिर को किसी भी अन्य अस्त्र से कहीं ज्यादा शक्ति प्रदान करता है। क्या हुआ यदि वह निपुण धनुर्धर या पासा खेलने वाले नहीं हैं? याद रखिए, उनकी धर्मपरायणता और उदारता ही उन्हें अन्त में विजयी बनाएगी।"

यद्यपि विदुर की स्पष्ट टिप्पणी धृतराष्ट्र को अन्दर तक झकझोर गई, परन्तु उन्हें युधिष्ठिर की मुक्त कंठ से की गई प्रशंसा अच्छी नहीं लगी। वह अपने भतीजों के प्रति आभारी तो थे जिन्होंने दुर्योधन को गंधर्वों से बचाया लेकिन उनको लगता था कि यदि दुर्योधन और राधेय सशस्त्र होते तो वे अवश्य उन कबीलों को मार भगाते।

अगली सुबह अर्जुन को कुटी की तरफ आते देखकर पांडव अति प्रसन्न हुए। उनके दाएँ हाथ में पशुपत दिव्यास्त्र था। अब द्रौपदी चिन्तामुक्त हो गईं। उनके मुखमंडल पर खुशी साफ झलक रही थी।

छब्बीस

दैवी सरोवर

दुर्योधन की नजर से बचने के लिए पांडव काम्यक वन के दूसरे हिस्से में चले गए। गर्मी का मौसम अभी पूरी तरह से आया नहीं था पर उस वर्ष ताप और ऊमस बढ़ने लगी थी। दिन लम्बे होने लगे थे पर रात कुछ ही घंटों में सिमट जाती थी। हर शाम गोधूली बेला में युधिष्ठिर पास की एक चट्टान पर बैठकर क्षितिज पर धीरे-धीरे ढलते सूरज को देखा करते थे–उसका तांबे जैसे रंग का नारंगी रंग में बदलना और फिर धुँधला होते जाना जब तक कि अँधेरा पूरे जंगल को लपेट न ले।

चूँकि निर्वासन का बारह वर्ष पूरा हो चुका था, युधिष्ठिर काफी प्रफुल्लित थे। "बस अब एक वर्ष," उन्होंने अपने आप को सान्त्वना दी, "और वे इन्द्रप्रस्थ लौट जाएँगे।" पर कभी-कभी उन्हें एक अशुभ विचार सताने लगता था। अगर तेरहवें वर्ष में, जो अज्ञातवास का था, दुर्योधन के गुप्तचरों में से किसी ने उन लोगों को देख लिया तब क्या होगा? वह बड़ा अनर्थकारी होगा क्योंकि उन्हें फिर से निर्वासन की पूरी अवधि झेलनी होगी।

युधिष्ठिर अपने पसन्दीदा चट्टान पर बैठे यह सब सोच ही रहे थे कि एक ब्राह्मण वहाँ आकर रुके। वह तुरन्त उठ खड़े हुए और उन्हें प्रणाम किया। ब्राह्मण काफी चिन्तित दिख रहे थे।

"क्या मैं आपके लिए कुछ कर सकता हूँ?" युधिष्ठिर ने पूछा।

"हाँ, शायद आप आग सुलगाने वाली मेरी फूँकनी पुनः प्राप्त करने में मेरी मदद कर सकते हैं।" ब्राह्मण ने उत्तर दिया। फिर कुछ दूरी पर झाड़ी के ऊपर से छलाँग लगाते हिरण की तरफ दिखा कर कहा, "वह है चोर!" उन्होंने बताया कि कैसे वह जानवर उनकी कुटिया में घुस आया था और उनकी फूँकनी मुँह में लेकर भाग गया जब वह पूजा में निमग्न थे। इसलिए अब उनके लिए न अग्नि होगी, न वह कुछ पका पाएँगे और न भोजन मिलेगा।

युधिष्ठिर ने तुरन्त सहदेव को बुलाया और हिरण का पीछा करके ब्राह्मण की फूँकनी वापस लाने को कहा। पर हिरण का पीछा करना एक उत्तेजक खेल साबित हुआ। वह कभी चट्टानों और झाड़ियों के ऊपर से उछल जाता तो कभी पेड़ों के पीछे

अदृश्य हो जाता और फिर मुख्य मार्ग पर दिखाई पड़ता मानो उन्हें लुका-छिपी का खेल खेलने को ललचा रहा हो। सहदेव सोचने लगे कि कहीं यह उस स्वर्ण मृग की तरह तो नहीं है जिसने सीता को मोह लिया था। जैसे-जैसे वह मृग का पीछा करते गए दिन चढ़ता गया और मध्याह्न के सूरज की गर्मी से उनके पैरों तले की धरती जलने लगी। ताप इतना असह्य था कि उनका गला शरद ऋतु की पत्तियों की तरह सूख गया। इसलिए उन्होंने रुककर सुस्ताने का निश्चय किया। एक पेड़ की छाया में रुकते ही उन्होंने देखा कि हिरण भी एक चट्टान पर रुक गया है। लगा जैसे दौड़ फिर से शुरू करने के पहले दोनों को विश्राम की आवश्यकता थी।

सहदेव पेड़ पर चढ़ गए, यह देखने के लिए कि आस-पास कोई झरना या जलाशय है कि नहीं। थोड़ी ही दूरी पर एक सरोवर को देखकर वह बड़े प्रसन्न हुए। पेड़ से कूदकर सीधे उसी तरफ बढ़े। पहुँचकर देखा तो जल बिलकुल स्वच्छ था, शीशे की तरह साफ।

परन्तु ज्यों ही वह अँजुली में जल भरने को हुए कि सरोवर के उस तरफ पहाड़ी की चोटी से एक आवाज सुनाई दी, दोपहर के सन्नाटे में हवा को चीरती हुई-

"रुक जाओ, ऐ नौजवान," आवाज गूँजी, "मेरे इस सुरक्षित सरोवर का जल पीने के पहले तुम्हें मेरे प्रश्नों का उत्तर देना होगा। यदि तुमने बिना उत्तर दिए जल ग्रहण करने का हठ किया तो मृत्यु को प्राप्त करोगे और तुम्हारा शरीर उसी स्थान पर जहाँ तुम खड़े हो लकड़ी का कुंदा बनकर रह जाएगा।"

एक क्षण के लिए तो वह उस भयानक चेतावनी पर स्तब्ध रह गए पर उसे दरकिनार करने का निर्णय किया। "हवा और जल तो ईश्वर का मुफ्त दान हैं जो सभी जीवों के लिए हैं।" सहदेव ने प्रत्युत्तर में कहा और अँजुली भर जल उठा लिया। पर ज्यों ही उनके होंठों का स्पर्श हुआ वह अचेत होकर धरती पर गिर पड़े-निष्प्राण।

जब काफी देर तक सहदेव वापस नहीं लौटे तो युधिष्ठिर को चिन्ता हुई। अब उन्होंने नकुल से सहदेव की खोज में जाने को कहा। पेड़ों के भूल-भुलैये से गुजरते हुए वह भी उसी सरोवर के पास पहुँच गए। सहदेव का शरीर चित्त पड़ा देखकर वह सदमे से ठिठक गए। किसने उनके भाई की हत्या की होगी? गौर से देखा तो शरीर पर कोई निशान या घाव नहीं था। चूँकि उन्हें भी जोरों की प्यास लगी थी इसलिए पहले सरोवर का जल पीने और उसके बाद जंगल में भ्रातृहन्ता को ढूँढ़ने का निर्णय किया।

वह जल ग्रहण करने ही वाले थे कि फिर वही आवाज सरोवर के उस तरफ पर्वत-शिखर से आई।

"क्या तुम भी मृत्यु की उसी राह पर जाना चाहते हो, अपने भाई की तरह? यदि तुमने भी बिना मेरे प्रश्नों का उत्तर दिए जल ग्रहण करने का हठ किया तो तुम्हारी भी वही गति होगी।"

उस आवाज की तरफ गुस्से से उँगली तानते हुए नकुल ने कहा, "तुम कोई

दुष्टात्मा लगते हो, निर्दोष लोगों के हत्यारे। मेरा जुड़वाँ भाई कमल की तरह पवित्र था, एक फूल की तरह कोमल और आकर्षक।...नहीं, मैं तुम्हारे प्रश्नों का उत्तर नहीं दूँगा और मैं पीऊँगा इस सरोवर का जल जो जंगल के सभी जीवों के लिए है–मनुष्य, जानवर, पक्षी–सब के लिए।"

परन्तु जल पीने के लिए झुकते ही वह भी धरती पर निष्प्राण गिर पड़े।

युधिष्ठिर का क्रोध अब चरम सीमा पर पहुँच गया। चिन्ता में उलझे उन्होंने अर्जुन से गांडीव का प्रयोग कर जिस किसी ने भी जुड़वाँ अश्वनी कुमारों को बन्दी बनाया है उसे खत्म कर देने का आदेश दिया। अर्जुन का खून खौल रहा था। वह अपने दोनों भाइयों की तलाश में निकल पड़े। पद चिन्हों का अनुसरण करते हुए वह भी उसी स्थान पर पहुँच गए और नकुल तथा सहदेव का शरीर सरोवर के किनारे देखकर रो पड़े।

"कहाँ छुपे हो, ऐ मेरे भाइयों के हत्यारे?" अर्जुन गरजे, "सामने आओ और मुझसे युद्ध करो।"

"हे अर्जुन, मैं धनुर्धर के रूप में तुम्हारी अद्वितीय निपुणता का प्रशंसक हूँ। पर यह गांडीव धारण करने का समय नहीं है। भला किसी यक्ष को तुम्हारे बाण कैसे वेघ सकते हैं? तुम्हारे भाइयों ने स्वयं मेरे हाथों मारे जाने का काम किया क्योंकि उन्होंने मेरे सरोवर का जल पीने के पहले मेरी शर्त नहीं मानी। मैं तुमसे भी कहूँगा कि पहले मेरे प्रश्नों का उत्तर दो अन्यथा..."

इससे पहले कि वह आवाज बात पूरी कर पाती अर्जुन ने बीच में ही टोका–

"मैं धमकियों के सामने झुकना नहीं जानता। मैं कर्म में विश्वास करता हूँ, वाक्-युद्ध में नहीं। ऐ अजनबी, मैं तुम्हारी आज्ञा मानने से इनकार करता हूँ।"

पर वह भी जल पीने के प्रयास में मृत्यु को प्राप्त हुए।

अब भीम की बारी थी, अपने तीनों भाइयों के अचानक गायब हो जाने के रहस्य का पता लगाने की। उनके पदचिह्नों का अनुसरण करते हुए और अपनी गदा भाँजते हुए वह भी सरोवर तट पर पहुँचे जहाँ सहदेव, नकुल और अर्जुन मृत पड़े थे। दुःख से आहत वह उनके शरीर से लिपटकर फूट-फूट कर रोने लगे। उन्हें विश्वास ही नहीं हो रहा था कि अर्जुन जैसे पराक्रमी धनुर्धर की हत्या हो गई थी और शरीर पर एक घाव भी नहीं था। वह अवाक खड़े ही थे कि वही आवाज पर्वत शिखर से गड़गड़ाई–

"हे भीम, मुझे तुमसे हमदर्दी है। परन्तु मैं विवश हूँ। मैं वचनबद्ध हूँ कि किसी को भी अपने सरोवर का जल पान नहीं करने दूँगा जब तक कि वह मेरे प्रश्नों का उत्तर न दे दे। अपने भाइयों की तरह यदि तुम भी मेरी अवज्ञा करोगे तो मृत्यु को प्राप्त करोगे। उम्मीद है तुम उनकी तरह दुस्साहस नहीं करोगे।"

दाहिने कन्धे पर अपनी गदा उठाते हुए उन्होंने उस आवाज को पर्वत-शिखर से नीचे आने के लिए ललकारा।

"सरोवर के उस पार से क्या बोल रहे हो, कायर की तरह? द्वन्द्व-युद्ध के लिए जो

अस्त्र चाहो चुन लो। मैं तुम्हारी धमकी के सामने झुकनेवाला नहीं हूँ। मत भूलो कि मैं वायुपुत्र हूँ। यदि हमारी चपेट में आ गए तो मैं तुम्हें हवा में उछाल दूँगा।" ऐसा कहकर अवज्ञापूर्वक उन्होंने चुल्लू में जल भर कर होंठों तक उठाया। तत्क्षण उनकी गदा हाथों से फिसल गई और वह सरोवर तट पर गिर पड़े, जैसे तेज हवा में कोई वृक्ष धराशायी हो जाता है।

अब युधिष्ठिर की बारी थी, जाकर पता लगाने की कि उनके भाइयों को किसने रोक रखा है। द्रौपदी ने उनसे आग्रह किया कि अज्ञात वन में न जाएँ। उन्होंने धैर्यपूर्वक भाइयों के लौटने की प्रतीक्षा करने की सलाह दी। पर वह नहीं माने, यह कहते हुए कि चूँकि सूरज ढ़लता जा रहा है उन्हें जल्द ही उनको ढूँढ़ लेना चाहिए। उसी मार्ग का अनुसरण करते हुए वह भी सरोवर तक पहुँच गए। सरोवर किनारे अपने बहादुर भाइयों का मृत शरीर पड़ा देख उनका कलेजा बैठ गया। बिना किसी चोट के निशान के वह अभी-अभी सोये लग रहे थे। घोर दु:ख और उलझन में पड़े वह अश्रुपूरित नेत्रों से चारों तरफ देखने लगे।

तभी सरोवर पार से वह सांघातिक स्वर गूँजा–

"तो बच्चे, अब तुम्हारी बारी है। तुम्हें पता है कि हर नश्वर प्राणी की मृत्यु अवश्यंभावी है। पर तुम्हारे भाइयों ने मौत को स्वयं बुलाया। अगर वह हमारे प्रश्नों का उत्तर दे देते तो मैं उन्हें अपने सरोवर का जल अवश्य पीने देता। हे युधिष्ठिर, मेरे प्रश्न ऐसे हैं जो मानवों को आत्मज्ञान में प्रवृत्त करते हैं। मैं कोई मूढ़ हत्यारा नहीं हूँ।"

उस आवाज पर घोर रहस्य में उलझे युधिष्ठिर सोचने लगे कि आखिर बोलने वाला है कौन?

"आप कोई मानव हैं या देवता? या कोई यक्ष?" उन्होंने नम्रतापूर्वक पूछा, बिना किसी अभिमान या अवज्ञा के।

"क्या अन्तर पड़ता है इस बात से कि मैं कौन हूँ?" तुरन्त जवाब मिला, "मैं सिर्फ इतना जानना चाहता हूँ कि अपने भाइयों के विपरीत आप मेरे प्रश्नों का उत्तर देने को तैयार हैं? फिर मैं आपको जल ग्रहण करने दूँगा जिसे आप बेहद स्वादिष्ट पाएँगे, अमृत की तरह।"

वैसे तो मुझे जोरों की प्यास लगी है पर पहले मैं आपके प्रश्नों का उत्तर देने के लिए तैयार हूँ। तो आप शुरू करें।"

एक संक्षिप्त विराम, जैसे वह यक्ष अपने प्रश्नों को क्रमबद्ध कर रहा हो। फिर उसने युधिष्ठिर से प्रश्न पूछना शुरू किया–

"वह क्या है जिसकी गति वायु से भी तीव्र है?"

"मानव मस्तिष्क," युधिष्ठिर ने तुरन्त उत्तर दिया, "जो स्वच्छन्द और अनवरत रूप से क्रियाशील रहता है। वह व्यक्ति सर्वश्रेष्ठ है जिसे अपने मस्तिष्क पर नियन्त्रण हो।"

"वह क्या है जो व्यक्ति को वास्तव में धनवान बनाता है?"

"सन्तोष, क्योंकि धनलोलुप व्यक्ति बाघ पर सवार उस आदमी की तरह होता है जो उतर नहीं सकता। जितना ही धन इकट्ठा करता है उतना ही लोभी होता जाता है।"

"सुख का सार क्या है?"

"मनुष्य की सभी परस्पर विरोधी तत्त्वों के परे जाने की क्षमता–सफलता और असफलता के परे, प्रकाश और छाया के परे, जीवन और मृत्यु के परे, लाभ और हानि के परे।"

"आस्थावान व्यक्ति कौन है?"

"वह जो अपनी आकांक्षा परमात्मा को समर्पित कर दे। ऐसा व्यक्ति न तो तर्क करता है न असहमत होता है।"

"भूमि से भारी क्या है?"

"जननी।"

"आकाश से ऊँचा क्या है?"

"जनक।"

"सही अर्थों में सदाचारी कौन है?"

"वह जो वही करता है जो कहता है, क्योंकि कथनी–करनी का अन्तर प्रायः पाटा नहीं जा सकता।"

"दौलत और सेहत में कौन बड़ी सम्पत्ति है?"

"सेहत, क्योंकि सोने का घड़ा भी किसी रोगी को रोग से मुक्ति नहीं दिला सकता।"

"सच्चे ब्राह्मण और सच्चे क्षत्रिय की क्या पहचान है?"

"वेदों का ज्ञान और उन्हें जीवन में आत्मसात करने की क्षमता होना ही सच्चे ब्राह्मण की पहचान है। और क्षत्रिय वह है जो निर्भय हो और निर्बल की रक्षा करने के लिए हमेशा तत्पर रहे।"

"गगन के समान आकार और विस्तार वाला दूसरा क्या है?"

"महासागर।"

"वह क्या है जो सूर्य के तेज से भी ज्यादा चमकदार है?"

"सत्य, क्योंकि इसका प्रकाश शास्वत रूप से चमकता रहता है, दिन–रात।"

"वह कौन–सा जीव है जिसकी आँखें नींद में भी खुली रहती हैं?"

"मछली।"

"किसी यात्री के लिए दिलासा का स्रोत कौन होता है?"

"उसका सहयात्री, क्योंकि उसका साथ लम्बी यात्रा की नीरसता को बदलने में सहायक होता है।"

"किसी गृहस्वामी का सच्चा साथी कौन है?"

"उसकी धर्मपत्नी।"

"किसी बीमार व्यक्ति का दोस्त कौन है?"

"उसका चिकित्सक।"

"मृत्यु-शैया पर पड़े व्यक्ति को क्या सान्त्वना देता है?"

"धर्म-जीवन में किए गए उसके अच्छे कृत्य।"

"वह क्या है जो अकेले ही डेरा डाले रहता है?"

"सूरज।"

"वह क्या है जो अपना रूप जल्दी-जल्दी बदलता रहता है?"

"चाँद।"

"वह क्या है जो किसी के जीवन को रमणीय और आनन्ददायक बना देता है?"

"किसी नेक व्यक्ति के साथ मित्रता।"

"परम ज्ञान का स्रोत क्या है?"

"वेद।"

"वह क्या है जो मनुष्य की दूसरों के साथ सहमति पैदा करता है?"

"अहंकार का त्याग।"

"वह कौन-सा मनोभाव है जो पागलपन से मिलता-जुलता है?"

"क्रोध, क्योंकि इसमें मनुष्य मानसिक सन्तुलन खो देता है।"

"वह क्या है जो मनुष्य का स्वर्ग में प्रवेश बाधित करता है?"

"आसक्ति, क्योंकि परम आनंद की प्राप्ति सभी सांसारिक उलझनों से मुक्ति में निहित है।"

"जल का स्रोत क्या है?"

"आकाश-जो मेघभरे बादलों का स्थान है।"

"विष क्या है?"

"वासना-जो शरीर और आत्मा दोनों का क्षय करती है।"

"सच्चा ज्ञान क्या है?"

"आत्मज्ञान। स्वयं के अन्दर की यात्रा ही सच्चे ज्ञान तक पहुँचाती है।"

"एक सच्चे ब्राह्मण को कैसे पहचाना जा सकता है?"

"उसकी धर्मपरायणता से, न कि उसके जन्म या उसकी जाति से।"

"मानव अस्तित्व की सबसे अजीब बात क्या है?"

"यही कि दिन-रात औरों को मौत के मुँह में जाते देखकर भी वह यह भ्रान्ति पाले रहता है कि उसका अन्त इतनी जल्दी नहीं आएगा, कि वह सौ वर्षों तक जीवित रहेगा, या उससे भी ज्यादा।"

"वह क्या है जो मनुष्य को ऊँचा उठाता है?"

"कृतज्ञता-दूसरों के प्रति उनकी कृपा के लिए।"

"वह क्या है जो आत्मा को समृद्ध करता है?"

"दान, क्योंकि देने से आत्मा का विस्तार होता है जबकि हड़पने से आत्मा कंगाल हो जाती है।"

"वह क्या है जो मनुष्य को हर संकट में सँभाले रखता है?"

"धैर्य और ईश्वर में आस्था।"

"ईश्वरीय सुख की प्राप्ति में कौन सहायक होता है–विचार या कर्म?"

"दोनों में से कोई भी, क्योंकि दोनों परस्पर सम्बन्धित हैं। विचार भी भ्रूण रूप में कर्म ही है।"

कुछ देर के लिए वह आवाज मूक हो गई और फिर चुप्पी तोड़ते हुए बोली–

"हे युधिष्ठिर! मैं आपके उत्तर से अति प्रसन्न हूँ। आपने वास्तव में अपना नाम सार्थक कर दिया–धर्मराज, सत्य और धर्मपरायणता के राजा। आप निश्चय ही मेरे वरदान के योग्य हैं। आप न केवल मेरे सरोवर का जल ग्रहण कर सकते हैं बल्कि मैं आपके चार भाइयों में से किसी एक को पुनः जीवित भी कर दूँगा। उनमें से आप किसे मृत्यु से उबारना चाहेंगे?"

"सहदेव को।" तुरन्त जवाब मिला।

"आपके चुनाव पर मैं चकित हूँ," यक्ष ने कहा, "मैं तो समझता था कि आप अर्जुन को चुनेंगे, वह दुर्जेय धनुर्धर। या फिर भीम को जो सबों से ज्यादा बलशाली हैं।"

"क्योंकि मुझे अपनी सौतेली माँ माद्री से उतना ही लगाव है जितना अपनी सगी माँ कुन्ती से। जब मैं इस संसार से विदा होऊँगा, तो सहदेव अपनी माता का वंश बढ़ाएँगे। माता माद्री के छोटे बेटे के रूप में अभी उनके सामने एक लम्बा जीवन पड़ा है।"

"धन्य हैं कुन्ती जिन्होंने आपको जन्म दिया–इतने बुद्धिमान, न्यायप्रिय और निष्कलंक।" आवाज रुक गई। फिर सुनाई पड़ा,"आपके उत्तर से मैं इतना प्रभावित और प्रसन्न हूँ कि अब मैं आपके सभी भाइयों के शरीर में जीवन का संचार कर दूँगा। उन्हें घर ले जाइए, द्रौपदी के पास जो अवश्य अपने पतियों के लौटने की प्रतीक्षा कर रही होंगी।"

जब युधिष्ठिर मुड़े तो उन्होंने अपने भाइयों को आँखें खोलते देखा।

"अब घर लौटने का समय हो गया है," उन्होंने उनसे कहा और फिर मुस्कराते हुए बोले, "तुम सबों ने एक झपकी ले ली है। अब तुम्हें भला-चंगा हो जाना चाहिए।"

जब द्रौपदी ने, जो लगातार कुटी के द्वार पर प्रतीक्षारत थीं, उन सबों को आते देखा तो उनकी इच्छा हुई कि हिरण की तरह लपक जाएँ।

"आज मुझे जीवन की एक सीख मिली है," उन्होंने युधिष्ठिर से कहा, "प्रतीक्षा की पीड़ा और पुनर्मिलन का हर्ष।"

जब सभी भाई प्रसन्न और तनावमुक्त होकर साथ बैठे तो युधिष्ठिर ने कहा,

"लगता है जैसे यह सब एक स्वप्न था। मुझे शक है कि जिस ब्राह्मण ने हम सबों को हिरण के पीछे लगा दिया वह वास्तव में स्वर्ग से पधारे कोई रहस्यमय आगन्तुक थे जिन्होंने हमें आत्मानुभूति तक पहुँचाया। शायद कोई आग सुलगाने वाली फूँकनी खोई ही नहीं थी और वह ब्राह्मण स्वयं एक प्रकार से उद्दीप्त करनेवाले कारक थे जो चाहते थे कि हमें आत्मज्ञान हो। देखो न, ईश्वर कैसे नश्वर प्राणियों को विस्मय से भर देता है।"

सत्ताइस

तेरहवाँ वर्ष

दुर्योधन के गुप्तचरों द्वारा देख लिए जाने की आशंका से पांडवों ने अपने प्रवास का तेरहवाँ वर्ष किसी भीड़-भाड़ वाले नगर में बिताने का निश्चय किया जहाँ वे लोगों के बीच वैसे ही खो जाएँ जैसे भूसे के ढ़ेर में सूई गुम हो जाती है। इस अज्ञातवास के लिए उन्होंने विराट नगर को चुना क्योंकि वहाँ का राजा दयालु और उदार था। परन्तु काम्यक वन छोड़ते हुए वे उदास थे क्योंकि यहाँ उन्होंने अपना समय शान्तिपूर्वक बिताया था। यहाँ ऋषियों की संगति प्राप्त थी जो प्राय: आ जाते थे और जीवन की जटिलताओं को समझने में उन्हें प्रबुद्ध करते थे। और फिर पक्षियों और जानवरों का भी साथ था जो प्रकृति के साथ सामंजस्य बनाकर रहते थे।

वे जानते थे कि अगला बारहवाँ महीना उन्हें नए-नए अनुभव तो कराएगा ही पर जोखिम भरा भी होगा। अब उन्हें अज्ञातवास में रहना होगा। पर क्या इतनी लम्बी अवधि तक पहचान छुपाए रहना सम्भव होगा?

जब वे विराट के बाहरी इलाके में पहुँचे तो अर्जुन ने एक अतिविशाल वृक्ष देखा जिसकी शाखाएँ काफी फैली हुई थीं, जैसे एक विस्तृत भूभाग को घेरे हुई हों।

"वह पेड़ हमारे अस्त्र-शस्त्रों को छिपाकर रखने के लिए आदर्श स्थान होगा।" अर्जुन ने कहा।

उन्हें एक बोरे में बाँधकर अर्जुन ने वृक्ष पर चढ़कर टाँग दिया। बोरा हवा में झूलते मुर्दे की तरह लग रहा था।

"यह किसी को भी पेड़ के निकट आने से डरा देगा।" वृक्ष पर चढ़े अर्जुन को देखते हुए भीम ने कहा।

फिर सभी पांडव उस पेड़ की छाया में बैठकर भविष्य की योजना तय करने लगे। लग रहा था जैसे कोई मंत्रिमंडल किसी गम्भीर विषय पर गहन विचार-विमर्श कर रहा हो।

"भ्राताश्री! आप विराट नरेश के दरबार में कैसा कर्मचारी बनकर रहेंगे?" भीम ने युधिष्ठिर से पूछा। "कोई भी देखकर समझ सकता है कि आप कोई राजकुमार हैं जिनका जन्म शासन करने के लिए हुआ है न कि चाकरी के लिए।"

"मैं स्वयं को युधिष्ठिर का परामर्शदाता बताकर राजा विराट का सहचर बन सकता हूँ। मैं यह भी बताऊँगा कि मुझे वेदों का पूर्ण ज्ञान है।" पर जब उन्होंने द्यूत-क्रीड़ा में अपनी निपुणता की बात कही तो सभी हंस पड़े।

"लेकिन शकुनि जितने निपुण नहीं।" सहदेव ने चुटकी ली।

मुस्कराते हुए युधिष्ठिर ने कहा,"मुझे अभी भी वह खेल इतनी अच्छी तरह आता है कि मैं किसी का साथ दे सकूँ। पर सुनो, अब से मुझे कंक कहकर पुकारना क्योंकि मैंने अपना यही नाम रखा है।"

"और मैं वृहन्नला कहलाऊँगा," अर्जुन ने कहा, "सुनने में नर-नारी दोनों जैसा नहीं लगता है? मैं सोचता हूँ कि मैं राजा की सेवा में संगीत और नृत्य में निपुण हिजड़े की तरह जाऊँ। आप तो जानते ही हैं कि संगीत मेरा शौक रहा है। और यदि उन्होंने मुझे संगीत या नृत्य के शिक्षक के रूप में रख लिया तो महल की सभी युवतियों तक मेरी पहुँच हो जाएगी।"

"पर उनमें से किसी को बहकाने के लिए नहीं।" द्रोपदी ने कहा।

"चिन्ता न करें, द्रौपदी," उन्होंने कहा,"मैं उन्हें यह कला सिखाने से ज्यादा स्वयं के मनोरंजन के लिए नाच-गाने में व्यस्त रहूँगा।"

पर जब भीम की बारी आई तो युधिष्ठिर थोड़ा चिन्तित दिखे।

"तुम अपनी विशाल काया कैसे छिपाओगे? देखो, कहीं हम सबों की पोल ही न खुल जाए।"

"कोई समस्या नहीं है, भ्राताश्री!" भीम ने कहा, "मैं अपना नाम बल्लव रखूँगा और पेटू रसोइया बन जाऊँगा। आशा है राजा विराट मुझे अपने शाही पाकशाला का मुख्य रसोइया नियुक्त कर लेंगे। पता है, मैं पिछले वर्षों में लगभग भूखा ही रहा हूँ क्योंकि द्रौपदी ने मुझे कभी भरपूर भोजन दिया ही नहीं।" यह कहकर वह मुस्कराए। "लेकिन शाही पाकशाला से मुझे बड़ी उम्मीद है। वहाँ मैं वह सब खूब खाऊँगा जो बहुत दिनों से छूटा हुआ है।" ठहर कर बोले, "इसके अतिरिक्त, मैं अपने को एक पहलवान भी बताऊँगा और हर पहलवान को तन्दुरुस्त रहने के लिए पर्याप्त भोजन मिलना चाहिए।"

फिर सबों की हँसी फूट पड़ी। "तुमने तो बड़े कायदे से तैयारी कर ली है," युधिष्ठिर ने कहा, "मेरी कामना है कि तुम खूब खाओ, कुश्ती लड़ो और अच्छी नींद सोओ।" तत्पश्चात् वह नकुल की तरफ मुड़े।

"तुम किस तरह व्यस्त रहोगे? इतने अल्पवय, आकर्षक और संवेदनशील हो कि परिश्रम का कोई भी काम करने में तुम्हें कठिनाई होगी।"

"मुझे कम मत आँकिए, भ्राताश्री!" नकुल ने उत्तर दिया, "पहले मैं आपको अपना नया नाम बता दूँ—दमग्रन्थी। घोड़ों को प्रशिक्षित करने वाले के लिए यह नाम उपयुक्त है न? मुझे घोड़े हमेशा से अच्छे लगते हैं क्योंकि मुझे उनमें सौन्दर्य, गरिमा,

शक्ति और संवेदनशीलता दिखाई देती है। घोड़े मनुष्य के वफादार साथी होते हैं। इसलिए शाही घुड़साल में ही मैं अपनी जगह बनाऊँगा।"

पांडव भाइयों में सबसे अन्त में सहदेव बोले, "मेरा नाम तंत्रिपाल होगा और मैं गऊओं की देखभाल करूँगा जो एक राजा की असली सम्पत्ति होती हैं। और गऊओं की देखभाल भी एक पूजा ही है। नवजात शिशु के लिए तो गाय का दूध अमृत के समान है, और बड़ों के लिए पुष्टिकारक।"

"तुमने तो अपनी योजना से सबों को पीछे छोड़ दिया," युधिष्ठिर ने कहा, "नंदिनी तुम्हें आशीष दें।"

जब युधिष्ठिर ने द्रौपदी की ओर देखा तो उनके ललाट पर रेखाएँ उभर आईं।

"हे द्रौपदी! मुझे आपके लिए गहरी चिन्ता हो रही है। इतनी रूपवती और नाजुक, और राजा द्रुपद की प्यारी पुत्री, आप विराट में कैसे अपनी रक्षा करेंगी? आपको दासी के रूप में काम करते देखकर तो मेरा हृदय छलनी हो जाएगा।"

"हे प्रिय युधिष्ठिर! मेरे लिए चिन्ता न करें। मैंने भी अपने लिए एक नाम सोच लिया है–सैरन्ध्री। मैं महारानी का सौन्दर्य सजाने-सँवारने के काम में अपने को नियोजित कर लूँगी। यों तो हर नारी सजने-सँवरने में स्वयं निपुण होती है किन्तु सँवारने का कुछ खास काम तो विशेषज्ञ ही कर सकते हैं। चूँकि मैंने यह कला अपनी माता से सीखी है, मैं राजा विराट की पत्नी को सँवारने में मदद कर सकती हूँ। उन्हें भी अपने पति का प्रेम हमेशा बनाए रखने में मदद मिलेगी। पता है, ज्यादातर राजाओं की दृष्टि घूमती रहती है, हमेशा नए चारागाह की तलाश में।"

"मेरी नहीं।" युधिष्ठिर ने बीच में ही टोका।

"हाँ, हर राजा धर्मराज नहीं हो सकते। आप तो सद्‌गुणों से प्रतिबद्ध हैं। इससे अधिक मैं और क्या कह सकती हूँ?"

द्रौपदी की प्रशंसा से युधिष्ठिर झेंप गए–"आप भी तो महज एक नारी नहीं हैं, बल्कि देवी हैं, हम सबों की पूजा के योग्य।"

सारी योजना बन गई और सभी पांडव अजनबियों की तरह राजमहल में काम ढूंढ़ते हुए नगर में प्रविष्ट हुए। एक तरह से वे अपना जीवन कुटी से वापस राजमहल में पुनर्व्यवस्थित कर रहे थे हालाँकि राजमहल उनका नहीं था। चूँकि ऋषि व्यास का आशीर्वाद उनके साथ था इसलिए उन्हें विश्वास था कि वे सफल होंगे।

राजा विराट यह जानकर बड़े प्रसन्न हुए कि कंक व्यक्तिगत सहचर के रूप में इन्द्रप्रस्थ के महाराज के इतने करीब थे। "बस मेरी एक ही शर्त है," उन्होंने राजा से कहा, "कि मैं किसी का जूठन नहीं ग्रहण करूँगा।"

"हाँ, हाँ," राजा ने प्रत्युत्तर दिया, "मैं आपके तौर-तरीके से ही समझ सकता हूँ कि आप किसी प्रतिष्ठित परिवार के हैं।"

अब राजा के साथ युधिष्ठिर का लम्बा समय बीतने लगा–उन्हें वेद के विषय में

बताते हुए और उनके साथ पासा खेलते हुए। अपने भाइयों को उनकी पसन्द के स्थान पर नियोजित करने में भी वह मुख्य रूप से क्रियाशील रहे। उन्होंने स्वाँग किया कि उन अजनबियों से नगर में ही मुलाकात हो गई थी जब वे काम की तलाश में थे।

युधिष्ठिर को विश्वास हो चला था कि अवश्य कोई दैवी शक्ति उनका निर्देशन कर रही है अन्यथा इतने कम समय में वह सभी भाइयों को स्थापित करने में कदापि सफल नहीं होते। वह आशान्वित थे कि द्रौपदी भी रानी को सजाने-सँवारने का कार्यभार लेकर महल के अन्तःपुर में पहुँच जाएँगी।

और फिर कुछ समय बाद एक अप्रिय घटना के साथ एक चमत्कार हुआ। जब द्रौपदी राजमहल को जानेवाली सड़क से गुजर रही थीं तो कुछ छेड़खानी करनेवालों ने उन्हें लम्बे रेशमी बाल खोले गरिमापूर्ण तरीके से पर अकेली जाते देख उन पर ताना मारा।

"उसे देखो," भीड़ में से किसी ने छेड़ते हुए कहा,"कैसी मोरनी सी इठलाती हुई जा रही है, अपने सारे पंख फैलाए!"

"अपने को महारानी समझती है।" दूसरे ने उपहास किया।

"इसके स्वामी ने जरूर इसे छोड़ दिया होगा।" तीसरे ने कहा।

द्रौपदी की आँखों में आँसू उमड़ने ही वाले थे कि एक औरत उनके पास आई और बोली, "रानी सुदेशना ने आपको बुलाया है। क्या आप मेरे साथ आएँगी?"

अपने महल के छज्जे पर बैठी गली से गुजरते लोगों को देखते हुए रानी ने कुछ उचक्कों को एक दीन-हीन औरत को परेशान करते देख लिया था। इसलिए उन्होंने अपनी एक सेविका को उसे बुला लाने के लिए भेजा था।

जब द्रौपदी अश्रुपूरित नेत्रों से रानी के सम्मुख खड़ी हुईं तो उन्होंने आग्रह किया, "हे दयामयी रानी, मेरी सहायता करें।"

"तुम कौन हो? कहाँ से आई हो? और किस तरह का काम कर सकती हो?" रानी ने धड़ाधड़ ये सारे प्रश्न कर दिए।

"मैं सैरन्ध्री हूँ और मैं इन्द्रप्रस्थ की महारानी द्रौपदी को सजाने-सँवारने का काम करती थी। वह मुझे अपनी बहन की तरह मानती थीं। पर जब वह अपने पतियों के साथ निर्वासित हो गईं तो मैं बेघर और बेरोजगार हो गई। इस नगर में मैं एक नई शुरुआत की उम्मीद लेकर आई हूँ।"

रानी सुदेशना ने उन्हें करुणापूर्ण दृष्टि से देखा और पूछा, "तुम विवाहित हो?"

"हाँ। मैं एक गन्धर्व हूँ, पाँच पतियों से ब्याही, जिन्हें एक वर्ष के लिए अलग रहना है क्योंकि मेरा परिवार शापग्रस्त है। पर एक वर्ष के बाद मैं अपने पतियों के पास लौट जाऊँगी जिनकी मुझे बहुत याद आती है।"

"सुनकर दुःख हुआ," रानी ने कहा, "चूँकि तुम अकेली हो, तुम्हें गलियों में सबके सामने इस तरह नहीं घूमना चाहिए। तुम इतनी सुन्दर और जवान हो।" फिर ठहर

कर बोलीं, "अच्छा, यह बताओ कि महारानी द्रौपदी कैसी महिला हैं? मैंने सुना है कि वह आश्चर्यजनक रूप से सौंदर्यमयी हैं। उनको सजाने-सँवारने वाली तुम तो अवश्य उनकी खूबसूरती का रहस्य जान गई होगी।"

"हाँ महारानी, वह वास्तव में अत्यन्त सुन्दर हैं। पर जरा सोचिए, अभी वह कितने कष्ट में होंगी। सौन्दर्य और सन्ताप! अजीब जोड़ी है।"

द्रौपदी ने देखा कि रानी कहीं खो गई हैं, जैसे कुछ सोचकर रही हों। फिर वह बड़ी कोमलता से बोलीं, बिना किसी चिन्ता की झलक के—"मुझे खुशी होगी यदि तुम मुझे सजाने-सँवारने का काम करो। पर तुम्हारा सौंदर्य इस महल में संकट भी उत्पन्न कर सकता है। मुझे अपने पति पर तो भरोसा है परन्तु मेरे भाई की निगाह घूमती रहती है। मुझे आशंका है कि कहीं वह तुम्हें चाहने न लगे। क्या तुम वचन देती हो कि उसे प्रोत्साहित नहीं करोगी? तुम समझ रही हो न मैं क्या कहना चाहती हूँ?"

"चिन्ता न करें, हे दयामयी महारानी, मैं अपने पतियों के प्रति पूर्ण समर्पित हूँ। उन्हें मैं देवता की तरह पूजती हूँ। यदि यहाँ किसी ने मुझे छूने की भी कोशिश की तो वे उसे जान से मार देंगे। कोई कल्पना भी नहीं कर सकता कि वे सब मुझे कितना प्यार करते हैं।"

रानी ने राहत महसूस की और द्रौपदी से बोलीं, "ठीक है, सैरन्ध्री, मुझे सजाने-सँवारने के काम पर मैं तुम्हें रख लेती हूँ। और तुम मेरी सहेली की तरह रहोगी। तुम्हें पूरा सम्मान मिलेगा और तुम्हारा पूरा ध्यान रखा जाएगा, जिसके तुम योग्य हो।"

रानी का प्रस्ताव सुनकर द्रौपदी अत्यन्त प्रसन्न हो गईं। उनकी इच्छा तो हुई कि अविलम्ब जाकर युधिष्ठिर को यह समाचार सुनाएँ पर उन्होंने थोड़ा धीरज रखना बेहतर समझा।

जब इन्द्रप्रस्थ की महारानी को सजाने-सँवारनेवाली के रूप में रानी ने द्रौपदी का परिचय राजा से कराया तो वह खुश हुए।

"तो अब आपके पास एक सहचरी रहेगी, बातें करने के लिए।" राजा ने कहा। फिर उन्होंने बताया कि उन्हें भी सौभाग्य से एक ऐसा व्यक्ति मिल गया है जो राजा युधिष्ठिर के बहुत करीब था और जिसके साथ अब वह पासा खेलते हैं और वेदों पर चर्चा करते हैं।

"तब तो हमारे पास ऐसे दो व्यक्ति हैं जो पांडवों को अन्तरंगता से जानते हैं," रानी ने कहा, "पता नहीं, अभी वे कहाँ भटक रहे होंगे।"

हर शाम पांडव भीम की पाकशाला में मिला करते थे जो अब उनके मिलने का गुप्त स्थान बन गया था।

अट्ठाइस

मल्लयुद्ध विजेता भीम

राजा विराट खेलों के प्रेमी थे–रथदौड़, घुड़दौड़, मल्लयुद्ध, पासा आदि। पर चूँकि मल्लयुद्ध उन्हें सबसे अधिक उत्तेजित करता था इसलिए वह शंकर महोत्सव का वार्षिक आयोजन एक विशेष मल्लयुद्ध प्रतियोगिता के साथ करते थे जिसमें पूरे भारतवर्ष के पहलवान भाग लेते थे। किन्तु इस प्रतियोगिता के अन्त में वह हमेशा दु:खी हो जाते थे क्योंकि कभी भी उनका कोई पहलवान सिन्धु राज्य के एक बलशाली पहलवान को हरा नहीं पाया।

इस वर्ष फिर रंगस्थल पर लंगोट पहने, लम्बे कदमों से चलते और मांसपेशियों का प्रदर्शन करते हुए प्रतिभागियों को देखने के लिए दर्शकों की भीड़ जमा हो गई थी। भीम भी उत्सुकता से प्रतियोगियों की प्रतीक्षा कर रहे थे किन्तु वह नहीं चाहते थे कि दंगल में कूद पड़ें क्योंकि उनकी खास शैली से लोग उन्हें विख्यात भीम के रूप में पहचान लेते। किन्तु युधिष्ठिर राजा विराट को प्रसन्न करना चाहते थे जिन्होंने उनके परिवार पर बड़ी कृपा की थी। जहाँ तक भीम को पहचान लिए जाने की सम्भावना थी तो उन्हें विश्वास था कि रसोइये के उनके वर्तमान रूप में किसी को भी उनकी असलियत का पता नहीं चलेगा।

जब भीम को उन्होंने दर्शकों की अग्रिम पंक्ति में बैठा देखा और विजेता को चुनौती देने के लिए उनके हाथों में खुजली होने लगी तो युधिष्ठिर ने राजा के कानों में कहा–

"हे राजन, यहाँ दर्शक दीर्घा में मुझे एक व्यक्ति दिख रहा है जिसे मैंने इन्द्रप्रस्थ में कई दंगलों में भाग लेते देखा है। मुझे विश्वास है कि यदि उसे सिन्धुवासी विजेता से मल्लयुद्ध के लिए कहा जाए तो वह मत्स्यों का मान बढ़ा सकता है।"

"पर वह तो शाही पाकशाला का महज एक रसोइया है," राजा ने कहा। "आपको लगता है कि वह उस ताकतवर पहलवान के आगे टिक पाएगा?"

"आप उसे परखकर तो देखिए।" युधिष्ठिर ने कहा। उनकी आवाज में गर्व और विश्वास भरा था।

बस भीम को कहलवा दिया गया कि वह आगे आए और उस भयानक पहलवान

से भिड़े।

"है कोई यहाँ," विजेता ने शेखी बघारते हुए कहा, "जो सामने आए, अपनी हड्डियाँ तुड़वाने?" वह अपनी बाँहें उठाए भीड़ में हर किसी को घूरते हुए चारों ओर अकड़ता रहा।

तब भीम खड़े हुए, जैसे कोई शेर अपनी माँद से निकलता है। हवा में जोरों की गर्जना हुई। यह भीम की आवाज थी जो बिजली की तरह कड़क रही थी। जब वह अखाड़े में आए तो पूर्व विजेता उनके नजदीक आया।

"अच्छा, तो इस बार तुम्हारी बारी है गूदे की तरह मसलाने की।" वह शेखी के साथ बोला।

लेकिन इससे पहले कि वह भीम का हाथ पकड़ पाता उनकी लात के प्रहार से दूर जा गिरा।

"खड़े हो जाओ, ऐ!" भीम गरजे, "मैं गिरे हुए पहलवान पर वार नहीं करता।"

एक गर्जनाभरी जय-जयकार हवा में गूँजी। इस बार राजा विराट ने युधिष्ठिर के कानों में कहा–

"लगता है मेरा रसोइया जीतेगा। मुझे बेहद प्रसन्नता होगी अगर यह बड़बोला इस बार धराशायी हो जाए।"

इस बीच भीम अपने प्रतिद्वन्द्वी पर अगला प्रहार करने के लिए उछल रहे थे। फिर दोनों पहलवान नजदीक आकर दो उत्तेजित भेड़ों की तरह गुत्थमगुत्था हो गए। फिर भीम ने अपने को छुड़ाया और दाएँ पैर से मारकर उसे पुनः गिरा दिया। फिर उन्होंने उसका सर धरती पर पटक-पटककर लहूलुहान कर दिया। भीम ने अपने पैरों के लगातार वार से उसे निष्चेष्ट कर दिया। अब सिन्धु प्रदेश का पहलवान धरती पर मरा पड़ा था और भीम विजयी भाव से चारों तरफ देख रहे थे, जैसे शेर अपने शिकार पर पंजे जमाए चारों ओर देखता है।

विराट प्रदेश के सभी नागरिक शोर मचाते हुए नाचने लगे। उल्लास से भरे राजा ने भीम को हाथ के इशारे से पास आने को कहा। नया विजेता ज्यों ही मंच के पास पहुँचा राजा विराट ने अपने दाहिने हाथ से हीरे की एक अँगूठी निकालकर कहा, "हे बल्लव, यह तुम्हारे लिए है। तुमने हमारे साम्राज्य को गौरवान्वित किया है।"

युधिष्ठिर, जो राजा के ठीक बगल में बैठे थे, अपनी प्रसन्नता दबा नहीं पाए। उन्होंने भीम की पीठ थपथपाई और कहा, "शाबाश!"

उनतीस

कीचक-वध

रानी का भाई-कीचक कुछ महीनों से सैनिक अभियान पर था। सेनापति होने के नाते वह मत्स्य राज्य का सबसे प्रभावशाली व्यक्ति माना जाता था, जबकि राजा विराट केवल नाम के ही शासक थे। कीचक एक क्रूर तानाशाह और व्यभिचारी था। वह पियक्कड़ भी था, प्रायः प्यालों में डूबा रहनेवाला। उसकी बहन रानी सुदेशना उसे प्रेम से ज्यादा भय के कारण खुश रखती थी।

जब कीचक विराट लौटा तो अपनी बहन से मिलने उनके कक्ष में गया। वहाँ उसने द्रौपदी को रानी के बाल सँवारते देखा। इस नई स्त्री को देखकर उसके कदम लड़खड़ा गए। कुछ क्षणों के लिए उसे लगा जैसे सारा ब्रह्मांड उस स्त्री के चारों तरफ घूम रहा है। उसने गौर किया कि वह सुदेशना का केश तो सँवार रही थी पर उसके अपने काले रेशमी बाल किसी जल-प्रपात की तरह उसके कन्धे से नीचे लटक रहे थे। उसकी नसों में रक्त का संचार तेज हो गया, किसी बेलगाम उत्तेजित घोड़े की तरह।

बहन के पास जाकर उसने कानों में फुसफुसाकर कहा, "यह ज्वाला भड़काने वाली कौन है? मेरी गति तो उस छटपटाती मछली की तरह हो गई है जिसे किसी तीव्र समुद्री लहर ने तट पर फेंक दिया हो।"

रानी तुरन्त समझ गईं कि कीचक सैरन्ध्री के पीछे पड़ गया है। उसके मुँह से लार टपकते देख उन्होंने कहा, "यह मुझे सजाने-सँवारने वाली है–एक बेहद नम्र, लज्जालु और गरिमामयी स्त्री।" फिर उन्होंने आगे कहा, जैसे अपने भाई का ध्यान विचलित करने की कोशिश कर रही हों, "अपने पाँच गन्धर्व पतियों के कहीं चले जाने के कारण यह एक त्रासदीपूर्ण स्थिति में है। इसने बताया है कि इसका परिवार लगभग एक वर्ष तक शापग्रस्त रहेगा। उसके बाद यह अपने पतियों के पास लौट जाएगी।"

यह कीचक के लिए एक संकेत था कि वह इससे अलग ही रहे। परन्तु वह पतियों से दूर रह रही उस सुन्दर स्त्री को अपना शिकार बनाने के लिए कटिबद्ध था। स्वयं को वह मर्दानगी से भरा, आकर्षक और अत्यन्त सम्मोहक समझता था।

कक्ष से बाहर जाते हुए उसका सारा शरीर अदम्य वासना में जल रहा था। उसने स्वयं से कहा, "मुझे यह शीघ्रातिशीघ्र मिलनी चाहिए। और इस काम में सुदेशना मेरी

मदद कर सकती है।"

अब वह द्रौपदी की गतिविधियों पर नजर रखने के लिए सुदेशना के कक्ष के आस-पास चक्कर लगाने लगा। तभी एक दिन जब वह रानी के कक्ष के पास बगीचे से गुजर रहा था तो उसने द्रौपदी को फूल इकट्ठा करते देखा।

"यह सब किसके लिए कर रही हो, चन्द्रमुखी?" उसने पूछा।

"रानी के लिए, मान्यवर।" उन्होंने उत्तर दिया।

"पर तुम तो स्वयं एक पुष्प हो। और होना तो ठीक इसके उल्टा चाहिए। सुदेशना को तुम्हें फूलों से सजाना चाहिए। कहो तो मैं तुम्हारे गले में वह माला डाल दूँ?" वह कुछ ठहरा मानो समझ नहीं पा रहा हो कि आगे क्या कहना चाहिए। फिर उसने किसी तरह अपने को बोलने के लिए तैयार किया।

"ऐ सैरन्ध्री, निःसन्देह तुम समझ गई होगी कि मैं तुमसे प्रेम करने लगा हूँ। मैं तो हमेशा के लिए घायल हो गया हूँ। जब से मैंने तुम्हें अपनी बहन के कक्ष में देखा है तभी से रात-दिन तुम्हारे सपने बुन रहा हूँ। मेरी आत्मा में उथल-पुथल मची है, जैसे कोई नाव तूफानी लहरों पर हिचकोले खा रही हो।" एक लम्बी साँस भरकर उसने फिर कहना शुरू किया, "यदि तुम मुझसे शादी के लिए तैयार हो जाओ तो मैं कभी किसी दूसरी औरत की तरफ नहीं देखूँगा। तुम किसी रानी को सजाने-सँवारने वाली बनने के लिए नहीं पैदा हुई हो। तुम्हें तो मेरे हृदय की रानी और विराट के सबसे प्रभावशाली व्यक्ति की अर्धांगिनी होना चाहिए। तुम्हारे सारे इत्र और फूल भी मेरी बहन को सुन्दर नहीं बना पाएँगे। क्योंकि सौन्दर्य तो ईश्वर का उपहार है और वह तुम्हें प्राप्त है। मैं अपनी बहन का आदर जरूर करता हूँ परन्तु वह बात अलग है।" वह फिर ठहर गया। "रहने दो अपने पतियों को अपने से दूर, हमेशा के लिए। और वैसे भी तुम प्रेम की ऊष्मा के लिए तड़प रही होगी क्योंकि एक सुन्दर जवान औरत आखिर कब तक अपने तन को भूखी रख सकती है? इसलिए आज रात मेरे पास आ जाओ। मैं तुम्हें परम आनन्द की स्थिति में पहुँचा दूँगा।"

परन्तु ज्यों ही उसने चुम्बन के लिए द्रौपदी की ठुड्डी पकड़ने की कोशिश की उन्होंने उसे धकेल दिया और कहा, "कृपा कर एक निर्दोष असहाय नारी को न सताएँ। वासना से प्रेरित आपने अपना सन्तुलन खो दिया लगता है। यदि आपने मुझे छूने की कोशिश की तो मैं अपने पतियों से आपकी हत्या करवा दूँगी।"

वासना में अन्धे कीचक ने कहा, "क्या तुम्हें लगता है कि तुम्हारे पति उस व्यक्ति को भयभीत कर पाएँगे जो अपने दुश्मनों में आतंक पैदा कर देता है? पर हो सकता है तुम केवल मेरा प्रतिरोध करने का नाटक कर रही हो। तुम्हारी आँखों में जलती आग मेरी अभिलाषा को और भी तीव्र कर दे रही है। अन्य औरतें तो मेरे साथ बड़ा विनम्र रही हैं और स्वेच्छा से तैयार हो गई हैं।"

कीचक अपनी बक-बक कर ही रहा था कि इस बीच द्रौपदी वहाँ से भाग

निकलीं। उनकी आँखों से अश्रु प्रवाहित हो रहे थे। इस आशा से कि रानी सुदेशना उनकी सहायता करेंगी। उन्होंने यह बात युधिष्ठिर या भीम से नहीं बताई और प्रतीक्षा करने का फैसला किया। किन्तु इसके पहले कि वह रानी से बात करतीं कीचक अपनी बहन से मिल चुका था।

"हे मेरी बहना, दयालु और मददगार, मैं आपके पास भिक्षापात्र लेकर आया हूँ। क्या आप मुझे भीख देंगी?"

रानी बड़ा अचम्भित थीं क्योंकि इससे पहले कीचक को कभी भी इतना विनम्र और याचना से भरा नहीं पाया।

"क्या चाहते हो, प्रिय भाई?" उन्होंने पूछा।

"मुझे वह औरत चाहिए–सैरन्ध्री...तीनों लोकों की सम्पदा भी मुझे सन्तुष्ट नहीं कर सकती। यदि आप उसे पाने में मेरी मदद नहीं करेंगी तो मैं आत्मदाह कर लूँगा। बस।"

रानी सुदेशना हत्प्रभ रह गईं क्योंकि उन्हें कदापि यह उम्मीद नहीं थी कि उनका भाई उन्हें सजाने-सँवारने वाली के प्रति इतना आसक्त हो जाएगा।

"लगता है तुम्हारा दिमाग खराब हो गया है," उन्होंने कठोरता से कहा, "यदि यह बात वह अपने पतियों से बता देगी तो वे तुम्हें जान से मार देंगे। तुम मृत्यु को बुलावा दे रहे हो।"

"उसके पतियों की चिन्ता छोड़ दो। मैं देख लूँगा। और जहाँ तक मृत्यु के खतरे की बात है तो वह तो मेरे सर पर लटकती ही रहती है। यदि मैंने उसे नहीं पाया तो वैसे भी मैं मर ही जाऊँगा। इसलिए कृपा कर मेरी सहायता करो।"

दोनों के बीच एक अल्पकालीन चुप्पी छा गई। चूँकि प्रश्न उनके भाई की जिन्दगी और मौत का था इसलिए उन्होंने मदद करने का निश्चय किया, परिणाम चाहे जो हो।"

"ठीक है, प्रिय कीचक, तुम्हारी सहायता के लिए मेरे मन में एक योजना बनी है," उन्होंने कहा, "आज शाम मैं सैरन्ध्री को तुम्हारे कक्ष से मदिरा का एक जाम लाने के लिए भेजूँगी। एक बार वहाँ जब वह पहुँच जाएगी तो उसे राजी करना तुम्हारा काम होगा।"

कीचक का चेहरा खुशी से चमक उठा और वह अपनी बहन के चरणों पर गिर पड़ा।

"ईश्वर तुम्हारा भला करें, प्रिय सुदेशना। मैं जानता था, तुम मुझे निराश नहीं करोगी।"

परन्तु जब रानी ने द्रौपदी को कीचक के कक्ष से मदिरा लाने के लिए कहा तो उनका चेहरा स्याह पड़ गया।

"नहीं," द्रौपदी ने कहा, "कृपा कर मुझे उनके पास न भेजें। यह मुझे आग में धकेलने जैसा होगा।" फिर उन्होंने बताया कि कैसे उन्होंने बाग में उनके साथ छेड़खानी

की थी। पर सुदेशना नहीं मानीं।

“देखो, मैंने तुम्हें हमेशा अपनी बेटी की तरह माना है,” रानी ने कहा, “पर अब तुम मेरी अवज्ञा कर रही हो। मैं तुम्हें वहाँ जाने का आदेश देती हूँ, और मैं कुछ सुनना नहीं चाहती।”

हिम्मत जुटाकर द्रौपदी कीचक के कक्ष तक गईं। पर ज्यों ही उन्होंने दरवाजे पर दस्तक दी कामातुर कीचक ने उन्हें अन्दर खींच लिया। नशे में चूर उसने उन्हें अपने बिस्तर पर धकेलने का प्रयास किया पर किसी तरह वह छिटक गईं और वहाँ से भाग निकलीं।

उन्होंने सीधे भीम के पास जाकर अपनी आपबीती सुनाई। गुस्से से आग बबूला भीम ने उसी समय उसके कक्ष में ही उसे खत्म कर देने का सोचा। पर फिर वह कुछ शान्त हुए। उन्होंने बिना किसी को पता चले उसे समाप्त करने की योजना बनाई। उन्होंने द्रौपदी को उससे बाग में मिलकर यह प्रस्ताव देने के लिए कहा कि मध्यरात्रि में नृत्यशाला में उनका मिलन ठीक रहेगा क्योंकि उस समय वहाँ कोई नहीं होगा।

“आप उसे इस कल्पना में छोड़ दें कि वहाँ आप पलंग पर लेटी उसकी प्रतीक्षा कर रही होंगी,” भीम ने कहा, “वास्तव में मैं आपकी जगह लेटा रहूँगा...और शेष आप मुझ पर छोड़ दें।”

जब कीचक ने उन्हें फिर बाग में फूल इकट्ठा करते देखा तो वह उनके पास आया। इस बार उन्होंने एक सम्मोहक मुस्कान फेंकी।

“मैं आपका सम्मान करती हूँ, मान्यवर,” उन्होंने ऐंद्रीयगत भारी आवाज में कहा, “उस शाम मैं नहीं चाहती थी कि कोई मुझे आपके साथ कक्ष में देखे, जिसके इर्द-गिर्द आपके सेवक घूमते रहते हैं। नृत्यशाला सुरक्षित स्थान रहेगा जहाँ मैं मध्य रात्रि में आपसे मिलूँगी। मैं एक पलंग पर लेटी रहूँगी। अँधेरे और सन्नाटे में बस हम दोनों ही होंगे।”

वासना से उत्तेजित उसने फिर उनका मुख चूमना चाहा, पर वह पीछे हट गईं।

“अभी यहाँ नहीं,” उन्होंने कहा, “मध्यरात्रि को नृत्यशाला में। मैं वहाँ स्नान करके बालों में कस्तूरी का इत्र लगाकर आऊँगी।”

“परन्तु, प्रियतमे,” मुँह में लार और आँखों में वासना की अग्नि लिए उसने कहा, “रात तो अभी वर्षों दूर है। खैर, तब तक मैं जीवित रहने की कोशिश करूँगा...मिलन की प्रतीक्षा में।”

नृत्य-अभ्यास समाप्त होने के कुछ देर बाद द्रौपदी भीम को उस भवन में पलंग दिखाने ले गईं जहाँ कस्तूरी का इत्र लगाकर लेटे रहना था।

“जब आप अपना काम पूरा कर लें,” उन्होंने कहा, “तो पाकशाला में लौट आएँ। मैं वहीं रहूँगी।”

ऐसा लग रहा था जैसे नियति ने भी द्रौपदी और भीम के साथ कीचक के विरुद्ध

साँठ-गाँठ कर ली हो। वह रात गहन अँधेरी थी। चाँद-तारे बादलों के झुंड से ढँक गए थे। मध्यरात्रि से थोड़ा पहले भीम ने, जिनका बदन कस्तूरी के तेल से सुगन्धित था, नृत्यशाला में प्रवेश किया और पलंग पर जाकर लेट गए। उन्होंने स्वयं को एक चादर से ढक लिया जो देखने में साड़ी जैसा लगता था। बदन से निकली सुगन्ध इतनी तीक्ष्ण थी कि कोई भी बाहर बरामदे से ही उसका असर महसूस कर सकता था।

ठीक मध्य रात्रि में एक आकृति नृत्यशाला में प्रवेश करती हुई दिखी। अँधेरे में टटोलते हुए उसे उस पलंग तक जाना था जिस पर भीम लेटे हुए थे। कीचक अब पलंग के पास पहुँच चुका था। एक क्षण के लिए वह ठहरा। उसका हृदय किसी लोहार के हथौड़े की चोट की तरह धड़क रहा था। तभी एक फुसफुसाहट सुनाई पड़ी, किसी पक्षी की मधुर कूक की तरह।

"मैं यहाँ हूँ, प्रिय।"

पर इसके पहले कि कीचक चादर हटाता भीम पलंग से उछल पड़े, जैसे कोई बाघ किसी असावधान हिरण पर टूट पड़ता है।

"हाँ, मैं यहाँ हूँ, प्रिय," भीम ने उसे जोर से झटका देते हुए कहा, "तुम्हारे पुचकारने के लिए।" उन्होंने कीचक के सीने पर इतने जोर का प्रहार किया कि वह धराशायी हो गया। तब यह समझते हुए कि उसे फँसाया गया है वह अपने प्रतिद्वन्द्वी से भिड़ने के लिए उठ खड़ा हुआ।

"ऐ, कौन है तू?" कीचक ने गुर्राते हुए पूछा।

"तुम्हारा प्रेत," भीम ने प्रत्युत्तर दिया, "क्योंकि तुम्हारी आत्मा अब जल्द ही तुम्हारा शरीर त्याग देगी।"

धमकाते हुए उन्होंने कीचक के बदन पर घूसों की बौछार कर दी। वह खून से लथपथ हो गया। फिर उन्होंने उसका गला घोंट दिया। उसका मृत शरीर धरती पर गिर पड़ा।

भीम सीधे पाकशाला पहुँचे जहाँ द्रौपदी व्यग्रता से उनकी प्रतीक्षा कर रही थीं।

"काम हो गया।" भीम ने प्रसन्नता के साथ बताया।

"मुझे नहीं लगता कि कभी कोई जान पाएगा कि उसकी हत्या किसने की।"

चारों ओर खबर फैल गई की बलशाली सेनापति कीचक की किसी ने हत्या कर दी है। शव के निकट भीड़ जमा हो गई। राजा विराट और रानी सुदेशना हक्का-बक्का और सन्न थे। एक कोने में सभी पांडव ऐसे खड़े थे जैसे गहरे सदमे में हों। द्रौपदी रानी सुदेशना के पास खड़ी थीं। जब सुदेशना ने उनकी आँखों में उल्लासपूर्ण चमक देखी तो एक झुलसा देनेवाला विचार उनके मस्तिष्क में कौंध गया। जब शव के अन्तिम संस्कार की तैयारी चल रही थी तो रानी सुदेशना ने द्रौपदी को अपने निजी कक्ष में आने को कहा।

क्रोधित नेत्रों से देखते हुए रानी फूट पड़ीं–"मुझे शक है कि यह तुम्हारी ही करतूत

है। मैं तुम्हारे चेहरे पर सब कुछ साफ-साफ देख रही हूँ। मैं तुम्हें छोड़ूँगी नहीं। अपने प्रिय भाई की चिता पर चढ़वा दूँगी और इस हत्या के लिए जिन्दा जलवा दूँगी। तुमने अपनी धमकी को सच कर दिखाया है। तुम दुष्टात्मा हो—शृंगार-कार्य करनेवाली के रूप में एक पिशाचनी। तुमने इस महल में नौकरी की केवल आग लगाने के लिए। परन्तु इससे पहले कि मैं अपनी आशंका महाराज से बताऊँ और तुम्हें चिता में झोंकवा दूँ तुम्हें सच बोलने का एक मौका दूँगी। बताओ सच क्या है?"

एक भयानक चुप्पी दोनों के बीच छा गई। द्रौपदी का चेहरा भय से पीला पड़ गया। पर वह रानी की धमकियों से डरी हुई नहीं थीं। बल्कि उनकी असली चिन्ता यह थी कि उन्हें ऐसी कोई भी परिस्थिति पैदा नहीं करनी चाहिए जिससे पांडवों के एकान्तवास का भेद खुल जाए। इसलिए उन्होंने संयम और धीरता के साथ रानी के क्रोध को शान्त करने का निर्णय किया।

"हे महारानी! आपने मुझे अपनी बेटी की तरह रखा। मैं हमेशा आपकी स्नेहपूर्ण देखभाल से अभिभूत रही हूँ। इसलिए मैं सच ही बताऊँगी, चाहे मेरी जान पर ही खतरा क्यों न हो। हाँ, प्रिय मातेय, यह मेरी ही करतूत है।...क्या किसी निर्दोष, असहाय नारी के साथ छेड़खानी करने से भी बड़ा कोई अपराध है? आपके भाई ने लगातार मुझे अपनी अन्धी वासना का शिकार बनाने की कोशिश की। उन्होंने सोचा कि मैं बस एक आसान शिकार हूँ और वह एक बलशाली सेनापति।...हे दयामयी महारानी! एक छोटा सा प्रश्न पूछने की अनुमति देंगी? यदि किसी ने राजकुमारी उत्तरा का शील भंग करने की चेष्टा की होती तो आप इस घटना को किस तरह लेतीं?...मुझ पर कृपा करें। मैं दया-प्रार्थी हूँ। बस कुछ दिन और मुझे अपनी छत्रछाया में रहने दें। मेरा परिवार जल्द ही शाप-मुक्त हो जाएगा और मैं अपने पतियों के पास लौट जाऊँगी। मैं हमेशा आपके परिवार की खुशियों के लिए प्रार्थना करूँगी—राजा विराट के लिए, राजकुमार उत्तर और राजकुमारी उत्तरा के लिए। आप सबों को ईश्वर का आशीष प्राप्त हो!"

इन शब्दों के साथ वह सिसकते हुए रानी के पैरों पर गिर पड़ीं। उनके शब्दों में कुछ था जिसने रानी सुदेशना को द्रवित कर दिया।

"समझ में नहीं आता तुम्हें किस रूप में देखूँ—एक दुष्टात्मा के रूप में या एक निर्दोष नारी के रूप में," रानी ने कहा, "ठीक है, मैं कुछ दिन और तुम्हारी उपस्थिति सह लूँगी।"

रानी सुदेशना को झुककर नमन करके द्रौपदी उनके कक्ष से बाहर चली आईं, इस प्रसन्नता के साथ कि किसी प्रकार उन्होंने स्वयं को उस नारी के क्रोध से बचा लिया जिसने अपना भाई खो दिया था।

तीस

दुर्योधन का विराट पर आक्रमण

दुर्योधन हताश हो गए जब उनके गुप्तचर खाली हाथ हस्तिनापुर वापस लौट आए। उन्होंने सारा देश खँगाल डाला, पर सब बेकार। उन्हें पांडवों के गुप्त-वासस्थान का कोई सुराग नहीं मिला।

"हे स्वामी! हो सकता है उन सबों की मृत्यु हो गई हो," एक वरिष्ठ गुप्तचर ने कहा, "आखिर बारह वर्षों तक जंगल में भटकते हुए वे कैसे जीवित रह सकते हैं? इसलिए आप शान्तिपूर्वक अपने राज्य पर शासन करें, निर्विघ्न।"

द्रोण ने, जो वहीं भीष्म और कृपाचार्य के पास उपस्थित थे, इस विचार को कपोल-कल्पना कहकर नकार दिया।

"नहीं," द्रोण ने कहा, "पांडव मनोहारी जीवन जी रहे हैं। वे निश्चय ही कहीं गुप्त रूप से रह रहे होंगे, अपने प्रवास की समाप्ति की प्रतीक्षा में।"

ये शब्द दुर्योधन को चुभ गए और उन्होंने द्रोण से गुर्राकर कहा–"फिर शुरू हो गए आप, उनकी लम्बी आयु की कामना करते हुए। क्या यह भी एक कपोल-कल्पना नहीं है?"

तथापि द्रोण की बातों से दुर्योधन की चिन्ता और भी गहरी हो गई क्योंकि अज्ञातवास का समय समाप्ति की ओर था। अगर वे पुनः अपने साम्राज्य पर अधिकार जमाने के लिए प्रेत की तरह कहीं से प्रकट हो गए तब क्या होगा?

तभी अचानक एक अन्य गुप्तचर कुछ समाचार लेकर आया जिससे दुर्योधन की जिज्ञासा बढ़ गई। इस गुप्तचर ने विराट में घटित कुछ विचित्र घटनाओं का वर्णन किया। वहाँ उसने सुना कि एक दंगल हुआ था जिसमें ख्यातिप्राप्त पूर्व विजेता न केवल परास्त हुआ बल्कि एक अजनबी के हाथों मारा भी गया। इसके अतिरिक्त मत्स्य सेना के प्रमुख सेनापति अति बलवान कीचक की वीभत्स हत्या की भी बात सुनी। अनजान हत्यारे से उनका मुकाबला मध्य रात्रि में हुआ था क्योंकि कीचक ने सम्भवतः उसकी पत्नी से छेड़खानी करने की कोशिश की थी जो अपने रूप-लावण्य के लिए जानी जाती है।

"तो ये बात है!" दुर्योधन ने विस्मय से कहा, मानो उन्हें सत्य समझ में आ गया

हो। फिर द्रोण और भीष्म की तरफ मुड़कर बोले, "अवश्य वह हत्यारा भीम ही है। मैं विश्वास के साथ कह सकता हूँ। भला और कौन कीचक के समान अजेय योद्धा को मार सकता है? और वह सुन्दर स्त्रियों के प्रति अपनी काम वासना के लिए भी जाना जाता था। मेरे अनुमान से उसकी मृत्यु का कारण द्रौपदी ही होगी जिसने कीचक की वासना को भड़का दिया होगा। इन सारी बातों में मुझे एक तारतम्य नजर आता है। निश्चय ही मेरे दुश्मन विराट में ही छिपे हैं और उन्हें ढूँढ़ निकालने में मुझे कठिनाई नहीं होनी चाहिए।"

"तब तो कारवाई की घड़ी आ गई है," राधेय ने कहा, "हमें उस नगर पर आक्रमण कर देना चाहिए। यदि पांडव गुप्त रूप से राजा विराट के महल में रह रहे हैं तो वे अवश्य अपने संरक्षक के बचाव में सामने आएँगे।"

तभी भीष्म ने हस्तक्षेप किया–

"देखो, प्रिय दुर्योधन, राजा विराट से युद्ध करना बुद्धिमानी नहीं होगी। राधेय तो हमेशा रक्तपात के लिए व्यग्र रहता है।" फिर रुककर बोले, "यदि पांडव जीवित हैं तो न्यायोचित यह होगा कि हम उन्हें इन्द्रप्रस्थ वापस लौटने दें। क्या वे लम्बे समय तक तकलीफ नहीं झेल चुके हैं? यदि इस समय तुम उदारता दिखाते हो तो देवतागण तुम्हें आशीष देंगे। उन्हें मान-सम्मान के साथ वापस लाने के लिए हमें विदुर को विराट भेजना चाहिए।"

"ऐसा मैं कदापि नहीं करूँगा, पितामह," दुर्योधन ने कहा, "बल्कि मैं उन्हें दुबारा प्रवास के कालचक्र में भेजने के लिए कृत-संकल्प हूँ, खासकर जब विराट में उनकी उपस्थिति ज्ञात हो चुकी है। पासे के खेल के दूसरे दौर में यही शर्त थी न?"

मुस्कराते हुए भीष्म ने उत्तर दिया, "इस बार, हे दुर्योधन, तुम बाजी पहले ही हार चुके हो क्योंकि मेरी गणना के अनुसार उनके प्रवास का तेरहवाँ वर्ष समाप्त हो चुका है और वे अपना साम्राज्य पुनः प्राप्त करने के अधिकारी हैं।"

"नहीं पितामह!" दुर्योधन ने प्रतिकार किया। "इस बार यह आपकी कपोल-कल्पना है। अभी भी उनका प्रवास समाप्त होने में कुछ समय बाकी है। इसलिए मैं उन पर अविलम्ब हमला कर देने की राधेय की सलाह मानूँगा। विराट की सारी गाएँ जब्त कर उन्हें युद्ध करने के लिए बाध्य करना हमारी योजना होगी। इससे वे खुलकर हमसे युद्ध करने के लिए प्रेरित होंगे। और फिर हमारे गुरु द्रोण, स्वयं आप और राधेय जैसे अजेय योद्धाओं के सामने उस राजा की क्या बिसात?"

दुर्योधन के हठीले निर्णय के सामने भीष्म और द्रोण को मौन ही रहना पड़ा।

आनन-फानन में दुर्योधन ने दुःशासन को अपने मित्र राष्ट्रों से समर्थन प्राप्त करने के लिए कहा। सबसे आगे त्रिगर्तों में से एक सुशर्मा आए जो कीचक के हाथों अपनी अवमाननापूर्ण पराजय कभी भूले नहीं थे। अब जबकि कीचक मारा जा चुका था उन्हें अपनी विजय स्पष्ट दिखाई दे रही थी।

दुर्योधन ने स्वयं युद्ध की योजना तैयार की। तय हुआ कि सुशर्मा विराट पर दक्षिण दिशा से हमला करेंगे और सारी गायों को उधर से हाँक देंगे और दुर्योधन स्वयं उत्तर दिशा से सेना की मुख्य टुकड़ी का नेतृत्व करेंगे। भीष्म, द्रोण, राधेय और अश्वत्थामा उनकी सहायता करेंगे। यह दुधारी योजना राजा विराट का ध्यान बाँटने और उन्हें दोनों दिशाओं से घेर लेने की थी।

जब सुशर्मा के सैनिकों ने दक्षिण दिशा से नगर में प्रवेश किया और गायों को हाँकने लगे तो चीख–पुकार मच गई। लोग विलाप करने लगे। चरवाहे महल की ओर भागे और राजा विराट से उन्हें बचाने की याचना करने लगे। जब राजा ने अपनी सेना को दुश्मनों को अविलम्ब रोकने का आदेश दिया तो युधिष्ठिर ने भी इसमें शामिल होने की इच्छा जताई।

"हे राजन! आपने मुझे सिर्फ वेद का ज्ञाता समझा होगा, या एक पासा खेलने वाला। पर मैं एक योद्धा भी हूँ। इसलिए मुझे भी अपने साथ ले चलिए।" फिर एक विराम के बाद उन्होंने कहा, "आपका रसोइया बल्लव भी तो है, जिसने सिन्धु के पहलवान को परास्त किया था। इसके अतिरिक्त इस राजभवन में दो व्यक्ति और हैं–एक वह अश्वपाल और दूसरा गायों की देख–रेख करने वाला नौजवान। मुझे विश्वास है कि ये तीनों दुश्मनों को परास्त करने में आपके सहायक सिद्ध होंगे।" पर उन्होंने जान–बूझकर अर्जुन का नाम नहीं लिया क्योंकि एक हिजड़े को अपनी सेना में शामिल करना राजा को स्वीकार नहीं होता।

राजा इन सबों को अपनी सेना में पाकर काफी प्रसन्न हुए, खासकर बल्लव को जिसने दंगल में अपना पराक्रम सिद्ध कर दिया था। जल्द ही राजा विराट ने दुश्मन की विशाल सेना के सामने मोर्चा सँभाल लिया। फिर सुशर्मा और राजा विराट की सेनाओं के बीच घोर युद्ध हुआ। पर अँधेरे का लाभ उठाकर सुशर्मा ने राजा विराट को अपना बन्दी बना लिया। जब उन्हें सुशर्मा के रथ की ओर ले जाया जा रहा था तो युधिष्ठिर ने भीम से उन्हें छुड़ा लेने को कहा। अपने शिकार पर झपटते चीते की तरह भीम रथ के पास पहुँच गए। उन्होंने न केवल राजा को मुक्त करा लिया बल्कि सुशर्मा को मार देने ही वाले थे कि युधिष्ठिर ने उन्हें चीखकर रोक दिया–"नहीं बल्लव! इसे जीवन दान दे दो। इसने तो नगर पर आक्रमण दुर्योधन के कहने से किया है, जो हमारा असली दुश्मन है।"

अवमानित और हतोत्साहित सुशर्मा अपनी सेना के साथ पीछे हट गए। राजा विराट के सैनिक भी थक गए थे। इसलिए उन्होंने कुछ देर के लिए उन्हें विश्राम करने देने का निर्णय किया।

इस बीच दर्योधन की शक्तिशाली सेना उत्तरी छोर से नगर में प्रवेश कर चुकी थी। जब सैनिक गायों को पकड़ने लगे तो लोग आतंकित हो गए। राजकुमार उत्तर के महल के मुख्य द्वार पर एक बड़ी भीड़ इकट्ठी हो गई और सहायता के लिए गुहार करने

लगी। राजपुत्र उत्तर वीणा-वादन में व्यस्त थे। उन्हें स्थिति की गम्भीरता को समझने में कुछ समय लगा।

"यह वीणा-वादन का समय नहीं है," एक चरवाहे ने कहा, "दुश्मनों से हमारी रक्षा के लिए धनुष-बाण उठाइए। राजा कहीं अन्यत्र दुश्मनों से जूझ रहे हैं। स्वयं को एक बहादुर पिता का योग्य पुत्र प्रमाणित कीजिए।"

हिचकिचाते हुए राजकुमार उत्तर ने अपनी गोद से वीणा हटाकर अलग रख दिया और उठ खड़े हुए। स्वयं को कठिन परिस्थिति में घिरा पाकर उन्होंने किसी तरह साहस बटोरा।

"हाँ, हाँ, मुझे दुश्मनों से अकेले लड़ने में प्रसन्नता होगी," उन्होंने कहा, "क्योंकि पिताश्री दूसरे मोर्चे पर युद्धरत हैं। यदि मेरे साथ सेना न भी हो तब भी कोई अन्तर नहीं पड़ता। मैं अकेले ही कौरवों का सामना कर सकता हूँ। यह न भूलो कि मेरे धनुष की टंकार अर्जुन के गांडीव से भी ज्यादा तीव्र है। मैं परशुराम से भी ज्यादा शक्तिशाली और द्रोण, भीष्म तथा राधेय से भी बड़ा शूरवीर हूँ। आज दुश्मनों को मेरे अजेय धनुष का स्वाद मिल जाएगा। परन्तु..." उनकी आवाज लड़खड़ा गई, "बिना एक निपुण सारथी के मैं कैसे युद्ध कर सकता हूँ? कुछ महीने पहले एक युद्ध में मेरे सारथी के मारे जाने का मुझे बेहद अफसोस है। चूँकि सारथी के बिना योद्धा भुजाविहीन शरीर की तरह होता है इसलिए तुम लोग पहले मेरे लिए एक सारथी ढूँढ़ो जो रणभूमि में मेरे रथ का परिचालन कर सके।"

वहीं पर राजकुमारी उत्तरा तथा अन्य स्त्रियों के साथ खड़ी द्रौपदी युवा राजकुमार को अपनी डफली बजाते सुनकर मुदित हो रही थीं। उन्होंने सोचा कि राजकुमार को अपनी बातों को कार्यरूप में परिणत करने के लिए बाध्य किया जाना चाहिए। इसलिए उन्होंने राजकुमारी उत्तरा के कानों में फुसफुसाकर कहा, "क्या मैं एक व्यक्ति के बारे में सुझाव दूँ जो इनके रथ का परिचालन अदभुत् निपुणता और साहस के साथ कर सकता है? वह है बृहन्नला, आपका नृत्य-गुरु। वह राजकुमार के काम आ सकता है।"

नाम सुनते ही राजकुमारी ने चुटकी ली, "तो क्या तुम चाहती हो कि वह रणभूमि में नृत्य करता हुआ चले? वह तो हिजड़ा है, बस अपने पैरों पर कुलांचे भर सकता है।"

द्रौपदी ने तुरन्त प्रत्युत्तर दिया, "पर मैंने सुना है कि वह प्रख्यात अर्जुन का सारथी रहा है। रथ हाँकने में लिंग-भेद से कोई अन्तर नहीं पड़ता। मैं विश्वास दिलाती हूँ कि बृहन्नला संसार के किसी भी सारथी से बेहतर होगा।"

चूँकि समय नहीं था इसलिए राजकुमारी अपने भाई से बृहन्नला के नाम की अनुशंसा के लिए तैयार हो गईं। जब बृहन्नला को बुलाया गया तो वह हिजड़े की तरह नाज नखरे दिखाते हुए उपस्थित हुआ। पास खड़ी सारी औरतें ठहाके लगाने लगीं।

जब रथ प्रस्थान के लिए तैयार खड़ा था तो राजकुमारी ने अपने भाई को भावभीनी विदाई देते हुए कहा, "प्रिय उत्तर, मैं जानती हूँ कि आप विजयी होकर लौटेंगे। इसी क्षण

से मैं आपके लिए प्रार्थना करूँगी। पर मारे गए कौरवों के रेशमी वस्त्र, रत्न और जेवरात मेरे लिए लाना न भूलें। मैं उन्हें आपकी वीरता के प्रतीक-चिह्नों के रूप में रखूँगी।"

यह कहते हुए कि वह अपनी बहन की इच्छा को याद रखेंगे राजकुमार ने रथ आगे बढ़ाने का आदेश दिया। वातावरण में गर्जना भरी जयकार गूँज रही थी–"हमारे युवा नायक की जय हो! दुश्मनों का अन्त हो।"

रथ जब नगर के द्वार से निकला तो राजकुमार ने गौर किया कि उनके सारथी ने घोड़ों पर शानदार नियन्त्रण कर लिया था। फिर अर्जुन ने कौरव सेना को आक्रमण के लिए तैयार खड़ा देखकर घोड़ों की गति पर लगाम लगाई। स्वयं को कौरव महारथियों के आमने-सामने देखकर राजकुमार उत्तर का कलेजा बैठने लगा। उन्हें मृत्यु सामने झूलती दिख रही थी। भय से काँपते हुए वह अर्जुन की तरफ मुड़े, "तुम क्या चाहते हो, मैं अकेले ही इन शक्तिशाली दुश्मनों से लड़ूँ? जानते हो, बृहन्नला, वे कौन हैं?"

"हाँ, राजकुमार," उसने तुरन्त उत्तर दिया। "सैरन्ध्री ने तो आपको पहले ही बता दिया है कि मैं अर्जुन का सारथी रह चुका हूँ। इसलिए सभी कौरवों और पांडवों को जानता हूँ।" फिर दुश्मनों की अग्रिम पंक्ति को दिखाते हुए उसने एक-एक का परिचय राजकुमार को बताया।

"देखिए, वह युवराज दुर्योधन हैं, अपने सफेद घोड़े पर सवार। और बगल में धुँधले रंग के घोड़े पर उनके भ्राता दुःशासन हैं। और अब आप दुर्योधन के करीब जाते हुए व्यक्ति को देख रहे हैं जो शानदार भूरे रंग के घोड़े पर सवार हैं? प्रातःकालीन सूर्य की रोशनी में आप उनका स्वाभिमान और विश्वास से चमकता चेहरा देख सकते हैं। वह राधेय हैं, कौरवों के सबसे पराक्रमी धनुर्धर जिनका एकमात्र लक्ष्य अर्जुन-वध है। पर उनमें सबसे आदरणीय और परम यशस्वी हैं श्वेत बालोंवाले वह घुड़सवार जिनका मुकुट मणि-रत्न-जड़ित है। वह भीष्म हैं, कुरुकुल के कुलपति। यदि ब्रह्मचर्य व्रत नहीं धारण किया होता तो आज वह कुरु साम्राज्य के निर्विवाद सम्राट होते। पर वह सब एक लम्बी कथा है। और अन्त में वह द्रोणाचार्य हैं, गुलाबी घोड़े पर सवार। उन्होंने कौरवों और पांडवों दोनों को धनुर्विद्या की शिक्षा दी। पर वह दुर्योधन के अनिच्छुक समर्थक हैं क्योंकि हृदय से वह अर्जुन के साथ हैं। तो आपने देखा, मैं उन सबों को जानता हूँ।"

"वास्तव में, तुम तो हर एक को अच्छी तरह जानते हो," युवा राजकुमार ने कहा जिनका चेहरा भय से स्याह पड़ गया था। "अब यह बताओ, बृहन्नला, क्या मैं अकेले इन अजेय योद्धाओं को धराशायी कर सकता हूँ? यह तो किसी चूहे का शेर की पूँछ ऐंठने जैसी बात होगी।" फिर अवरुद्ध गले और तेज धड़कते दिल से राजकुमार ने बिलकुल धीमी आवाज में कहा, "नहीं, मुझे घर वापस जाने दो–अभी तुरन्त। मुझे मृत्यु के मुँह में न धकेलो। मैं तो बस एक कच्चा नौजवान हूँ जो इस कठिन परीक्षा में पड़ गया है।" ऐसा कहते हुए वह रथ से कूदकर नगर की ओर भागने लगे। पर अर्जुन चीखते हुए उनके पीछे दौड़े, "कायर न बनें। मैंने कभी किसी क्षत्रिय को रणभूमि से मुँह

मोड़ते नहीं देखा। आप कलंकित हो जाएँगे–मत्स्यों के नाम पर एक बदनुमा धब्बा। हे राजकुमार, भयभीत न हों क्योंकि मैं हमेशा आपके साथ रहूँगा। हम उन सभी कौरवों को पराजित कर देंगे। यदि आप इतने भयभीत हैं तो मैं आपको घोड़ों की लगाम दे दूँगा और स्वयं युद्ध करूँगा। बस प्रतीक्षा कीजिए और देखिए कि मैं क्या कर सकता हूँ।'' वह रुके। ''वैसे आप पहले मेरे साथ सम्मी के उस वृक्ष के पास आएँ क्योंकि मैं वहाँ से कुछ लेना चाहता हूँ। पर अब मैं आपको पकड़कर रखूँगा अन्यथा आप फिर भाग निकलेंगे।''

अर्जुन के आश्वासन में कुछ ऐसा प्रभाव था कि युवा राजकुमार में साहस का संचार हो गया। निश्चय ही बृहन्नला केवल एक नृत्य-गुरु या सारथी ही नहीं है बल्कि एक बहादुर योद्धा भी है। अतः राजकुमार ने स्वयं न भिड़ने का फैसला कर लिया।

राजकुमार उत्तर ने अर्जुन को एक विशाल फैले हुए पेड़ पर चढ़ते देखा। उन्होंने अस्त्र-शस्त्रों से भरा एक बोरा नीचे उतारा। ज्यों ही उन्होंने एक विशाल कम्पनयुक्त धनुष निकाला, राजकुमार अचम्भित हो गए।

''यह किसका धनुष है?'' उन्होंने पूछा।

''यह अर्जुन का गांडीव है जिसने उन्हें एक अजेय धनुर्धर बना दिया।'' तुरन्त उत्तर मिला।

''पर यह तुम्हारे पास कैसे?'' इससे पहले कि राजकुमार कुछ और पूछते उनके मस्तिष्क में एक विचार कौंध गया, अचानक चमकी बिजली की तरह। अपने सारथी के चेहरे को एकटक देखते हुए उन्होंने पूछा, ''कौन हो तुम?''

''अर्जुन।'' बृहन्नला ने अपना नाम शंखध्वनि की तरह हवा में तरंगित कर दिया।

आश्चर्य से स्तब्ध युवा राजकुमार ने बस इतना कहा, ''हे नारायण!'' काफी देर तक उनकी दृष्टि अर्जुन के चेहरे पर टिकी रही। क्या सचमुच वह उस महान धनुर्धर के निकट खड़े हैं, या कोई भ्रम है–वह सोचने लगे। जब वह अर्जुन के पाँव छूने के लिए झुके तो उन्होंने कहा, ''नहीं, प्रिय उत्तर! मुझे लज्जित न करें। हम दोनों एक अभिजात जोड़े की तरह हैं, एक शक्तिशाली दुश्मन का सामना करने के लिए। पर हम कौरवों को परास्त करने जा रहे हैं। मुझे अपने गांडीव का चमत्कार दिखाने दीजिए।''

इस बीच द्रोण ने एक नौजवान को रथ से कूदकर भागते हुए और दूसरे को उसके पीछे दौड़ते हुए देखा था। उन्होंने अपने प्रिय शिष्य अर्जुन को पहचान लिया था। मुड़कर उन्होंने भीष्म के कानों में फुसफुसाकर कहा–''मैं विश्वास के साथ कह सकता हूँ कि हमारा सामना अर्जुन से होनेवाला है। वहाँ आप उसे शाही रथ पर सवार देख सकते हैं जिसकी बागडोर एक नौजवान के हाथों में है।''

भीष्म ने रथ पर अपनी निगाह केन्द्रित की और सहमति में सर हिलाया। ''हाँ, वह तो मेरा प्रिय बालक अर्जुन है। पांडवों को विराट में सुरक्षित देखकर मैं अतिप्रसन्न हूँ। अब जबकि प्रवास का तेरहवाँ वर्ष पूरा हो चुका है इसलिए इसके पहले कि दुर्योधन

कोई और समस्या खड़ी करे युधिष्ठिर को अपनी राजगद्दी वापस ले लेना चाहिए।" थोड़ा रुककर उन्होंने कहा, "पर क्या हमें दुर्योधन को बता नहीं देना चाहिए कि हमारा सामना अर्जुन से है, राजा विराट से नहीं?"

जब दुर्योधन को पता चला कि सामने रथ पर सवार व्यक्ति अर्जुन है तो वह अट्टहास के साथ हँस पड़े। "अच्छा, तो चूहा बिल से निकल आया है। चूँकि तेरहवाँ वर्ष पूरा होने के पहले ही अर्जुन सामने आ गए हैं इसलिए अब मैं पांडवों को पुनः तेरह वर्षों के प्रवास-कालचक्र में जाने के लिए बाध्य कर दूँगा। अर्थात हमारा अभियान सफल रहा।"

पर जब भीष्म ने जोर देकर कहा कि प्रवास की अवधि पहले ही पूर्ण हो चुकी है तो दुर्योधन चकराए।

"हे पितामह! मैं नहीं मानता। मैं जानता हूँ कि आप किसी गलत गणना के आधार पर ऐसा सोच रहे हैं। जो भी हो, हमारी दुर्जेय सेना के सम्मुख अभी तो बस एक अकेला व्यक्ति अपनी जान जोखिम में डाले खड़ा है। इसलिए खेल शुरू होने दीजिए।"

अभी दुर्योधन ने अपनी बात पूरी भी नहीं की थी कि अर्जुन के गांडीव से निकला एक बाण भीष्म के चरणों में आ गिरा, मानो वह उनका आशीर्वाद माँग रहे हों। और फिर बाणों की बौछार हो गई जिससे कौरव सैनिक हताहत हुए। राधेय ने अर्जुन से जूझने के लिए अपना रथ आगे बढ़ाया, जिन्हें मारने का उन्होंने प्रण कर रखा था। परन्तु इससे पहले कि वह अपना धनुष तानते, वह टुकड़े-टुकड़े हो गया। दो जोड़ी अँगारें उगलती आँखें रणभूमि में टकराईं। वातावरण घबराए घोड़े-हाथियों के भागने से धूल की चादर में लिपट गया था। तब अर्जुन ने एक ऐसा बाण छोड़ा जिससे निकला जहरीला धुआँ सभी कोटि की कौरव सेना पर छा गया।

"मैंने उन्हें सुला दिया," अर्जुन ने युवा राजकुमार उत्तर से कहा, "उन सभी महारथियों को जिनसे आपको डर लग रहा था। अब आप अग्रिम पंक्ति तक जाएँ और उनके रेशमी वस्त्र तथा मणि-रत्नों को इकट्ठा कर लें। मत भूलें कि आपने अपनी बहन राजकुमारी उत्तरा को ऐसा ही वचन दिया है।"

तब, जैसे कोई नींद में चलता है, राजकुमार अचेत योद्धाओं के वस्त्र तथा जेवरात ले लेने के लिए आगे बढ़े।

अब नगर वापस लौटने का समय हो चला था। पर उन्होंने राजकुमार से सम्मी के वृक्ष के पास रुकने को कहा ताकि वह अपना गांडीव वहाँ फिर से छुपा सकें।

"हे अर्जुन! आज जो कुछ मैंने देखा, मुझे विश्वास नहीं हो रहा है," युवा राजकुमार ने हकलाते हुए कहा, "मैं अपने पिताश्री को क्या बताऊँगा?"

"कुछ नहीं," अर्जुन ने उत्तर दिया, "चूँकि मैं चाहता हूँ कि विजय का सारा श्रेय आपको मिले इसलिए महल में आप मेरे आगे-आगे चलेंगे ताकि आपका स्वागत पूरे सम्मान के साथ हो।"

"पर यह तो घोर पाखंड होगा।"

"कोई बात नहीं," अर्जुन ने प्रत्युत्तर दिया, "कम-से-कम इतना तो मैं उस राजा के लिए कर ही सकता हूँ जिन्होंने हमें एक वर्ष तक शरण दी।" फिर रुककर बोले, "और अब मैं आपके सामने रहस्य खोलता हूँ। आपके पिता के सहचर मेरे अग्रज युधिष्ठिर हैं, इन्द्रप्रस्थ के पूर्व नरेश।" फिर उन्होंने अन्य नामों से भी पर्दा हटा दिया–भीम, नकुल और सहदेव।

"और अब, हे राजकुमार, आपके लिए सबसे बड़े आश्चर्य की बात बताता हूँ," अर्जुन ने फिर कहना शुरू किया, "वह नारी जिन्होंने आपकी माता का श्रृंगार कार्य किया वह तेजस्विनी द्रौपदी हैं, राजा द्रुपद की पुत्री और हम सबों से ब्याही।"

"हे भगवान!" राजकुमार उत्तर ने विस्मय से कहा। "तब तो इन्द्रप्रस्थ की महारानी के साथ छेड़खानी मामा कीचक का पागलपन था।"

उनके नगर में प्रवेश करने के पूर्व राजा विराट का जोरदार स्वागत हो चुका था। लोग सड़कों पर नाच-गा रहे थे। खासकर वे चरवाहे विशेष रूप से आह्लादित थे जिनके मवेशी वापस मिल गए थे। उन्होंने अपनी गायों के सींग हल्दी से रँग दिए थे और आगे-आगे ढ़ोल बजाते हुए जुलूस बनाकर ले जा रहे थे। सभी मन्दिरों में भक्तों की भीड़ लगी थी जो अपने राजा के विजयी होकर लौटने की खुशी में अपने देवी-देवताओं की पूजा-अर्चना कर रहे थे।

इकतीस

युधिष्ठिर का रक्तस्राव

महल के केन्द्रीय कक्ष में धन्यवाद ज्ञापन शुरू होनेवाला था। सभी राजा विराट और रानी सुदेशना की प्रतीक्षा में थे। किन्तु राजा के निजी कक्ष से कुछ गुस्से से भरी आवाजें आ रही थीं। जब राजा ने राजकुमार उत्तर को आस-पास कहीं नहीं पाया तो उन्होंने राजकुमारी उत्तरा से उनके बारे में पूछा। राजा के सम्भावित क्रोध से भयभीत उत्तरा ने उन्हें सैरन्ध्री से पूछने को कहा जो उनकी अनुपस्थिति में हुई बातों की जानकारी देंगी।

जब राजा को यह पता चला कि राजकुमार अकेले ही कौरव सेना से भिड़ने के लिए चले गए हैं, जो नगर में उत्तरी दिशा से घुस आए थे, तो वह क्रोधित हो उठे।

"मेरा नौजवान बेटा अकेले कौरव की शक्तिशाली सेना से कैसे मुकाबला करेगा?" राजा गरजे, "यह तो उन्हें आत्मदाह के लिए बाध्य किए जाने जैसा है।" फिर उन्होंने कुछ रुककर पूछा, "उनका सारथी कौन है?"

"बृहन्नला।" उनके दरबारियों में से एक ने उत्तर दिया।

"हे भगवान!" राजा बिफर पड़े, "भला वह हिजड़ा रणभूमि में कैसे मेरे बेटे का रथ-संचालन करेगा? वहाँ कोई नृत्यशाला है क्या? बृहन्नला तो केवल नाच-गा सकता है। वह द्रोण, भीष्म और राधेय से युद्ध करने में मेरे बेटे का सहायक नहीं हो सकता।"

तब युधिष्ठिर ने राजा को सान्त्वना देने के लिए हस्तक्षेप किया। "आशंका का कोई कारण नहीं है, राजन! क्योंकि बृहन्नला केवल अच्छा नर्तक ही नहीं बल्कि एक निपुण सारथी भी है। और फिर संकट की घड़ी में वह धनुष-बाण भी सँभाल सकता है। मैंने सुना है कि अर्जुन के सारथी के रूप में वह प्रायः अपने स्वामी के साथ-साथ युद्ध में सम्मिलित हो जाता था। मैंने यह भी सुना है कि वह अर्जुन की ही तरह एक सव्यसाची भी है क्योंकि वह अपने दोनों हाथों का प्रयोग समान दक्षता के साथ कर सकता है।"

"आपने सुना ही है न," दाँत पीसते हुए राजा ने कहा, "उसे कार्यरत देखा तो नहीं? आप राजा युधिष्ठिर के सहचर मात्र थे, उनके सारथी तो नहीं। सुनना एक बात है पर अपनी आँखों से देखना बिलकुल अलग बात ।"

"मैंने सुना भी है और उसे अपनी वीरता का प्रदर्शन करते देखा भी है।" युधिष्ठिर ने प्रत्युत्तर दिया।

"सब झूठ है," राजा ने बात काटते हुए कहा, "मुझे नहीं मालूम था कि आप कहानियाँ गढ़ने में भी निपुण हैं।"

"हे राजन! मैंने कभी झूठ नहीं बोला," युधिष्ठिर ने कहा। वह स्पष्ट रूप से आहत लग रहे थे। "मैं सत्य के प्रति समर्पित हूँ।"

"आ हा! धर्मदेव बोल रहे हैं," राजा ने व्यंग्य किया, "चुप रहिए, नहीं तो..." और क्रोधावेश में उन्होंने सामने मेज पर से पासे की एक गोटी उठाकर युधिष्ठिर के मुँह पर दे मारा। गोटी बाएँ गाल पर लगी और रक्तस्राव होने लगा। पर इससे पहले कि खून की एक भी बूँद धरती पर गिरती द्रौपदी ने लपककर अपनी साड़ी का एक किनारा फाड़ा और उनका गाल पोछ दिया। इस तीव्र कार्य से राजा के मन में कुतूहल उत्पन्न हो गया।

"ओह! मैंने तुम्हारी साड़ी बर्बाद कर दी, जो शायद रानी ने दी थी।"

"हाँ राजन! रानी सुदेशना ने मुझे उपहार में दिया था। पर अब जाकर मैंने इसका बेहतर उपयोग किया है।"

उनके हाजिर जवाब ने राजा को जैसे चिढ़ा दिया।

"क्या इस व्यक्ति के प्रति तुम्हारे प्रेम ने तुम्हें इनका रक्त पोंछने के लिए प्रेरित किया?"

"कारण उससे भी कहीं बढ़कर है, राजन!" उन्होंने उत्तर दिया। "और मैं यह भी बता दूँ कि यदि इनके रक्त की एक भी बूँद गिर जाती तो मत्स्य राज्य का विनाश लिखा जाता। इसलिए उस सबसे मैंने बचा लिया है।"

"तो तुम मुझे धमकी दे रही हो, है न?"

"नहीं राजन," द्रौपदी ने उत्तर दिया, "मैंने तो बस सत्य को अभिव्यक्ति दी है।"

"अच्छा, तो तुम धर्म की दूसरी अनुयायी हो। अच्छी जोड़ी है–सैरन्ध्री और कंक।"

द्रौपदी ने इस कटाक्ष को सह लेना ही उचित समझा।

तभी अचानक एक दूत ने आकर राजकुमार उत्तर के विजयी होकर लौटने की सूचना दी।

"हे राजन! ईश्वर की जय हो," वह अति आह्लादित होकर बोला, "राजकुमार ने अभी-अभी नगर में प्रवेश किया है। उनका रथ विजय चिह्नों से लदा है। बस कुछ ही क्षणों में वह महल के द्वार पर होंगे।"

राजा असीम आनन्द से उछल पड़े।

"उन्हें राजमहल में पूरे सम्मान के साथ लाया जाए," राजा विराट ने घोषणा की। "मैं स्वयं मुख्य द्वार पर उनका स्वागत करूँगा।"

महल में हर तरफ गतिविधियाँ तेज हो गईं। राजा अपनी पत्नी तथा पुत्री के साथ

उत्सुकता से अपने पुत्र की प्रतीक्षा में थे। राजकुमार ज्यों ही महल के द्वार पर पहुँचे खुशी के उद्घोष से वातावरण गूँज उठा।

"मैं जानता था, पुत्र! तुम मत्स्यों का नाम अवश्य ऊँचा करोगे।" राजा ने कहा।

राजकुगार को अन्तःपुर में ले जाया गया। पीछे-पीछे द्रौपदी और युधिष्ठिर भी थे, यह सुनने के लिए कि राजकुमार उत्तर अर्जुन के बारे में क्या बोलते हैं। उन दोनों को अन्दाजा हो गया था कि अनाड़ी युवा राजकुमार ने नहीं बल्कि गांडीवधारी ने दुश्मनों को परास्त किया होगा।

"परन्तु अर्जुन हैं कहाँ?" द्रौपदी ने युधिष्ठिर के कानों में फुसफुसाकर कहा‌ "वह राजकुमार के साथ क्यों नहीं आए?"

"सम्भवतः इसलिए कि राजकुमार को श्रेय मिल सके," युधिष्ठिर ने उत्तर दिया, "मैं जानता हूँ कि वह इस प्रकार की उदारता दिखा सकते हैं।"

फिर एक क्षण के लिए दोनों के बीच चुप्पी छा गई।

"कैसा महसूस कर रहे हैं, हे स्वामी?" द्रौपदी ने युधिष्ठिर से पूछा, "क्या घाव अब भी दर्द कर रहा है?"

"नहीं, अब मैं ठीक हूँ," उन्होंने उत्तर दिया। फिर मुस्कराते हुए कहा, "यह कोई पहली बार नहीं है जब मैंने पासे की गोटी को घायल करने का मौका दिया हो।"

द्रौपदी के चेहरे पर मुस्कान उभर आई। कुछ क्षणों के लिए दोनों उस अवमानना को भूल गए जो राजा विराट ने इन्द्रप्रस्थ के पूर्व नरेश की की थी।

तब राजा ने अपने पुत्र से पूछा, "बताओ, पुत्र! तुमने कौरवों की शक्तिशाली सेना को कैसे परास्त किया जबकि तुम्हारा सारथी महज एक हिजड़ा था?"

राजकुमार अपने परिवार से सत्य छिपा नहीं पाए। "सच तो यह है," उन्होंने कह डाला, "कि सारा युद्ध बृहन्नला ने किया, मैंने नहीं। मैं तो बस उनके सारथी की तरह बागडोर सँभाले बैठा था।" थोड़ा रुककर फिर बोले, "और अब आप सभी एक विशिष्ट बात जानने के लिए तैयार हो जाएँ..."

"जो मेरा सारथी बनकर गए थे वह कोई मामूली नृत्य शिक्षक नहीं हैं, बल्कि अद्वितीय धनुर्धर अर्जुन हैं। हम सबों को उनका आभारी होना चाहिए क्योंकि उन्होंने हमारी मर्यादा कायम रखी। हे पिताश्री! काश आप वहाँ होते और देखते कि कैसे उन्होंने भीष्म, द्रोण, राधेय और दुर्योधन जैसे अजेय योद्धाओं से लोहा लिया। अकेले ही उन सबों से जूझे, अपने गांडीव से ऐसे-ऐसे बाण छोड़ते हुए जो कौरव सैनिकों पर अग्नि की तरह बरसे। और अन्त में उन्होंने एक ऐसा बाण छोड़ा जिसने सबों को मूर्च्छित कर दिया। मैंने तो बस उनकी अचेतावस्था में उनके रेशमी पोशाक, जेवरात और रत्न उतार लिए। " फिर अपनी बहन राजकुमारी उत्तरा की तरफ मुड़कर उन्होंने कहा, "वहाँ मेरे रथ में वे सारी चीजें पड़ी हैं जो तुम्हारे लिए अर्जुन का उपहार हैं।"

राजा विराट अपने पुत्र का वृतान्त सुनकर सन्न रह गए। तब उन्हें महसूस हुआ

कि यह सब धनुर्धर पांडव ने कर दिखाया था।

तभी योद्धा भेष में अर्जुन का आगमन हुआ। उनका मुखमंडल सूर्य सा चमक रहा था। राजा तुरन्त उस सच्चे वीर के स्वागत में उठ खड़े हुए। उन्हें गले लगाते हुए बोले, "किन शब्दों में आपके प्रति अपना आभार व्यक्त करूँ? आपने मेरे राज्य को गौरवान्वित किया है। राजकुमार उत्तर ने मुझे सब कुछ बता दिया है कि कैसे आपने वीरतापूर्वक द्रोण, राधेय और भीष्म से युद्ध किया। मैं आपको हिजड़ा कहने के लिए बेहद लज्जित हूँ जबकि अपने पौरुष का दम भरनेवाले किसी से भी आप अधिक शक्तिशाली हैं। अब मैं समझ सकता हूँ कि अपने प्रवास के तेरहवें वर्ष में आपने क्यों नृत्य-शिक्षक का भेष धारण किया। मुझे तो आपके पैरों पर गिरकर आपसे क्षमा-याचना करनी चाहिए।"

जब राजा अपना आभार व्यक्त कर रहे थे अर्जुन की आँखें युधिष्ठिर को ढूँढ़ रही थीं क्योंकि यह सब उन्होंने उन्हीं की प्रशंसा पाने के लिए किया था। उन्हें दृष्टिगत करने में कुछ समय लगा। अर्जुन ने देखा कि वह द्रौपदी के पीछे दीवार की तरफ मुँह करके खड़े हैं। वह सोचने लगे कि अखिर क्यों उन्होंने अपना मुँह फेर रखा है।

राजा की बातों का उत्तर देने के बजाय वह युधिष्ठिर के पास चले गए और पूछा, "क्या बात है, भ्राताश्री? आप ठीक तो हैं?"

अर्जुन से सत्य छिपाना अब मुश्किल था। अतः द्रौपदी ने सारी घटना बयान कर दी। जब राजा ने अर्जुन को द्रौपदी से बात करते देखा तो उन्हें अनुमान हो गया कि सैरन्ध्री अवश्य पासे की गोटी वाली घटना बता रही होगी।

तभी अचानक अर्जुन क्रोध से फूट पड़े।

"भ्राताश्री! अब मुझे इन सारे मत्स्यों को मूर्च्छित करने दें, जैसे मैंने कौरवों को किया था। या फिर इस स्थान को जलाकर भस्म कर देने दें। कहाँ हैं भीम? मैं उन्हें इस महल के सारे स्तम्भों को झकझोर देने को कहूँगा ताकि महल मलवे का ढेर हो जाए। काश, मैंने इस राजा की प्रतिष्ठा बचाने के लिए अपनी जान की बाजी नहीं लगाई होती! कैसी विडम्बना है कि वहाँ मैं इनके लिए युद्ध करता रहा और यहाँ इन्होंने मेरे अग्रज को घायल करने की धृष्टता की।"

पर अभी अर्जुन हिंसक रूप धारण करने ही वाले थे कि युधिष्ठिर ने उन्हें शान्त किया।

"नहीं अर्जुन! हमें कोई तमाशा नहीं खड़ा करना चाहिए। राजा तुमसे क्षमाप्रार्थी हैं। याद रखो, जहाँ क्षमा ईश्वरीय गुण है वहीं प्रतिशोध आत्मा को दूषित करता है। और यह भी न भूलो कि इसी महल में हमने अज्ञातवास का एक वर्ष बिताया है, जिसके लिए हम राजा के आभारी हैं।"

राजा विराट ने, जो उनकी बातचीत के क्रम में उनके निकट आ गए थे, तब हस्तक्षेप किया।

"मैं अनुमान लगा सकता हूँ कि कंक आपके करीबी हैं। इसलिए मैं एक बार फिर

अपने कृत्य के लिए हृदय से खेद व्यक्त करता हूँ। कृपा कर मुझे क्षमा करें।"

अब पूर्णतः सन्तुष्ट होकर अर्जुन राजा विराट की ओर मुड़े और बोले, "लगता है राजकुमार उत्तर को यह बताने का मौका नहीं मिला कि जिन्हें आपने पासे की गोटी से चोट पहुँचाई है वह कंक नहीं बल्कि मेरे ज्येष्ठ भ्राता युधिष्ठिर हैं, इन्द्रप्रस्थ के पूर्व महाराज, और वहाँ खड़ी महिला सैरन्ध्री नहीं बल्कि इन्द्रप्रस्थ की पूर्व महारानी और पांचाल नरेश की पुत्री द्रौपदी हैं। और वे तीन जिन्होंने सुशर्मा को पराजित करने में आपकी मदद की मेरे भ्रातागण हैं–भीम, नकुल और सहदेव।"

इन रहस्योद्घाटनों से चकित राजा विराट स्तम्भित खड़े थे। हाथ जोड़कर उन्होंने युधिष्ठिर और द्रौपदी दोनों से क्षमा याचना की।

"बस इतना ही कह सकता हूँ कि आज से मैं हमेशा आपकी सेवा में रहूँगा," राजा विराट ने कहा। "जब भी आप कौरवों से युद्ध का निर्णय लेंगे मैं कन्धे से कन्धा मिलाकर आपके साथ लड़ूँगा।"

यों तो राजा ने सुदेशना के बदले भी क्षमा याचना की थी परन्तु उन्होंने स्वयं भी द्रौपदी से सीधे बात करने का निर्णय किया।

"हे महारानी द्रौपदी! आपके साथ कठोर व्यवहार के लिए मैं लज्जित हूँ। मुझे अपना शृंगार कार्य करनेवाली के रूप में आपकी सेवा लेने के बजाय स्वयं आपकी दासी बनकर आपकी सेवा करनी चाहिए थी। आज से मैं यह सोचकर ही सिहर जाऊँगी कि मैंने आपसे बाल सँवारने जैसा दासियोंवाला कार्य कराया।...अब मैं प्रार्थना करूँगी कि आप शीघ्र इन्द्रप्रस्थ की महारानी के रूप में प्रतिस्थापित हों। ईश्वर आप सबों को आशीष दें!"

बत्तीस

अभिमन्यु-उत्तरा विवाह

राजा विराट ने अब राजमहल के एक भाग में अलग से पांडवों के ठहरने का विशेष प्रबन्ध किया और अनेकों सेवक लगा दिए जो उनके एक इशारे पर सेवा के लिए तत्पर थे। विगत वर्षों के एक स्थान से दूसरे स्थान के भ्रमणशील जीवन के बाद आज उनके विश्राम की पहली आरामदायक रात थी। प्रातःकाल युधिष्ठिर बाग में अपने कक्ष के चारों ओर टहले और झरने ने फूटते जल के समीप एक शिला पर बैठ गए। वह अपने भविष्य के बारे में सोचने लगे। उन्होंने हाथ जोड़कर सूर्य को प्रणाम किया और शान्ति की कामना की। फिर वह प्रातःकालीन प्रार्थना के लिए अपने कक्ष में लौट आए।

अभी उन्होंने अपनी पूजा समाप्त की ही थी कि दरवाजे पर दस्तक हुई और राजा विराट, रानी सुदेशना तथा राजकुमार उत्तर का पदार्पण हुआ।

"हे राजन! क्या आप आराम से सोए?" राजा ने पूछा।

"हाँ," युधिष्ठिर ने जवाब दिया, "पूरी शान्ति से, जीवन की एक लम्बी दर्दभरी यात्रा के बाद।"

तब सुदेशना द्रौपदी की ओर मुड़कर बोलीं, "कृपया मुझे किसी भी सेवा के लिए कहने में संकोच न करें। यहाँ आप सबों का प्रवास यथासम्भव आरामदायक बनाने से बड़ा सुखद कार्य मेरे लिए और कुछ भी नहीं।"

फिर एक संक्षिप्त चुप्पी छा गई। राजा विराट के मस्तिष्क में कुछ चल रहा था। थोड़ी हिचकिचाहट के साथ उन्होंने युधिष्ठिर से कहा, "मेरी पत्नी और बेटे दोनों ने मुझसे आपके समक्ष एक प्रस्ताव रखने का आग्रह किया है। मुझे गर्व होगा यदि पांडव और मत्स्य परिवार एक अटूट रिश्ते में बँध जाएँ। इसलिए मैं अपनी पुत्री उत्तरा और अर्जुन के विवाह का प्रस्ताव लेकर आया हूँ। मुझे लगा कि आपके अनुज से बात करने के पहले मुझे आपसे यह चर्चा करनी चाहिए।"

युधिष्ठिर और द्रौपदी दोनों राजा का प्रस्ताव सुनकर मुस्कराए।

"यह निर्णय तो अर्जुन के करने का है," युधिष्ठिर ने कहा। फिर अपने भाई की तरफ मुड़े जो वहीं उनके पास बैठे थे।

"राजा विराट के प्रस्ताव ने मेरे हृदय को गहरे छू लिया है," अर्जुन ने कहा,

"परन्तु इसलिए कि राजकुमारी उत्तरा मेरी शिष्या हैं मेरे लिए उन्हें पत्नी रूप में स्वीकार करना अनुचित होगा। गुरु-शिष्य सम्बन्ध बड़ा पवित्र होता है। यह माता-पिता और सन्तान के बीच जैसा होता है।"

तभी राजा विराट के चेहरे पर निराशा की एक झलक देखकर अर्जुन ने आगे कहा, "तथापि, चूँकि मैं भी इन दो वंशों के बन्धन को हमेशा के लिए मजबूत करना चाहूँगा इसलिए मेरा प्रस्ताव है कि आप अपनी पुत्री का विवाह मेरे पुत्र अभिमन्यु से कर दें। उनकी जोड़ी आदर्श होगी। और राजकुमारी मेरे लिए पुत्रवधु से ज्यादा बेटी की तरह रहेंगी। शायद आपको ज्ञात न हो कि मेरी पत्नी सुभद्रा, अभिमन्यु की माता, श्रीकृष्ण की बहन हैं। इस प्रकार दो ही नहीं बल्कि तीन-तीन धाराओं का संगम हो जाएगा।"

युधिष्ठिर ने राजा से कहा कि उनका भतीजा अपने पिता के समान ही आकर्षक है, और एक निपुण धनुर्धर भी।

"अब जब ईश्वर ने कुछ ऐसा ही विधान किया है," राजा ने कहा, "तो हमें उसे स्वीकार करना चाहिए। मुझे और मेरी पत्नी को अर्जुन का प्रस्ताव मानकर प्रसन्नता होगी।"

तब युधिष्ठिर ने कृष्ण के पास संवाद भेजा कि वे अभिमन्यु और सुभद्रा को राजा विराट से मिलने के लिए लेकर आएँ। इस बीच राजा ने उन्हें उपप्लव्य का महल, जो वहाँ से थोड़ी ही दूर पर स्थित था, सौंप दिया ताकि वे अपनी स्वतन्त्र व्यवस्था के साथ रह सकें। सेवकों का एक पूरा परिजन उनकी सेवा में तैनात कर दिया गया ताकि उन्हें पूरा आराम हो। अभी वह उपप्लव्य के लिए प्रस्थान करने ही वाले थे कि हस्तिनापुर से दुर्योधन का एक दूत युधिष्ठिर के लिए संवाद लेकर पहुँचा।

"युवराज दुर्योधन ने आप सबों को पुनः प्रवास पर जाने का सन्देश भेजा है क्योंकि अर्जुन को तेरहवें वर्ष की समाप्ति के पहले ही रणभूमि में पहचान लिया गया था।"

चेहरे पर एक व्यंग्यभरी मुस्कान के साथ युधिष्ठिर ने कहा, "तुम जाकर उन्हें इस सम्बन्ध में पितामह भीष्म से परामर्श करने का संवाद दो। मुझे और कुछ नहीं कहना।"

कुछ विस्मित सा वह दूत हस्तिनापुर लौट गया। वहाँ भीष्म और द्रोण दोनों ने दुर्योधन को बताया कि रणभूमि में अर्जुन का प्रकटन तेरहवें वर्ष की समाप्ति के पश्चात् हुआ था।

"इसलिए, प्रिय वत्स," भीष्म ने कहा, "मैं दुबारा कहता हूँ कि युधिष्ठिर को उनका राज्य वापस लेने दो। ईश्वर ने तुम्हें मौका दिया है यह दिखाने का कि तुम वचन के पक्के हो, एक सच्चे क्षत्रिय।"

"अन्यथा भयंकर युद्ध के सिवा कोई विकल्प नहीं बचेगा," द्रोण ने कहा, "और उसमें तुम्हारे विजयी होने की आशा बेहद क्षीण है।"

"आप फिर शुरू हो गए," क्रोध से तमतमाते दुर्योधन ने द्रोण से कहा, "जब मेरी

ओर से आप, भीष्म, राधेय और आपके पुत्र अश्वत्थामा जैसे योद्धा हैं तो इन्द्रदेव भी हमें पराजित नहीं कर सकते।"

"पर कहाँ थे हम सब," भीष्म ने बीच में ही टोका, "जब अर्जुन ने हम सबों को मूर्च्छित कर लज्जित कर दिया था?"

"वह तो कोई चाल उसने धोखे से चली थी। पर इस बार सीधा युद्ध होगा।"

"मैं दुर्योधन से सहमत हूँ," कृपाचार्य ने हस्तक्षेप किया, "यह समय काल-गणना पर विवाद में पड़ने का नहीं है, बल्कि हमें पूरी ताकत के साथ पांडवों से युद्ध करना चाहिए।"

"हे आदरणीय गुरु! मेरा समर्थन करने के लिए धन्यवाद," दुर्योधन ने कृपाचार्य से कहा, "मुझे-प्रसन्नता है कि आपने एक आध्यात्मिक गुरु से ज्यादा एक क्षत्रिय की तरह बात की है।"

उधर उपप्लव्य में राजकुमारी उत्तरा और अभिमन्यु के विवाह की प्रत्याशा में उल्लास का माहौल था। जब कृष्ण अपनी बहन सुभद्रा और भानजे अभिमन्यु के साथ पधारे तो महल में सभी आनन्द-विभोर हो गए।

जब राजकुमारी उत्तरा ने अभिमन्यु को देखा तो उनका हृदय किसी चिड़िया की तरह फुदकने लगा। उनके सामने खड़ा व्यक्ति हू-ब-हू अर्जुन का प्रतिरूप लग रहा था—वही चौड़े कन्धे, वैसी ही दक्षता वाले हाथ और आँखें जो शब्दों से कहीं ज्यादा कह जाती थीं। वह उस पूर्ण चन्द्र की तरह लग रहे थे जो अभी-अभी काले बादलों के झुंड से निकल आया हो। राजकुमारी की सम्मोहित दृष्टि उनके आनन पर टिकी रही।

अभिमन्यु भी उस युवा सुन्दरी को देखकर अभिभूत थे जो अभी-अभी पूरी तरह खिली नाजुक कली सी लग रही थी।

"बात बन गई लगती है..." कृष्ण अर्जुन के कानों में फुसफुसाए।

"हाँ," अर्जुन ने हामी भरी, "अगर पहली नजर में प्रेम की बात सच है तो बस यही है वह।"

जब वर-वधू पवित्र अग्नि के सम्मुख बैठे तो समारोह में पुरोहित के रूप में धौम्य उपस्थित थे जिनका काम युवा जोड़ी को विवाह-बन्धन में बाँध देना था।

इस विवाह समारोह में राजा विराट और युधिष्ठिर दोनों के अनेकों शुभचिन्तक पधारे। विराट ने सभी सम्मानित अतिथियों को ढेर सारे उपहार दिए जिनमें कृष्ण के ज्येष्ठ भ्राता बलराम, राजा द्रुपद, उनके ज्येष्ठ पुत्र धृष्टद्युम्न और कृष्ण के घनिष्ट मित्र सात्यकि प्रमुख थे। नगर के सभी ब्राह्मणों को भी काफी उपहार मिले—पैसे, कपड़े और भोजन।

कृष्ण ने इस अवसर का उपयोग युधिष्ठिर के लिए सभी उपस्थितजनों का समर्थन जुटाने में किया। समय का लाभ उठाते हुए उन्होंने अतिथियों को सम्बोधित किया—

'मित्रो! आज का दिन राजकुमारी उत्तरा और मेरे भानजे अभिमन्यु के विवाह-

संस्कार पर आनन्द मनाने का ही नहीं है बल्कि युधिष्ठिर को हमें अपना विपुल समर्थन देने का भी है। इनका सामना एक ऐसे दुश्मन से हुआ है जो सत्य और न्याय के पथ से भटका हुआ जान पड़ता है। पांडवों को बीहड़ों में प्रवासित करने और उनका असीम अपमान करने के बाद भी दुर्योधन हठपूर्वक उन्हें दुबारा तेरह वर्ष का निर्वासन देना चाहते हैं। वह उस गिद्ध की तरह हैं जो अपने पंजे में आया शिकार छोड़ना नहीं चाहता। परन्तु वह सफल नहीं होंगे क्योंकि इस बार सभी देवतागण स्वयं पांडवों की ओर से लड़ेंगे।"

फिर अचानक कृष्ण ठहर गए मानो उनके शब्दों के तीव्र वेग में एक तीखा मोड़ आ गया हो। एक गहरी साँस भरकर उन्होंने फिर कहना शुरू किया–

"हाँ, मैं नहीं चाहूँगा कि युधिष्ठिर अभी तुरन्त युद्ध की घोषणा कर दें। पहले हमें शान्ति के सभी रास्ते तलाशने चाहिए। यथा सम्भव हमें समझौते के लिए भी तैयार रहना चाहिए। पर इसमें एक समस्या है।" उनकी आँखें पूरी सभा का अवलोकन कर गईं, जैसे किसी को ढूँढ़ रही हों। "हमारा दूत बनकर किसे हस्तिनापुर जाना चाहिए? क्योंकि उसी पर निर्भर होगा युद्ध या शान्ति, जीवन या मृत्यु।"

चारों तरफ मौन छा गया। फिर सभा में फुसफुसाहट की एक लहर सी उठी। बलराम उठकर खड़े हुए। कृष्ण के वक्तव्य पर थोड़ा खीजे हुए से उन्होंने दुर्योधन के पक्ष में कुछ कहने की कोशिश की, जिनके प्रति वह हमेशा से स्नेही थे।

"मेरे भ्राता ने दुर्योधन के लिए बहुत सी अप्रिय बातें कही हैं। पर हमने उन घटनाओं को अनासक्त भाव से समझने की कोशिश नहीं की जो पांडवों के निर्वासन के पूर्व घटित हुई थीं। केवल द्यूत-क्रीड़ा को ही ले लें। मैं पूछता हूँ जब यूधिष्ठिर जानते थे कि वह कमजोर खिलाड़ी हैं तो क्या उन्हें उस खेल से परहेज नहीं करना चाहिए था? और उन्होंने दुर्योधन के बदले शकुनि को पासा क्यों फेंकने दिया? और इस सब से बढ़कर युधिष्ठिर ने स्वयं वही खेल खेलने में दुबारा रुचि ली। क्या वह निरा दुस्साहस नहीं था? यह सब मैं सिर्फ इसलिए कह रहा हूँ कि हमें केवल दुर्योधन को ही दोषी नहीं ठहराना चाहिए। हाँ, हम मानते हैं कि युधिष्ठिर जैसे नेक व्यक्ति को तेरह वर्षों तक कष्ट झेलना पड़ा। इसलिए मैं निश्चय ही बड़ा प्रसन्न हूँ कि पांडव अब अपनी कठिनाइयों की अँधेरी सुरंग से बाहर निकलकर स्वतन्त्रता और गौरव के प्रांगण में आ गए हैं। जहाँ तक मेरे भ्राता का हस्तिनापुर दूत भेजने का प्रस्ताव है तो मैं एक सतर्कता की बात कहना चाहूँगा। इस दूत को अविवेकी नहीं होना चाहिए अन्यथा वह दुर्योधन के क्रोध को छेड़ देगा, जिसकी सम्भावना है। उसे शिष्ट, चतुर, उदार और दूरदर्शी होना चाहिए। उत्तेजनापूर्ण बहस से अच्छे परिणाम नहीं निकलते। साथ ही हमें यह भी याद रखना चाहिए कि कौरव और पांडव एक ही वृक्ष की दो शाखाएँ हैं।"

परन्तु चूँकि सभा दुर्योधन के बचाव में कुछ भी सुनने को तैयार नहीं थी इसलिए बलराम के वक्तव्य को किसी ने भी पसन्द नहीं किया। दुर्योधन का परोक्ष बचाव नहीं

पचा पाने के कारण बलराम पर आँखें तरेरते हुए सात्यकि उछल कर खड़े हो गए।

"समझ में नहीं आता कि बलराम पांडवों के साथ हैं या कौरवों के जिन्होंने शालीनता और न्याय के सारे मानक ध्वस्त कर दिए हैं। सच तो यह है कि भोले-भाले युधिष्ठिर को द्यूत-क्रीड़ा में फँसाया गया था। अगर यह एक निपुण खिलाड़ी भी होते तब भी दुष्ट शकुनि से नहीं जीत सकते थे। कोई आश्चर्य नहीं कि यह हर बाजी हार गए क्योंकि पासे उल्टे थे। और फिर दुर्योधन का उस नारी के चीरहरण का घृणित प्रयास जो उसकी भाभी थीं। हमें इस बात में कोई सन्देह नहीं होना चाहिए कि दुर्योधन अपने चचरे भाइयों के लाक्षागृह में जल-भुन जाने पर अत्यन्त प्रसन्न हुए होते। हे मित्रो! उस व्यक्ति के सारे कुकृत्यों का वर्णन करने में मेरी कोई रुचि नहीं है। तथापि कृष्ण के भ्राता बलराम ने उस महाषड्यन्त्रकारी का बचाव करना चाहा। काश मुझे दूत के रूप में हस्तिनापुर जाने दिया जाता! मैं उस भाषा में बात करता जो दुर्योधन को ठीक से समझ में आती है—युद्ध की भाषा, शान्ति की नहीं। अन्त में मैं आप सबों को याद दिला दूँ कि ज्येष्ठ पांडु-पुत्र के रूप में सम्पूर्ण साम्राज्य पर युधिष्ठिर का अधिकार है, केवल इन्द्रप्रस्थ पर नहीं। वास्तव में दूत भेजने की कोई आवश्यकता ही नहीं है। हमें सीधे हस्तिनापुर पर आक्रमण कर दुर्योधन को घुटने टेकने पर मजबूर कर देना चाहिए।"

सात्यकि के जोशीले भाषण पर इतनी जोरदार तालियाँ बजीं कि बलराम अलग-थलग पड़ गए।

इसके बाद राजा द्रुपद ने विचार-विमर्श में भाग लिया। जब वह बोलने के लिए उठे तो सभी उत्सुक हो गए यह सुनने के लिए कि यह पुराने अनुभवी व्यक्ति क्या बोलते हैं।

"मैं सात्यकि से सहमत हूँ। मैं भी मानता हूँ कि दुर्योधन कोई दलील नहीं सुनेंगे। सत्ता के लिए अन्धे हो चुके वह कभी युधिष्ठिर को इन्द्रप्रस्थ नहीं सौंपेंगे। युद्ध एक मात्र भाषा है जो वह बोलते और समझते हैं। हमारी ओर से शान्ति का कोई भी प्रस्ताव करना हमारी कमजोरी मानी जाएगी। इसलिए विचार विमर्श में अब और समय बर्बाद न करके हमें समर्थन माँगने के लिए चारों तरफ संवाद भेज देना चाहिए। हमें मित्रों की कमी नहीं है। अनेकों योद्धा हमारे पक्ष में होंगे। परन्तु यदि हमने शीघ्र सम्पर्क नहीं किया तो कुछ मित्र हम खो भी सकते हैं। और मित्रो, हमें इस भ्रम में नहीं रहना चाहिए कि दुर्योधन चुप बैठे होंगे। उन्होंने समर्थन जुटाने के लिए अवश्य अपने दूतों को सब जगह भेज दिया होगा। हमारा मुकाबला ऐसे दुश्मन से है जो कुटिल और चालाक है तथा लक्ष्य की प्राप्ति के लिए कोई भी घृणित साधन अपना सकता है।"

द्रुपद ने तिरछी नजर से युधिष्ठिर और कृष्ण की ओर उनकी प्रतिक्रिया जानने के लिए देखा। यह भाँपते हुए कि युधिष्ठिर अब भी दुर्योधन के पास अपना दूत भेजना पसन्द करेंगे उन्होंने आगे कहा, "फिर भी मैं शान्ति के लिए एक प्रयास करना चाहूँगा। यदि आप सबों की सहमति हो तो मैं अपने राजपुरोहित को हस्तिनापुर भेजकर दुर्योधन

की मंशा जानना चाहूँगा। वह बड़े ही बुद्धिमान ब्राह्मण हैं। हाँ, पर वह उनमें से नहीं हैं जो किसी के आगे जाकर घिघियाएँ। वह विनम्र परन्तु दृढ़ रहेंगे।"

कृष्ण ने तुरन्त द्रुपद की राय से यह कहते हुए सहमति व्यक्त की कि पांडव भाग्यशाली हैं जिन्हें कठिन परिस्थितियों से उबारने वाले राजा द्रुपद जैसे व्यक्ति का साथ प्राप्त है।

"हमें राजा द्रुपद की सलाह पर अमल करते हुए युद्ध की तैयारी करनी चाहिए और साथ ही बातचीत का रास्ता भी खुला रखना चाहिए।"

फिर राजा विराट और पांडवों से विदा होकर कृष्ण द्वारका के लिए प्रस्थान कर गए।

तैंतीस

द्वारका में दुर्योधन और अर्जुन

दुर्योधन के गुप्तचरों ने तत्काल उन्हें उपप्लव्य में हुई बातों की सूचना दी। इसलिए वह हस्तिनापुर में द्रुपद के राजपुरोहित के आगमन की प्रतीक्षा करने लगे।

द्रुपद ने अपने राजपुरोहित से विस्तृत विमर्श किया–"मुझे आप पर पूरा विश्वास है," उन्होंने कहा, "पांडवों ने पिछले तेरह वर्षों में क्या कष्ट झेले हैं आपको ज्ञात है। परन्तु चूँकि दुर्योधन अपार लोभ और अहंकार से ग्रसित हैं इसलिए आपके कहने का बहुत ज्यादा असर नहीं होनेवाला। यह पत्थर से दूध निचोड़ने जैसा है। इसलिए मेरी राय है कि आप पहले धृतराष्ट्र से बात करें, यद्यपि पुत्र-मोह में उन्होंने भी सत्य और न्याय की मर्यादाओं का त्याग कर दिया लगता है। पर जब आप उन्हें कहेंगे कि वह अपने दिवंगत भ्राता पांडु के पुत्रों के प्रति ईमानदार नहीं रहे तो शायद अपराधबोध से उनका हृदय विदीर्ण हो जाए! हाँ, भीष्म और द्रोण के हृदय में सद्भाव जगाने में आपको ज्यादा कठिनाई नहीं होगी। पर लगता है उन्होंने भी दुर्योधन के दुष्कृत्यों पर मूक दर्शक बने रहने का सोच लिया है। आपको हस्तिनापुर भेजने का असली उद्देश्य युधिष्ठिर को इन्द्रप्रस्थ वापस लौटाने के लिए कौरवों को मनाना नहीं है बल्कि कुछ समय अर्जित करना है ताकि हम इस बीच अधिक से अधिक राजाओं का समर्थन जुटा सकें क्योंकि हमारे पास समय कम है। साथ ही, अगर आप दुर्योधन के समर्थकों में अपराधभाव जगाने में सफल हुए तो उनका दुःखी पांडवों के विरुद्ध युद्ध करने का मनोबल कमजोर पड़ेगा। भीष्म और द्रोण तो पहले से ही इस खेल में बेमन से उनके साथ हैं। अगर मैं आशंकित हूँ तो बस शकुनि से जिसका शैतानी दिमाग हमेशा नए षड्यन्त्र रचने में लगा रहता है। पर मैं आश्वस्त हूँ कि आप अवश्य हमारे दुश्मनों को अपराधबोध, उलझन तथा अनिश्चय के चक्कर में डाल देने के अपने प्रयोजन में सफल होंगे।

इसी बीच युधिष्ठिर, द्रुपद और विराट ने व्यापक समर्थन प्राप्ति के लिए चारों ओर अपने दूत भेजने शुरू कर दिए। अर्जुन को द्वारका जाकर कृष्ण का आशीष प्राप्त करने को कहा गया। जब दुर्योधन के गुप्तचरों ने अर्जुन की प्रस्तावित द्वारका यात्रा की बात बताई तो शकुनि ने दुर्योधन को पहले ही वहाँ पहुँच जाने की सलाह दी।

"मत भूलो कि कृष्ण इस खेल में एक अहम खिलाड़ी हैं। चूँकि वह तुम्हारे भी

सम्बन्धी हैं, उन्हें पांडवों से अलग कर लेने का या कम-से-कम तटस्थ रहने के लिए मना लेने का हर सम्भव प्रयास तुम्हें करना चाहिए। अभी तो हम लोग जितना युद्ध की तैयारी में व्यस्त हैं उतना ही बुद्धि की लड़ाई में।"

तुरन्त दुर्योधन ने अपना रथ तैयार करने की आज्ञा दी ताकि वह अर्जुन से पहले ही द्वारका पहुँच जाएँ। पर जब वह वहाँ पहुँचे तो उन्हें बताया गया कि कृष्ण दोपहर के भोजनोपरान्त विश्राम कर रहे हैं। इसलिए वह कृष्ण के सिरहाने खड़े होकर उनके जगने की प्रतीक्षा करने लगे। कुछ ही देर बाद अर्जुन ने भी कृष्ण के शयनकक्ष में प्रवेश किया और दुर्योधन को वहाँ देखकर चकित हुए। दोनों को वहाँ एक दूसरे की उपस्थिति का कारण समझ में आ गया।

चूँकि अर्जुन कृष्ण के पायताने खड़े थे इसलिए आँख खुलते ही उन्होंने पहले अर्जुन को देखा।

"कौन सा कारण तुम्हें यहाँ ले आया, अर्जुन!" कृष्ण ने पूछा।

पर अर्जुन के बोलने के पहले ही दुर्योधन ने खाँसकर कृष्ण का ध्यान आकर्षित किया। कृष्ण अपने बिछावन पर उठकर बैठ गए और पीछे मुड़कर देखा तो वहाँ दुर्योधन खड़े थे।

"तुम दोनों को देखकर मुझे प्रसन्नता हुई," कृष्ण ने कहा, "यह तो वास्तव में एक सुखद आश्चर्य है। लगता है तुम दोनों यहाँ मेरा अनुग्रह प्राप्त करने आए हो। क्या दोनों में से किसी पक्ष को मेरा समर्थन चाहिए?" फिर वह रुककर बोले, "पहले मुझे अर्जुन से पूछना चाहिए क्योंकि पहले वही मेरी दृष्टि में आए।"

"पर यह तो मेरे प्रति अन्याय होगा," दुर्योधन ने शिकायत की, "क्योंकि मैं तो अर्जुन से बहुत पहले यहाँ आ गया था। अतः कुछ कहने का पहला अधिकार मेरा है।"

दोनों को उलझते देख कृष्ण मन-ही-मन हँसे। पर वह स्वयं भी धर्मसंकट में फँसे महसूस कर रहे थे। परन्तु चूँकि हृदय से वह अर्जुन के साथ थे उन्होंने यह कहते हुए समाधान निकाला कि अनुज होने के नाते अर्जुन को प्राथमिकता मिलनी चाहिए। फिर उन्होंने उनके सामने दो विकल्प रखे।

"एक तरफ मेरी नारायण सेना है और दूसरी तरफ मैं स्वयं सारथी के रूप में अकेला और निहत्था। ऐसा इसलिए कि मैंने इस युद्ध में स्वयं भाग न लेने का प्रण कर लिया है।" फिर उन्होंने अर्जुन से पूछा, "बताओ, तुम किसे चुनोगे-मेरी सेना को या मुझे?"

तुरन्त अर्जुन ने उत्तर दिया, "हे प्रभुवर! मैं आपका चयन करता हूँ, आपकी सेना का नहीं।"

अर्जुन के उत्तर से दुर्योधन की आँखों में चमक आ गई क्योंकि उन्होंने पहले से ही नारायण सेना के लिए अपना मन बना लिया था। 'रणभूमि में एक शस्त्रविहीन व्यक्ति भला क्या कर सकता है?' उन्होंने स्वयं से कहा।

“हे कृष्ण! मुझे आपकी सेना चाहिए।” दुर्योधन ने कहा।

“बस ठीक है।” कृष्ण बोले।

पर जब दुर्योधन अपने प्रतिद्वन्द्वी पर विजयी होने की प्रसन्नता लिये वहाँ से चले गए तो कृष्ण अर्जुन की तरफ मुड़कर बोले, “तुमने हमारी सेना छोड़कर मुझे चुनने की गलती नहीं की है क्या? एक शस्त्र विहीन सारथी रणभूमि में क्या कर सकता है?”

“बल्कि मैं तो गौरवान्वित महसूस कर रहा हूँ क्योंकि मुझे लगता है कि हमने युद्ध पहले ही जीत लिया है।” अर्जुन ने उत्तर दिया। उनकी आँखों में प्रसन्नता झलक रही थी। “जब स्वयं भगवान मेरी नियति की बागडोर सँभालेंगे तो विजयश्री तो मेरी गोद में पके फल की तरह आ गिरेगी। अविवेकी दुर्योधन ने केवल संख्या बल प्राप्त किया है–नारायण सेना–वह दैवी शक्ति नहीं जो सभी जीवों का संचालन करती है।”

कृष्ण ने अर्जुन को गले लगा लिया और बोले, “तो मैं तुम्हारा सारथी बनकर बुराई पर तुम्हारे विजय का मार्ग प्रशस्त करूँगा। अब हमें क्रियाशील हो जाना चाहिए क्योंकि कर्म सर्वोपरि है। तुम्हें युधिष्ठिर को परामर्श देना चाहिए कि जब तक वह हस्तिनापुर से द्रुपद के राजपुरोहित की वापसी की प्रतीक्षा में हैं उसी बीच अपनी सेनाओं को लामबन्द कर लें।”

जब कृष्ण ने भ्राता बलराम से बताया कि कैसे अर्जुन और दुर्योधन ने अपना-अपना चुनाव किया तो बलराम ने कहा, “मुझे दुर्योधन के लिए अफसोस है क्योंकि अब भी मेरे मन में उनके लिए स्नेह शेष है। मेरी समझ से वह पूरी तरह से दुष्ट नहीं हैं। वह तो शकुनि हैं जो उन्हें पतन के मार्ग पर धकेल रहे हैं। पर इस बार पासा पांडवों के पक्ष में पलटेगा। दुर्योधन का भविष्य तो अब मुहरबन्द हो चुका है। काश मुझे हस्तिनापुर दूत के रूप में भेजा गया होता तो मैं दुर्योधन को सत्य की परख करा देता। परन्तु अब काफी विलम्ब हो चुका है। साँचा तैयार है और दुर्योधन का विनाश सुनिश्चित।” फिर रुककर बोले, “जहाँ तक मेरा सवाल है मैंने इस युद्ध से अलग रहने का निर्णय किया है। रणभूमि में खून बहते देखकर मुझे घबराहट होती है। इसलिए मैं प्रत्याहार का पक्षधर हूँ जबकि आपने हमेशा मुठभेड़ को चुना है।” वह फिर ठहर कर बोले, “पता नहीं कितना मूल्यवान होगा पर मैं एक सलाह दे सकता हूँ। मुझे लगता है यदि द्रुपद के राजपुरोहित अपने उद्देश्य में विफल होते हैं तो आपको स्वयं पांडवों का दूत बनकर हस्तिनापुर जाना चाहिए। हो सकता है आप सब कुछ ठीक कर दें। यथासम्भव हमें इस खूनी संघर्ष को टालना चाहिए।”

“अवश्य। मैं आपकी राय ध्यान में रखूँगा,” कृष्ण ने कहा, “देखें, नियति ने हम सबों के लिए क्या रच रखा है।”

चौंतीस

शल्य

जब माद्री के भ्राता मद्रराज शल्य ने उपप्लव्य में युद्ध की तैयारी का समाचार सुना तो वह तुरन्त अपनी सेना के साथ युधिष्ठिर को अपना सहयोग देने के लिए चल पड़े। उन्होंने न केवल युधिष्ठिर के निर्वासन काल की पीड़ा के विषय में सुना था बल्कि वह अपने भानजे नकुल और सहदेव से भी मिलने के इच्छुक थे। पर जब दुर्योधन को अपने गुप्तचरों से ज्ञात हुआ कि शल्य उपप्लव्य के लिए प्रस्थान कर चुके हैं तो उन्होंने तत्काल उन्हें अपने पक्ष में करने के लिए जाल बिछाया। शकुनि के परामर्श से उन्होंने उनके मार्ग में जगह-जगह शिविर खोल दिए ताकि उनका और उनके सैनिकों का मनोरंजन किया जा सके। उन्होंने स्वागत सत्कार की वृहत् व्यवस्था की, यह स्वाँग भरते हुए कि जैसे सब कुछ युधिष्ठिर द्वारा किया गया हो। परन्तु जब शल्य को पता चला कि उनके मेजबान युधिष्ठिर नहीं बल्कि दुर्योधन हैं तो उन्होंने अपने आप को बड़ी दिलचस्प परिस्थिति में पाया। दुर्योधन ने स्वयं सामने आकर शल्य का करबद्ध स्वागत किया और पूछा "क्या आप इस व्यवस्था से सन्तुष्ट हैं?"

"वास्तव में मैं अत्यन्त प्रसन्न हूँ और आतिथ्य के लिए आभारी भी," शल्य ने उत्तर दिया, "इसके पहले कभी मेरा इतना ध्यान नहीं रखा गया। मैं किस तरह अपना आभार व्यक्त करुँ?"

"मैंने यह सब आपसे किसी अनुचित सहयोग प्राप्ति के लिए नहीं किया है," दुर्योधन ने बीच में ही टोका। "आप जैसे प्रतापी योद्धा की विनम्र सेवा करना तो मेरा धर्म था। पर चूँकि आप अत्यन्त दयालु हैं, क्या मैं आपसे कुछ माँग सकता हूँ?"

"हे दुर्योधन, मैं आपके लिए कुछ भी करने का वचन देता हूँ।"

"तो कृपा कर मुझे आप पांडवों के विरुद्ध अपना समर्थन दें जो हमारे राज्य पर आक्रमण की तैयारी कर रहे हैं।"

दुर्योधन का तर्क सुनकर शल्य भौंचक रह गए।

"हे भगवान!" उन्होंने विस्मय से कहा, "आपने बड़ी विकट स्थिति में डाल दिया।...पर अब चूँकि मेरे लिए अपने वचन का पालन करना अपेक्षित है मुझे अपनी बहन के पुत्रों, नकुल और सहदेव, के विरुद्ध लड़ना होगा। कैसी विडम्बना है भाग्य की!"

शल्य को अपने को सँभालने में थोड़ा समय लगा। "फिर भी मुझे उपप्लव्य जाकर यह सब युधिष्ठिर से बता देना चाहिए।"

"मैं समझ सकता हूँ, सामन्त," दुर्योधन ने कहा, "वहाँ जाकर अपने भानजे से मिलने की आपकी इच्छा स्वाभाविक है।"

जब शल्य ने उपप्लव्य पहुँचकर युधिष्ठिर को बताया कि किस तरह दुर्योधन का साथ देने के लिए उन्हें फँसाया गया तो वह तनिक भी चिन्तित नहीं दिखे।

"वास्तव में मैं आप जैसे सबल सहयोगी को खोकर काफी निराश हूँ," युधिष्ठिर ने कहा, "मेरे अनुज, नकुल और सहदेव, रणभूमि में स्वयं को अपने ही मामाश्री के विरुद्ध पाकर काफी अशान्त महसूस करेंगे।...तथापि मैं चाहूँगा कि आप अपने वचन का पालन करें क्योंकि यही धर्म की माँग है।" वह रुककर बोले, "परन्तु एक प्रकार से आप अब भी हमारी मदद कर सकते हैं, यदि आप चाहें।"

"बस मुझे बताएँ, मैं क्या कर सकता हूँ, आपकी ओर से लड़ने को छोड़कर?"

युधिष्ठिर के चेहरे पर थोड़ी प्रसन्नता दिखी। 'तो काले बादल के बीच भी रोशनी की एक लकीर है,' उन्होंने मन-ही-मन कहा।

"आपको ज्ञात है न कि दुर्योधन के घनिष्ठ मित्र राधेय ने अर्जुन-वध की प्रतिज्ञा की है? चूँकि वह एक पराक्रमी धनुर्धर हैं, मैं अर्जुन के लिए चिन्तित हूँ। यदि दुर्योधन आपको राधेय का सारथी बनने के लिए कहते हैं तो क्या आप सबों को बताएँगे कि अर्जुन दिग्दिगंत में सर्वश्रेष्ठ धनुर्धर हैं? आप उन्हें कहें कि किसी भी एकल युद्ध में अर्जुन अपराजेय हैं। इससे राधेय का मनोबल, जब भी दोनों के बीच सीधा मुकाबला होगा, कमजोर पड़ेगा।"

मुस्कराते हुए शल्य ने अपना दायाँ हाथ उठाकर युधिष्ठिर को आश्वस्त किया कि वह अर्जुन की हर सम्भव मदद के लिए पूरा प्रयास करेंगे।

"परन्तु प्रिय युधिष्ठिर, इस सब के अतिरिक्त युद्धभूमि में मेरा आशीर्वाद आपके साथ रहेगा। आप मुझे गलत पक्ष में तो पाएँगे, भीष्म, द्रोण और कृपाचार्य की तरह, पर हृदय से मैं आपके साथ रहूँगा। आप अपने दुश्मनों पर अवश्य विजय प्राप्त करेंगे क्योंकि आपका उद्देश्य न्यायोचित है।"

"आपकी मदद और आपके आशीष के लिए मैं आभारी हूँ।" युधिष्ठिर ने कहा।

इस बीच हस्तिनापुर और उपप्लव्य दो क्रुद्ध साँड़ की तरह लग रहे थे, एक दूसरे पर डकारते हुए। दोनों पक्ष यह जानते थे कि सन्निकट युद्ध सम्पूर्ण भारतवर्ष का भविष्य निर्धारित करेगा।

पैंतीस

हस्तिनापुर में द्रुपद के राजपुरोहित

पांडवों के निर्णयानुसार द्रुपद के राजपुरोहित ने हस्तिापुर में अपना परिचय पांडवों के दूत के रूप में दिया। धृतराष्ट्र ने उन्हें यथोचित सम्मान और आदर दिया।

तब दूत ने राजा और उनके सहयोगियों को श्रद्धापूर्ण परन्तु दृढ़ स्वर में सम्बोधित करते हुए कहा–

"जैसा कि आप सभी जान चुके हैं, मैं यहाँ युधिष्ठिर का प्रतिनिधित्व कर रहा हूँ जो केवल शान्ति चाहते हैं। मूल प्रश्न यही है। सर्वविदित है कि राजा धृतराष्ट्र और स्वर्गीय राजा पांडु दोनों एक ही पिता, विचित्रवीर्य, की सन्तान हैं। इसलिए यह निर्विवाद है कि सम्पूर्ण राज्य पर पांडु के ज्येष्ठ पुत्र युधिष्ठिर और धृतराष्ट्र के ज्येष्ठ पुत्र दुर्योधन का बराबर-बराबर अधिकार है।

"अतः हमारे राजा बस इतना ही चाहते हैं कि निर्वासन काल पूरा कर लेने के उपरान्त अब इन्द्रप्रस्थ उन्हें वापस लौटा दिया जाए। इसके अतिरिक्त और कुछ भी नहीं। और यह वह शान्तिपूर्वक चाहते हैं, न कि युद्ध द्वारा। आप सभी जानते हैं कि युधिष्ठिर प्रतिबद्ध हैं धर्म से, प्रेम और सौहार्द से। पर इस तर्क को उनकी दुर्बलता न समझा जाए। इसलिए मैं स्पष्ट बता दूँ कि यदि बाध्य किया गया तो वह अपने अधिकार के लिए लड़ने की क्षमता रखते हैं। तथापि वह युद्ध टालने के लिए उत्सुक हैं, जो दोनों पक्षों के लिए विपत्ति और विनाश का कारक होगा। अतः हे राजा धृतराष्ट्र! अब यह आप पर और आपके मित्र राष्ट्रों पर निर्भर है कि आप युवराज दुर्योधन को समझाएँ। संक्षेप में यही मेरे यहाँ आने के प्रयोजन का सार है।"

जब उन्होंने अपनी बात पूरी कर ली तो भीष्म प्रत्युत्तर के लिए उठे। "राजा युधिष्ठिर के दूत ने अभी जो कुछ भी इस सभा को सूचित किया वह निर्विवाद है, हालाँकि इन्हें कूटनीतिक शिष्टाचार ठीक से सिखाया गया नहीं लगता। फिर भी मुझे विश्वास है कि राजा धृतराष्ट्र इस मामले में उचित निर्णय लेंगे।"

लेकिन इससे पहले कि राजा कुछ कह पाते राधेय उठ खड़े हुए।

"बहुत हो गया इस ब्राह्मण का सत्य और न्याय का उपदेश। मैं वही कहानी दुहराना नहीं चाहता जो सर्वविदित है–कि पासा खेलने का निर्णय युधिष्ठिर ने स्वयं

लिया था। दूसरे दौर के खेल में उन्होंने स्वयं निर्वासन पर जाने की बात स्वीकार की थी। और अब तेरह वर्ष पूरा होने के पहले ही पांडव चूहों की तरह बिल से बाहर आ गए हैं। सत्य और न्याय की माँग है कि निर्धारित शर्त के अनुसार पांडवों को अगले तेरह वर्ष के निर्वासन कालचक्र में पुनः वन को लौट जाना चाहिए। उसके बाद ही वह इन्द्रप्रस्थ की माँग कर सकते हैं। परन्तु अभी नहीं। और जहाँ तक उनकी युद्ध की धमकी का सवाल है तों हम कोई हिजड़े नहीं हैं। पांडवों को पाठ पढ़ाने के लिए हम लड़ेंगे।"

राधेय की बातों पर भीष्म ने क्रोधपूर्ण प्रतिक्रिया व्यक्त की–"ऐ राधेय! मैं देख रहा हूँ कि तुम हमेशा टकराव की भाषा बोलते हो। यदि तुम दुर्योधन के सच्चे मित्र हो तो तुम्हें अपने वचन और कर्म में थोड़ा संयम बरतना चाहिए। मत भूलो कि विराट पर हमारे हाल के आक्रमण में हम सभी अर्जुन के एक ही बाण से मूर्च्छित हो गए थे। फिर युद्ध की बात तुम्हारा बड़बोलापन नहीं तो और क्या है? ऐसे गम्भीर विषय पर बड़ों को विमर्श करने दो।"

तब धृतराष्ट्र ने हस्तक्षेप करते हुए सलाह दी कि ऐसे मामले जिनमें सावधानी-पूर्वक विचार-विमर्श की आवश्यकता हो, जल्दबाजी में कोई निर्णय नहीं लिया जाना चाहिए। फिर ब्राह्मण दूत को सीधे सम्बोधित करते हुए उन्होंने कहा, "आप वापस जाकर युधिष्ठिर को बता दें कि हम जल्द ही अपने सारथी संजय को अपने विशेष दूत के रूप में भेजेंगे। तब तक वह धैर्य रखें–धैर्य जो इस वाक्युद्ध में सबसे पहला शिकार हुआ है।"

एक दो दिनों के भीतर ही संजय उपप्लव्य आए जहाँ उनका स्वागत बड़े आदर और स्नेह के साथ किया गया। चूँकि वह अपनी बुद्धिमत्ता के लिए प्रसिद्ध थे इसलिए युधिष्ठिर को आशा थी कि वह अवश्य हस्तिनापुर से कुछ सुखद समाचार लेकर आए होंगे। सामान्य शिष्टाचार के आदान-प्रदान के उपरान्त युधिष्ठिर ने संजय से पूछा कि वह चाचाश्री राजा धृतराष्ट से क्या सन्देश लाए हैं।

"पहले तो मैं यह बता दूँ कि वह आपका बड़ा आदर करते हैं। उनकी नजर में आप धर्मराज हैं। उन्हें विश्वास है कि वन्य जीवन के दुःख-तकलीफों के बाद आप अवश्य आध्यात्मिक रूप से ज्यादा प्रबल हुए होंगे। पर आपके दूत द्वारा दिए गए युद्ध की अप्रत्यक्ष धमकी से वह बड़े निराश हैं। क्योंकि आपसे उन्हें शान्ति और प्रेम के सन्देश की अपेक्षा थी। अब मैं आपको राजा के शब्दों में ही बताऊँ तो ठीक रहेगा अन्यथा उन पर मेरी संवेदना का रंग चढ़ जाएगा। मैं जानता हूँ कि एक दूत को सिर्फ एक आकृतिविहीन संवाहक होना चाहिए। अपने राजा या उनके पुत्र दुर्योधन के सम्बन्ध में मेरी व्यक्तिगत धारणा मेरे मन में ही रहनी चाहिए।"

"मैं सब जानता हूँ, प्रिय संजय," युधिष्ठिर ने कहा। "तो हम चाचाश्री के शब्दों में ही सुनें, जैसे दर्पण में कोई चेहरा साफ-साफ प्रतिम्बित होता है। बताएँ, मैं ध्यान से

सुन रहा हूँ।"

संजय समझ गए कि युधिष्ठिर उनके स्वामी की बातों को उन्हीं के शब्दों में हू-ब-हू सुनना चाहते हैं।

"तो उन्होंने जो कहा वह इस प्रकार है—हे युधिष्ठिर तुम मेरी सन्तान की तरह हो, उतने ही प्रिय जितने दुर्योधन। इसलिए मैं तुमसे साफ-साफ कहूँगा। मुझे तुम्हारे दूत के शब्दों में तलवार की खनक सुनाई पड़ी न कि पक्षी की कूँज जैसी शान्ति की ध्वनि। अगर तुम सच्चे धर्मानुयायी हो तो तुम्हें बलिदान, परित्याग और क्षमा का मूल्य अवश्य ज्ञात होगा। वन्य जीवन से तुम्हें यही सीख भी मिली होगी। अनेकों ऋषियों से वहाँ तुम्हारा पारस्परिक विमर्श हुआ होगा और तुमने अवश्य जाना होगा कि प्रत्याहार उलझनों से ज्यादा लाभप्रद होता है। इसके बावजूद तुम्हारा दूत मुझे और मेरे पुत्र को भयभीत करने पर तुला हुआ था ताकि हम युद्ध की तुम्हारी धमकी के सामने घुटने टेक दें। मैं जानता हूँ कि अर्जुन का गांडीव और भीम की गदा सक्षम हैं पर हम भी कोई निःसहाय अरक्षित नहीं हैं। मुझे यह भी ज्ञात हुआ है कि तुमने एक बड़ी सेना इकट्ठी कर ली है पर दुर्योधन को भी समर्थकों की कमी नहीं है। क्या तुम अपने गुरु द्रोण, पितामह भीष्म और राधेय के पराक्रमी धनुष के सामने खड़े हो पाओगे? और अगर तुम सभी कौरवों को मार गिराने में सफल हो भी गए तो क्या अपने परिजनों के खून से सने हाथ तुम्हारा दुःस्वप्न नहीं बन जाएँगे?

"तुम हमेशा बात करते हो दुर्योधन की धनलोलुपता की, उसकी इन्द्रप्रस्थ बाँटने की अनिच्छा की। पर क्या तुम भी धनलोलुप नहीं हो? सत्ताप्राप्ति की अपनी ललक को ही देख लो—शासन करने का तुम्हारा स्वप्न, मानवता की सेवा का नहीं। मुझे उम्मीद थी कि दुःख-तकलीफ ने तुम्हारी आत्मा को परिष्कृत कर दिया होगा, सन्तोष और विनम्रता सिखा दिया होगा। पर तुम तो दुःखभोग के बाद और भी सांसारिक बनकर उभरे हो, पहले से ज्यादा स्वार्थी और आक्रामक बनकर।

"पर इन सबसे बढ़कर तुम यह नहीं महसूस कर रहे हो कि तेरह वर्ष पूरा होने के पूर्व ही तुम सामने आ गए। इसलिए यदि तुम सच्चे क्षत्रिय और मान-सम्मान वाले हो तो तुम्हें वापस वन में जाकर पुनः तेरह वर्ष बिताना चाहिए, शान्ति से। इसी शान्ति की तुम्हें आवश्यकता है न कि केवल युद्ध से परहेज की। मत भूलो कि मानव जीवन इतना अल्पकालिक है कि इसमें किसी के भी प्रति वैमस्य पालने की गुंजाइश ही नहीं, खासकर अपने ही चचेरे भाइयों के प्रति। यदि तुम रक्तकुंड से गुजर कर विजय प्राप्त करना चाहते हो तो अपनी मृत्युशैया पर पड़े किस प्रकार ईश्वर को मुँह दिखाओगे? अतः मैं अपनी सलाह दुहराता हूँ—जंगल वापस चले जाओ और जीवन के जंजाल से अनासक्ति और मुक्ति के फल का स्वाद चखो।"

केवल युधिष्ठिर ही नहीं बल्कि सभा कक्ष में उपस्थित सभी लोग—कृष्ण, अर्जुन, विराट और द्रुपद—धृतराष्ट्र के वचन सुनकर सन्न रह गए। युधिष्ठिर को उपयुक्त शब्दों

की तलाश में कुछ समय लग गया।

"हे संजय, अपने चाचाश्री से ऐसा सन्देश सुनकर मैं पूरी तरह चकरा गया हूँ। उन्होंने अपना असली रंग दिखा दिया है—एक कुटिल, ढोंगी व्यक्ति के रूप में जो शब्द-जाल बुनने में निपुण हो। काश उन्होंने वह सब स्वयं किया होता जिसका उपदेश उन्होंने मुझे दिया है। मुझे तो बलिदान और परित्याग के उनके गुणगान पर हँसी आती है-ऐसे आदर्श जिनका पालन एक दृष्टिहीन राजा को स्वयं अपने जीवन में करना चाहिए। उनका संकेत स्पष्ट है। वह चाहते हैं कि मैं इन्द्रप्रस्थ पर अपना अधिकार छोड़ दूँ ताकि दुर्योधन सम्पूर्ण साम्राज्य पर एकछत्र राज करे। विदुर का द्यूत-क्रीड़ा नहीं होने देने का भावपूर्ण आग्रह उन्होंने क्यों ठुकरा दिया? स्पष्ट है कि वह मन-ही-मन मुझे हर चीज से बेदखल देखना चाहते थे। और फिर भी वह मुझे अपनी सन्तान कहते हैं? उतना ही प्रिय जितना दुर्योधन?"

फिर वह अचानक चुप हो गए। "मुझे लगता है मैं क्रोध में बह गया। मैं अब भी अपने चाचाश्री का सम्मान करता हूँ। मेरी अपेक्षा और प्रार्थना है कि वह अपनी अन्तर्दृष्टि खोलें और मुझे बताएँ कि मेरा जन्मसिद्ध अधिकार क्या है। अगर वह मेरा इन्द्रप्रस्थ मुझे वापस करने की मंशा नहीं रखते तो उनसे कहिए कि वह कोई भी पाँच गाँव हमें दे दें। मैं आपसे निवेदन करता हूँ, हे संजय, कि आप उन्हें मुझे उचित अधिकार सौंपने के लिए मनाएँ। मैं युद्ध नहीं चाहता क्योंकि मैं अपने चचेरे भाइयों के साथ शान्ति और सौहार्दपूर्वक जीना चाहता हूँ।" वह फिर थोड़ा ठहरे। "मैं कृष्ण को अपने दूत के रूप में हस्तिनापुर भेजने का प्रस्ताव करता हूँ। अन्तिम निर्णय मुझे उन्हीं पर छोड़ देना चाहिए क्योंकि वह जानते हैं कि मेरे लिए सबसे अच्छा क्या होगा। वह मेरे ध्रुवतारा हैं, मेरे मित्र और मार्गदर्शक। इसलिए कृपा कर राजा धृतराष्ट्र से कहिए कि वह उनकी प्रतीक्षा करें।"

कृष्ण ने चुपचाप युधिष्ठिर का जवाब सुना। उन्होंने मन-ही-मन सोचा कि यह समय कुछ कहने का नहीं है यद्यपि उनकी प्रबल इच्छा हो रही थी कि धृतराष्ट्र को उनके दोहरेपन के लिए दंडित करें।

किन्तु अर्जुन क्रोध का शमन नहीं कर पाए। वह फूट पड़े-

"हे संजय, आप जानते हैं कि हम सभी आपका आदर करते हैं क्योंकि आपने हमें बचपन से बढ़ते हुए देखा है। चूँकि आप भी द्यूत-क्रीड़ा के समय उपस्थित थे आपको ज्ञात है कि कैसे मेरे भ्राताश्री को छल से हराया गया। मुझे लगता है कि ज्येष्ठश्री का अधिकारिक प्रत्युत्तर काफी नम्र था। इसलिए मैं चाहूँगा कि आप मेरा सन्देश भी अपने राजा तक पहुँचा दें। उन्हें बता दें कि हम दुर्योधन का सफाया करने के लिए कृत-संकल्प हैं जिसने हमें असह्य पीड़ा झेलने के लिए बाध्य किया। अगर उसने हमें बारह वर्षों तक कठोर धरती पर सोने के लिए बाध्य किया है तो अब दुर्योधन और अन्य को युद्धभूमि में हमेशा के लिए सुला देने की बारी हमारी है। मेरे भ्राता भीम उसकी जंघा को

कुचलकर गूदा बनाने का सपना देखते रहे हैं। और वह दुःशासन के सीने के खून के भी प्यासे हैं। इसलिए अपने राजा को परामर्श दे दें कि वह मेरे भ्राताश्री का राज्य लौटा दें वरना हम खून की ऐसी नदी बहाएँगे जिसमें सम्पूर्ण कौरव दल का शव तैरता हुआ नजर आएगा।

"उन्हें यह भी बता दें कि हस्तिनापुर अब एक विष-वृक्ष की तरह है जिसका तना दुर्योधन हैं और जिसकी जड़ धृतराष्ट्र। यह वृक्ष केवल जहरीला फल ही देता है। जबकि दूसरी ओर युधिष्ठिर खड़े हैं एक ऐसे वृक्ष की तरह जिसके तने के रूप में स्वयं भगवान कृष्ण हैं और भीम और हम जिसकी स्वस्थ शाखाएँ हैं। और जड़ स्वयं युधिष्ठिर, सत्य और धर्मपरायणता के सार। समय आ गया है कि इस विषाक्त कौरव वृक्ष को उखाड़ फेंका जाए ताकि धरती इसके विष से मुक्त हो।"

अर्जुन के वक्तव्य में प्रयुक्त घृणापूर्ण बिम्बों ने संजय को झकझोर दिया। उन्होंने कहा, "प्रिय अर्जुन! आपने मुझे गलत समझा। मैं तो केवल एक दूत हूँ जिसे एक अप्रिय सन्देश पहुँचाने का आदेश दिया गया था। अन्यथा मैं तो आप सबों के प्रति बड़ा सम्मान और स्नेह रखता हूँ, खासकर युधिष्ठिर के प्रति। इसलिए मैं आपसे क्षमाप्रार्थी हूँ।"

"नहीं, प्रिय संजय," युधिष्ठिर ने हस्तक्षेप किया, "भला हम आपको कैसे दोष दे सकते हैं? यदि एक सोने के पात्र में विष भरा हो तो पात्र को दोषी नहीं ठहराया जा सकता क्योंकि उसमें तो अमृत भी रह सकता है। हमारा एक मात्र आग्रह यह है कि चूँकि आपके राजा आपका आदर करते हैं इसलिए उनकी दृष्टिहीनता को हमें कमजोर समझकर घूरने न दें। आप भली-भाँति जानते हैं कि उनके सारे दोषारोपण और परोक्ष संकेत सर्वथा अनुचित हैं।"

संजय बस मुस्कराए और सभा कक्ष से प्रस्थान कर गए। हस्तिनापुर वापस आकर जब उन्होंने वह सब कुछ बताया जो उपप्लव्य में देखा-सुना था तो राजा धृतराष्ट्र ने अपने आप को उस मुरझाए वृक्ष की तरह पाया जो किसी झँझावात में उखड़ गया हो। अनेकों विकृत बिम्ब उनके मन की आँखों के सामने उभर आए—भीम की गदा से कुचली दुर्योधन की जाँघ, दुःशासन के सीने से भीम का रक्तपान और खून की नदी में तैरता असंख्य कौरव सैनिकों का शव। इस दिवास्वप्न को केवल भीष्म की आवाज ने तोड़ा—

"घृणा और प्रतिशोध के उठते इस ज्वार को अभी भी रोका जा सकता है। हमने इस विषय पर कई बार चर्चा की है। क्यों नहीं युधिष्ठिर को हस्तिनापुर सौंपकर शान्ति स्थापित करते हैं? या फिर उन्हें कोई पाँच गाँव ही लेने दें, जैसा कि उन्होंने माँगा है।"

"ऐसा कभी नहीं होगा, प्रिय पितामह," दुर्योधन ने हस्तक्षेप किया, "मैं अर्जुन की धमकियों के आगे झुकनेवाला नहीं हूँ। इसलिए शान्ति की अब और कोई बात नहीं होनी चाहिए।"

"क्या तुम कृष्ण की भी प्रतीक्षा नहीं करोगे?" विदुर ने पूछा, "यह तो उस व्यक्ति का अनादर होगा जिसका सभी आदर करते हैं। भूल गए कि तुम उनसे मदद माँगने द्वारका गए थे? तुम हमेशा इतने उतावले क्यों रहते हो? जल्दबाजी का निर्णय ही तुम्हारी पराजय का कारण बनेगा।"

"क्या हम पहले ही काफी प्रतीक्षा नहीं कर चुके हैं?" राधेय ने बीच में टोका, "हमारी सेना बहुत बड़ी है और हमारे सैनिक भी युद्धभूमि में अपने साहस और पराक्रम की परीक्षा के लिए उत्सुक हैं।"

धृतराष्ट्र ने खाँसकर सभा को शान्त किया। "मैंने सबों को सुन लिया है और कृष्ण की प्रतीक्षा करने का निर्णय किया है। मैं विदुर से सहमत हूँ कि शायद कृष्ण इस विकट प्रश्न का कोई समाधान सुझाएँ क्योंकि वह कोई साधारण दूत नहीं हैं। मैं चाहता हूँ कि उनका स्वागत पूरे सम्मान के साथ किया जाए।"

जब सभी कक्ष से बाहर जा रहे थे तो संजय ने राजा के करीब आकर कहा, "जाने से पहले मैं आपको बताना चाहता हूँ कि पांडवों को जो अन्याय झेलना पड़ा उसकी चर्चा सुनकर मैं अत्यन्त दुःखी हुआ। उनकी व्यथा-कथा सुनकर मेरा हृदय लहूलुहान हो गया। बारह वर्षों तक बीहड़ों में भटकने के बाद वे निश्चय ही सहानुभूतिपूर्ण मानवीय व्यवहार के अधिकारी हैं। निर्दोष वे बेचारे पितृप्रेम से वंचित अनाथों जैसा महसूस करते हैं। मैं अवश्य कहूँगा कि आपका उनके प्रति स्नेहवश दिखावा भर है। आप इतिहास के कूड़ेदान में डाल दिए जाएँगे।" संजय रुक गए। राजा के प्रति अपना क्रोध वह नियंत्रित नहीं कर पाए थे। फिर बोले, "ठीक है, मुझे अब चलना चाहिए। मैं हतोत्साहित और थका हुआ महसूस कर रहा हूँ। आशा है फिर कभी मुझे ऐसे अप्रिय मुहिम पर नहीं भेजा जाएगा।"

"हे संजय, आप सिर्फ मेरे सारथी ही नहीं बल्कि मित्र और सलाहकार भी हैं। पर लगता है अब आपने मुझे त्याग दिया। अब मैं किससे सहायता की अपेक्षा करुँगा?" फिर एक गहरी साँस भरकर उन्होंने विदुर को उनके निजी कक्ष में भेजने के लिए कहा, "मैं उनसे बात करना चाहता हूँ।"

"विदुर या किसी भी अन्य व्यक्ति से ज्यादा आपको अपने अन्तःकरण से विमर्श करना चाहिए," संजय ने ताना दिया, "अपने आपकी गहराई में जाएँ और आत्मान्वेषण करें।"

"आप फिर मुझे आहत कर रहे हैं।"

"इसी की आवश्यकता है आपको—एक चिकित्सक की तेज छुरी की जो मवाद से भरे घाव को काटकर अलग कर दे," संजय ने कहा, "और हाँ, मैं विदुर को अवश्य आपके पास भेज दूँगा। पर मुझे नहीं लगता कि आप उनकी बात मानेंगे। मेरी समझ से आपने स्वयं को हर न्यायबोध के प्रति दृष्टिहीन बना लिया है।" इतना कहकर वह तेजी से बाहर चले गए।

कुछ घंटों बाद विदुर धृतराष्ट्र के निजी कक्ष में पधारे।

"संजय ने बताया कि आप मुझसे मिलना चाहते हैं।" उन्होंने कहा।

"हाँ, मैं आपका परामर्श चाहता हूँ। मैं जैसे बीहड़ों में कहीं खो सा गया हूँ और लगता है केवल आप ही मुझे बाहर निकाल सकते हैं।"

"जीवन के इस भूलभुलैये में, हे राजन, कोई किसी का मार्गदर्शन नहीं कर सकता। हर किसी को स्वयं अपना अन्वेषक बनना पड़ता है। अन्त में उसे अपनी ही अन्तरात्मा की आवाज सुननी पड़ती है।"

"परन्तु क्या अन्धकार से निकलकर प्रकाश में आने के लिए किसी ज्ञानी, ऋषि या सलाहकार की आवश्यकता नहीं होती?"

"बस एक सीमा तक, उसके आगे नहीं," विदुर ने उत्तर दिया। "निर्णायक कदम तो आपको स्वयं उठाना पड़ेगा। सत्य यह है कि आपके सभी प्रश्नों के उत्तर आपके पास पहले से मौजूद हैं। और आप भेद भी जानते हैं—सत्य और असत्य के बीच का, छल और न्याय के बीच का, सही और गलत के बीच का। पर आप में उसे कार्यरूप में परिणत करने की इच्छा-शक्ति नहीं है।"

कुछ क्षणों के लिए दोनों के बीच चुप्पी छा गई। "पर मैं क्या करूँ जब दुर्योधन मेरी सुनता ही नहीं? वह अत्यन्त हठी है।"

"यहीं आप अपनी कमजोरी के पीछे मुँह छिपा रहे हैं," विदुर ने रुखाई से कहा, "सच तो यह है कि आप एक बेहद आसक्त पिता हैं, अन्य सबों की तरफ आँखें बन्द किए हुए। एक राजा जो सिर्फ अपने परिवार के लिए सोचता है उसे सिंहासन पर बैठने का कोई अधिकार नहीं होता। उसे बस अपने परिवार के साथ अपने निजी कक्ष में सीमित रहना चाहिए। वास्तव में आपको राज-काज का सारा दायित्व कुरुकुल श्रेष्ठ भीष्म को सौंप देना चाहिए क्योंकि आपने एक शासक के कर्तव्यों और दायित्वों को भुला दिया है। साथ ही आप अत्यन्त अनिश्चयी हैं—हर क्षण गिरगिट की तरह रंग बदलने वाले। ढुलमुलपन आपकी सबसे बड़ी कमजोरी है। अब तक सिर्फ एक ही बार आपने न्यायप्रियता और दृढ़ता के साथ अपना कार्य सम्पादित किया है जब हारने के बाद भी आपने युधिष्ठिर को इन्द्रप्रस्थ वापस सौंप दिया। पर उसके तुरन्त बाद आप दुर्योधन और शकुनि की बातों में आ गए जिन्होंने निर्दोष युधिष्ठिर को दुबारा छलपूर्ण द्यूत-क्रीड़ा में फँसाया। मेरे लिए कल्पना करना भी दुष्कर है कि आपने कैसे वो रातें आराम से बिताई जब आपके भतीजे जंगल में धरती पर सो रहे थे। अपने ही भाई के बच्चों के प्रति ऐसी क्रूरता!...और मैं आपको बता दूँ कि आप सभी कौरवों को विनाश की ओर ले जा रहे हैं। दृष्टिहीन होने के कारण आप सामने के सत्य को पढ़ नहीं पा रहे।"

"हाँ, प्रिय विदुर, बोलते जाओ," राजा ने कहा। "जितना ही तुम मुझे आहत करते हो उतनी ही सान्त्वना मिलती है। मुझे अपनी कमजोरियों का इलाज करने के लिए

तुम्हारी कड़वी गोलियों की बेहद आवश्यकता है।"

"नहीं, प्रिय धृतराष्ट्र, कोई भी मनन-चिंतन आपके अन्त:करण की अशुद्धियों को नहीं मिटा सकता क्योंकि अब आप लाइलाज हो चुके हैं," विदुर ने कहा। "मैं भविष्य में घटित होनेवाली बातों का स्वरूप स्पष्ट देख सकता हूँ। जब कृष्ण पांडवों का दूत बनकर आएँगे तो आप उनके निवेदन में आत्मज्ञान ढूँढ़ सकते हैं। लेकिन एक बार अगर वह लौट गए तो फिर आप दुर्योधन और शकुनि के हाथों का मोहरा बनकर रह जाएँगे।"

छत्तीस

शान्ति-दूत कृष्ण

संजय के जाते ही युधिष्ठिर पर उदासी छा गई। उन्होंने स्वयं को जीवन के दोराहे पर खड़ा पाया–शान्ति और युद्ध के दोराहे पर, अस्तित्व और शून्यता के दोराहे पर, बसन्त और विस्मयकारी शरद के दोराहे पर। उन्हें लगा जैसे वह किसी कड़ाह के उबलते तेल में इधर से उधर हो रहे हों। मन की आँखों के सामने रक्त की उफनती नदी थी जिसकी सतह पर निर्दोष सैनिकों के शव तैर रहे थे। उन्हें युद्ध का कोई विकल्प नहीं दिख रहा था।

अचानक एक विचार उनके अन्तःकरण को कचोट गया। क्या वह अपने चाचा के प्रति कठोर नहीं हो गए थे जब उन्हें दृष्टिहीन कहा, शारीरिक और नैतिक दोनों रूप से? क्या उन्होंने उन्हें कुटिल और धनलोलुप नहीं कहा? क्या उनकी प्रतिक्रिया अनुचित रूप से कड़ी नहीं थी जब उन्होंने यह कहा कि उनको वनगमन कर जाना चाहिए और अपना शेष जीवन प्रायश्चित्त करने में बिताना चाहिए? निश्चय ही कुछ विचार ऐसे होते हैं जिन्हें मनुष्य को अपने ही तक रखना चाहिए। एक धर्मपरायण व्यक्ति के लिए यह आवश्यक है कि वह अपने विचारों और भावनाओं पर नियन्त्रण रखे। उन्हें लगा जैसे उन्होंने संजय के साथ रुखाई से बात करके अपने धर्म का पालन नहीं किया।

इन्हीं विचारों में उलझे युधिष्ठिर ने अपने भाइयों और सहयोगी मित्रों की एक सभा बुलाने का निर्णय किया। पर सबसे ज्यादा वह कृष्ण से दिशा-निर्देश प्राप्त करने के इच्छुक थे क्योंकि उनके प्रति उनके मन में बड़ा प्रेम और आदर था। सिर्फ वही उन्हें अनिर्णय की स्थिति से उबारकर कर्म की स्पष्ट राह दिखा सकते थे। इस क्षण उन्हें अर्जुन का ध्यान आया जिन्होंने बड़ी बुद्धिमानी से कृष्ण का चुनाव किया था, उनकी नारायण सेना का नहीं। दुर्योधन तो उसी क्षण युद्ध हार गए थे। कृष्ण को कहे अर्जुन के शब्दों को याद करके उन्हें सन्तोष हुआ कि जब स्वयं ईश्वर ही पथ प्रदर्शक हों तो विजयश्री तो मिलनी ही है। पर अब वह स्वयं कृष्ण के मुँह से सुनना चाहते थे।

उपप्लव्य के अपने महल के केन्द्रीय कक्ष में युधिष्ठिर अपने सभी सलाहकारों के बीच उपस्थित थे। किन्तु विचार-विमर्श प्रारम्भ होने के पहले ही उन्हें कृष्ण के मुखमंडल पर एक रहस्यमय मुस्कान दिखी। लगा जैसे कृष्ण को पांडवों के भविष्य का

सारा अनुमान हो चुका था। चारों तरफ एक विस्मयकारी शान्ति छाई हुई थी। तभी युधिष्ठिर की गहरी आवाज गूँजी। उन्होंने संक्षेप में संजय द्वारा लाए गए सन्देश और अपने प्रत्युत्तर की याद दिलाई।

"अब हमारी बारी है," युधिष्ठिर ने कहा, "हस्तिनापुर अपना दूत भेजने की।" फिर एक शिष्ट मुस्कान के साथ कृष्ण की ओर देखते हुए उन्होंने कहा, "इनसे बेहतर और कौन हमारा प्रतिनिधित्व कर सकता है? इन्हें ही हम अपनी कारवाई की रूप-रेखा तय करने दें–शान्ति अथवा युद्ध।" फिर रुककर बोले, "जहाँ तक मेरा सवाल है, मेरा निर्णय बड़ा ही धुँधला है। मेरे सम्मुख विध्वंस के सिवा कुछ भी नहीं है। जैसा कि आप सबों ने सुना, संजय द्वारा लाए गए धृतराष्ट्र के सन्देश में कौरवों का केवल विनाश ही छिपा है। काश मैं क्षत्रिय नहीं होता जिसकी नियति ही रक्तपात करना है। काश मैं भिक्षा-पात्र लिए घुमक्कड़ संन्यासी होता। शान्ति और सन्तोष तो उसी में है। काश मेरे चाचाजी ने मुझसे और मेरे भाइयों से अपने भतीजे की तरह व्यवहार किया होता। पर वह तो हमें पूरी तरह नकार चुके लगते हैं। मेरा हृदय यह सोचकर खून के आँसू रोता है कि हमें तेरह वर्षों तक पीड़ा देने के बावजूद चाचाश्री की सत्ता की लिप्सा अभी तक तृप्त नहीं हुई। मैं तो इतने पर भी शान्ति चाहता हूँ, युद्ध नहीं; प्रेम चाहता हूँ, घृणा नहीं।"

युधिष्ठिर को दुखित देख कृष्ण बोलने के लिए खड़े हुए। उनकी आँखों में एक चमक थी।

"ऐसी दुर्बलता एक क्षत्रिय को शोभा नहीं देती। आप ऐसी आशा नहीं कर सकते कि शान्ति आपके भिक्षा-पात्र में कहीं से टपक जाएगी। जीवन में ऐसे क्षण आते हैं जब न्याय के लिए लड़ना पड़ता है। काश मैं उस सभा में होता जब दुःशासन ने द्रौपदी को बाल पकड़कर घसीटा, जब उनका चीरहरण हो रहा था और सभी ज्येष्ठजन वह घिनौना तमाशा मूक बनकर देख रहे थे। तब क्या भीष्म ने शर्म से अपनी आँखें ढंक ली थीं? क्या वह केवल दुर्योधन के ही पितामह थे, आपके नहीं?" कृष्ण कुछ रुककर बोले, "आप लोगों को युद्ध के लिए भड़काना मेरा उद्देश्य नहीं है। यदि मैं हस्तिनापुर आपका दूत बनकर जाता हूँ तब भी शान्ति और न्याय की ही याचना करूँगा। पर यह भी जानता हूँ कि दुर्योधन और उसके पिता को समझाना किसी छाया के पीछे दौड़ने जैसा है। मेरे सम्मुख यदि एक अन्धी दीवार भी खड़ी हो तब भी मैं सौहार्द और न्याय का ही प्रस्ताव करूँगा। यद्यपि मेरी असली योजना होगी उनके गलत कर्मों से जुड़े कुछ कठोर नंगे सत्यों की पहचान कराना ताकि वह आत्म विश्लेषण के लिए प्रेरित हों। मैं चाहूँगा कि हस्तिनापुर के सभी नागरिक यह देखें कि किस तरह सभी कौरव नैतिक रूप से भ्रष्ट हो चुके हैं। परन्तु यदि मेरे सभी प्रयासों के बावजूद फल शून्य रहता है तब मैं उन्हें उनके विनाश के लिए तैयार रहने को कहूँगा, क्योंकि विजय निःसन्देह हमारी होगी।"

यद्यपि सबों ने कृष्ण को ध्यानपूर्वक सुना पर युधिष्ठिर की भृकुटी अब भी चिन्ता

से आच्छादित थी। कुछ भयभीत और निराश दिख रहे वह बोले, "मुझे विश्वास है कि आप अपने शब्दों का चयन बुद्धिमानी के साथ करेंगे। तथापि मैं एक अशुभ विचार से परेशान हूँ। यदि दुर्योधन ने किसी भी प्रकार से आप को हानि पहुँचाने की धृष्टता की तब क्या होगा? आप वहाँ अकेले होंगे, उन सभी रक्तपिपासु कौरवों से घिरे। इसीलिए, हे वासुदेव! मुझे चिन्ता हो रही है।" कृष्ण के आनन पर एक मुस्कान फैल गई। "मेरे लिए डरने की आवश्यकता नहीं है, प्रिय युधिष्ठिर, क्योंकि मैं अपनी रक्षा स्वयं करने में सक्षम हूँ। यदि दुर्योधन या किसी अन्य ने मुझे हानि पहुँचाने की चेष्टा की तो मैं उन सबों का सफाया कर दूँगा। और आपकी सारी समस्याएँ तत्काल समाप्त हो जाएँगी। फिर कोई युद्ध नहीं होगा क्योंकि कोई शत्रु बचेगा ही नहीं जो आपसे युद्धभूमि में भिड़े।"

सभा कक्ष में सबों के चेहरे पर एक मुस्कराहट उभर आई। उन्हें ज्ञात था कि कृष्ण अजेय हैं, देवत्व से लैस। पर तभी एक आवाज आई। यह भीम की स्वाभाविक गर्जना नहीं थी बल्कि एक नम्र और करुणाभरी आवाज थी।

"हे वासुदेव! आपको कोई छू भी नहीं सकता, यह मैं जानता हूँ," भीम ने बीच में ही कहा, "परन्तु क्या मैं आपसे एक निवेदन करूँ कि आप कौरवों को कोई धमकी न दें? युद्ध ही हमारे साथ हुए अन्याय के परिमार्जन का एकमात्र मार्ग नहीं है। यदि चाचा धृतराष्ट्र के सन्देश में हमें तलवार की खनक सुनाई पड़ी तो यह भी हो सकता है कि उन्हें क्षणिक रूप से भड़काया गया हो। हम सबको तो मालूम ही है कि वह स्वभाव से कितने तरंगी हैं। इसलिए हे कृष्ण! मेरी प्रार्थना है कि आप हमारे दुश्मनों के प्रति कृपालु बने रहें। हस्तिनापुर आप हमारे शन्ति–दूत बनकर जाएँ। हस्तिनापुर और उपप्लव्य के बीच मित्रता का सेतु–निर्माण हमारा प्रयास होना चाहिए।"

भीम की बातों ने सारी सभा को अचम्भित कर दिया। कृष्ण उनकी तरफ कुछ घबड़ाकर मुड़े–उनकी आँखें इस सबसे शक्तिमान पांडव के चेहरे को पढ़ रही थीं।

"क्या यह भीम की ही आवाज थी जो मैंने अभी–अभी सुनी? मैं तो चकित हूँ, बिलकुल स्तब्ध। क्या यह वही भीम हैं जो हमेशा शेर की तरह गरजते थे, क्रोध में स्तम्भों को हिला देते थे और अपने दुश्मनों के हृदय में आतंक पैदा कर देते थे? क्या यह वही भीम हैं जिन्होंने द्रौपदी के साथ छेड़खानी के कारण अजेय कीचक का वध कर दिया। पर इन सबसे बढ़कर, क्या यह वही भीम हैं जिन्होंने दुर्योधन की जंघा कुचलने और दुःशासन के सीने का रक्त पीने की शपथ ली थी? मैं तो यह देखकर अपनी हँसी नहीं रोक पा रहा हूँ कि भीम अब अचानक अग्नि और गंधक से दूध और मधु में रूपान्तरित हो गए हैं।"

"नहीं वासुदेव!" भीम ने उत्तर दिया, "यह बस इसलिए कि हमें युद्ध टालने का प्रयत्न करना चाहिए, यदि सम्भव हो। किन्तु यदि आप शान्ति की अपनी मुहिम में असफल होते हैं तो युद्ध एकमात्र विकल्प होगा। फिर आप अपने भीम को बवंडर की

तरह दुष्मनों की पंक्तियाँ चीरते देखेंगे। यम की तरह मैं उन सबों को चिर-निद्रा में सुला दूँगा। इसलिए मुझे कायर न कहें।"

कृष्ण के मुखमंडल पर एक विनम्र प्रमुदित मुस्कान उभर आई। भावावेग में आगे बढ़कर उन्होंने भीम को गर्मजोशी से गले लगा लिया।

"यह हैं असली भीम। किसकी मजाल जो तुम्हें कायर कहे। तुम तो पांडवों के गौरव हो, उनके मुकुट के सबसे चमकीले रत्न।" फिर थोड़ा ठहरकर कृष्ण ने कहा, "जानते हो, मैं सिर्फ तुम्हें प्रेरित करना चाहता था। तुम्हारे पाँव तले अंगारे सुलगा देना चाहता था। और मैं देख रहा हूँ कि मेरी चाल कामयाब हुई। इसलिए, प्रिय भीम, मुझे क्षमा करना यदि मैंने तुम्हारी भावनाओं को ठेस पहुँचाया है।" भीम ने सादर और सप्रेम कृष्ण का चरण स्पर्श किया।

कृष्ण की आँखें अब अर्जुन को ढूँढ़ रही थीं जो इस बीच अपने दोनों हाथ गांडीव पर फेर रहे थे और जिनकी दृष्टि में दूरदर्शिता दिख रही थी। जब कृष्ण उनके चहरे को देख रहे थे तो सबों ने महसूस किया कि जैसे दो जोड़ी आँखें किसी मौन संवाद में व्यस्त हों।

"क्या सोच रहे हो?" कृष्ण ने अर्जुन का चिन्तन भंग करते हुए पूछा, "मुझे विश्वास है कि हम सभी चाहते हैं कि तुम कुछ कहो।"

"आपने तो मेरे बदले सब कुछ कह ही दिया," अर्जुन ने धीरे से अपना धनुष बगल में रखते हुए कहा, "यदि मेरा गांडीव मेरे बदले बोलता तो यही कहता कि वह दुर्योधन और उसके पूरे दस्ते को चुनौती देना चाहेगा। हम सभी शब्दों का चक्र चला रहे हैं जबकि भिड़ने का समय आ चुका है। आपने ठीक ही कहा है कि कौरवों के साथ हमारी आगे की कोई भी वार्ता निरर्थक ही साबित होगी। इसलिए अब हमें युद्ध के लिए सुसज्जित हो जाना चाहिए क्योंकि शान्ति की भाषा चाचा धृतराष्ट्र और दुर्योधन कभी नहीं समझेंगे।"

"हे अर्जुन! आपने मेरी भी बात कह दी," द्रौपदी ने हस्तक्षेप किया, "मैं जानती हूँ कि इस प्रकार के विचार-विमर्श में एक नारी की कोई आवाज नहीं होती। पर क्या वह मैं ही नहीं थी जिसे अपमानित किया गया और भरी सभा में जिसकी हँसी उड़ाई गई और हमारे अग्रज बेदर्दी से उदासीन बने रहे? उन्होंने क्षत्रिय का धर्म निभाया या महज कायरों का—एक घृणित तमाशे के मूक दर्शक?"

द्रौपदी ने रुककर अपने बाल झटके और फिर उन्हें अपनी दाईं हथेली में लेकर फूट-फूटकर रोने लगीं।

"मेरे बालों को देखें, आप सभी वीर। हर लड़ी धनुष की प्रत्यंचा जैसी है। यह अर्जुन के गांडीव की तरह है जिसकी टंकार युद्धभूमि में गूँजेगी—हर एक कौरव को मिटा देने के लिए व्याकुल। यदि मेरे शब्द नहीं सुनना चाहते तो मेरे आँसू को ही बोलने दें।"

द्रौपदी के मर्मस्पशी शब्दों से द्रवित कृष्ण ने कहा, "निश्चिंत रहें, हे द्रौपदी! यदि मैं शान्ति का प्रस्ताव लेकर हस्तिनापुर जाऊँगा तो बस उन्हें एक आखिरी मौका देने भर के लिए। पर उसके बाद नहीं। मैं नहीं चाहता कि आनेवाली पीढ़ी हमें उतावलेपन के लिए दोषी ठहराए। फन और विषदन्त विहीन होकर निश्चेष्ट हो जाने के पहले चख लेने दें सर्प को दूध की एक बूँद।"

सभा के अन्तिम वक्ता एक यादव योद्धा और कृष्ण के मित्र सात्यकि थे। "मैं बस कृष्ण, अर्जुन और द्रौपदी द्वारा कही बातों का समर्थन करने के लिए खड़ा हुआ हूँ। हम कौरवों के साथ एक अवश्यंभावी युद्ध में घसीट लिए गए हैं। अतः इसके पहले कि धृतराष्ट्र अपनी विषधरों की सेना हमारे ऊपर आक्रमण के लिए छोड़ दें हमारे पास अपने सैनिकों को यथाशीघ्र तैयार कर लेने के सिवा कोई विकल्प नहीं है। मैं याद दिलाना चाहता हूँ कि धृतराष्ट्र एक विषैले वृक्ष की तरह हैं जिसे समूल उखाड़ फेंकना आवश्यक है। इस बात से इनकार नहीं किया जा सकता कि हस्तिनापुर के नागरिकों को उन सभी विपदाओं की जानकारी है जिन्हें पांडवों ने झेला। पर वे असहाय हैं दुर्योधन के निरंकुश शासन में जिसने भीष्म को भी मौन सहमति के लिए बाध्य कर दिया है। हम सभी जानते हैं कि विदुर ही एक मात्र व्यक्ति हैं जिनमें अन्याय के विरुद्ध आवाज उठाने का साहस है। पर एक अकेला भिन्नमतावलम्बी दुर्योधन का सामना कैसे कर सकता है? पांडवों को इस विभ्रम में नहीं रहना चाहिए कि धृतराष्ट्र कभी उनसे कोई सम्बन्ध स्वीकार करेंगे। उनकी दुनिया सिर्फ एक ही व्यक्ति के इर्द-गिर्द घूमती है—उनके बेटे के। अतः हमें बिना किसी शर्त के दुष्टता के इस स्रोत को मिटा देने का निर्णय कर लेना चाहिए। हम हमारे राजा युधिष्ठिर को उनके सभी मित्र-राष्ट्रों की ओर से सहयोग का वचन देते हैं। संकट की इस घड़ी में हमें घनिष्टता के साथ एकजुट हो जाना चाहिए। हमारे शान्ति-दूत के रूप में कृष्ण के हस्तिनापुर जाने में मुझे कोई-आपत्ति नहीं। पर अपशकुन तो स्पष्ट ही है। कौरव युद्ध के लिए बेचैन तो हैं पर उन्हें यह नहीं पता कि पूर्ण विनाश उनकी प्रतीक्षा कर रहा है।"

सात्यकि के उद्‌बोधन का जोरदार स्वागत हुआ। अन्त में युधिष्ठिर ने विचार-विमर्श का समापन किया–

"तो सभा की सर्वसम्मति है कि हम कृष्ण को हस्तिनापुर अपना दूत बनाकर भेजें पर इस बीच झपकी न लें। युद्ध के हमारे दृढ़ निश्चय में कोई शिथिलता न आए।" फिर रुककर बोले, "मेरा सुझाव है कि कृष्ण की हस्तिनापुर यात्रा में सात्यकि साथ रहें। यह एक लम्बी और कठिन यात्रा होगी और सिर्फ ईश्वर ही जानता है कि उस तरफ क्या हमारी प्रतीक्षा कर रहा है। मैं बस इतना ही कहना चाहता हूँ कि कृष्ण जो भी निर्णय लेंगे उसे हम बिना शर्त स्वीकार करेंगे।"

सैंतीस

हस्तिनापुर में कृष्ण

धृतराष्ट्र को समाचार मिल चुका था कि कृष्ण का रथ हस्तिनापुर के लिए प्रस्थान कर चुका है। यद्यपि विदुर और भीष्म शान्ति की सम्भावना से उत्साहित थे पर धृतराष्ट्र को स्वाभाविक रूप से कृष्ण की मंशा का अन्दाजा हो गया था। वह जानते थे कि शान्ति और न्याय की उनकी दलील का एक मात्र उद्देश्य जनमानस को दुर्योधन के विरुद्ध करना था। अतः उन्होंने इस चुनौती का सामना आत्मसंयम और सतर्कता के साथ करने का निर्णय किया। धूर्ततापूर्वक उन्होंने दुर्योधन को कृष्ण का स्वागत उस पूर्ण सम्मान और शिष्टाचार के साथ करने की सलाह दी जो उनके स्तर के दूत के लिए उचित था।

"मत भूलो पुत्र, कृष्ण के सैनिक तुम्हारी ध्वजा तले युद्ध करेंगे। इसलिए हमें अपना पत्ता सावधानीपूर्वक खेलना चाहिए। हमारे दरबार में उनका आगमन वैसा ही होगा मानो युधिष्ठिर पुनः पासा खेलने आ रहे हों। पर इस बार सम्भव है कृष्ण हमें मात दे दें। हमें लगता है कि वह तुम्हारे उन कुछ समर्थकों को भी अपनी ओर मिलाने का प्रयास करेंगे जिन्हें पहले से ही आपत्ति है। तुम जानते हो कि विदुर और भीष्म हमारे खेमे से बड़ी ही पतली डोर से बँधे हैं। एक गलत कदम उठा नहीं कि वे तुम्हारे विरुद्ध हो जाएँगे। इसलिए कल कृष्ण के साथ होनेवाले वाक्युद्ध के लिए तैयार हो जाओ।" फिर रुककर बोले, "मेरी सलाह है कि जब तुम हस्तिनापुर के मुख्य द्वार पर उनका स्वागत करो तो तुम्हारा व्यवहार सर्वोत्कृष्ट हो। उनके सम्मान में दीप-सज्जा की जाए और हर घर के शीर्ष पर स्वागत-ध्वज फहराए जाएँ। मैं यह भी चाहूँगा कि तुम उन्हें अपने निजी महल में ठहरने के लिए आमन्त्रित करो और हर सम्भव तरीके से उनका मनोरंजन करो। याद रहे, ढ़ोंग, पाखंड और व्यवहार कौशल ज्यादा फलदायी होते हैं यदि उनका प्रयोग उचित तरीके से किया जाए। और जो कुछ मैंने अभी-अभी तुम्हें कहा है वह राधेय को नहीं मालूम होना चाहिए क्योंकि वह कई मायने में अनाड़ी और निष्कपट है। उसे बस इतना ज्ञात रहे कि एक क्षत्रिय को अपने दुश्मन के प्रति भी शिष्ट होना चाहिए।"

पिता का परामर्श सुनकर दुर्योधन के ललाट पर लकीरें और भवों में सिकुड़न आ गई।

"आपने मुझे एक असम्भव कार्य सौंप दिया है, पिताश्री, क्योंकि मैं पांडवों के किसी भी पक्षधर को नापसन्द किए बिना नहीं रह सकता। फिर भी मैं यथासम्भव प्रयास करूँगा और उनका हार्दिक स्वागत करूँगा।"

दुर्योधन अभी जाने ही वाले थे कि विदुर, भीष्म, द्रोण और कृपाचार्य का आगमन हुआ। उनसे विमर्श के लिए राजा उठकर अपने सिंहासन पर बैठ गए।

"मुझे खुशी है कि आप सभी आ गए," उन्होंने चेहरे पर प्रसन्नता दिखाते हुए कहा, "मैं आप सबों को बुलाने ही वाला था। मुझे आपका परामर्श चाहिए कि हम कृष्ण का स्वागत कैसे करें। मैं दुर्योधन को हस्तिनापुर में उनके सुखद प्रवास की हर सम्भव व्यवस्था करने के लिए कह चुका हूँ।" फिर वह रुककर बोले, "वास्तव में मुझे लगता है हमें हीरे जवाहरात भेंट करने चाहिए ताकि वह हमारे पक्ष में हो जाएँ।...इस सम्बन्ध में आपकी क्या राय है?"

"बेहद बेवकूफी भरा विचार है," विदुर तत्क्षण फूट पड़े। "आप क्या समझते हैं, कृष्ण जैसे व्यक्ति को आप रिश्वत देंगे? इससे तो वह हमसे पूरी तरह विरक्त हो जाएँगे। वह हीरे जवाहरात से खरीदे जानेवाले व्यक्ति नहीं हैं। यदि आप सचमुच उन्हें प्रसन्न करना चाहते हैं तो उन्हें युधिष्ठिर के लिए न्याय दीजिए।"

"मैं विदुर से सहमत हूँ," भीष्म ने कहा। "अगर वास्तव में आप उन्हें प्रसन्न करना चाहते हैं तो युधिष्ठिर को इन्द्रप्रस्थ वापस क्यों नहीं दे देते? या फिर वह तो केवल कोई पाँच गाँव भी स्वीकार करने को तैयार हैं, और कुछ नहीं। पर आपने तो उन्हें संजय द्वारा छिपे तौर पर धमकी ही दी है।"

इस बात पर दुर्योधन को रोष हुआ। क्रोध से उबलते हुए उन्होंने भीष्म पर पलटवार किया, "कभी-कभी मुझे लगता है कि आप सिर्फ उन्हीं के पितामह हैं, मेरे नहीं। और ऊपर से चाचा विदुर भी हैं जो हमेशा एक ही रट लगाए रहते हैं–न्याय और सत्य–जैसे मैं तो दुष्टता का अवतार हूँ। मैं सौ बार कहता हूँ कि जो कुछ मैंने सही तरीके से प्राप्त किया है उस पर अपना अधिकार जमाए रखने के लिए मैं दृढ़ हूँ। यदि मैं दूसरी बार की द्यूत-क्रीड़ा में हार गया होता तो स्वयं प्रसन्नता के साथ निर्वासन पर चला जाता।"

"यह तो बड़ा ही हास्यकर है," विदुर ने ताना देते हुए कहा, "अपने बदले शकुनि से पासा फेंकवाते हुए तुम्हें निश्चित रूप से पता था कि क्या होनेवाला है।"

तभी भीष्म ने हस्तक्षेप किया, "बीती बातों को उठाने से कोई फायदा नहीं। मैं जानता हूँ कि कृष्ण शान्ति और सौहार्द के दूत बनकर आ रहे हैं, क्योंकि युधिष्ठिर कभी भी युद्ध नहीं चाहेंगे। वह अपने धर्म से बँधे हैं।" फिर एक लम्बी साँस भरकर उन्होंने कहा, "हे धृतराष्ट्र, अपने भ्राता पांडु की सन्तानों के साथ जो अन्याय आपने किया है क्या उसके लिए आपको तनिक भी पश्चाताप नहीं होता? पितृविहीन वह तेरह वर्षों तक जंगलों में भटकते रहे। भगवान के लिए उन्हें अब तो विराम लेने दें।"

"लगता है पितामह भीष्म और चाचा विदुर तो युधिष्ठिर के दूत के रूप में पहले से ही कार्यरत हैं," दुर्योधन ने व्यंग्य किया, "तो कृष्ण को दूत बनाकर भेजने की युधिष्ठिर को क्या आवश्यकता थी? मैं अच्छी तरह जानता हूँ कि पांडव युद्ध के लिए तैयार हैं। अर्जुन और भीम दोनों हमें मिटा देने के लिए तत्पर हैं। शान्ति की बात तो बस एक भुलावा है। तथापि मैं कृष्ण को शिष्टाचार के साथ हर सम्भव सम्मान देने की अपने पिताश्री की सलाह के अनुरूप कार्य करने को तैयार हूँ। इसलिए यह न कहें कि मैं अपने दुश्मनों के दूत के प्रति दयावान नहीं हूँ।" फिर रुककर बोले, "अन्यथा मैं कृष्ण को हस्तिनापुर में बन्दी बनाकर पांडवों को युद्ध के लिए चुनौती दे सकता हूँ।"

"नहीं, प्रिय दुर्योधन," धृतराष्ट्र ने कहा, "वह तो भारी दुस्साहस होगा। जाओ और उस पूरे सम्मान के साथ उनका स्वागत करो जिसके हकदार वह पांडवों के दूत के रूप में हैं। जो भी हो हमें देखना है कि कल खुली सभा में वह क्या कहते हैं।"

दुर्योधन के गुप्तचरों ने समाचार दिया कि उपप्लव्य और हस्तिनापुर के बीच का मार्ग ऊबड़-खाबड़ होने के कारण कृष्ण का रथ कल सूर्योदय से पहले पहुँचने की सम्भावना नहीं है।

अन्ततः जब रथ मुख्य द्वार के निकट पहुँचा तो अचानक मौसम बदल गया। काले बादल सर पर मँडराने लगे और सर्द हवा बहने लगी। मुस्कराते हुए कृष्ण की तरफ मुड़कर सात्यकि ने कहा, "लगता है मौसम आपके लक्ष्य के लिए शुभ संकेत नहीं दे रहा।"

"मौसम को शान्ति या युद्ध से क्या लेना देना?" कृष्ण ने पूछा।

"क्या आप नहीं जानते," सात्यकि ने उत्तर दिया, "कि प्रकृति अपना सन्देश रहस्यमय तरीके से दे देती है। क्या वायु और वर्षा, गर्जना और बिजली ईश्वर की अभिव्यक्ति के माध्यम नहीं हैं?"

"मुझे नहीं मालूम था कि आप प्रकृतिविद् भी हैं, और एक बेजोड़ योद्धा भी।"

तभी उन्होंने गौर किया कि सभी मुख्य द्वार फूलों से बने स्वागत चिह्नों से सजे थे। और वहीं दुर्योधन अपने कुछ दरबारियों के साथ स्वागतार्थ खड़े थे। फिर कृष्ण को अपने रथ में आने के लिए इंगित करते हुए दुर्योधन ने उन्हें अपने महल में ठहरने के लिए आमन्त्रित किया। "आपकी सेवा से मुझे सबसे अधिक प्रसन्नता होगी।" उन्होंने कहा।

"यह तुम्हारा बड़प्पन है," कृष्ण ने कहा, "पर मैंने विदुर के साथ ठहरने और भोजन करने का निर्णय कर लिया है। मुझे ऐसे व्यक्ति के साथ भोजन करने में आनन्द आता है जो अपने बेदाग नैतिक मर्यादाओं के लिए प्रसिद्ध हो।"

दुर्योधन को अपनी तुच्छता का एहसास हुआ और वह शान्त नहीं रह पाए।

"क्या आपकी नजर में मैं दागदार हूँ?"

"इसका निर्णय तो हर किसी को स्वयं करना पड़ता है।" कृष्ण ने कहा।

पिताश्री की सलाह ध्यान में रखते हुए कि उन्हें किसी भी तरह से उकसाया न जाए दुर्योधन ने चुप रहना ही श्रेयस्कर समझा।

"तो हम कल मिलेंगे केन्द्रीय कक्ष में," दुर्योधन ने कहा, "पिताश्री आपसे मिलने के लिए उत्सुक हैं।"

"मैं भी," कृष्ण ने कहा, और फिर सात्यकि से विदुर के घर ले चलने के लिए कहा।

जब कृष्ण ने विदुर के घर प्रवेश किया तो उनका स्वागत बड़े गर्मजोशी से हुआ। विदुर उनसे लिपटने के लिए लपक पड़े और कुन्ती का मुखमंडल स्नेह से आह्लादित हो उठा। कृष्ण सादर उनके सामने झुके तो अपने पुत्रों के लिए लालायित कुन्ती की आँखें आँसुओं से भर गईं। विदुर बस पास खड़े कृष्ण और पांडवों की माता के इस मिलन को निहारते रहे। उन्होंने सोचा कि जब तक कुन्ती अपनी जिज्ञासा शान्त नहीं कर लेतीं उन्हें प्रतीक्षा करनी चाहिए। भावारुद्ध गले से कुन्ती ने पूछा, "हे वासुदेव! कैसा है मेरा युधिष्ठिर?"

"बिलकुल ठीक। शान्त और ईश्वर की इच्छा पर निर्भर, पहले की तरह।"

"पता है, गौरव के साथ अपने सिंहासन पर विराजमान उसकी देदीप्यमान छवि प्राय: मेरे मन में उभरती है। और फिर मैं यह सोचकर सिहर उठती हूँ कि वह कैसे काम्यकवन में नंगी धरती पर सोता होगा।"

"हे कुन्ती! आप अब और दु:खी न हों क्योंकि जल्द ही वह फिर से इन्द्रप्रस्थ के नरेश होंगे।"

"मेरी भी यही आशा है," कुन्ती ने कहा। उनके स्वर में अब भी उदासी थी, "और मेरा अर्जुन कैसा है? मैं जानती हूँ कि समय आने पर उसका गांडीव रणभूमि में गूँजेगा।"

"अवश्य।"

"और भीम तो बहुत दुबला हो गया होगा, बस उतने ही भोजन पर गुजारा करके जो द्रौपदी उसके लिए निकाल पाती होगी?"

"नहीं, वह पहले की ही तरह हृष्ट-पुष्ट है।"

"और मेरे दोनों नाजुक लघु शावक नकुल और सहदेव कैसे हैं?"

"अब तो लम्बे पेड़ों की तरह बड़े हो गए हैं।"

"आप जानते हैं, वासुदेव! द्रौपदी के साथ जो हुआ मैं उसे कभी पचा नहीं पाई।"

"वह भी उबर जाएगी, अन्तत:। लम्बी काली रात का अन्त भी सुबह के उजाले में होता है।" कृष्ण ने सान्त्वना दी।

जैसे ही यह संक्षिप्त वार्तालाप समाप्त होने को हुआ कि विदुर ने बात शुरू कर दी–

"यह बताएँ, हे कृष्ण! आपने मेरे साथ ठहरने का निर्णय क्यों किया जबकि

दुर्योधन ने आपको अपने शाही महल में आमन्त्रित किया था?"

"एक पापी के साथ भोजन ग्रहण करना मुझे स्वीकार नहीं था क्योंकि उसका अन्न भी दूषित होगा। आपके साथ भोजन में एक कटोरी चावल और थोड़ा फल भी दुर्योधन के प्रीतिभोज से कहीं ज्यादा स्वागत योग्य है। और जहाँ तक उसके महल की सुविधाओं का सवाल है, मैं तो कहूँगा कि धन्य और पवित्र है वह घर जिसमें विदुर जैसे मनीषी रहते हैं और कुन्ती जैसी माता रहती हैं।"

कृष्ण की बातों से द्रवित विदुर ने सर झुका दिया। फिर उन्हें सीधे देखते हुए पूछा, "आप शान्ति-दूत बनकर क्यों आए जबकि आपको ज्ञात होना चाहिए था कि यहाँ अन्याय, अहंकार और युद्ध की धमकी के सिवा कुछ भी नहीं मिलनेवाला? एक नाग को वश में करना आसान है पर धृतराष्ट्र और उनके पुत्र को समझाना बेहद मुश्किल। जहाँ तक मैंने सुना है दुर्योधन आपको भरी सभा में अपमानित भी कर सकता है, आपको बन्दी बना लेने की धमकी भी दे सकता है—युधिष्ठिर को केवल युद्ध का संकेत देने भर के लिए।"

"मैं उस सबके लिए तैयार हूँ," कृष्ण ने उत्तर दिया, "चूँकि हस्तिनापुर में आपसे बढ़कर बुद्धिमान कोई दूसरा नहीं, अतः आपको ज्ञात होना चाहिए कि जो व्यक्ति अन्दर से मजबूत होता है वह सम्मान और अपमान, सफलता और असफलता दोनों का सामना धीरता के साथ कर सकता है।" फिर वह रुककर बोले, "मैं आपको अपने आने का वास्तविक उद्‌देश्य बताता हूँ। मैं यहाँ कौरवों और उनके मित्र राष्ट्रों की अन्तरात्मा को उद्वेलित करने आया हूँ।"

"वह तो तब न जब उनकी कोई अन्तरात्मा हो," विदुर ने हस्तक्षेप किया, "मैं बता दूँ कि आदरणीय भीष्म सहित सभी बड़ों ने अपने अन्तःकरण का गला घोंट दिया है। दरकिनार किए जाते ही वे बस मूक बन जाते हैं। और अगर बोले भी हैं तो बस बातों तक ही, कुछ करते नहीं।"

"कोई बात नहीं," कृष्ण ने कहा, "मैं दुर्योधन के ज्यादा से ज्यादा समर्थकों को मिला लेने के लिए कटिबद्ध हूँ। मैं हस्तिनापुर के सभी नागरिकों को बता देना चाहता हूँ कि दुर्योधन ने युधिष्ठिर जैसे निर्दोष और न्यायप्रिय शासक के साथ क्या किया है।"

"तब, हे कृष्ण! मेरी शुभकामना आपके साथ है," विदुर ने कहा, "यद्यपि आपका प्रयोजन एक ज्वारीय तरंग को रोकने जैसा है।"

अगले दिन जब कृष्ण ने सभा में प्रवेश किया तो उनका जोरदार स्वागत हुआ और उन्हें राजसिंहासन के निकट रत्नजड़ित आसन पर बिठाया गया। कृष्ण ने राजा धृतराष्ट्र का झुककर नमन किया और सामने बैठे सभी विशिष्टजनों की ओर मुस्कराकर देखा। उन्होंने भीष्म का भी झुककर अभिवादन किया जिसका उत्तर भीष्म ने हृदय से मुस्कराकर दिया।

"अपने प्रिय भतीजे युधिष्ठिर के दूत के रूप में यहाँ आपको पाकर हम सभी

गौरवान्वित हैं," धृतराष्ट्र ने शुरुआत की, "हम सभी उस सन्देश को सुनने के लिए व्यग्र हैं जो आप उपप्लव्य से हमारे लिए लाए हैं।"

कृष्ण के खड़े होते ही एक नीरवता छा गई। उनके घुँघराले बाल कन्धों तक झूल रहे थे और मुखमंडल से गरिमा और विश्वास टपक रहा था।

फूलों की क्यारियों से गुजरते हुए मंद पवन की सरसराहट जैसे स्वर में कृष्ण ने बोलना शुरू किया–

"हे राजा धृतराष्ट्र! मैं युधिष्ठिर से आपके लिए शान्ति और प्रेम का सन्देश लेकर आया हूँ। उन्होंने यहाँ उपस्थित सबों की ओर मित्रता का हाथ बढ़ाया है। वह आप सबों को बताना चाहते हैं कि वर्षों पहले जब उन्होंने हस्तिनापुर छोड़ा तब उनका हृदय इसी नगर में रह गया–वह नगर जो आज भी कौरव वंश के सभी पूर्वजों के गौरव की सुगन्ध बिखेर रहा है। इसलिए मेरी समझ में नहीं आता कि क्यों दुर्योधन हस्तिनापुर और इन्द्रप्रस्थ दोनों को रक्त के सागर में डुबा देना चाहते हैं। क्यों वह प्राचीन कुल-साम्राज्य को मिटाने पर तुले हुए हैं। उन्हें याद रखना चाहिए कि जीवन ईश्वर का दिया अमूल्य उपहार है। इसे उन्हें बर्बाद न करने दें, किसी हठी बालक की तरह जो बहुमूल्य खिलौने को तोड़ देता है। शायद दुर्योधन यह कल्पना करते हैं कि राधेय, द्रोण और भीष्म की मदद से वह पांडवों को मिटा देने में सक्षम होंगे। पर हे राजन, यह मात्र एक कपोल कल्पना है। यहाँ उपस्थित सबों को यह जान लेना चाहिए कि अर्जुन और भीम की शक्ति सर्वोपरि है। देवताओं से आशीष प्राप्त ये सभी अजेय हैं। इसलिए आप अपने पुत्र के अहंकार और उसकी धनलोलुपता को नियंत्रित क्यों नहीं करते? कल्पना कीजिए, हे राजन, कि यदि दुर्योधन पांडवों से समझौता कर लेते हैं तो पूरे भारतवर्ष पर आपका एकछत्र राज होगा जो एक तरफ भीष्म, द्रोण अश्वत्थामा और राधेय तथा दूसरी तरफ अर्जुन और भीम द्वारा समर्थित होगा। पर यह अत्यन्त दुःखदायी है कि आपने अपने पुत्र को अन्याय और लालच के पथ पर चलने से रोकने का कभी प्रयास नहीं किया।"

अचानक एक फटी सी आवाज ने हस्तक्षेप किया–

"मैं असहाय हूँ, हे कृष्ण!" धृतराष्ट्र ने कहा, "काश दुर्योधन मेरी, पितामह भीष्म की तथा गुरु द्रोण या विदुर की, जो कमल की तरह पवित्र और निष्कलंक हैं, बात मान लेता!"

वह रुककर बोले,"आप स्वयं उसे क्यों नहीं समझाते हैं?"

"पर एक पिता अपनी जिम्मेदारी क्यों नहीं उठाए?" कृष्ण ने प्रतिकार किया। "ठीक है, यदि आप चाहते हैं तो मैं प्रयास करने को तैयार हूँ।"

तब दुर्योधन की तरफ मुड़कर कृष्ण ने कहा, "आप यशस्वी कुल के वंशज हैं–ऐसे पूर्वजों के वंशज जो अपने सत्यप्रेम, न्याय और मानवता के लिए प्रसिद्ध रहे हैं। फिर आप अपने पूर्वजों से भिन्न आचरण कैसे कर सकते हैं? पांडव तो केवल अपना राज्य इन्द्रप्रस्थ माँग रहे हैं। तो आपने उन्हें इससे क्यों वंचित कर रखा है?"

"क्योंकि वे द्यूत-क्रीड़ा में उसे हार चुके हैं।" दुर्योधन ने जवाब दिया।

"आपको भलीभाँति ज्ञात है कि युधिष्ठिर को छला गया था," कृष्ण ने दुर्योधन की बात काटते हुए कहा। "तथापि, अब जबकि उन्होंने तेरह वर्ष का प्रवास पूरा कर लिया है तो क्या वे इन्द्रप्रस्थ वापस पाने के हकदार नहीं हैं?"

"नहीं।" दुर्योधन ने प्रत्युत्तर दिया।

"कोई पाँच गाँव भी नहीं?" बड़ी कठिनाई से अपने को शान्त रखते हुए कृष्ण ने पूछा। "यदि इन्द्रप्रस्थ नहीं तो वे इस अल्पांश से भी सन्तुष्ट हो जाएँगे।"

"सूई की नोक के बराबर भी मेरे साम्राज्य की धरती नहीं मिलेगी," दुर्योधन ने दाँत पीसते हुए उत्तर दिया।

"तो आपने निश्चय कर लिया है हस्तिनापुर को आग के हवाले करने का, अपने समर्थकों को यम के मुँह में धकेलने का।"

"वह तो युद्ध ही बताएगा कि किसका अन्त होता है।" दुर्योधन ने प्रत्युत्तर दिया।

"आपका अहंकार," कृष्ण ने अपना स्वर ऊँचा करते हुए कहा, "अदम्य प्रतीत होता है। आप आत्मदाह के पीछे पड़े हैं।"

"आपकी हिम्मत कैसे हुई भरी सभा में मेरा अपमान करने की, जहाँ मैं सर्वोच्च अधिकारी हूँ? याद रखें, हे वासुदेव, हस्तिनापुर द्वारका नहीं है।"

"मैं जहाँ भी होता हूँ वहीं द्वारका होता है। इसलिए मैं अपना ध्यान रख सकता हूँ।"

एक अल्प विराम छा गया क्योंकि दुर्योधन और कृष्ण एक दूसरे पर आँखें तरेर रहे थे। तभी अपना दाहिना हाथ उठाते हुए दुर्योधन गरजे,"अब मैं दिखाता हूँ कि मैं क्या कर सकता हूँ।" अगल-बगल देखते हुए उन्होंने कुछ सैनिकों को आज्ञा दी कि कृष्ण को पकड़कर बन्दी बना लें। इस बात पर विदुर उठ खड़े हुए।

"ऐ दुर्योधन, यह तो शर्मनाक बात होगी। कृष्ण यहाँ केवल युधिष्ठिर के दूत ही नहीं हैं बल्कि वह स्वयं हम सबों में सर्वश्रेष्ठ भी हैं। यदि तुमने अपनी धमकी पर अमल किया तो सभी देवताओं का आभिशाप आमन्त्रित करोगे। शर्म और बदनामी जीवनपर्यन्त तुम्हारा पीछा करेंगी।"

"मुझे इसकी परवाह नहीं," दुर्योधन ने भड़ककर कहा, "अब यह पूरी तरह स्पष्ट है कि आप मेरे पिता के सलाहकार तो हैं परन्तु हृदय से आप हमारे दुश्मनों के साथ हैं।"

इस पर भीष्म भी अपने आसन से उठ खड़े हुए। "तुम ऐसे व्यक्ति की तरह व्यवहार कर रहे हो जिसने अपना सारा विवेक खो दिया हो।" फिर धृतराष्ट्र की तरफ मुड़कर उन्होंने कहा, "आप इसके पिता हैं या बस इसके हाथ का एक मोहरा? इतिहास आपकी उतनी ही भर्त्सना करेगा जितनी आपके पुत्र की। अनर्थ ही आप दोनों का प्रारब्ध है।"

"मैं असहाय हूँ," धृतराष्ट्र ने उत्तर दिया, "जैसा कि मैंने पहले ही कहा। पर मैं यह भी महसूस करता हूँ कि मेरा पुत्र अन्दर-बाहर दोनों ओर से दुश्मनों से घिरा है। उसे पापी क्यों माना जाए?"

धृतराष्ट्र के शब्दों ने दुर्योधन का हौसला बढ़ा दिया और वह जोर से बोले, "कहाँ गए मेरे सैनिक? कृष्ण को बन्दी बना लो ताकि पांडव दौड़ते हुए यहाँ उनकी मुक्ति की भीख माँगने आएँ।"

कृष्ण ने दुर्योधन की धमकी पर ध्यान नहीं दिया। बल्कि एक कलात्मक मुस्कान के साथ उन्होंने दुर्योधन से पूछा, "विलम्ब किस बात का है? अपनी धमकी को क्रियान्वित क्यों नहीं करते? और तब देखो मैं क्या कर सकता हूँ।"

कृष्ण की प्रतिकारात्मक चेतावनी ने सारी सभा को चौंका दिया। सभी चकित सोच रहे थे कि दुर्योधन और उनके भाइयों से घिरे इस दूत की प्रतिक्रिया कैसी होगी। वातावरण तनावपूर्ण हो गया था और सबों की दृष्टि दुर्योधन और कृष्ण पर टिकी थी।

फिर ज्यों ही कुछ सैनिक आक्रामकता के साथ कृष्ण की तरफ बढ़े एक विस्मयकारी घटना हुई। कृष्ण जो अपने आसन के पास खड़े थे उनका आकार धीरे-धीरे बढ़ने लगा जैसे कोई नन्हा पौधा बरगद की तरह विस्तृत होता जा रहा हो। एक तेज हवा का झोंका सभा कक्ष में प्रविष्ट हुआ और सारे दरवाजे-झरोखे झंकृत हो उठे। फिर अचानक अन्धकार छा गया मानो किसी दैवी हाथ ने सारी रोशनी बुझा दी हो। इस अनुवर्ती अन्धकार में केवल कृष्ण के नेत्रों से निकलता चौंधिया देनेवाला प्रकाश ही दिख रहा था जिसकी किरणें इतनी गर्म और अन्धा बना देनेवाली थीं कि सबों को लगा जैसे सभाकक्ष में सब कुछ जलकर भस्म हो जाएगा। इस बीच कृष्ण का सर लगभग छत को छुने लगा था और उनकी भुजाएँ इतनी लम्बी हो गई थीं कि जैसे सम्पूर्ण सभा को अपनी जकड़ में ले लेंगी।"

"हे भगवान!" सभा में एक वेदनापूर्ण चीख उठी, "नारायण हमारी रक्षा करें।"

फिर सभा ने कृष्ण के दाहिने हाथ का प्रहार उन सैनिकों पर देखा जो उन्हें पकड़ने के लिए बढ़े थे। वे तत्क्षण धराशायी हो गए, एक-एक साँस के लिए छटपटाते हुए मानो उनका गला घोंट दिया गया हो। कृष्ण का बायाँ हाथ दुर्योधन की तरफ बढ़ता दिखा जो मुख्य द्वार की ओर भागे। पर उन्हें खींचकर कक्ष के मध्य में खड़ा कर दिया गया। उनका सारा शरीर काँप रहा था। उन्हें भय से थरथराते छोड़कर कृष्ण का दायाँ हाथ दुःशासन और उनके अन्य भाइयों की तरफ बढ़ा। वे एक-एक कर उठा लिए गए जैसे समुद्र से मछलियाँ पकड़ ली जाती हैं और तट पर तड़पती छोड़ दी जाती हैं।

तब कृष्ण ने अपना विराट मुँह खोला जो किसी गुफा के विस्तृत भीतरी भाग जैसा था। सबों ने उसमें बीज रूप में सम्पूर्ण मानवता—नर, नारी, बच्चे, बूढ़े—की सूक्ष्म झलक देखी।

जब धृतराष्ट्र ने अपनी पथराई आँखों पर जोर देकर यह देखने की कोशिश की कि

उनके इर्द-गिर्द क्या हो रहा है तो वह इस संवेदन से अचम्भित रह गए कि एक क्षण के लिए ही सही पर उन्हें पूरा चामत्कारिक परिदृश्य दिख रहा था। लगा जैसे किसी ने उनके नेत्र से अन्धकार मिटा दिया हो। उन्हें कृष्ण के देदीप्यमान प्रभामंडल का दर्शन हुआ। भला कौन कर सकता है सामना इस व्यक्ति का जो निश्चय ही कोई दिव्यात्मा हैं न कि नश्वर प्राणी? भयाक्रांत, मूक सभी स्तम्भित और सन्न रह गए। तभी अचानक प्रकाश फैला और हवा का वेग शान्त हो गया। दरवाजों, झरोखों का कम्पन भी थम गया। लगा जैसे कोई प्रचंड ज्वारी तरंग शान्त होकर समुद्र में विलीन हो गया हो। कृष्ण का कद भी सामान्य होने लगा। ऐसा प्रतीत हो रहा था जैसे भूकम्प के पश्चात पृथ्वी फिर से स्थिर हो गई हो यद्यपि दरारें और खाइयाँ अब भी हर तरफ दिख रही थीं।

इस निस्तब्धता को कृष्ण के शब्दों ने भंग किया–"तो युधिष्ठिर के शान्ति और सौहार्द की अपील पर क्या है तुम्हारा सन्देश, दुर्योधन?"

"युद्ध", कक्ष में एक स्वर गूँजा। अपने अहंकार और लोभ से पुनः ग्रसित दुर्योधन ने कहा, "मैं आपके अनूठे प्रदर्शन के झाँसे में आनेवाला नहीं। रणभूमि में आप मेरा भी चमत्कार देखेंगे जब मेरे अनुभवी योद्धा पांडवों को काट-काटकर गिराएँगे, जैसे कोई हँसिया धान के पौधों को काटता है।"

"तो साँचा ढाला जा चुका है," कृष्ण ने कहा। "परन्तु याद रखना, इस बार शकुनि तुम्हारे बदले पासा फेंकने के लिए नहीं रहेंगे। और तुम्हारा सामना अर्जुन के गांडीव और भीम की गदा से होगा। मैं रणभूमि में अर्जुन का सारथी बनकर आऊँगा। मैं अत्यन्त मर्माहत हूँ शान्ति के कबूतर की इस कक्ष में हुई हत्या देखकर। और अब आगे तुम्हारे सैनिकों के शवों पर गिद्धों को झपट्टा मारते देखकर।"

अड़तीस

गुप्त रहस्य

सबों को विस्मय और असमंजस में छोड़ सभा-कक्ष से बहिर्गमन करते हुए कृष्ण ने सात्यकि से राधेय को बुलाने को कहा।

"उपप्लव्य लौटने से पहले मुझे उससे अवश्य मिल लेना चाहिए," उन्होंने कहा, "और चूँकि इस भेंट को गुप्त रखना है अतः कहिए कि वह मुझसे नगर के बाहर जंगल के मुहाने पर मिले।"

इस गुप्त मुलाकात के उद्देश्य के प्रति कुतूहल से भरे सात्यकि तुरन्त सभा-कक्ष में वापस लौटे और राधेय को एक स्तम्भ के निकट अकेला खड़ा देखा। वह अब भी कृष्ण के चमत्कारी स्वरूप पर अचम्भित थे। धीरे से उनके पास आकर सात्यकि ने उनके कानों में फुसफुसाकर कहा–

"मैं आपके लिए कृष्ण का एक अत्यन्त आवश्यक सन्देश लाया हूँ।" फिर उन्होंने बताया कि वह किस स्थान पर उनसे मिलना पसन्द करेंगे।

"किस बात के लिए?" राधेय ने आश्चर्य से पूछा।

"मुझे तनिक भी ज्ञात नहीं," सात्यकि ने उत्तर दिया। "परन्तु वह अत्यन्त आग्रही और व्यग्र लग रहे थे।"

"मैं जल्द ही वहाँ पहुँचता हूँ।" राधेय ने कहा।

कुछ देर बाद जब राधेय निर्दिष्ट स्थान पर पहुँचे तो उन्होंने कृष्ण को एक बरगद के नीचे प्रतीक्षारत पाया। भँवों में सिकुड़न और चेहरे पर चिन्ता की साफ झलक लिये राधेय ने पूछा, "क्या बात है? आपने मुझे बाहर क्यों बुलाया?"

"बताता हूँ, प्रिय राधेय," कृष्ण ने उनका दाहिना हाथ गर्मजोशी से पकड़ते हुए कहा, "इतने उत्सुक न हो। दुर्योधन से तुम्हारी निकटता के बावजूद मैं तुम्हारी इज्जत करता हूँ।"

पर ऐसा सुनने के बाद भी राधेय चिन्तित और हैरान थे। तब कृष्ण उन्हें घने जंगल में ले गए। इससे राधेय की उलझन और बढ़ गई। कृष्ण घने पेड़ों के बीच जाकर ठहर गए जहाँ से मध्याह्न का सूरज भी अदृश्य था। अँधेरे से भरा वह स्थान भयानक लग रहा था।

"गुप्त रहस्य की चर्चा अँधेरे में ही होनी चाहिए," कृष्ण ने अपने बगल में चट्टान पर बैठने का संकेत करते हुए कहा, "प्रिय राधेय, मैं बिना तुमसे बात किए उपप्लव्य नहीं लौट सकता। यद्यपि मेरा शान्ति-प्रयास विफल हो चुका है परन्तु मुझे आशा है कि कम-से-कम तुम्हें मैं समझा पाऊँगा।"

"मतलब आप चाहते हैं कि मैं दुर्योधन का साथ छोड़ दूँ?" राधेय का स्वर कसैला था, "कभी नहीं, चाहे सूरज पश्चिम से उगे या ऋतुएँ अपना चक्र बदल दें, या सागर सूख जाए। मैं उनसे वचनबद्ध हूँ, अपने जीवन की अन्तिम साँस तक। इसलिए कि उन्होंने मुझे उस समय अपना मित्र बनाया जब खेल प्रतियोगिता में मुझे नीच कुल-जन्मा कहकर अपमानित किया जा रहा था, सूत-पुत्र कहकर।"

"हाँ, मैंने वह सब सुना है," कृष्ण ने कहा। फिर उनकी आखों में देखते हुए पूछा, "क्या कभी तुमने जन्म की परिस्थितियों के विषय में सोचा है?"

"हाँ, बहुत बार। मेरे पालक माता-पिता, अतिरथ और राधा, ने मुझे बताया था कि कैसे उन्होंने मुझे एक डलिए में गंगा में बहता हुआ पाया था। मेरे कानों में सोने के कुंडल थे और सीने पर कवच। मेरा अनुमान है कि मुझे जन्म देनेवाली माँ अवश्य कोई राजकुमारी रही होंगी और मुझे त्याग देना उनकी मजबूरी रही होगी। वास्तव में जब भी मेरी रगों में रक्त का आवेग उठता है और मेरा हृदय उद्वेलित हो जाता है तो मैं उनके बारे में सोचता हूँ।"

"हाँ, वह निश्चय ही तुम्हारे रक्त की पुकार है, तुम्हारी जड़ों का खिंचाव।"

राधेय रुक गए। फिर बोले, "परन्तु अपने पालक माता-पिता के प्यार और उनकी देख-रेख से उसकी भरपूर भरपाई हो चुकी है। इस मामले में मैं अकेला भाग्यवान हूँ। एक तरफ ऐसे माता-पिता और दूसरी तरफ दुर्योधन जैसा मित्र पाकर मैं सर्वथा पुष्ट महसूस करता हूँ।"

दोनों के बीच एक अल्पकालिक चुप्पी छा गई। दो जोड़ी आँखें एक दूसरे को परख रही थीं। राधेय ने पूछा, "पर आप मुझे मेरे जन्म की निराशाजनक बातों में क्यों उलझा रहे हैं? क्या इसीलिए आपने मुझे यहाँ बुलाया है—इस अँधेरे स्थान पर जहाँ सूर्य की भी पहुँच नहीं?"

"वह इसलिए कि सूर्य ने हमारी बातों में हस्तक्षेप किया होता।"

इन शब्दों ने राधेय की उत्सुकता और जिज्ञासा को और भी बढ़ा दिया।

"हे कृष्ण! आप मुझे पहेलियाँ क्यों बुझा रहे हैं? लगता है आप कोई रहस्य छिपा रहे हैं। बता क्यों नहीं देते?"

तब कृष्ण ने स्नेह से राधेय का हाथ पकड़ा और उनकी गहरी भूरी आँखों में देखते हुए मन्दिर की घंटियों जैसे स्वर में कहा, "तुम राधेय नहीं हो, बल्कि कर्ण हो और तुम सूर्यदेव के पुत्र हो। तुम्हारी माता कुन्ती हैं, और पांडव तुम्हारे भाई।" फिर उन्होंने विस्तार से बताया कि किस प्रकार उनका जन्म कुन्ती की कोख से हुआ जब वह क्वाँरी

थीं। "इसलिए स्वयं को लोक-निन्दा से बचाने के लिए उन्हें तुम्हारा परित्याग करना पड़ा। पर उनके हृदय की हर धड़कन में तुम्हें खोने का गम है। सोते-जागते वह तुम्हारे बारे में सोचती रहती हैं। नदियों के जल से भी ज्यादा आँसू उन्होंने बहाए हैं।"

सन्न और अवाक राधेय एकटक कृष्ण के चेहरे को देखते रहे। फिर उस चट्टान से उठकर, जहाँ वह बैठे थे, उन्होंने कृष्ण की गोद में अपना सर रख दिया और फूट-फूटकर रोने लगे।

"तो मैं क्षत्रिय हूँ, सूत-पुत्र नहीं," वह हकलाते हुए बोले, "और पांडव मेरे भाई हैं। मैं आपको बताऊँ कि मैंने भी अपनी माँ को कई बार स्वप्न में देखा है। मैं उठ जाता था और मन की आँखों में माँ की छवि बनाने की कोशिश करता था—कोमल और सुन्दर। फिर मैं स्वयं को एक नवजात शिशु की तरह उनका स्तन-पान करते हुए देखता था।..." उनकी आवाज लड़खड़ा गई, "पर आपको मेरे जन्म का रहस्य खोलने की आवश्यकता अब क्यों पड़ी जब मैं एक सूत-पुत्र के रूप में अपनी पहचान से सामंजस्य स्थापित कर चुका हूँ—अतिरथ मेरे पिता और राधा मेरी माता? आपने अब क्यों मेरी आत्मा में तूफान उठाया? हे भगवान! मैं तो खंडित महसूस कर रहा हूँ—अपने इन दो व्यक्तित्वों के बीच, धरा और गगन के बीच। आपने मुझे अपने पुराने कृमि-कोष में ही क्यों नहीं रहने दिया जहाँ मैं अपने जन्म की गुप्तता में सुरक्षित था? आपने तो मधुमक्खी के छत्ते को छेड़ दिया है जो जीवन-पर्यन्त मुझे डंक मारते रहेंगे।"

सुबकते हुए उन्होंने कृष्ण की आँखों में देखकर पूछा, "आपने इस क्षण को क्यों चुना? जवाब दीजिए, वासुदेव! मुझे बताना आपकी जिम्मेदारी है। है कि नहीं?"

राधेय की वेदना से द्रवित कृष्ण ने उत्तर दिया, "क्योंकि मैं चाहता हूँ कि भारतवर्ष के इतिहास की इस नाजुक घड़ी में तुम अपने घर वापस आ जाओ, अपनी माता और अपने भाइयों के पास। तुम्हारे जैसा कुलीन योद्धा दुष्टता के पक्ष में कैसे लड़ सकता है? इतिहास तुम्हें अन्याय का साथ देने के लिए कभी माफ नहीं करेगा। किन्तु यदि तुम युधिष्ठिर के पास आ जाते हो तो तुम्हें इन्द्रप्रस्थ का राजमुकुट धारण किए देखकर उन्हें प्रसन्नता होगी। नेकी की सफलता ईश्वर अवश्य सुनिश्चित करेंगे।"

"हे वासुदेव! वह तो मैं अच्छी तरह जानता हूँ," राधेय ने कहा, "कौरवों का विनाश निश्चित है। रणभूमि के दृश्यों की कल्पना मैं कर सकता हूँ—लहूलुहान दुर्योधन, उसकी कुचली हुई जंघा और दुःशासन का सीना चीड़कर रक्तपान करते भीम। यहाँ तक कि भीष्म और द्रोण भी नहीं बचेंगे क्योंकि अर्जुन के अस्त्र सभी पंक्तियों को बेधते चले जाएँगे। और अपने मन की आँखों से तो मैं स्वयं को भी अर्जुन के प्राणघातक बाणों से आहत देख सकता हूँ। पर अब मैं यही चाहता हूँ—मृत्यु की गोद में चिरशान्ति क्योंकि मातृ-पितृविहीन लावारिस की तरह मैं बहुत झेल चुका।" वह रुक गए। "लेकिन एक चीज मैं कभी नहीं करूँगा—दुर्योधन का परित्याग, जिसे मैं समस्त खामियों के बावजूद प्यार करता हूँ। ऐसा इसलिए कि मेरी राय में किसी को भी अपने

मित्र के कर्मों–सही या गलत–पर निर्णय का कोई अधिकार नहीं। मित्रता में तो बस प्रेम और वफादारी की प्रतिबद्धता होती है। इसलिए हमारी अगली मुलाकात रणभूमि में होगी, किसी घने जंगल-मध्य नहीं। मेरी मृत्यु के लिए प्रार्थना कीजिए, और मेरे भाइयों की विजय के लिए।" वह फिर रुके, "पर क्या आप मुझ पर एक कृपा करेंगे?"

"कुछ भी, प्रिय राधेय।"

"मेरे जन्म का यह रहस्य हम दोनों के बीच ही रहे तो अच्छा। मैं अब भी राधेय के रूप में ही जाना जाना पसन्द करूँगा, कर्ण के रूप में नहीं। क्योंकि यदि अर्जुन को पता चल गया कि मैं कौन हूँ तो रणभूमि में मुझ पर अस्त्र का संधान करते हुए उसके हाथ काँप जाएँगे। उसे मेरा आशीर्वाद होगा कि मुझे मार सके क्योंकि अब मुझमें जीने की इच्छा नहीं रही।...हाँ, मैं अपने भाइयों से स्वर्गलोक में मिलूँगा और वहाँ हम इस जीवन की छोटी-छोटी विडम्बनाओं की चर्चा करेंगे। नियति मरणशील प्राणियों के साथ कैसे-कैसे खेल खेलती है!"

हतोत्साहित और निराश कृष्ण अपने रथ की ओर लौट चले। दुःखपूर्वक उन्होंने महसूस किया वह अपने दोनों उद्देश्यों की प्राप्ति में विफल रहे थे–अपने शान्ति प्रयास में और कर्ण को कौरवों से विलग करने में।

जब उनका रथ हस्तिनापुर से बाहर निकला तो एक हल्की फुहार पड़ी।

"यह क्या कोई अपशकुन है?" कृष्ण ने सात्यकि की तरफ मुड़कर पूछा।

"पता नहीं," सात्यकि ने उत्तर दिया। मैं कल्पना करता हूँ कि यह प्रकृति के आँसू हैं, हमारे प्रयासों की विफलता पर।"

फिर कुछ उदास मन से उन्होंने कृष्ण से पूछा, "क्या रहस्य का एक झाग-सा फैला हुआ नहीं है वर्ण-क्रम के दो छोड़ों के बीच, आगमन और प्रस्थान के बीच, जन्म और मृत्यु के बीच, आशा और निराशा के बीच?"

"बेशक," कृष्ण ने उत्तर दिया, "पर मनुष्य को अपना कर्म करते जाना चाहिए, परिणाम की चिन्ता किए बगैर।"

उनतालीस

युधिष्ठिर की युद्ध की तैयारी

उपप्लव्य में सभी कृष्ण के लौटने की बेसब्री से प्रतीक्षा कर रहे थे। क्या सन्देश लाएँगे वह–युद्ध या शान्ति? पर सबसे व्याकुल युधिष्ठिर थे जिन्हें अब भी आशा थी कि दोनों तरफ शान्ति के पक्षी का बसेरा होगा जो मानवता की कूक सुनाएँगे।

देर शाम जब कृष्ण आए तो उन्होंने रात्रि विश्राम का निर्णय किया। उन्हें यह सोचने के लिए भी समय की आवश्यकता थी कि इस झटके का असर कैसे कम किया जाए ताकि युधिष्ठिर दुःखी न हों क्योंकि उन्होंने शान्ति और समझौते की आस लगा रखी थी।

अगली सुबह जब कृष्ण परिषद्-कक्ष में पधारे तो सभी उत्सुकता से उनकी प्रतीक्षा कर रहे थे। उन्हें सुनने के लिए लोग इतने इच्छुक थे कि लगता था जैसे सबों ने अपनी साँस रोक ली हो।

तब युधिष्ठिर कृष्ण की ओर मुड़े और पूछा, "हे देव! आपके हाथ क्या लगा–कबूतर या बाज? जो कुछ भी आपने दुर्योधन के दरबार में देखा और सुना हमें बताएँ।"

एक क्षण की चुप्पी ऐसी लग रही थी जैसे कृष्ण समझ ही न पा रहे हों कि उस विनाशक सन्देश को कैसे प्रस्तुत करें।

"मुझे अफसोस है, मैं अपने उद्‌देश्य की प्राप्ति में विफल रहा। अब युद्ध होगा, जिसके लिए हमें तैयार हो जाना चाहिए। लेकिन मैं बता दूँ कि यदि मैं असफल हुआ हूँ तो शान्ति के लिए लगातार आग्रह करने के बावजूद। इससे अधिक प्रयास और कोई नहीं कर सकता था। पर लगा जैसे ईश्वर ने विपरीत निर्णय पहले से ही कर रखा था। हाँ, निर्णायक शब्द दुर्योधन के ही थे। उसकी निष्ठुरता और लोलुपता असह्य थी। जीत की कपोल-कल्पना के मद में उसे लग रहा है कि पांडवों का विनाश ही प्रारब्ध है। यों कुछ विरोध के स्वर भी थे, पर दुर्योधन ने उनकी एक न सुनी।"

फिर जब कृष्ण ने बताया कि कैसे दुर्योधन ने उन्हें बन्दी बनाने की कोशिश की तो सारी सभा एक स्वर से 'शर्म-शर्म' की आवाज से गूँज गई।

"उसकी हिम्मत कैसे हुई ऐसा करने की, हे देव?" लपक कर खड़े होते हुए और अपनी गदा उठाते हुए भीम चीख पड़े। "मैं उसे ढूँढ़ निकालूँगा और अपने पैरों तले

कुचल दूँगा, किसी मदमाते हाथी की तरह। और मैं दु:शासन की छाती से निकला लहू पीने के लिए प्यासा भी तो हूँ।"

परन्तु युधिष्ठिर ने उन्हें शान्त हो जाने की सलाह दी, यह कहते हुए कि उसका भी समय आएगा। "वास्तव में मुझे भी यह सुनकर घोर आघात लगा है कि दुर्योधन ने कृष्ण पर, जो हमारे मनीषी और परामर्शदाता हैं, हाथ डालने की धृष्टता की।" फिर थोड़ा रुककर बोले, "पर यह समय क्रोधपूर्ण वक्तव्यों का नहीं है। हमें अविलम्ब युद्ध की तैयारी शुरू कर देनी चाहिए, जो हमारे ऊपर लाद दिया गया है। मैं अभी से शंखध्वनि सुन रहा हूँ, रौंदते हाथियों और हिनहिनाते घोड़ों के साथ।" फिर एक अल्प चुप्पी के बाद युधिष्ठिर ने कहा, "चूँकि मैं यहाँ उपस्थित सबों को अपने समान मानता हूँ, मैं अपनी राय इस सम्मानित सभा पर थोपना नहीं चाहता। मूल प्रश्न यह है कि हमारे प्रधान सेनापति कौन होंगे? इस प्रश्न का उत्तर मैं आप पर छोड़ता हूँ। जहाँ तक मेरा सवाल है, मैं बस एक योद्धा रहूँगा।"

फिर अपने दोनों छोटे भाइयों की तरफ मुड़कर उन्होंने पहले सहदेव से पूछा।

"मेरी राय में राजा विराट," सहदेव ने उत्तर दिया, "उनके साथ उनकी शक्तिशाली मत्स्य सेना भी होगी। और फिर उन्होंने हमें एक वर्ष तक शरण भी दी थी। वही हमारी सेना का नेतृत्व करने के लिए सुयोग्य होंगे।"

तब युधिष्ठिर ने नकुल की तरफ देखा जिन्होंने राजा द्रुपद का नाम प्रस्तावित किया। "वह द्रोण की बराबरी के आदर्श पुरुष होंगे।" उन्होंने सभा को याद दिलाया कि पांचाल नरेश को द्रोण से अपना पुराना हिसाब भी चुकता करना है।

इसके बाद अपनी राय देने की बारी अर्जुन की थी। "मैं धृष्टद्युम्न के पक्ष में हूँ, द्रौपदी के भाई। अपनी बहन की तरह अग्नि से उत्पन्न वह रणभूमि को अग्निमय कर देंगे। हमें दुश्मनों को भस्म करने के लिए उनकी ज्वाला की आवश्यकता है। इसके अतिरिक्त वह एक जन्मजात नेतृत्वकर्ता हैं, सेना को सुसंगठित करने की कला में निपुण।"

तब भीम ने हस्तक्षेप करते हुए कहा, "यदि राजा द्रुपद का नाम इसलिए प्रस्तावित किया गया है कि वह द्रोण से अपना बदला ले सकेंगे तो फिर शिखंडी को प्रधान सेनापति क्यों नहीं चुना जा सकता? क्या पूर्व जन्म में अम्बा के रूप में उन्हें भीष्म द्वारा अस्वीकार नहीं कर दिया गया था? इसलिए वह एक आदर्श व्यक्ति होंगे उस अनुभवी योद्धा से अपना बदला लेने के लिए जो उस नारी के विरुद्ध अपना अस्त्र नहीं उठा सकते जो अब नर रूप में हैं।"

शिखंडी के पक्ष में भीम के तर्क सुनकर युधिष्ठिर मुस्कराए। फिर कृष्ण की तरफ देखते हुए उन्होंने कहा, "आप सभी इस बात से सहमत होंगे कि निर्णायक शब्द कृष्ण के ही होने चाहिए क्योंकि यहाँ उपस्थित वह ऐसे व्यक्ति हैं जिनकी बुद्धिमत्ता भ्रमातीत है।"

अपनी स्वाभाविक सौम्य मुस्कान लिये कृष्ण ने विनम्रता के साथ पर दृढ़तापूर्वक कहा,

"सभी नामित व्यक्ति समान रूप से योग्य हैं और उनमें से हर एक हमारे लिए आदरणीय हैं। परन्तु चूँकि युधिष्ठिर ने सबों को खुलकर बोलने का अवसर दिया है, मैं अर्जुन की राय से सहमति व्यक्त करता हूँ। मैं भी धृष्टद्युम्न को पांडव सेना का नेतृत्व करने के लिए आदर्श पुरुष मानता हूँ। हमें ऐसे व्यक्ति की आवश्यकता है जो अग्नि और गंधक की तरह ज्वलनशील हो और जो भीष्म और द्रोण जैसे महारथियों के रोब में न आए। अतः उन्हें ही सेना का नेतृत्व सँभालने दीजिए। मैं निश्चयपूर्वक कह सकता हूँ कि वह हमें विजयश्री दिलाएँगे, सत्य और न्याय दिलाएँगे।"

सभा कक्ष में प्रसन्नता की लहर दौड़ गई, जो धृष्टद्युम्न के पक्ष में सर्वसम्मति का द्योतक थी। धृष्टद्युम्न ने अपना नामांकन गरिमा और नम्रता के साथ स्वीकार किया।

"आपने जो सम्मान मुझे दिया है उससे मैं विनम्र हुआ महसूस करता हूँ," उन्होंने कहा, "बस इतना ही कह सकता हूँ कि स्वयं को आपके विश्वास के योग्य सिद्ध करने का पूरा प्रयास करूँगा। मैं यहाँ उपस्थित सबों से सहायता का आग्रह करता हूँ। हम न्याय के लिए लड़ रहे हैं। हमारे राजा, मित्र और मार्गदर्शक युधिष्ठिर की जय हो।"

इसके तुरन्त बाद धृष्टद्युम्न अपनी युद्ध योजना बनाने में निमग्न हो गए–कुरुक्षेत्र की रणभूमि में शिविरों का स्थान निरूपित करने में और यह सुनिश्चित करने में कि प्रत्येक रथ सभी आवश्यक अस्त्र-शस्त्रों से सुसज्जित हो–तीर, धनुष, गदा, भाला इत्यादि। उन्होंने पर्याप्त संख्या में प्रशिक्षित घोड़े और हाथियों को भी लगा दिया। उनका मानना था कि सेना के लिए ये जानवर सैनिकों से कम मूल्यवान नहीं हैं। जब तक उन्होंने सारी योजनाओं को अन्तिम रूप दिया सूर्यास्त हो चुका था और रणभूमि पर एक भयानकता छा गई थी। जब युधिष्ठिर ने रणभूमि का निरीक्षण किया तो उन्हें यह देखकर प्रसन्नता हुई कि उनके प्रधान सेनापति ने बड़ी ही बारीकी और युद्धकौशल के साथ सारी योजना बनाई थी।

लगा जैसे पृथ्वी अब मानव रक्त की प्यासी हो, जल की नहीं। साँचा तैयार हो चुका था।

चालीस

दुर्योधन का युद्ध-विमर्श

दूसरी तरफ धृतराष्ट्र का दरबार भी युद्ध की तैयारियों में जुटा था, यद्यपि हस्तिनापुर के नागरिक दुर्योधन के प्रति घृणा और पांडवों के प्रति सहानुभूति के बीच अन्तर्द्वन्द्व में पड़े थे।

युधिष्ठिर की तरह दुर्योधन की भी मुख्य चिन्ता प्रधान सेनापति के चुनाव से जुड़ी थी जो उनकी सेना का नेतृत्व करे जो उस सेना से काफी बड़ी थी जिसे धृष्टद्युम्न ने लामबन्द किया था। किन्तु युधिष्ठिर की तुलना में उनके लिए यह काम बेहद आसान था। क्योंकि उन्हें पता था कि उम्र, महत्ता, बुद्धिमत्ता और अद्वितीय धनुर्कौशल के लिहाज से भीष्म ही इस कार्य के लिए निर्विरोध पसन्द होंगे। इनके अतिरिक्त उन्हें देवताओं से अमरता प्राप्त थी। मृत्यु उन्हें छू भी नहीं सकती थी जब तक कि वह स्वयं उसका आह्वान न करें। दुर्योधन और युधिष्ठिर दोनों के पितामह होने के नाते वह सम्मिलित कुरुवंश के सबसे सम्मानित व्यक्ति थे। इसलिए दुर्योधन इस बात से उल्लसित थे कि उनके नेतृत्व में विजय निश्चित है।

पर जब दुर्योधन भीष्म के पास गए तो उन्होंने उन्हें गहन चिन्तन में डूबा पाया। भीष्म दुविधा में पड़े थे। एक तरफ अर्जुन और युधिष्ठिर के प्रति उनका स्नेह था और दूसरी तरफ वह संकल्प जो उन्होंने अपने पिता शान्तनु से किया था कि वह हमेशा हस्तिनापुर के रक्षक रहेंगे चाहे शासक कोई भी हो। वह अपनी प्रतिज्ञा से बँधे थे, उस गजराज की तरह जो पेड़ के साथ जंजीरों से जकड़ा हो। अतः दुःखी मन से उन्हें लग रहा था कि उन्हें अन्याय के पक्ष में लड़ना पड़ेगा। वह स्वयं को किसी अशुभ नियति के चंगुल में फँसे महसूस कर रहे थे जिससे मुक्ति का कोई मार्ग नहीं था।

इसलिए बड़ी हिचकिचाहट के साथ उन्होंने अपनी सहमति दी।

"ठीक है, मैं तुम्हारी सेना का नेतृत्व करने के लिए तैयार हूँ। लेकिन मैं सच बता दूँ कि मैं पांडवों को भी प्यार करता हूँ। मुझे पूर्वाभास हो रहा है कि मैं अर्जुन के अस्त्रों का शिकार बनूँगा क्योंकि वह मुझसे कहीं ज्यादा निपुण धनुर्धर है। पर किसी ऐसे व्यक्ति के हाथों परास्त होना जिससे मुझे स्नेह है और जिसकी मैं प्रशंसा करता हूँ मैं अपना सौभाग्य मानूँगा। नियति की विडम्बना ऐसी ही होती है।..." एक अल्प विराम

के बाद दुर्योधन की आँखों में सीधे देखते हुए उन्होंने कहा, "पर तुम्हारी सेना का नेतृत्व करने के लिए मेरी एक शर्त है।"

"हे पितामह, मैं कोई भी शर्त सहर्ष स्वीकार करूँगा।" दुर्योधन ने कहा।

"तुम्हें मेरे और राधेय के बीच किसी एक का चुनाव करना होगा," उन्होंने कहा, "अपने युद्ध-व्यापार और अहंकार के कारण वह हमेशा मेरी आँखों का काँटा रहा है। अर्जुन के प्रति उसकी घृणा अथाह है। वह उसकी हत्या के विचार से ग्रसित है पर अपना कवच-कुंडल इन्द्र को दान देकर अब वह स्वयं को बचा नहीं पाएगा।"

इस बात से दुर्योधन भयंकर मानसिक तनाव में पड़ गए क्योंकि उन्हें ऐसे व्यक्ति को हटाने के लिए कहा गया था जो उन्हें सबसे प्रिय था। परन्तु चूँकि किसी भी स्थिति में युद्ध जीतना था इसलिए बाध्य होकर उन्हें भीष्म की बात माननी पड़ी।

जब उन्होंने यह बात राधेय से बताई तो उन्होंने तुरन्त जवाब दिया–"हे दुर्योधन, मैं उनके रास्ते से सहर्ष हट जाऊँगा। मैं तो बस आपकी जीत के लिए प्रार्थना करता हूँ, और कुछ भी नहीं। लेकिन यदि वह युद्धभूमि में गम्भीर रूप से घायल हो जाते हैं तो मैं आपके लिए युद्ध में शामिल हो जाऊँगा, किसी के भी नेतृत्व में।...मत भूलें कि मैंने अर्जुन-वध का प्रण किया है जो हमारा महाशत्रु है।"

राधेय के आत्मत्याग से अभिभूत दुर्योधन ने अपने मित्र को बड़े संवेग से गले लगा लिया।

"हे राधेय, तुम तो एक बाध्यकर दानी हो–मेरे सबसे समर्पित और निष्ठ मित्र।" फिर रुककर बोले, "जानते हो, एक क्षण के लिए मैंने सोचा कि मैं यह युद्ध हार जाना पसन्द करूँगा पर तुम्हें छोड़ना नहीं।"

भीष्म अब द्रोण और अन्य के साथ युद्ध की योजना पर विमर्श में जुट गए। भीष्म की ही तरह द्रोण ने भी स्वयं को बँधा हुआ महसूस किया। भला वह अर्जुन के साथ कैसे युद्ध कर सकते थे जो उन्हें उतने ही प्रिय थे जितने उनके पुत्र, अश्वत्थामा! उन्हें बस यही आशा थी कि रणभूमि में वह किसी तरह अर्जुन को चकमा देने में सफल होंगे।

कौरव और पांडव सेनाएँ कुरुक्षेत्र की रणभूमि में अब आमने-सामने थीं, दो विशालकाय पशुओं की तरह उस खूनी युद्ध के लिए तैयार जो सम्पूर्ण पृथ्वी को उसके नाभिकेन्द्र तक झकझोर देनेवाला था।

इकतालीस

माता से भेंट

जब विदुर ने कुन्ती को बताया कि युद्ध होना तय है और राधेय ने अर्जुन-वध की प्रतिज्ञा की है तो वह गहरे विषाद में डूब गईं। एक ही विचार उन्हें परेशान करने लगा–क्या होगा जब रणभूमि में दोनों आमने-सामने होंगे? सोते-जागते दोनों पुत्रों की युद्धरत छवि उनका पीछा करने लगी। इस महाविपत्ति को टालने का एक मात्र मार्ग राधेय से मिलकर उसे उसके जन्म का रहस्य बता देना ही लगा। एक बार वह जान ले कि वह भी उन्हीं का पुत्र है तो दुर्योधन से युद्ध में वह अवश्य अपने पांडव भाइयों का साथ देगा।

चूँकि राधेय सूर्योपासक थे इसलिए कुन्ती ने चुपचाप नदी तट तक उनके पीछे-पीछे चलने का निर्णय किया। वह बसन्त की सुबह थी–पेड़-पौधे और पुष्प पूरी तरह खिले हुए। दबे पाँव कुछ दूरी बनाए हुए वह उनके पीछे चल रही थीं। अपने प्रिय स्थान पर पहुँचकर वह रुक गए। फिर अपने शरीर के ऊपरी वस्त्र तट पर रखकर वह नदी में उतर गए। अंजली भर जल लेकर अपने आराध्य देव सूर्य के सम्मुख कुछ मन्त्रोच्चार करने लगे। 'पिता-पुत्र का रहस्यमय संवाद,' कुन्ती ने स्वयं से कहा। पर जब प्रार्थना समाप्त कर वह जल से बाहर आए तो उन्होंने अपना वस्त्र नहीं पाया। अगल-बगल दृष्टि दौड़ाई तो एक नारी को वृक्ष की छाया में खड़ा देखा जिनका मुखमंडल उनके वस्त्र से ढका था। उन्हें बड़ा कुतूहल हुआ। विनम्रतापूर्वक वह उनके पास गए और पूछा, "हे देवी, कौन हैं आप? आपने अपना चेहरा मेरे वस्त्र से क्यों ढक रखा है?" फिर कुछ रुककर अपना सर हिलाते हुए कहा, "अच्छा! मैंने प्राय: आपको अपने सपनों में देखा है, आपका चेहरा ढका हुआ और बाँहें मेरी ओर फैली हुईं। कृपया बताएँ, हे मेरे सपनों वाली देवी! आप आज प्रात: यहाँ क्यों आई हैं?"

ज्योंही उन्होंने अपने चेहरे से वस्त्र हटाया, प्रात:कालीन सूर्य की रोशनी में उनका मुखमंडल देदीप्यमान हो उठा। उनके होंठों पर एक रहस्यमयी मुस्कान थी पर कोई शब्द नहीं निकला। भावतिरेक में राधेय को लगा जैसे वह उनकी तरफ बिना किसी प्रतिरोध के खिंचे चले जा रहे हों। उन्होंने सोचा कि यह अवश्य कोई देवी हैं जिनके समक्ष नि:संकोच वह अपना हृदय खोलकर रख दे सकते हैं।

"ठीक है, यदि आपने मौन रहने का निर्णय कर रखा है तो मैं ही अपना परिचय देता हूँ। मैं राधेय हूँ, एक सारथी के बेटे के रूप में जाना जाता हूँ, एक सूत-पुत्र। पर मुझे दुर्योधन का घनिष्ठ मित्र होने का सौभाग्य प्राप्त है जो मेरे प्रति स्नेह और आदर रखते हैं। वैसे सभी वरिष्ठ कौरवजनों–भीष्म और कृपाचार्य–ने हमेशा मुझसे दूरी बनाए रखी है। द्रोण ने भी जो मुझे अपने प्रिय शिष्य अर्जुन का कट्टर दुश्मन मानते हैं।

"काश उन्हें ज्ञात होता कि यदि मैं एक महान धनुर्धर हूँ तो इसलिए कि मैंने परशुराम जैसे श्रेष्ठ धनुर्धर से शिक्षा पाई है। उनका संरक्षण प्राप्त करना मेरे लिए ईश्वर प्रदत्त था हालाँकि मुझे इसके लिए झूठ बोलना पड़ा था। जब एक नौजवान के रूप में उनके पास गया तो मैंने ब्राह्मण होने का स्वाँग किया। इसलिए उन्होंने न केवल मुझे अपना शिष्य स्वीकार किया बल्कि अपने पुत्र की तरह मुझे प्यार भी किया। परन्तु एक दिन मैं अपनी अशुभ नियति के हस्तक्षेप से ध्वस्त हो गया।"

तब राधेय ने विस्तार से बताया कि कैसे एक दिन दोपहर बाद गर्मी में जब परशुराम एक वृक्ष की छाया में थके-माँदे ऊँघ रहे थे तो उन्होंने अपना सर उनकी गोद में रख दिया ताकि वह आराम से सो सकें। अचानक उन्होंने एक कीट को अपनी जाँघ पर रेंगते देखा। जब उसने उनकी दाईं जाँघ में काटा तो काफी रक्त बहने लगा। उनकी नसों में तीव्र पीड़ा होने लगी। पर उन्होंने तनिक भी विचलित न होने का निश्चय किया। अन्यथा उनके गुरु की नींद उचट जाती। पर जब रक्त की धार परशुराम की गर्दन से जा सटी तो वह चौंककर जग गए। उठकर बैठे तो राधेय की जाँघ से रक्तस्राव होते देख स्तब्ध रह गए। क्रोध से उबलते हुए उन्होंने आँखें तरेरीं–

"छद्मभेषधारी, झूठा," वह गुर्राए, "कोई ब्राह्मण इतनी पीड़ा सहन नहीं कर सकता। तुम अवश्य क्षत्रिय हो। तो तुमने छलपूर्वक स्वयं को मेरा शिष्य बनाया। अब मैं तुम्हें शाप देता हूँ। जो मन्त्र मैंने तुम्हें स्वयं को किसी भी संकट से उबारने के लिए सिखाया था उसे तुम ठीक उसी क्षण स्मरण नहीं कर पाओगे जब तुम्हें उसकी सबसे अधिक आवश्यकता होगी।"

राधेय से यह सब सुनकर कुन्ती दुःखी हो गईं। पर उन्होंने कुछ कहा नहीं, बस उनके दाएँ कन्धे का स्पर्श भर किया मानो सान्त्वना दे रही हों।

अल्पकाल के लिए एक चुप्पी छा गई। अपनी व्यथा-कथा में खोए राधेय ने फिर कहना शुरू किया–

"पर सबसे बुरा हुआ जब इन्द्रदेव ने मुझे प्रातःकालीन सूर्योपासना के बाद वचनबद्ध कर दिया। मैं नदी से बाहर कदम रखने ही वाला था कि एक आकाशवाणी हुई–

"हे राधेय, आज तुम इन्द्र द्वारा, जो ब्राह्मण भेष में आएँगे, अपने कवच-कुंडल से वंचित कर दिए जाओगे। उनकी योजना तुम्हें अर्जुन के समक्ष अरक्षित कर देने की है, जिसके वह पिता हैं। उन्हें ज्ञात है कि तुमने उसके वध की प्रतिज्ञा की है।"

"क्या यह आचरण देवताओं के लिए अशोभनीय नहीं होगा, क्षुद्र और स्वार्थी?"

"बिलकुल नहीं," सूर्य ने उत्तर दिया, "पुत्र के बचाव में की गई पिता की चालाकी के लिए तुम उन्हें दोषी नहीं ठहरा सकते।"

"फिर उपाय क्या है?"

"अपनी प्रातःकालीन पूजा के उपरान्त तुम तो अपने कवच-कुंडल देने के लिए बाध्य होगे, पर तुम भी बदले में कुछ माँग सकते हो।"

इससे पहले कि राधेय को कोई और दिशा-निर्देश प्राप्त होता सूर्यदेव बादलों के पीछे विलुप्त हो गए।

कुछ ही देर बाद एक व्यक्ति उनके पास चलता हुआ आया—लम्बा, गौरवर्ण, आँखें दैवीय ज्योति से दीप्त और कन्धों तक लटकते लम्बे बाल। गले में मूंगों का हार पहने और हाथ में भिक्षापात्र लिए। राधेय मुस्कराए जब उन्होंने उनका अभिवादन किया।

"मैं जानता हूँ कि आप कौन हैं और क्यों आज प्रातः मेरी सूर्योपासना के बाद मेरे पास आए हैं। इससे पहले कि आप मुझसे दान माँगें ये रहा मेरा कवच और कुंडल। मैं आपकी अपने पुत्र अर्जुन के लिए चिन्ता समझता हूँ। पर मैं आपको खाली हाथ कैसे जाने दे सकता हूँ?"

अन्ततः द्रवीभूत इन्द्र ने होंठों पर सौम्य मुस्कान के साथ उत्तर दिया, "चूँकि तुम्हारी उदारता अदम्य है, मुझे किसी न किसी रूप में तुम्हें पुरस्कृत करना चाहिए।" फिर अपने दाहिने हाथ से एक अस्त्र बढ़ाते हुए उन्होंने कहा, "तुम्हें यह मेरा उपहार है। यह अस्त्र, शक्ति, तुम्हें अजेय बना देगा। पर याद रहे, तुम इसका प्रयोग केवल एक ही बार कर पाओगे और केवल एक ही व्यक्ति पर।"

परन्तु अपनी दैवी सर्वज्ञता से इन्द्र जानते थे कि राधेय किसी न किसी कारणवश शक्ति का प्रयोग उनके पुत्र अर्जुन पर नहीं कर पाएँगे। और क्या फर्क पड़ता है यदि इस अस्त्र से किसी और का अन्त हो?

इस प्रकार राधेय की नियति हर जगह हर समय अपने काले पंख फड़फड़ा रही थी।

"प्रतिकूल नक्षत्रों से घिरा जो हूँ मैं," वह फिर बोलने लगे। "न जाने मेरा अन्त कैसा होगा।" फिर उन्होंने मर्मस्पर्शी स्वर में कहा, "मुझे लगता है किसी मित्र या सम्बन्धी के बजाय आप जैसी किसी अजनबी के साथ अपना दर्द बाँटना मुझे ज्यादा सन्तोष देगा।"

"अजनबी? मेरे जैसी?" कुन्ती ने कुछ खिजलाहट के साथ कहा।

'हाँ, वही तो आप हैं—एक अजनबी। क्योंकि अभी तक आपने मुझे उत्सुक छोड़ रखा है। आपने बताया ही नहीं कि आप कौन हैं।"

राधेय का दायाँ हाथ अपने हाथों में पकड़कर उन्होंने गर्मजोशी से उन्हें गले लगा लिया। कपोलों पर से अश्रुधारा बह निकली और वह सिसकियाँ भरने लगीं।

"मैं कुन्ती हूँ, तुम्हारी माँ। तुम्हारे पिता सूर्य हैं, सूर्यदेव। वह केवल तुम्हारे आराध्य देव ही नहीं हैं।" फिर उन्होंने आगे कहा, "इसलिए तुम पांडवों के भाई हो। काश तुम जान पाते कि कैसे मैं तुम्हारे लिए तड़पती रही हूँ, मेरे बच्चे।"

"तो एक माँ अपने पुत्र की तलाश में हैं?" राधेय उनके मुखमंडल को निहारते हुए बुदबुदाए।

"हाँ, मेरे प्रिय।"

कहीं यह कोई विभ्रम तो नहीं हो रहा, राधेय ने सोचा। बड़े स्नेह से कुन्ती उन्हें पास ही एक वृक्ष के नीचे चट्टान पर ले गईं। जब वह बैठ गईं तो राधेय ने झुककर उनके कदम चूम लिए। फिर अपना सर उनकी गोद में रख दिया।

"हे मेरे पुत्र, कर्ण," उन्होंने कहा, "क्योंकि तुम्हारा असली नाम यही है, राधेय नहीं।"

फिर, जैसे कोई माँ परियों की कथा सुनाती है, उन्होंने विस्तार से बताया कि कैसे सूर्यदेव उनके पिता बने जब वह क्वाँरी थीं। इसलिए उन्हें एक डलिये में रखकर गंगा की धार पर छोड़ देने के लिए वह बाध्य थीं और सूर्य निःसन्देह यह दृश्य देख रहे थे। अविवाहित माता होने की सार्वजनिक निंदा भला वह कैसे झेल सकती थीं?

"मैं समझता हूँ, मेरी प्रिय माँ," राधेय ने उत्तर दिया। फिर खड़े होकर सीधे उनके चेहरे को देखते हुए उन्होंने पूछा, "पर आपने यह नहीं बताया कि आज सुबह यहाँ मुझसे मिलने आप क्यों आईं? क्या आप भी मुझसे कुछ माँगने आई हैं?"

"चूँकि तुम पांडवों में से ही एक हो," कुन्ती ने कहा, "इसलिए मेरा आग्रह है कि तुम उनके पक्ष में आ जाओ और उस दुष्ट दुर्योधन के विरुद्ध लड़ो। यह तुम्हारा उपहार होगा अपनी माँ को। क्योंकि मैं अपने ही पुत्रों, अर्जुन और कर्ण, को रणभूमि में भिड़ते देखने का दर्द सहन नहीं कर सकती।"

राधेय का चेहरा स्याह हो गया और उनके माथे पर बल पड़ गए।

"यही मुझसे कृष्ण ने भी कहा था, मेरे जन्म का रहस्योद्घाटन करने के बाद। पर मैंने मना कर दिया। मैं स्वयं को एक पीड़ादायक दुविधा में फँसा महसूस करता हूँ। एक तरफ मेरी माता का तर्क है और दूसरी तरफ मित्र दुर्योधन के प्रति मेरी वचनबद्धता। मेरा उत्तर वही होगा–'नहीं।' हे ईश्वर, मेरी मदद करें। कितना दुखी हूँ मैं अपनी माता का आग्रह ठुकराकर, और वह भी अपनी प्रातःकालीन सूर्योपासना के बाद।"

"जननी के रूप में ईश्वर के बाद माता का ही स्थान है," राधेय ने फिर कहना शुरू किया। "पर दुर्योधन ने भी मेरा पुनर्निर्माण किया, मुझे एक नया जीवन दिया, उस समय जब खुली प्रतियोगिता में द्रोण और कृपाचार्य दोनों के द्वारा मुझे अवमानित किया जा रहा था। जब उन्होंने मुझे सूत-पुत्र की संज्ञा दी दुर्योधन ने मित्रता का हाथ बढ़ाया। उन्होंने मुझे अंग देश का शासक घोषित किया। तब मुझे लगा जैसे मेरा पुनर्जन्म हुआ हो, मेरी भरपाई हुई हो।

"और क्या मैं पूछ सकता हूँ, माताश्री, कि आपने उस प्रतियोगिता में मुझे कर्ण के रूप में क्यों नहीं स्वीकार किया? मंच पर विराजमान आपने अवश्य मेरा कवच-कुंडल देखा होगा। लेकिन आपने एक शब्द भी नहीं कहा। कितना दुःखद है!...हाँ, मैं दुर्योधन के दोषों को जानता हूँ। पर मुझे एक मित्र के आचरण पर निर्णय का कोई अधिकार नहीं है। मित्रता तो बस देने में उल्लसित होती है, लेने में नहीं।

"मैं फिर दुहराता हूँ कि वह मेरे जीवन में एक उद्धारक की तरह आए। जब मैं सूत-पुत्र होने का कलंक झेल रहा था, एक ऐसा बोझ जो बैलों का कोई जोड़ा नहीं ढ़ो सकता, तब वह मुझे अपने रथ में बिठा कर ले गए, अपने समकक्ष की तरह। उसी क्षण मैंने अपना जीवन समर्पित कर दिया था और उनकी खुशी के लिए अर्जुन-वध की प्रतिज्ञा की थी।

"और देखिए, मैंने स्वयं को क्षत्रिय रूप में अब पाया है और इसीलिए क्या यह और भी प्रबल कारण नहीं है कि मैं उस व्यक्ति को दिया अपना वचन नहीं तोड़ूँ जो मुझे अर्जुन और युधिष्ठिर की तरह ही प्रिय हैं। कितना अभागा हूँ मैं! मुझे रणभूमि में अर्जुन से युद्ध करना ही होगा। मैंने कृष्ण से विनती की है कि मेरे जन्म का रहस्य वह अर्जुन से न बताएँ अन्यथा उसके हाथ काँप जाएँगे जब वह मुझ पर गांडीव तानेगा। मुझे मालूम है कि मैं उसी के हाथों मारा जाऊँगा। पर कृपा कर मुझे वचन दें, माताश्री, कि आप मेरे मृत्यु पर दुःखी नहीं होंगी क्योंकि मेरे जाने के बाद भी आपके पाँच के पाँच पुत्र विद्यमान रहेंगे। जो भी हो, मेरा जीवन तो एक तिनके की तरह है जिसे मेरी नियति का कठोर झोंका एक जगह से दूसरी जगह उड़ा ले जाता है। और क्या कोई मनुष्य अपना भाग्य बदल सकता है? आँसू चाहे आपके हों या मेरे नहीं धो सकते वह सब जो विधाता ने मेरी कुंडली में लिख रखा है।"

कर्ण की बातों ने कुन्ती का हृदय चूर-चूर कर दिया। और भी करुण रूदन के साथ उन्होंने कहा, "जरा इस अभागी माँ को देखो जिसका प्रारब्ध बन गया है अपने दो अद्वितीय वीर पुत्रों को एक दूसरे का वध करते देखना। पर मेरी सहानुभूति है तुमसे। हे कर्ण, तुम कुरुवंश के उत्कृष्टतम पुरुष के रूप में याद किए जाओगे। तुम्हारे जैसा फिर कोई दूसरा नहीं होगा।"

जब वे वृक्ष की छाया के बाहर आए तो सूर्य अभूतपूर्व ज्वाला से धधक रहे थे मानो सारी पृथ्वी को झुलसा देंगे।

"प्रतीत होता है जैसे मेरे पिता, सूर्य," कर्ण ने कहा, "आपकी आज्ञा का पालन न करने से क्रोधित हैं। देखिए उनकी ताम्र जैसी धधकती आँखें, तीव्र क्रोध से खौलती हुईं।"

"या हो सकता है," कुन्ती ने बात काटते हुए कहा, "उनका क्रोध तुम पर नहीं, बल्कि मुझ पर हो क्योंकि मैं एक क्षत्रिय को अपना वचन तोड़ने के लिए दबाव डाल रही थी।"

"आप जैसी माता पाकर मैं धन्य हूँ," कर्ण ने उत्तर दिया, "परन्तु इसके पहले कि मैं आपको जाने दूँ, मैं एक बार पुनः विनती करता हूँ कि मेरे जन्म का रहस्य अपने हृदय में ही बन्द रहने दें। मैंने यही याचना श्री कृष्ण से भी की थी...इसलिए अब भी अर्जुन, दुर्योधन और अन्य सबों को मुझे राधेय के रूप में ही जानने दें।"

बयालीस

युद्ध, साँचे में ढल चुका

अब चूँकि समय गँवाना ठीक नहीं था इसलिए युधिष्ठिर ने युद्ध की तैयारी तेज कर दी जिसकी धुँधली अशुभ छाया क्षितिज पर दिखने लगी थी। पांडव सेना ने कुरुक्षेत्र के पश्चिम में समन्तपंचक सरोवर के पास मोर्चा सँभाल लिया था जबकि कुछ ही दूरी पर कौरवों का राज चिह्न, सफेद छतरी, दिखाई पड़ रहा था। दोनों पक्षों में चिन्ता और उत्तेजना व्याप्त थी।

कुरु-कुल की परम्परा के अनुसार युद्ध के सारे नियम स्पष्ट कर दिए गए जिनका पालन दोनों पक्षों को सावधानीपूर्वक करना था। द्वन्द्व-युद्ध में कोई तीसरा हस्तक्षेप नहीं करेगा। यदि कोई रणभूमि से पलायन कर जाता है तो उसका पीछा नहीं किया जाएगा और उसकी हत्या नहीं की जाएगी। किसी भी स्थिति में किसी सारथी या शंख-ध्वनि करने वाले या किसी जानवर-हाथी या घोड़े-पर प्रहार नहीं किया जाएगा। और सारा युद्ध सूर्यास्त होने के साथ ही रुक जाएगा। रात्रि में दोनों पक्षों के किसी भी व्यक्ति को अपने सम्बन्धियों या मित्रों से मिलने की अनुमति होगी।

दोनों सेनाओं के टकराव से एक दिन पूर्व ऋषि व्यास धृतराष्ट्र से उनके महल में मिले और कहा, "हे राजन, मैं आपको आपके भयंकर भविष्य की एक झलक दिखाने आया हूँ," उन्होंने भारी-भरकम भविष्यसूचक स्वर में कहा, "आपका सम्पूर्ण परिवार-दुर्योधन, अपने भाइयों सहित-विनष्ट हो जाएगा। न भीष्म बचेंगे, न द्रोण। ऐसी ही आपकी नियति है, और नियति के लिखे को कौन चुनौती दे सकता है? चूँकि मेरा अनुमान है कि आप प्रतिदिन युद्ध की प्रगति जानने के लिए उत्सुक रहेंगे इसलिए मैंने आपके सहचर संजय को रणभूमि की सारी घटनाओं को दूर से ही यहीं बैठे-बैठे देखने-सुनने की क्षमता प्रदान कर दी है। इसके अतिरिक्त मैं आपको और कोई सान्त्वना नहीं दे सकता।"

ऋषि व्यास के प्रस्थान करते ही धृतराष्ट्र गहरे विषाद में पड़ गए। उन्होंने सोचा, काश, व्यास ने उन्हें यह सब नहीं बताया होता! वह व्यक्ति भाग्यवान है जो अपने भविष्य से अनभिज्ञ है।

उधर दूर रणभूमि में दुर्योधन सारी व्यवस्था का निरीक्षण करने में व्यस्त थे। वह

खासकर इस बात के लिए चिन्तित थे कि किसी भी तरह शिखंडी उनके पितामह की दृष्टि में न आएँ अन्यथा पितामह निष्क्रिय हो जाएँगे–क्योंकि शिखंडी का पूर्वजन्म का नारी रूप उनकी दृष्टि में आ जाएगा और वह किसी नारी के विरुद्ध अस्त्र नहीं उठा सकते। और अगर इस तरह भीष्म युद्ध से अलग हो गए तो उसका अर्थ होगा उनकी सेना के लिए घोर संकट।

जब दोनों सेनाएँ एक दूसरे के सम्मुख हुईं तो युधिष्ठिर ने भीष्म को अगली पंक्ति में देखा–पाँच तारों से सुसज्जित सुनहरे खजूर के पेड़वाली ध्वजा तले अपने रथ पर सवार। प्रात:कालीन सूर्य की रोशनी में उनके सफेद बाल चाँदी की तरह चमक रहे थे। भला कोई कैसे इस अजेय योद्धा का सामना कर सकता है! यहाँ तक कि अर्जुन या भीम भी नहीं। तभी उन्होंने भीष्म को शंख-ध्वनि जैसे स्वर में अपने सैनिकों को सम्बोधित करते सुना।

"वह घड़ी आ गई है जब आप में से हर एक को अपने कर्तव्य का पालन करना है। याद रखें, रणभूमि की मृत्यु आपके लिए स्वर्ग में स्थान सुनिश्चित कर देगी। वह व्यक्ति अभागा होता है जो बिस्तर पर मरता है, रूग्नता या अवसाद से। इसलिए अपने अस्त्रों–धनुष, गदा, भाले और तलवार–से दुश्मनों में आतंक मचा दें। अब जबकि हम युद्धभूमि में आ चुके हैं हमें अन्त तक लड़ना है, विजय-पराजय की विवेचना से बेपरवाह।"

उनके सैनिकों ने जयकार के साथ प्रत्युत्तर दिया–"हमारे भीष्म अमर रहें!"

तभी युधिष्ठिर ने दुर्योधन को भीष्म के पास देखा–स्वर्ण वस्त्रों में लिपटी नागिन वाले ध्वज तले अपने रथ में। चेहरे पर विश्वास की झलक लिये उन्होंने भी अपने सैनिकों का आह्वान किया कि वे दुश्मनों को घुटने टेकने पर बाध्य कर दें।

उन्हीं के निकट आदरणीय गुरु द्रोण तथा आध्यात्मिक गुरु कृपाचार्य का भी रथ खड़ा था। युधिष्ठिर गहरे विषाद में डूब गए। तब कृष्ण उनके निकट आए और बोले, "उदास हैं? लगता है दुर्योधन की सेना ने आपको पहले ही अधोमुखी कर दिया है।" फिर स्नेहपूर्वक उनके दाहिने कन्धे को थपथपाते हुए बोले, "यह न भूलें, प्रिय युधिष्ठिर, कि युद्ध संख्या-बल से नहीं लड़ा जाता बल्कि आदर्शों के बल पर लड़ा जाता है। धर्मास्त्र से सुसज्जित एक अकेला योद्धा अधम उद्देश्य से लड़ने वाली सैनिकों की पूरी टुकड़ी के लिए भी दुर्जेय होता है। अत: अपने सैनिकों को यह देखकर हतोत्साहित न होने दें कि उनका नेतृत्वकर्ता निराशा में डूबा हुआ है। आप क्यों निराश हों जबकि मैं आपकी सहायता के लिए उपस्थित हूँ, शस्त्रों से नहीं बल्कि अपने आशीर्वाद से?"

कृष्ण के शब्दों ने युधिष्ठिर में एक नई ऊर्जा का संचार कर दिया। "वह सब बड़ा क्षणिक था, हे वासुदेव!" युधिष्ठिर ने उत्तर दिया। "जब आप स्वयं हमारा नेतृत्व कर रहे हैं तो फिर चिंता का कोई कारण ही नहीं है।"

तैंतालीस

दृष्टिहीन राजा धृतराष्ट्र की व्यथा

ऋषि व्यास द्वारा चित्रित भविष्य की भयानक तसवीर से घबराए धृतराष्ट्र एकाकीपन में लिपटे अपने निजी कक्ष में बैठे थे। बस केवल संजय ही उनके साथ थे जो अब उनकी आँखें और उनके कान थे। पर हर बार जब संजय उन पर तीखी टिप्पणी करते तो उन्हें झटका लगता था।

एक अल्पकालीन मौन के बाद राजा ने कहा, "यहाँ अपने शाही कक्ष में मैं स्वयं को अकेलेपन में डूबा हुआ महसूस करता हूँ। मेरे मन के कानों में कालचक्र के घर्षण की आवाज सुनाई पड़ रही है जिससे उड़ी धूल मेरी आँखों में पड़ रही है–मेरी दुर्दशा और व्यथा की धूल। दृष्टिहीनता से बड़ा भला और कौन सा कष्ट हो सकता है?

"एक कमरे से दूसरे कमरे में मैं अपना स्थूल शरीर घसीटता रहता हूँ, जैसे लकड़ी का कोई बोटा हो। या फिर किसी अन्धे चरवाहे की तरह जो अपनी गायों को उजड़े हुए खेतों के बीच से हाँकता जा रहा हो। समय का सीमांकन मेरे लिए अर्थहीन है। मुझे नहीं मालूम कब सूर्यास्त रात्रि में बदल जाता है, कब बसन्त ग्रीष्मऋतु में या शरद शीतऋतु में। वास्तव में मैं किसी गुलाब की सुगन्ध तो साँसों में भर सकता हूँ पर यदि उसके काँटे चुभ जाएँ तो यह नहीं बता सकता कि पानी बहता है या खून।

"पर इन सबों से बढ़कर है अपने इर्द-गिर्द चेहरों को न देख पाने की मेरी वेदना, अपनी धर्मपत्नी गान्धारी का मुखमंडल भी नहीं जिन्होंने स्वेच्छा से अपनी आँखों पर पट्‌टी बाँध ली है ताकि मेरी वेदना जी सकें। तुम्हारा चेहरा भी नहीं, हे संजय। क्या तुम गौर वर्ण हो या काले या भूरे? लम्बे हो या नाटे? तुम्हारा ललाट चौड़ा है या छोटा?"

"इन बातों से क्या फर्क पड़ता है, हे राजन, कि मैं गोरा हूँ या काला?" संजय ने प्रत्युत्तर दिया, "क्या आत्मा का कोई रंग होता है जब वह शरीर का त्याग करती है, सनसनाते हुए ब्रह्मांड में विलीन होते समय?"

"पर मैं शरीर की बात कर रहा हूँ, आत्मा की नहीं," राजा ने प्रतिकार किया। "और आप शब्दों के समूह बनाते जा रहे हैं–शब्द, शब्द, शब्द।...मेरा अनुमान है कि वाक्यों में पिरो दिए जाने के बाद शब्दों को सूचीबद्ध करके संजोए रखा जा सकता है। पर वह सूची मेरे स्पर्श मात्र से भस्म क्यों हो जाती है? भस्म जिसे मैं अपने ललाट पर

लगा भर सकता हूँ, अपने दुर्भाग्यपूर्ण जन्म के प्रतीक के रूप में।" वह रुक गए। फिर बोले, "मुझे बताएँ, क्या शब्द अपना रंग बदल देते हैं जब क्रोध या प्रेम, द्वेष या करुणा, अस्वीकृति या स्वीकृति में उनका प्रयोग किया जाता है? कभी-कभी मैं कपोल-कल्पना करता हूँ कि काश ईश्वर मुझे मृत्यु से पूर्व बस एक दिन के लिए दृष्टि का वरदान दे देते! ताकि मैं अपने प्रिय जनों के मुखमंडल की छवि अपने साथ ले जा पाता-अपनी धर्मपत्नी की, बच्चों की, मित्रों की,...पर मैं जानता हूँ कि यह एक दृष्टिहीन व्यक्ति का मूर्खतापूर्ण स्वप्न भर है।"

"आपको दुःखी देखकर मेरा हृदय खून के आँसू रोता है," संजय ने कहा, "पर आपकी दृष्टिहीनता, हे राजन, ईश्वर की इच्छा थी जिसे आपको धैर्यपूर्वक स्वीकार करना चाहिए। इसके अतिरिक्त कोई मार्ग भी नहीं है।"

"फिर आप वही शब्दजाल बुन रहे हैं।"

"मैं जानता हूँ कि ये शब्द किसी घाव पर मरहम नहीं लगा सकते," संजय ने राजा को सान्त्वना देने की कोशिश की, "पर आपकी आत्मा का दर्पण होने का विशेषाधिकार मैं महसूस करता हूँ, ऐसा जैसे आप स्वयं से बात कर रहे हों। आपका सारथी होकर मैं कितना धन्य हूँ।"

"धन्य?" धृतराष्ट्र ने मर्मस्पर्शी स्वर में मुड़ते हुए कहा।

"निश्चय ही अब आप ही मेरी आँखें और मेरे कान हैं। आपको अपने सहचर के रूप में पाना मेरा भी सौभाग्य है। एक आप ही हैं जिन्हें ऋषि व्यास ने सैकड़ों मील दूर तक लोगों को देखने की दिव्य दृष्टि प्रदान की है और उन्हें सुनने की शक्ति भी, चाहे वे फुसफुसाकर ही क्यों न बात करें। आपकी दृष्टि संगमरमर की दीवार को भी भेद सकती है, कुहरे और ओले को भी। पर क्या आप किसी के स्वगत कथन को भी सुन सकते हैं? क्या आप बता सकते हैं मेरा पुत्र दुर्योधन मीलों दूर कुरुक्षेत्र की रणभूमि में इस समय क्या सोच रहा है?"

"वह मेरी मनःशक्ति के परे है, हे राजन," संजय ने उत्तर दिया, "क्योंकि मैं केवल लोगों को देख सकता हूँ या उन्हें बोलते हुए सुन सकता हूँ। मैं उनके मन की गहराई नहीं माप सकता। हर व्यक्ति के पास विचारों का निजी खजाना होता है जिसे वह खोजी आँखों और कानों से बचाकर रखता है। मनुष्य का मस्तिष्क एक किला होता है जिसके प्राचीर इतने ऊँचे होते हैं कि कोई गरुड़ भी उसे लाँघ नहीं सकता। समुद्र की सतह से काफी गहराई में छिपे चट्टानों की तरह होते हैं उसके विचार और पर्णांगों की तरह होती हैं उसकी भावनाएँ। पता है, यह मस्तिष्क एक तहखाना है। आदमी क्रोध भरी दृष्टि से देखते हुए या मुस्कराते हुए भी अपने अन्दर की सोच छिपा ले सकता है। इसलिए मुझसे, हे राजन, यह न पूछें कि दुर्योधन वहाँ क्या सोच रहे हैं।"

"ठीक है। क्या आप बता सकते हैं कि युद्ध शुरू हो गया है या नहीं?...ओह वो भयंकर कल्पनाएँ!"

"अभी नहीं," संजय ने उत्तर दिया, "मुझे लगता है अब जल्द ही शुरू हो जाएगा। इस समय मैं देख रहा हूँ उषा-काल का गेरुआ रंग सूर्योदय के किरमिजी रंग में गहराता जा रहा है। पर आश्चर्य है, कोई पक्षी सवेरे का स्वागत करता हुआ सुनाई नहीं दे रहा। क्या होनेवाले विनाश के डर से वे सब कहीं अन्यत्र उड़ गए? मुझे लगता है उन्हें महायुद्ध का पूर्वाभास हो गया।" वह रुक गए। "मेरी आँखें," संजय ने फिर कहना शुरू किया, "बहुत सारे दृश्य देख रही हैं—सुसज्जित हाथी और घोड़े, चमचमाते अस्त्रों से लैस सैनिक। रथ-चक्रों के कील काँटे भी दिखाई पड़ रहे हैं, हीरे की तरह चमकते।...और अब आवाजों का घालमेल सुनाई पड़ रहा है—हाथियों का चिंघाड़ना। मैं शंख-ध्वनि भी सुन सकता हूँ। क्या समय आ गया!"

"यह सब किसी वीभत्स दृश्य का पूर्वाभास सा लगता है," धृतराष्ट्र ने कहा, "मुझे बताएँ, संजय, मेरा पुत्र कहाँ है? वह क्या कर रहा है? मैं जानता हूँ, वह पूरी तरह से किलाबन्द है अपने गुरु द्रोणाचार्य और मित्र राधेय के साथ। और इन सबों से बढ़कर पितामह भीष्म जिन्हें मृत्यु छू भी नहीं सकती जब तक कि वह स्वयं उसे न बुलाएँ। फिर मैं क्यों इन काले पूर्वाभासों से हतोत्साहित होऊँ? व्यास की भविष्यवाणी के बावजूद मुझे विश्वास है मेरा पुत्र विजयी होकर घर लौटेगा—अपने रथ पर सवार, दाहिने हाथ में गदा उठाए और मुखमंडल अपने शिकार को देखते शेर की तरह चमकता हुआ।"

"हाँ, राजन, मैं आपकी कपोल-कल्पना में सहभागी तो हो सकता हूँ," संजय ने टोका, "परन्तु हम नश्वर प्राणी प्यादे होते हैं अपनी जन्म-कुंडली के जिनके रहस्यमय चिह्न हमारी नियति निर्धारित करते हैं। हम पतंगों की तरह ऐसे चर्मपत्र से बँधे रहते हैं जिस पर चिपचिपी चासनी की मोटी परत होती है—हमारे पंख उसमें फँसे हुए और हमारे छेदक अवरुद्ध।...हो सकता है ऋषि व्यास की आँखें भविष्य को देख पाई हों। मैं आश्वस्त नहीं हूँ।"

"क्या आप मुझे अँधेरे में ढकेलने का प्रयास कर रहे हैं?" धृतराष्ट्र ने आहें भरते हुए पूछा, "कभी-कभी मुझे लगता है कि आप मेरे सहचर के रूप में मेरे पास तो होते हैं पर हृदय से आप कहीं और होते हैं।...फलतः मैं पुनः अपने अकेलेपन की गुफा में समा जाता हूँ।"

"आपने मुझे गलत समझा, राजन। मैं बस इतना कहना चाहता था कि भविष्य एक रहस्य है जो अपने गुप्त भेद नहीं खोलना चाहता। यह पुस्तक के उस पन्ने की तरह है जिसे खोला न गया हो। यह एक ऐसा चालाक पक्षी है जो किसी भी धनुर्धर के बाण को हमेशा चकमा दे देगा। यह वह क्षेत्र है जिसका नक्शा कोई भी अन्वेषक नहीं बना पाएगा।"

"आप फिर लग गए शब्दों के मकड़जाल बुनने में।" धृतराष्ट्र ने कुछ चिड़चिड़ाकर कहा।

"मैं बस वही कहता हूँ जिसमें मेरा विश्वास है–और जो मैं देखता-सुनता हूँ।" संजय ने कहा।

"तो बताइए, दुर्योधन कहाँ हैं?"

"हाँ, वहाँ हैं वह। मैं देख रहा हूँ वह द्रोणाचार्य की तरफ बढ़ रहे हैं और उनसे बात कर रहे हैं। उनके शब्द मुझे स्पष्ट सुनाई पड़ रहे हैं, मानो मैं ठीक उनके बगल में हूँ।"

"मुझे सुनाएँ उनके शब्द, संजय," राजा ने उत्सुकता से कहा, "बिना कोई शब्दांश छोड़े, बिना कोई विराम भूले। मैं वह सब सुनने के लिए व्याकुल हूँ एक दृष्टिहीन व्यक्ति की सबकुछ देखने-सुनने की अधीरता को रोके हुए।"

चौवालीस

उलझन में अर्जुन

"बड़े उल्लास के साथ दुर्योधन गुरु द्रोणाचार्य से कह रहे हैं," संजय ने बात जारी रखते हुए कहा, "कि वे कितने भाग्यशाली हैं कि हस्तिनापुर के सबसे शक्तिशाली योद्धा उनके साथ हैं..." अब मैं उन्हीं के शब्दों में बिना कोई अंश खोए सुनाता हूँ–

"हे मेरे आदरणीय गुरु! इस स्वामित्वहीन भूखंड के उस पार देखिए–धृष्टद्युम्न के नेतृत्व में पांडव और द्रुपद। और वहाँ हैं अर्जुन, महान धनुर्धर, फौलादी मांस पेशियों वाले गदाधारक अपने भाई भीम के साथ–सब के सब अपने शौर्य के लिए प्रसिद्ध, अपने-अपने चमचमाते रथों पर सवार। पर मेरी तरफ, मैं स्वाभिमान के साथ कह सकता हूँ–आप हैं ब्राह्मणों के गौरव, मेरे अतुलनीय गुरु। और भला मैं आपके पुत्र अश्वत्थामा को कैसे भूल सकता हूँ? और बहुत सारे अन्य लोगों को? सब के सब मेरे लिए अपना लहू बहाने को संकल्पित हैं। इतनी ठोस किलाबन्दी में प्रतीक्षारत हूँ मैं कि विजयश्री आकर मेरे कदम चूमे। अब हमारे प्रधान सेनापति पूज्य भीष्म के लिए युद्धारम्भ का संकेत देने का मुहूर्त आ गया है।"

"वयोवृद्ध भीष्म पितामह के संकेत पर तुर्यवादक ने अभी-अभी वह विशाल शंख फूँका है जिसकी आवाज सिंहनाद की तरह है। फिर जैसे गर्जना की प्रतिध्वनि पहाड़ की एक से दूसरी चोटी की तरफ लपकती है उसी तरह अन्य बिगुल पीछे-पीछे बज रहे हैं– घंटे, ढोल, झाँझ, तुरही, नरसिंघा की ध्वनियों में धरती के मेरुदंड तक को प्रकल्पित कर देने की होड़ सी मची है।

"अब पांडव अपने शंख-ध्वनियों से प्रत्युत्तर की घोषणा कर रहे हैं। घुँघराले बालों वाले सारथी कृष्ण अपने दुग्ध-धवल अश्वों की लगाम थामे अपना शंख फूँक रहे हैं जो किसी भीमकाय दानव की अस्थि के आकार का है। फिर अर्जुन अपना शंख फूँक रहे हैं, जो उन्हें इन्द्र का उपहार था। अब मैं विशालकाय भीम का बिगुल सुन रहा हूँ, और युधिष्ठिर का। अन्त में मैं पांडव अनुजों, नकुल और सहदेव का शंख बजते सुन रहा हूँ।

"तुरही और नरसिंघा की आवाजों के वातावरण को चीरते हुए युद्धभूमि में सारे अस्त्र चमकने लगे हैं–म्यान से निकली तलवारें, हवा में घूमती गदाएँ और तरकस से

निकले बाण।"

"बहुत बुरा!" राजा ने विस्मय से कहा, "एक ही वृक्ष की दो डालियाँ एक-दूसरे से टकराती हुई। मैं तो भयभीत हूँ।"

"जब ईश्वर की यही इच्छा है तो दोनों सेनाओं को फैसला कर ही लेने दीजिए।" संजय ने कहा।

"परन्तु आपने जो सुना है," राजा ने कहा, "उससे तो दुर्योधन का उत्साह बढ़ा हुआ लगता है। और फिर उन्हें मेरे आशीर्वाद का कवच भी तो प्राप्त है।" वह रुके। "पर अर्जुन कैसे हैं, वह तेज निशानेबाज जिसके तीर ने घूमती मछली की आँख का प्रतिबिम्ब तेल के कटोरे में देख लिया था? वह क्या कर रहे हैं? क्या वह कृष्ण से बात कर रहे हैं? उनके सारथी भले ही देवपुरुष हों पर अब जबकि इस युद्ध में वह एक पक्ष से शामिल हो गए हैं तो वह भी इस युद्धचक्र के एक दन्त की तरह हैं, जैसे अन्य योद्धागण हैं। इसलिए देखते हैं पासा किधर पलटता है। मेरी प्रार्थना है कि वह मेरे पुत्र की विजय के लिए पलटे।"

"वहाँ मैं देख रहा हूँ कि राजकुमार अर्जुन अपने सारथी से कुछ कह रहे हैं," संजय ने बताया, "पर मैं आपको उन्हीं के शब्दों में सुनाता हूँ"—

"हे कृष्ण! मेरे दैवी मार्गदर्शक, मुझे दोनों सेनाओं के बीच उस स्वामित्वविहीन तटस्थ भूभाग पर ले चलें जहाँ से मैं उन सबों को करीब से देख लूँ जिनका न्यायोचित कारण से ही सही पर मुझे वध करना है। परन्तु इससे पहले कि मैं खून की नदी का द्वार खोल दूँ जो कुरुक्षेत्र की रणभूमि को आप्लावित कर देगी मैं थोड़ा मनन करना चाहता हूँ।...यह सब उस रक्तपिपासु दुर्योधन के कारण हो रहा है जिसकी लोलुपता और सत्ता की चाहत अतोषनीय है।"

"राजकुमार अर्जुन की इच्छा के अनुसार कृष्ण अब अपना रथ दोनों सेनाओं के बीच उस खुले क्षेत्र में ले जा रहे हैं।" संजय ने फिर बताना शुरू किया।

"अब कृष्ण अर्जुन की तरफ मुड़कर कहते हैं"—

"सतर्क हो जाओ। तुम्हारा आधा परिवार वहाँ है—कौरवगण, तुम्हारे खिलाफ तैनात अब तुम्हारे घोर दुश्मन।"

"इस बात पर राजकुमार अर्जुन की दृष्टि घूमी है—अपने सगे सम्बन्धियों की छवि देखती हुई...और अब मैं देख रहा हूँ कि उनकी भौंहें सिकुड़ रही हैं। वह दुविधा में पड़े लग रहे हैं, किसी अन्तर्द्वन्द्व में फँसे जो मैं बता नहीं सकता। मैं हैरान महसूस कर रहा हूँ, हे नरेश।"

"मैं जानता हूँ क्या हुआ होगा," धृतराष्ट्र ने उल्लास के साथ कहा, "द्रोण, भीष्म, अश्वत्थामा और अन्य योद्धाओं के सामने अर्जुन की आन्तरिक रक्षा शक्ति जवाब दे गई होगी।"

"पता नहीं," संजय ने उत्तर दिया, "काश मैं उनके मानस में प्रवेश कर पाता। पर

वह मेरे बूते के बाहर है।...ठहरिए, हे नरेश, क्योंकि मैं अर्जुन को पुनः कृष्ण से कुछ कहते सुन रहा हूँ।"

"हे मेरे देव, मेरे मार्गदर्शक! मेरी सहायता कीजिए। ज्यों-ज्यों मेरी दृष्टि उन चेहरों पर पड़ रही है जो मेरे विरुद्ध तैनात हैं—मेरे रिश्तेदार, मेरे गुरु और मेरे मित्रगण— त्यों-त्यों मैं करुणा से अभिभूत होता जा रहा हूँ। क्या उनका वध करना घृणित कदम नहीं होगा क्योंकि वे मेरे अपने ही शरीर के अंग जैसे हैं, मेरी अपनी ही आत्मा के अंश?

"एक कँपकँपा देनेवाली सिहरन मेरे मेरुदंड तक संचरित हो रही है और मेरी रगों में एक उत्तेजना दौड़ रही है। मेरे रोंगटे खड़े हो जा रहे हैं, गला सूख रहा है और शब्द जैसे जिह्वा पर ही ठिठुर जा रहे हैं। मेरे हाथों से गांडीव छूटा जा रहा है और शरीर जैसे निष्प्राण होकर सुन्न होता जा रहा है। मुझे मूर्च्छा आ रही है, हिचकिचाहट हो रही है और मैं लड़खड़ा रहा हूँ।

"हे कृष्ण! मैंने आपके समक्ष अपना हृदय खोलकर रख दिया है क्योंकि दूसरा कोई नहीं जिससे मैं विपत्ति की इस घड़ी में सहायता की अपेक्षा कर सकूँ। मेरी आँखों पर एक झिल्ली-सी पड़ गई है मानो वे इस आसन्न नरसंहार की भयानकता को देखने की हिम्मत नहीं जुटा पा रही हैं। मैं सम्पूर्ण रणभूमि को रक्तरंजित देख रहा हूँ...कृपा कर मुझे बताएँ, क्या रक्त देवताओं के लिए अमृत हो सकता है? क्या मानव रक्त से गीली धरती फूल खिला सकती है जिसे कोई पथिक ठहरकर निहारे? या फसल उगा सकती है जो भूखों का पेट भर सके? क्या मेरा जन्म यमराज का अस्त्र बनने के लिए हुआ था, विध्वंस के लिए, ताकि मेरे बाद लोग बस लूले-लँगड़े, अन्धे बनकर रह जाएँ—दर्द में छटपटाते, आँखें इस कठोर आकाश से दया की भीख माँगती हुई? मुझे अपने चारों ओर विलाप और चीत्कार सुनाई दे रहा है।

"विनाश सृजन का मार्ग नहीं है, न हत्या पुनर्जीवन का। क्या मैं भावी पीढ़ी को केवल विधवाएँ और अनाथ सौंपूँगा? क्या मृतकों और घायलों की देह रौंदकर विजय प्राप्त करना शर्मनाक नहीं होगा? क्या यह संसार भूत-प्रेतों का बसेरा नहीं बन जाएगा?

"यदि मेरे विपक्षी पापी हैं तो क्या उनका वध करके हम उनसे दुगने पापी नहीं बन जाएँगे? क्या हम भी उनके अपराध में हिस्सेदार नहीं बन जाएँगे? हे वासुदेव! क्या पाप के गर्भ से शान्ति जन्म ले सकती है—ईश्वर रचित प्राणियों के कत्लेआम से? तब तो हमारे महान पूर्वजों की आत्माएँ स्वर्ग से पृथ्वी पर आ गिरेंगी, इस धूल में रेंगने के लिए। कड़वे क्रोध और प्रतिशोध से भरकर अपने ही सगे सम्बन्धियों पर प्रहार करने के बजाय मैं अपना सीना उनके बाणों के लिए खोल देना पसन्द करूँगा।

"मुझे निर्बलों एवं असहायों की रक्षा के लिए इस दुर्जेय धनुष से विभूषित किया गया था, उनकी हत्या करने के लिए नहीं जिनकी रगों में दौड़ता खून मेरा अपना है। ऐसी जीत हमें कहाँ ले जाएगी? इन्द्रप्रस्थ के सिंहासन तक? इस पृथ्वी का एक हिस्सा, धरती का एक टुकड़ा मात्र। नहीं, मैं रक्तकुंडों को पार करके पूरे विश्व पर अपने

अधिराज्य के लिए लालायित नहीं होऊँगा।

"इसलिए मैं आपके समक्ष, हे वासुदेव! घुटने टेकता हूँ, आपसे ज्ञान प्राप्ति के लिए। मैं उद्विग्न, उलझन में पड़ा और ध्वस्त महसूस कर रहा हूँ। मेरे अन्दर एक उथल-पुथल सी मची है। यदि मैं स्वयं पर विजय नहीं प्राप्त कर सकता तो दूसरों पर कैसे? नहीं, मैं युद्ध नहीं करूँगा। मैं अपने ही सम्बन्धियों की हत्या नहीं करूँगा।"

"हे नरेश," संजय ने धृतराष्ट्र से कहा, "मैंने अभी-अभी इस महान योद्धा अर्जुन के मुँह से जो कुछ सुना, आपको बता दिया। अब मैं देख रहा हूँ कि वह रथ में अपना धनुष-बाण रख दे रहे हैं। पांडवों के कुल गौरव को इस तरह दर्द और विषाद में डूबा देखकर मेरा हृदय विदीर्ण हो रहा है।"

"आपका मन तो उन्हीं में बसता है, मैं जानता हूँ," राजा ने ताना देते हुए कहा। "यह मैं पहले भी कह चुका हूँ। वैसे मैं भी अर्जुन की भावनाओं की इज्जत करता हूँ। वह वास्तव में एक उदारचेता राजकुमार हैं। पर अब जब उन्होंने युद्ध का मार्ग चुन लिया है तो उन्हें पीछे हटने के बजाय अपने शौर्य का परिचय देना चाहिए। या फिर नंगे पाँव युद्धभूमि के बीच से चलते हुए भीष्म, द्रोण और मेरे पुत्र के सामने अस्त्र डालकर समर्पण कर देना चाहिए।"

"आपने उन्हें गलत समझा, हे राजन," संजय ने टोका, "एक गांडीवधारी पराक्रमी धनुर्धर युद्धभूमि से पलायन नहीं कर सकता। हमें सभी पांडव और कौरव योद्धाओं के प्रति निष्पक्षता से सोचना चाहिए। विजय या पराजय तो विधाता के हाथ है।"

"तब नक्षत्रों को ही निर्णय करने दें," राजा ने कहा, "काल ही अगला कदम निर्धारित करे।"

"जो भी हो," संजय ने कहा, "कृष्ण ने अभी तक उत्तर नहीं दिया है। मैंने केवल अर्जुन के मुखारविन्द से निकले शब्द ही आपको बताए हैं। पर उनके सारथी का उत्तर अभी बाकी है।" संजय थोड़ा रुके। फिर बोले, "अब मैं देख रहा हूँ कृष्ण उस वीर की तरफ मुड़ रहे हैं एक हाथ से अपने श्वेत अश्वों की लगाम थामे और दूसरे से अर्जुन की ओर इंगित करते हुए।"

पैंतालीस
ईश्वरीय धर्म सिद्धान्त

अब राजकुमार अर्जुन से, जिनकी नम आँखों से करुणा, निराशा और अन्तर्व्यथा रिस रही थी, उनके सारथी कृष्ण माधुर्य भरे शब्दों में कह रहे हैं–

"यह मोहयुक्त दुर्बलता जिसने तुम्हें ग्रस लिया है, हे राजकुमार, तुम्हें शोभा नहीं देती। आत्मसंशय के इस आवरण को उतार फेंको और इस दुर्बलता को अपने उत्कृष्ट जीवन के मार्ग में बाधक न बनने दो। कायरता के इस शव-वस्त्र को फाड़ डालो और स्वयं को पहचानो। शंका और भ्रांति के दलदल से निकलो और कर्म करने के इस अवसर को हाथ से जाने न दो। तुम अपने दुश्मनों के लिए एक आतंक हो और साथियों के लिए चैन का कवच।"

"परन्तु मैं अपने ही प्रिय गुरुओं और बन्धु-बान्धवों पर कैसे बाण चला सकता हूँ? वहाँ सामने मैं अपने आदरणीय गुरु द्रोणाचार्य को देख रहा हूँ जिन्होंने मुझे धनुर्विद्या की शिक्षा दी और जो मुझे उतना ही प्यार करते हैं जितना अपने पुत्र अश्वत्थामा को। और वहाँ मेरे पूज्य पितामह भीष्म खड़े हैं, किसी प्राचीन वटवृक्ष की तरह जिसकी छत्रछाया में पांडवों और कौरवों दोनों की कई पीढ़ियाँ पल्लवित हुई हैं। वह सम्पूर्ण हस्तिनापुर साम्राज्य की आधारशिला हैं। क्या मैं ऐसे महापुरुष को मार सकता हूँ जिन्हें देवताओं ने भी मृत्यु से मुक्त कर रखा है? मेरे बाण उनके पवित्र शरीर को घायल भर कर सकते हैं पर उनका अन्त नहीं कर सकते...और ऐसे और भी अनेकों हैं–सब के सब सम्मानित और श्रद्धेय। मैं उन्हें मारने के बजाय सड़कों पर भिक्षापात्र लिए फिरना और अपने प्रिय-जनों के साथ रहना पसन्द करूँगा। मैं अपने विरोधियों के संग भी रहना चाहूँगा पर सपने में भी उनका प्रेत रूप देखना नहीं। भय और दुःख मेरा पीछा कर रहे हैं। धधकती आग और गहरे समुद्र के बीच खड़ा आस्था और अविश्वास के द्वन्द्व में फँसा मैं आपकी शरण में हूँ, हे वासुदेव! मुझे इस रसातल से उबार लें।"

इस प्रकार अर्जुन लगातार कह रहे हैं कि वह युद्ध नहीं करेंगे और फिर वह चुप हो गए हैं। कृष्ण उन्हें फिर कहते हैं–

"तुम उस बात के लिए दुःखी हो रहे हो जिसकी तुम्हें समझ नहीं। तुम्हारे शब्द प्रज्ञाहीन हैं क्योंकि कोई प्रबुद्ध व्यक्ति जीवित या मृत लोगों के लिए दुःखी नहीं होता।

ऐसा नहीं कि हम कभी थे ही नहीं–न तुम, न मैं, न कोई अन्य। और न ही हम हमेशा के लिए विलुप्त हो जाएँगे। तुम केवल मिट्टी के घर की बात कर रहे हो, इस शरीर की जिसमें आत्मा निवास करती है, वह शरीर जो केवल एक अस्थायी ढाँचा है–बचपन, जवानी और बुढ़ापे का साक्षी। जबकि उसमें निहित सत्व सास्वत है। वह समय-समय पर केवल अपना ठिकाना बदलता रहता है, उस किराएदार की तरह जो नए आवास में रहने का निर्णय करता है। चूँकि बुद्धिमान यह सब जानते हैं इसलिए वे कभी दुःखी नहीं होते, और न पुराने वास-स्थान को छोड़ते समय आँसू बहाते हैं।

"जो बात मनुष्य को दुःखी करती है वह है इस शरीर का अल्पकालिक अस्तित्व और इसका अनुभव–जीवन के बसन्त और शरद का, ताप और ठंडक का, स्वास्थ्य और रोग का, इसकी मुस्कान और चिन्ता का। परन्तु हमारे अन्दर की आत्मा समस्त विसंगतियों और विरोधाभासों से परे होती है। वह दूर बादलों में छिपे उस आँख की तरह है जो पृथ्वी पर की सारी गतिविधियों पर निगाह रखती है, बिना उसमें उलझे। इसलिए, हे अर्जुन, समस्त हर्ष और विषाद को उसी तरह ग्रहण करो, उस कमल की तरह जो जल में रहकर भी अपना डंठल ऊपर उठाए रखता है, बिना भींगे हुए। केवल बुद्धिमान ही बाह्य अनुभूतियों और आन्तरिक सत्ता, भ्रम और यथार्थ, पौधे और बीज तथा चक्र की परिधि और उसकी धुरी के बीच का अन्तर पहचान सकते हैं...

"हर मानव में बसी यह आत्मा अविनाशी है। किसी दिन जब सारे समुद्र सूख जाएँगे, सूर्य, चन्द्रमा और तारों की चमक धूमिल पड़ जाएगी, ऊँचा हिमालय घाटियों में समा जाएगा, हवा थम जाएगी और वायुमंडल में कोई हलचल नहीं रहेगी तब भी यह दिव्य आत्मा शून्य में उद्दीप्त रहेगी, स्फटिक के पात्र में जलती बाती की तरह। आत्मा को सीमाबद्ध, मन्द या मूक नहीं किया जा सकता। यह शरीर का वह अमर तत्त्व है जिसका न आदि होता है न अन्त।

"यह विद्यमान थी बालुका राशि पर काल के प्रथम पदचिह्न के पूर्व, उषा के प्रथम आगमन के पूर्व, चट्टान से फूटी प्रथम चिंगारी के पूर्व और जल में प्रकट प्रथम मीन के पूर्व। इसलिए यदि यह मिट्टी का घर ढहता है तो ढहने दो, यदि हृदय धड़कना बन्द कर देता है तो हो जाने दो उसे मूक, क्योंकि हमारे अन्दर की ज्योति कभी बुझने वाली नहीं है।

"अतः जागो, उठो, हे वीर राजकुमार, और युद्ध करो–न्याय के लिए। तुम्हारी प्राप्ति के लिए सब कुछ है, खोने के लिए कुछ भी नहीं। वे जो अपने विजय पर उल्लसित होकर कहते हैं–'देखो मैंने उसका वध कर दिया'–और वे जो विलाप करते हुए कहते हैं–'आह, मैं मारा गया'–दोनों ही मूर्ख हैं, छाया के पीछे परेशान क्योंकि आत्मा किसी का हनन नहीं करती और न आत्मा का हनन होता है। चूँकि इसका जन्म नहीं होता इसलिए इसकी मृत्यु भी नहीं होती। यह उस पुस्तक की तरह है जिसका कोई प्रारम्भ या अन्त नहीं होता क्योंकि प्रारम्भ और अन्त दोनों ही भ्रम हैं। नकाबपोश मृत्यु

आत्मा को मार नहीं सकती चाहे शरीर, जो उसका वास-स्थल है, भले ही राख हो जाए। अब मैं तुम्हें बताता हूँ कि शरीर की मृत्यु का अर्थ क्या है।

"जैसे कोई रात्रि में पहने अपने वस्त्र उतार देता है और अगली सुबह नए वस्त्र धारण कर लेता है ठीक उसी तरह आत्मा भी अपने वस्त्र बदलती है, मृत्यु की रात्रि के बाद ताकि वह नए सवेरे में जाग सके, नई पोशाक में लिपटी।

"इसलिए मैं फिर दुहराता हूँ कि इन बाणों और गदाओं से आत्मा विनष्ट नहीं हो सकती। कोई ज्वाला उसे जला नहीं सकती, न जल उसे बहा ले जा सकता है, और न कोई गर्म हवा उसे झुलसा सकती है। दृष्टि से ओझल, तर्क से असाध्य, अवाच्य, अश्रव्य, अविनाशी, अटल, अविजेय और मस्तिष्क के लिए अबोधगम्य–ऐसी है आत्मा। बुद्धिमान ऐसा ही जानते हैं।

"यह सब समझने के बाद भी क्या तुम आँसू बहाते रहोगे? यदि तुम्हें ज्ञात हो कि जो व्यक्ति अभी-अभी मरा है वह एक नवजात शिशु भी है तो क्या तुम उसकी विदाई पर दुःखी होओगे? क्योंकि वह अब भी जीवित है, उसी आत्मा को धारण किए हुए। केवल नाम बदल गया है। इसलिए क्या यह अवसर शोक मनाने का है? यह तो बस एक बीज के धरती पर गिरने जैसा है जो नए पौधे के रूप में पुनः अंकुरित होने के लिए गिरा है...

"अतः यदि मृत्यु की रात का अन्त पुनर्जन्म के गेरुए सवेरे में है और सूर्योदय को शनैः-शनैः सूर्यास्त में ढलना है तो फिर कहाँ भंग होता है यह चक्र-क्रम? जब जीवन-चक्र की गति अबाध है तो तुमने अपनी दृष्टि इसके एक छोटे से अंश पर क्यों टिका रखी है? और याद रखो, हे श्रेष्ठ राजकुमार, जन्म का आविर्भाव अप्रत्याशित होता है और मृत्यु का प्रहार अदृश्य। वर्णक्रम के इन्हीं दो छोरों के बीच मानव का बोध ज्ञान में गहराता है। ऐसी समझ ही प्रबुद्ध व्यक्ति की पहचान है जो पासे के छह अंक पर धैर्य और समचित्तता के साथ मनन करता है।

"आत्मा अद्‌भुत और गूढ़ता से भरी है, अनोखी और वर्णनातीत है, और तर्क से परे है।...यह बहुआयामी है और चक्षु या कर्ण की पहुँच-परिधि से बाहर भी।

"हे अर्जुन, उचित-अनुचित की विवेचना से ऊपर उठकर देखो। जीवन के इस खेल में अपनी भूमिका निभाओ। न्याय के अपने इस धर्मयुद्ध में अवसाद को अपना उत्साह न घटाने दो। वह योद्धा भाग्यवान होता है जिसकी नियति में ऐसा युद्ध लिखा हो जिसकी उसने कामना न की हो।

"इसलिए यदि तुम अपने कर्तव्य से विमुख होते हो, अपनी दुर्बल भावनाओं के वशीभूत होकर जो प्रत्यक्ष ज्ञान को अवरूद्ध करती हैं, तो तुम्हारे माथे पर कलंक और कायरता का टीका लग जाएगा और आने वाली पीढ़ी तुम्हें तुम्हारी महान वंश-परम्परा के अयोग्य व्यक्ति के रूप में याद करेगी।...अपयश से तो मृत्यु बेहतर है। यदि तुम युद्ध से मुँह मोड़ते हो तो सारे योद्धा यही समझेंगे कि तुम कौरवों से लोहा नहीं ले सके।

वे तुमसे घृणा करेंगे। चारों ओर से खींसें निपोरती हुई उपहासजनक और चमगादड़ की सी चीखती आवाजें सुनने से बड़ी आत्महीनता और क्या हो सकती है?

"दोनों ही स्थिति में तुम विजयी होओगे, हे अर्जुन। यदि इस युद्ध में तुम वीरगति को प्राप्त करते हो तो स्वर्ग में स्थान पाओगे। और यदि तुम विजयी होते हो तो युधिष्ठिर को यश प्रदान करोगे। अतः हे पांडवों के गौरव! युद्ध के लिए गांडीव और बाण उठाओ, बिना हर्ष या विषाद, विजय या पराजय, लाभ या हानि की परवाह किए।

"याद रखो, हे कुन्तीपुत्र! शाश्वत शान्ति का मार्ग हमेशा एक ही होता है, घुमावदार, उपवीथिकाओं वाला नहीं। कुछ धूर्त वैदिक पंडितों ने शब्दों को उनके अभिप्राय से श्रेष्ठ मानकर धर्म ग्रन्थों को ऐसा अर्थ प्रदान किया है जो उनके हित में हो। वे अपनी व्याख्या को अन्तिम मानते हैं और अपने अनुयायियों को उनके सत्कर्मों के लिए अच्छे फल प्राप्ति का विश्वास दिलाकर अनुष्ठानों के माध्यम से अपनी पद-प्रतिष्ठा और समृद्धि सुनिश्चित करते हैं। वास्तव में ऐसे ही लोग अपनी आत्मा का प्रशान्त-सन्तुलन खो देते हैं। देव-ध्यान एवं प्रार्थना से किसी को प्रचुर फल की प्राप्ति हो सकती है ऐसा मानना क्या देवता और याचक के बीच हुआ सौदा सा नहीं लगता?

"अतः ऐसे पंडितों का आदर मत करो जो हर पूजा को प्राप्ति से जोड़ देते हैं। उनके लिए प्रार्थना करने का अर्थ कुछ प्राप्त करना है, देना नहीं। ऐसे पुजारी कुम्हार की तरह होते हैं जो मिट्टी को ग्राहक के मनचाहे स्वरूप में ढाल देते हैं।

"पर तुम्हें, हे यशस्वी राजकुमार, ऐसे भटकावों से बचना चाहिए। तुम्हें केवल उचित कर्म करने से मतलब रखना चाहिए, पुरस्कार प्राप्ति से नहीं। निष्काम कर्म—वही शान्ति का मार्ग है। कर्मठता से जियो, क्योंकि केवल निःस्वार्थ कर्म ही सच्ची धर्मपरायणता है—ऐसा कर्म जो पाप या पुण्य, प्रकाश या अन्धकार, अनावृष्टि या अतिवृष्टि के विचारों को भुलाकर किया जाए।

"इसलिए, हे वीर, अपनी आत्मा में आश्रय ढूँढ़ो। वहीं तुम्हें शान्ति मिलेगी। और उन सबों से दूर रहो जो केवल पुरस्कार के लिए कुछ अच्छा करते हैं, ऐसा कर्म जिसका मूल्य उनके मन में अंकित होता है। दूसरी तरफ, शुद्ध मन वाला व्यक्ति केवल कर्म करता है सभी विचारों से ऊपर उठकर, अच्छे या बुरे। स्वयं को, हे अर्जुन, उस तटस्थता तक ले जाओ, अपने मार्ग पर दृढ़ता से चलते हुए, बिना यह ध्यान दिए कि उसके एक तरफ फूलों की क्यारियाँ हैं और दूसरी तरफ काँटेदार झाड़ियाँ और बिच्छू। ऐसी ही मनःस्थिति से सही कर्म का बोध होता है, और केवल ऐसा ही व्यक्ति दिव्य शान्ति और आनन्द के शिखर तक पहुँचता है। भुलावा देनेवाले स्वरों के शोर से मुक्त होकर ही तुम सारे मनोभावों को आत्मसात करना सीखोगे—आनन्ददायक या दुःखद, श्रेष्ठ या निम्न।"

कृष्ण के शब्दों को ध्यान से सुनते हुए अर्जुन पूछते हैं:

"ऐसे प्रबुद्ध व्यक्ति को कोई कैसे पहचानेगा? क्या कोई स्पष्ट लक्षण है? उसकी

वाणी को कैसे पहचानेगा? क्या वह सामान्य व्यक्ति की तरह ही चलता–बैठता है?"

"जब व्यक्ति," कृष्ण ने उत्तर दिया, "अपनी इच्छाओं का दमन कर देता है, जो अष्टभुज की स्पर्शिकाओं की तरह मन को जकड़े रहती हैं, तो उसे असीम शान्ति प्राप्त होती है। ऐसे व्यक्ति को न विपत्तियाँ अवसाद के दलदल में धकेल सकती हैं और न हर्ष बादलों तक उछाल सकता है। क्योंकि उसने अपना बसेरा इन्द्रियों के क्षेत्र से बाहर बना लिया है। उसकी आत्मा की नाव अब शान्त चिन्तनधारा में निर्विघ्न बहती है। जिसने स्वयं को कामेच्छाओं के पाश से मुक्त कर लिया, वह ऋषि है, एक सौभाग्यशाली जीवात्मा। उसके ललाट पर परमज्ञान की चमक होती है। वह उस सावधान, बुद्धिमान कछुए की तरह होता है जो अपने फौलादी कवच में अपने चार पैर और पाँच नाजुक अंग समेटे रखता है। उसकी इन्द्रियाँ संसार के प्रहार से दूर रहती हैं। वह उस व्यक्ति की तरह होता है जो अपनी आत्मा की शीतल गहरी गुफा में एकान्तवास करता है, अपने ईर्द–गिर्द के जंगली जानवरों के शोर से सुरक्षित। वह एक गोताखोर की तरह होता है जो ताल की गहराई में तल तक जाकर स्थिर हो जाता है, सतह की तरंगों से आँख–कान मूँदे। ऐसा व्यक्ति प्रज्ञा के शिखर पर होता है जहाँ साश्वत समचित्तता होती हैं। स्वयं को वश में करनेवाला सभी प्रकार की भूखों का विजेता ऐसा व्यक्ति अपने भावावेगों से उद्वेलित नहीं होता।

"अब मैं तुम्हें बताता हूँ कि कैसे कोई व्यक्ति अत्यधिक आत्मनिर्भरता की ऊँचाई से गिरता है। सर्वप्रथम वह अपना मन किसी ऐंद्रिय लक्ष्य पर टिकाए रखता है जैसे कोई सम्मोहक चेहरा, कोई स्वर्ण कलश या कोई भूभाग। और तब उसके अन्तःकरण में आकर्षण पैदा होता है जो इच्छा में परिवर्तित होकर उसके अनुराग की लपटों को प्रज्वलित करता है। यह उसकी स्मरणशक्ति को क्षीण करके उसे असहाय खुला छोड़ देता है। उसके सारे ऊँचे आदर्श रेत में पड़े छटपटाते रहते हैं, जैसे बंसी में फँसी मछली।

"परन्तु यदि व्यक्ति अपनी भावनाओं–प्रेम या घृणा–का सामना कर ले और उन्हें आत्माभिमुख कर दे तो उसे परम आनन्द की प्राप्ति होगी। यह आन्तरिक संयोजन उसके सारे दुःखों को हर लेगा क्योंकि केवल स्वयं को वश में करने से ही सच्ची शान्ति मिलती है। इसके विपरीत जिस व्यक्ति को आत्म नियन्त्रण नहीं है वह ऐसी शान्ति से अनभिज्ञ होता है। वह भला कैसे शान्त रह सकता है? उग्र समुद्र के ज्वार–भाटों पर हिचकोले खाते पतवाररहित नाव की तरह ऐसा व्यक्ति अपनी नियति के गर्त में डूब जाता है।

"सिर्फ वही व्यक्ति अपने मस्तक पर बुद्धिमान होने का टीका लगा सकता है जिसकी पकड़ मन और शरीर के चालन–चक्र पर लगातार स्थिर रहती है, अपनी इच्छाओं पर पूरे नियन्त्रण के साथ। ऐसे प्रबुद्ध व्यक्ति के लिए रात्रि का अन्धकार भी दिन के उजाले की तरह होता है। उसकी भेदक दृष्टि से कुछ भी बच नहीं सकता। ऐसा

ही व्यक्ति सच्चा सन्त होता है, देवताओं से आशीर्वादित।

"वह गहरे सागर की तरह होता है जो विद्रोही बाढ़ को पचा लेता है, बिना अपने किनारों पर गाद भरे। वह हर दिशा से बहती जलधार को अंगीकार कर लेता है पर उनसे आप्लावित नहीं होता क्योंकि उसका केन्द्र हमेशा नियन्त्रण की क्षमता रखता है।

"इसलिए, हे सौभाग्यशाली राजकुमार, अपनी आकांक्षाओं के दमनकारी बोझ को उतार फेंको और उन्हें अपने वश में करो। मनुष्य की मूल कमजोरियों–अहंकार और मनोविकार–से अपने आप को विमुक्त करो। कमर कस लो प्रसन्नचित होकर अपनी जिम्मेदारियों के निर्वहन के लिए, बिना किसी व्यक्तिगत भावना की बेड़ी पहने। केवल अपने कर्तव्य का पालन करके ही मनुष्य स्वर्ग की सीढ़ियाँ चढ़ सकता है।"

एक लम्बा मौन छा गया जब संजय ने राजा धृतराष्ट्र से बतलाना बन्द किया। राजा कृष्ण की बातों के जादुई प्रभाव में डूब चुके थे।

"जानते हो, संजय, मैं भी रूपान्तरित हुआ महसूस कर रहा हूँ। कृष्ण का उदबोधन ईश्वरीय था न?"

"वही तो हैं वह–मानव रूप में एक दिव्यात्मा," संजय ने उत्तर दिया, "और याद कीजिए दुर्योधन की धृष्टता जिसने उन्हें भरी सभा में चुनौती दी थी।"

"वास्तव में मैं दुर्योधन को दोषी नहीं मानता," धृतराष्ट्र फिर अपने अन्ध पुत्र-मोह में पड़ गए, "जो भी हो, अब इतना विलम्ब हो चुका है कि घृणा के उस ज्वार को दबाया नहीं जा सकता जो मेरे पुत्र और पांडवों के बीच उठ चुका है।" फिर थोड़ा रुककर उन्होंने पूछा, "हे संजय, अब क्या दिखाई दे रहा है?"

"मैं देख रहा हूँ कि अर्जुन गांडीव उठा रहे हैं। अब वह युद्ध के लिए तैयार हैं।"

"अब सब कुछ ईश्वर पर छोड़ देना चाहिए।" धृतराष्ट्र ने आहें भरते हुए कहा, यद्यपि उनके मन के कानों में ऋषि व्यास के वे सारे शब्द गूँज रहे थे जो उनके पुत्रों के विनाश का वर्णन कर गए थे।

छियालीस

युधिष्ठिर से चकित दोनों सेनाएँ

जब दोनों सेनाएँ आमने-सामने थीं, आग उगलते दो दानवों की तरह एक दूसरे को विनष्ट कर देने के लिए तैयार, तभी युधिष्ठिर ने कुछ ऐसा किया कि सभी चकित रह गए। वह अपने रथ से कूद पड़े और धनुष-बाण वहीं छोड़ते हुए नंगे पाँव कौरवों की अग्रिम पंक्ति की ओर चल पड़े। उनके इस विस्मयकारी आचरण को नहीं समझ पाने के कारण भीम और अर्जुन भी अस्त्र छोड़ नंगे पाँव उनके पीछे हो लिए।

युधिष्ठिर सीधे भीष्म के सामने जाकर आदरपूर्वक घुटनों के बल झुक गए और उनका चरणस्पर्श किया। भीष्म ने स्नेह से उनके माथे पर अपना हाथ फेरा और पूछा, "क्या चाहते हो, प्रिय वत्स?" एक क्षण के लिए सभी कौरव योद्धाओं को लगा कि उनकी विशाल सेना देखकर आतंकित युधिष्ठिर शान्ति की याचना करने आए हैं।"

"हे पितामह! मैं आपसे युद्ध करने के लिए आपकी अनुमति माँगने आया हूँ।"

उन्हें उठाते हुए भीष्म ने उनकी आँखों में स्नेह से देखा और बोले, "अवश्य। युद्धारम्भ के लिए तुम्हें मेरा आशीर्वाद है जो निःसन्देह तुम्हें विजय दिलाएगा। जहाँ तक मेरा सवाल है, तुम जानते हो कि मैं हर हाल में हस्तिनापुर की रक्षा करने के अपने उस वचन से बँधा हूँ जो मैंने अपने पिता महाराज शान्तनु को दिए थे। फलतः मैं यहाँ दो भावनाओं के बीच बँटा खड़ा हूँ—तुम्हारे और अर्जुन के प्रति अपने प्रेम और हस्तिनापुर के प्रति अपनी निष्ठा। इसलिए मुझे भी तुम्हारी शुभकामनाओं की आवश्यकता है ताकि मैं अपने कर्तव्य का पालन कर सकूँ। और, हे राजकुमार, अर्जुन से पराजित होकर मैं स्वयं को भाग्यशाली मानूँगा क्योंकि मैं उसे अतिश्रेष्ठ धनुर्धर मानता हूँ।"

अश्रुपूरित नेत्रों से अर्जुन ने भी आगे बढ़कर अपने पितामह के पाँव छुए। उनकी तरफ मुड़कर भीष्म ने कहा, "हे सव्यसाची, अपने हाथ काँपने न देना जब मेरा सीना तुम्हारे गांडीव के निशाने पर हो। तुम्हारे बाणों से वेधित हो रणभूमि में धराशायी होना मेरे लिए एक वरदान होगा।"

तत्पश्चात् युधिष्ठिर आशीर्वाद प्राप्ति के लिए गुरु द्रोण की तरफ बढ़े। "कितना अभागा हूँ मैं," उन्होंने कहा, "कि अपने ही आदरणीय गुरु के विरुद्ध खड़ा हूँ, जो मेरे लिए पिता तुल्य हैं।" जब अर्जुन ने भी द्रोण को प्रणाम किया तो ऋषि-योद्धा ने दोनों

को अपना आशीष दिया। अर्जुन से उन्होंने कहा, "आशा करता हूँ कि ईश्वर मुझे अपना रथ तुम्हारे सामने पड़ने से बचाने में मदद करेंगे। क्योंकि रणभूमि में तुम्हारा सामना करना अपने ही पुत्र अश्वत्थामा से मुकाबला करने जैसा होगा।"

तब युधिष्ठिर ने कृपाचार्य का भी आशीष प्राप्त किया। उन्हें इन श्रेष्ठजनों का आशीष प्राप्त करते देख दुर्योधन चिन्तित हो गए। क्या वह इस व्यवहार से उनका उत्साह घटाने का प्रयास कर रहे हैं? या फिर यह महज एक चाल है? परन्तु अब जबकि नावापसी की स्थिति है युद्ध तो होकर रहेगा–ऐसा सोचकर उन्होंने स्वयं को सान्त्वना दी।

अपने पीछे अर्जुन और भीम को लिए युधिष्ठिर अपने रथ पर वापस आ गए।

दोनों ओर से शंखनाद ने युद्धारम्भ का आह्वान कर दिया जो वायुमंडल में गूँज उठा। पूर्वी क्षितिज पर धीरे-धीरे सूर्योदय हो रहा था। लगा जैसे सम्पूर्ण मानव समाज कुरुक्षेत्र की रणभूमि में एकत्रित हो गया था यह निर्णय करने के लिए कि युद्ध के बाद पृथ्वी की विरासत किसे मिलेगी। पर क्या कोई जीवित बचेगा भी?

अर्जुन के सुझाव पर धृष्टद्युम्न ने पांडव सेना की व्यूह रचना की–एक ऐसा संयोजन जो इन्द्र प्रायः पसन्द करते थे। इसमें दुश्मनों के विरुद्ध अपराजेयता सुनिश्चित रहती थी। शिखंडी का स्थान सेना के मध्य में था और भीम के साथ धृष्टद्युम्न ने सबसे आगे मोर्चा सँभाला। दोनों सेनाओं के बीच की खाली भूमि के उस पार से दुर्योधन ने अर्जुन का रथ देखा जिसमें दूधिया सफेद घोड़े जुते थे और शीर्ष पर हनुमान का प्रतीक चिह्न लिये ध्वज लहरा रहा था। उनके सारथी, उन्होंने देखा, कृष्ण थे जिनके बाएँ हाथ में लगाम थी और दाएँ में चाबुक था।

तभी लगा जैसे पर्दा उठ चुका है, महासमर के प्रदर्शन के लिए। सर्वविदित था कि इसमें कुरुकुल की दो शाखाओं के रक्त से रणभूमि तर-बतर हो जाएगी।

सैंतालीस

युद्ध का प्रथम दिन

विश्वास से भरे दुर्योधन ने अपने प्रधान सेनापति भीष्म को सुझाव दिया कि पहला प्रहार वही करें ताकि दुश्मन अचम्भित रह जाए। तभी कौरव सेना ने हाथी-घोड़े आगे बढ़ा दिए। इतनी धूल उड़ी कि सूर्य लगभग ढक गए। भीष्म को पहले प्रहार करते देख भीम तेजी से आगे बढ़े अपनी गदा भाँजते हुए और शेर की तरह दहाड़ते हुए।

फिर दोनों ओर से बाणों की वर्षा होने लगी। लगा जैसे टिड्डियों का दल समरभूमि पर टूट पड़ा। जब भीम कौरव सेना के बीच काफी अन्दर घुस गए तो उनका सामना दुर्योधन के भाइयों से हुआ जो उनके क्रोध के सामने टिक नहीं पाए। पर जब उन्हें बड़ी संख्या में कौरव सेना से घिरा देखा तो नकुल और सहदेव भी युद्ध में कूद पड़े।

तुरही, श्रृंग, बिगुल और शंख के शोर के बीच दोनों ओर के योद्धा धनुष, तलवार और गदा लिये एक-दूसरे पर टूट पड़े। जैसे हल खेत को चीरता हुआ बढ़ता है उसी प्रकार भीष्म दुश्मन की पंक्ति तोड़कर अन्दर घुस गए। उनके बाणों ने पांडव सैनिकों को वैसे ही काटा जैसे हँसिया धान के पौधों को काटती है। वह उस विशाल चट्टान की तरह लग रहे थे जो धमाके के साथ किसी पहाड़ से निर्बाध नीचे आ गया हो। फलतः उस दिन पूर्वाह्न में सैकड़ों पांडव सैनिक रणभूमि में मृत पड़े दिखे।

तब अभिमन्यु का आगमन हुआ, अपने सुनहरे वृक्ष के चिह्न वाला ध्वजा लहराते रथ पर सवार। वह कटिबद्ध थे अपने परपितामह भीष्म के वेगपूर्ण ज्वार को रोकने के लिए। परन्तु वह अभी आगे बढ़े ही थे कि उनका सामना कृपाचार्य से हो गया जिन्होंने उन्हें ललकारा। पर वह अभिमन्यु के धनुष के सामने टिक नहीं पाए जिससे बाण इस तरह निकल रहे थे जैसे जंगल में धधकती आग। युवा धनुर्धर की निपुणता से आश्चर्यचकित कृपाचार्य के मुँह से निकल ही गया—"अपने पिता के समकक्ष से कहीं बढ़कर।"

अपने रास्ते में आए हर एक का संहार करते हुए अभिमन्यु को देखकर कौरव सैनिकों के एक दल ने उन्हें चारों ओर से घेर लिया। पर बिना विचलित हुए वह अपने प्रचंड बाणों का प्रहार करते रहे और उन्होंने सैकड़ों कौरव सैनिकों को वैसे ही मार गिराया जैसे शतरंज की बिसात पर प्यादे पिटते हैं।

अब अभिमन्यु ने स्वयं को कौरव सैनिकों के प्रधान सेनापति के सम्मुख पाया जो

अर्जुन-पुत्र को अपने सामने मोर्चा लेते देखकर रोमांचित हो उठे थे। कुछ क्षणों के लिए दो जोड़ी आँखें एक दूसरे से मिलीं। पर अभी भीष्म की दृष्टि उस युवा धनुर्धर के मुखमंडल पर टिकी ही थी कि एक बाण उनके चरणों में आ गिरा।

"हे मेरे महान परपितामह! आपसे युद्ध के लिए मैं आपकी अनुमति का प्रार्थी हूँ।"

"मैं तुम्हारे पिता को पहले ही आदेश दे चुका हूँ, मेरे प्रिय बालक। यशस्वी बनो और अपने कर्तव्य का पालन करो, जैसे मैं कर रहा हूँ।"

तब अभिमन्यु ने अपना बाण भीष्म के खजूर के पेड़ के चिह्न वाले ध्वज पर चलाया जो तार-तार होकर गिर पड़ा। दूसरा बाण भीष्म की बाईं भुजा में लगा जिसे उस वृद्ध ने मुस्कराते हुए खींच कर बाहर निकाल दिया मानो कोई काँटा हो।

बादलों में छिपा सूरज अचानक बाहर निकल आया जैसे कुरुवंश के सबसे युवा और सबसे वृद्ध सदस्य के बीच हो रहे युद्ध को देखना चाहता हो। पर चूँकि भीष्म अपने धनुष से जवाब देने का मन नहीं बना सके इसलिए उन्होंने अपने सारथी को रथ दूसरी तरफ ले चलने का आदेश दिया। दुर्योधन, जो यह सब देख रहे थे, भीष्म के अर्जुन-पुत्र को छोड़ देने पर नाराज हुए।

शल्य ने सोचा कि यदि अभिमन्यु को भीष्म ने छोड़ दिया तो क्यों नहीं उसके स्थान पर विराट के युवा पुत्र राजकुमार उत्तर पर प्रहार किया जाए। पर जब वह अपने हाथी पर सवार उस युवा मत्स्य की तरफ बढ़े तब उन्हें पता चला कि उनका सामना एक वीर प्रतिद्वन्द्वी से हुआ है। ऐसा लग रहा था जैसे राजकुमार उत्तर जो कभी रणभूमि से भाग खड़े हुए थे अब एक निपुण धनुर्धर के रूप में विकसित हो चुके हैं। परन्तु इससे पहले कि वह अपना धनुष उठाते शल्य ने भाले से उन पर वार कर दिया जो उस युवा योद्धा के सीने के पार हो गया और वह लहूलुहान होकर हाथी से गिर पड़े और वीरगति को प्राप्त हुए । परन्तु आश्चर्य यह कि राजकुमार उत्तर का हाथी रुका नहीं। चिंघाडते और कुचलते हुए, मानो दुःख से आक्रान्त हो, वह उत्तर के हत्यारे पर टूट पड़ा। पर इसके पहले कि वह उन्हें कुचल पाता शल्य को बचाने के लिए आगे बढ़े अनेकों कौरव सैनिकों ने उसे मार गिराया।

उस दिन अपराह्ण में युद्ध और भी घमासान हुआ जब भीष्म के बाणों ने पांडव सेना पर कहर बरसाया। सूर्यास्त तक युधिष्ठिर असंख्य सैनिक गँवा चुके थे। हताश मन से उन्होंने स्वयं से कहा, 'क्यों मैंने इस युद्ध में पड़ने की गलती की? मुझे समझना चाहिए था कि भीष्म, द्रोण और कृपाचार्य के सामने मेरे लिए कोई उम्मीद नहीं है। अपने निर्दोष सैनिकों की मृत्यु के पाप का प्रायश्चित्त मैं कैसे कर पाऊँगा?'

जब वह गहरे सोच में डूबे थे तभी कृष्ण वहाँ पहुँचे।

"मैं जानता हूँ, प्रिय युधिष्ठिर, कि आप क्यों निराशा में डूबे हैं। परन्तु दुःख और पश्चाताप क्षत्रिय धर्म की परिधि में नहीं आते।"

"काश, मैं क्षत्रिय कुल में पैदा ही नहीं होता, मारने-मरने के लिए..."

"आप वही भाषा बोल रहे हैं जो अर्जुन ने बोला था जब उसने अपना गांडीव रख दिया था और युद्ध करने से इनकार कर दिया था। मैंने उसे कैसे समझाया मैं दुहराना नहीं चाहता। बस इतना ही कहूँगा कि मुझ पर भरोसा रखें। एक दिन की लड़ाई युद्ध का अन्त नहीं है। इसलिए हतोत्साहित न हों। याद रखें कि यदि आपकी सेना ने आपको निराश देखा तो वह भी हतोत्साहित हो जाएगी। अतः एक आदर्श नेतृत्वकर्ता के रूप में आचरण करें।"

कृष्ण के शब्दों ने युधिष्ठिर को पुनः उत्साहित कर दिया और उन्होंने कहा, "हाँ, मुझे याद रखना चाहिए था कि जब आप हमारा मार्गदर्शन कर रहे हैं तो जीत अवश्य होगी।"

अड़तालीस

दूसरा दिन

अगली सुबह जब सूरज उगा तो युधिष्ठिर को लगा जैसे उसके चेहरे पर भव्य मुस्कान फैली हो। उन्होंने इसे उस दिन के लिए शुभ संकेत माना। उन्हें पिछले दिन के कृष्ण के शब्द भी याद आए। इसलिए मन में आशा और साहस लिए वह धृष्टद्युम्न के शिविर में गए, यह जानने के लिए कि वह भीष्म की चुनौती का सामना करने के लिए किस प्रकार पांडव सेना को लगाएँगे। उन्हें यह जानकर प्रसन्नता हुई कि उनके प्रधान सेनापति ने क्रौंच पक्षी जैसा संयोजन करने का निर्णय किया था ताकि किसी भी घुसपैठ की गुंजाइश न रहे। कुन्ती के पालक पिता कुन्तीभोज को पक्षी की आँख के स्थान पर तैनात किया गया था और सात्यकि की सेना को उसकी गर्दन के स्थान पर। इसके अतिरिक्त युधिष्ठिर पक्षी की पूँछ के स्थान पर रखे गए थे जबकि भीम ने अपनी टुकड़ियाँ क्रौंच के दोनों पंखों के स्थान पर तैनात की थीं और उनकी सहायता के लिए धृष्टद्युम्न स्वयं थे। अर्जुन को उनके सारथी कृष्ण के साथ स्वतन्त्र छोड़ दिया गया था ताकि वह रणभूमि में किसी भी ओर जाकर आवश्यकतानुसार अपने योद्धाओं की सहायता कर सकें।

स्वामित्वहीन भू-भाग के उस पार से दुर्योधन ने पांडव सेना के नए ठोस संयोजन को देखा। भय और चिन्ता से भरे वह गुरु द्रोण और कृपाचार्य के पास यह जानने के लिए गए कि उन लोगों ने दुश्मन से भिड़ने की क्या योजना बनाई है।

"मुझे कोई सन्देह नहीं कि आप दोनों जैसे निर्भीक योद्धाओं और मेरे अद्वितीय पितामह के बूते हम आज का युद्ध भी जीतेंगे।"

द्रोणाचार्य ने उन्हें आश्वस्त किया कि वह पांडवों की नई युद्ध योजना को समझते हैं और उनकी पंक्तियों को भेदने की क्षमता रखते हैं।

ज्यों ही भीष्म ने शंख फूँका और प्रत्युत्तर में धृष्टद्युम्न का तुर्यनाद सुनाई पड़ा कि युद्ध पूरे आक्रोश के साथ प्रारम्भ हो गया। कुछ ही घंटों में समरभूमि सैनिकों के शवों और छोटे-छोटे रक्तकुंडों में पड़ी हाथी-घोड़ों की लाशों से पट गई।

रणभूमि के एक खंड में भीष्म अभिमन्यु, भीम और धृष्टद्युम्न के साथ घोर युद्ध में रत थे। उन तीनों की संगठित शक्ति के बावजूद पांडव सेना भीष्म को सुरक्षा घेरा

तोड़ने से नहीं रोक सकी। वह अजेय वृद्ध योद्धा एक बार फिर अपनी राह में आने वालों का संहार करने में सफल दिखे। तब कृष्ण ने अर्जुन का रथ भीष्म से युद्ध के लिए उनकी तरफ मोड़ दिया।

भीष्म को बवंडर की तरह समरभूमि में चारों ओर दुश्मन का सफाया करते देख कृष्ण ने अर्जुन से कहा, "मैं देख रहा हूँ कि कल की तरह तुम आज भी भीष्म से युद्ध करने में आत्मसंशय से भरे हो। क्या तुम भूल गए जो कुछ मैंने युद्धारम्भ के पहले कहा था–कि क्षत्रिय के रूप में तुम्हारा मूल कार्य अपने कर्तव्य का निर्वहन करना है, चाहे सामने कोई भी हो? देखो किस तरह तुम्हारे पितामह निर्ममतापूर्वक हमारे सैनिकों का संहार कर रहे हैं। मैं बताता हूँ–वह रक्तपिपासु हैं। उन्हें किसी की भी हत्या करने में संकोच नहीं होगा, तुम्हारी, भीम या युधिष्ठिर की भी।" थोड़ा रुककर कृष्ण फिर बोले, "ठीक है, यदि तुम युद्ध से मुकरते हो तो बाध्य होकर मुझे अपना वचन तोड़ना होगा और स्वयं भीष्म से युद्ध करना होगा, अपने सुदर्शन चक्र से।"

कृष्ण की बात अभी समाप्त भी नहीं हुई थी कि भीष्म का एक बाण कृष्ण के बाएँ कन्धे को छीलता हुआ निकल गया जिससे रक्तस्राव होने लगा। उन्हें घायल देख अर्जुन उत्तेजित शेर की तरह उछल कर खड़े हो गए। अपने गांडीव के टंकार के साथ उन्होंने भीष्म पर बाणों की बौछार कर दी। फिर अर्जुन और कौरवों के प्रधान सेनापति के बीच घमासान युद्ध हुआ। यह युद्ध धरती पर से ज्यादा आकाश में हो रहा था क्योंकि दोनों पक्षों का हर बाण वायुमंडल–मध्य ही टकराता था, एक दूसरे के टुकड़े करते हुए या उनके प्रहार की दिशा बदलते हुए। दोनों अजेय धनुर्धरों के बीच जैसे–जैसे युद्ध भीषण होता गया वैसे–वैसे दोनों ओर की सेनाएँ उस प्रलयंकारी प्रदर्शन को देखने के लिए किनारे खड़ी हो गईं। ऊपर आकाश में दो देव–आकृतियाँ भी दिखीं–देवी गंगा और इन्द्र देव की–अपनी–अपनी सन्तान को विजयी देखने के लिए इच्छुक। यदि अर्जुन के गांडीव ने भीष्म का ध्वज ध्वस्त कर दिया तो भीष्म के बाणों से अर्जुन का रथ आंशिक रूप से क्षतिग्रस्त हो गया। पर अर्जुन का उत्साह कम नहीं हुआ क्योंकि कृष्ण ने अपने श्वेत अश्वों पर नियन्त्रण बनाए रखा था। जब यह द्वन्द्व–युद्ध लम्बा खिंचा तो लगा जैसे अपने धनुष पर भीष्म की पकड़ ढीली पड़ने लगी है। यह देखकर कि वह वृद्ध योद्धा अपने अथक प्रतिद्वन्द्वी के विपरीत स्वयं को नहीं सँभाल पा रहे हैं, दुर्योधन ने कुछ सैनिकों को हस्तक्षेप करने की आज्ञा दी और प्रधान सेनापति को दूर ले जाने को कहा। पर जब उन्हें मार्गरक्षण के साथ ले जाया जा रहा था तब भी अर्जुन के बाण असंख्य कौरव सैनिकों का संहार करते रहे। कुछ दूर खड़े दुर्योधन असहाय सब कुछ देख रहे थे।

दूसरे मोर्चे पर दो निपुण धनुर्धरों–द्रोण और धृष्टद्युम्न–के बीच द्वन्द्व जारी था। पांडवों के प्रधान सेनापति ने इसे एक ऐसे व्यक्ति से अपना पुराना हिसाब चुकाने का अवसर माना जिसने उनके पिता को भरी सभा में अपमानित किया था। हर बार जब

द्रोण के बाण ने उन्हें घायल करने की कोशिश की तो जवाबी प्रहार उसे रोक देता था। युद्ध तब गम्भीर हो गया जब द्रोण ने एक बाण से धृष्टद्युम्न के सारथी को मार गिराया। इससे वह इतने क्रोधित हो गए कि दाहिने हाथ में गदा लेकर आक्रमण के लिए अपने रथ से लपककर उतरे। पर इससे पहले कि वह अपने शत्रु तक पहुँचते उनकी गदा उनके हाथ से गिरा दी गई। तब उन्होंने तलवार उठा ली। पर तभी वहाँ भीम आ गए, अभिमन्यु और सात्यकि के साथ। अब द्रोण का मुकाबला एक साथ कई वीरों से था। जब सब तरफ से उन्हें परेशानी होने लगी तो सूर्य ने उनका बचाव किया। क्षितिज पर अस्त होते ही रणभूमि में अन्धकार छाने लगा। यद्यपि दुर्योधन यह देखकर राहत महसूस कर रहे थे कि एक महाविपत्ति टल गई पर अन्दर से वह निराश थे क्योंकि दूसरे दिन के युद्ध में उन्हें पराजय का सामना करना पड़ा था।

दूसरे खेमे में आनन्द का शोर सुनाई पड़ रहा था। युधिष्ठिर यह देखकर अत्यन्त प्रसन्न थे कि वह दिन उनके योद्धाओं के नाम हो गया था।

रात्रि विश्राम के लिए वह अपने शिविर में प्रवेश करने ही वाले थे कि एक छाया निकट आती दिखाई पड़ी। पीछे मुड़े तो कृष्ण सम्मुख थे।

"आप कितने सही थे, हे वासुदेव," युधिष्ठिर ने कहा, "मैं स्वीकार करता हूँ कि मैंने अब जाकर अपना पाठ ठीक से सीखा–कि व्यक्ति को धैर्य, साहस और भरोसा कभी खोना नहीं चाहिए।"

प्रत्युत्तर में कृष्ण मुस्करा दिए।

उनचास

तीसरा दिन

प्रथम दो दिनों में एक दूसरे की दिलेरी का अन्दाजा मिल जाने के बाद दोनों सेनाएँ अब तीसरे दिन के युद्ध के लिए कृतसंकल्प थीं। भीष्म इस बात के लिए विशेष रूप से चिन्तित थे कि उनकी सेना आकस्मिक आक्रमण का शिकार न हो जाए। सारी रात वह विभिन्न विकल्पों पर विचार करते रहे और अन्त में उन्होंने पवित्र पक्षीराज गरुड़ के स्वरूप को चुना। कृपाचार्य तथा अश्वत्थामा को अपने सैनिकों के साथ पक्षी के मस्तक-भाग पर मोर्चा सँभालना था और जयद्रथ तथा तृगतों को गर्दन के स्थान पर। पिछले सिरे पर कुसाल नरेश वृहदल के नेतृत्व में एक विशाल सेना रहेगी। द्रोणाचार्य के सैनिक पक्षी के चक्षुभाग पर अवस्थित होंगे जबकि भीष्म स्वयं गरुड़ की चोंच बनकर सबके आगे रहेंगे ताकि कौरव सेना को किसी भी आकस्मिक आक्रमण से सुरक्षा मिल सके। दुर्योधन और उनके भाइयों को पक्षी के हृदयस्थल पर रहने का निर्देश दिया गया था। रणभूमि में किसी भी सम्भावित चुनौती के मुकाबले के लिए यह एक ठोस सैन्य संरचना थी।

धृष्टद्युम्न ने उस ओर से यह सब देखा और तदनुसार अपने सैनिकों की अटल व्यूह रचना की। उन्होंने अर्धचन्द्राकार स्वरूप चुना। दोनों छोरों पर क्रमशः विराट और द्रुपद तैनात किए गए जिनकी सहायता के लिए स्वयं धृष्टद्युम्न और उनके भाई शिखंडी लगे थे। दाहिनी ओर बलशाली भीम-पुत्र घटोत्कच थे जो उसी दिन प्रातःकाल अपने पिता की ओर से युद्ध में शामिल होने के लिए आए थे। अर्धचन्द्र के मध्य भाग में युधिष्ठिर अपने हाथियों वाले सैन्य दस्ते के साथ तैनात थे।

दोनों सेनाओं ने एक दूसरे को गौर से देखा इस चेतना के साथ कि वह दिन भी व्यापक विनाश के सिवा और कुछ नहीं दे जाएगा।

दिन की शुरुआत फिर भीष्म के आक्रोशपूर्ण प्रहार से हुई। वह अपनी सेना के साथ पांडवों की पंक्ति वेधकर अन्दर घुस गए। उनके बाणों ने असंख्य सैनिकों को धराशायी कर दिया। उनके प्रचंड क्रोधोन्माद को देख भीम और घटोत्कच ने उनका मार्ग अवरुद्ध किया। पर ज्यों ही दुर्योधन अपने प्रधान सेनापति की सहायता के लिए आगे आए, भीम घटोत्कच के साथ उनकी ओर बढ़े। भीमपुत्र ने, जो विशाल पर्वताकार लग रहे थे, इस

वीरता के साथ दुर्योधन की सेना से युद्ध किया कि देखने वालों को वह अपने पिता से भी ज्यादा घातक लगे। घटोत्कच का बाण लगते ही दुर्योधन मूर्च्छित हो गए। कौरव राजकुमार को धरती पर अचेत पड़े देखकर द्रोण ने अपने सैनिकों को उन्हें उठाकर सुरक्षित स्थान पर ले जाने का आदेश दिया।

जब दुर्योधन को पुनः होश आया तो वह घायल बाघ की तरह उछल कर खड़े हो गए। उनकी आँखों में ज्वाला थी और हाथ क्रोध से काँप रहे थे। उन्होंने अपना गुस्सा भीष्म पर निकाला।

"हे पितामह, मुझे अपने दुश्मन से परास्त होते देख तो आप अवश्य प्रसन्न हुए होंगे," उन्होंने कटाक्ष किया, "अर्जुन और भीम के प्रति आपकी नरमी मैं देख रहा हूँ। अन्यथा आप पांडवों को दूसरे दिन का युद्ध जीतने नहीं देते। काश मैं यह सब पहले ही समझ जाता। यदि आप हृदय से मेरे साथ नहीं हैं तो मुझे एक ही बार साफ-साफ बता क्यों नहीं देते? मुझे खुशी होगी वैसी स्थिति में युद्ध की कमान आपसे लेकर राधेय को सौंपने में।"

दुर्योधन को धैर्य खोते देखकर भीष्म केवल मुस्कराए।

"बड़ों को सम्बोधित करते समय तुम्हें अपने पर नियन्त्रण रखना चाहिए। मैं अपने कर्तव्य का पालन कर रहा हूँ, और किसी भी निष्पक्ष व्यक्ति को यह समझ में आ जाएगा।" फिर वह रुककर बोले, "तथापि मैंने तुम्हें कई बार चेतावनी दी है कि पांडवों पर तुम्हारी विजय की कोई गुंजाइश नहीं, खासकर अर्जुन पर जिसका गांडीव अकाट्य है। यह सच है कि उस पर मेरा स्नेह है पर फिर भी मैं अपनी पूरी शक्ति और निपुणता के साथ उससे युद्ध करने का वचन देता हूँ। इसके अतिरिक्त मुझे कुछ नहीं कहना।"

दुर्योधन के कटाक्ष का दंश लिए भीष्म अब और भी अपूर्व शौर्य के साथ युद्ध करने लगे। उनके बाण पांडव सेना पर और तेज बरसने लगे जिससे दुश्मनों के पाँव उखड़ने लगे। आतंक फैलते देख कृष्ण ने अर्जुन की तरफ मुड़कर अपने पितामह के प्रति उनके लगाव के लिए उन्हें फटकारा। एक तरह से दुर्योधन और कृष्ण दोनों की स्थिति समान थी। यदि दुर्योधन भीष्म को पांडवों से परहेज करने के लिए दोष दे रहे थे तो कृष्ण भी भीष्म के प्रति अर्जुन के रवैये से समान रूप से अधीर हो रहे थे।

"हे अर्जुन, तुमने भीष्म से निःसंकोच युद्ध करने का अपना प्रण नहीं पूरा किया है," कृष्ण ने कहा, "मैं देख रहा हूँ कि इस वृद्ध हन्ता के विरुद्ध गांडीव उठाते ही तुम विचलित हो जाते हो। जहाँ तक मेरा सवाल है, मैं युधिष्ठिर को उनका साम्राज्य पुनः प्राप्त करने में सहायता के लिए वचनबद्ध हूँ। इसलिए मैं फिर सीधे शब्दों में बता देना चाहता हूँ कि यदि तुम्हें इस रक्तपिपासु योद्धा के विरुद्ध अपना शौर्य दिखाने में हिचकिचाहट हुई तो मैं स्वयं युद्ध में कूद पड़ने के लिए बाध्य हो जाऊँगा-दुर्योधन के प्रधान सेनापति का सफाया करने के लिए। परन्तु वह इस युद्ध में भाग न लेने की मेरी प्रतिज्ञा का हनन होगा। पर लगता है मेरे लिए सुदर्शन चक्र के प्रयोग का और स्वयं को

पाप का अन्त करनेवाला बताने का समय आ गया है, ठीक उसी तरह जैसे मैंने शिशुपाल का वध किया जिसने मेरे धैर्य की सारी हदें लाँघ दी थी।"

अपनी धमकी के साथ ही दाहिने हाथ में अपना चक्र लिए कृष्ण रथ से कूद पड़े। पर जब वह भीष्म के करीब गए तो उन्होंने देखा कि उस वृद्ध योद्धा ने अपने धनुष-बाण रख दिए।

"हे वासुदेव!" भीष्म ने कहा, "मेरा बड़ा सौभाग्य होगा यदि आपके हाथों मेरा अन्त हो। आप जानते हैं कि इन वर्षों में मैं अपनी माता गंगा से मिलने के लिए प्रतीक्षारत रहा हूँ। अतः मुक्त कर दीजिए मुझे इस मानव पाश से।"

भीष्म ने अभी अपनी बात पूरी भी नहीं की थी कि कृष्ण ने महसूस किया कि अर्जुन दाहिने हाथ से उनका वस्त्र पकड़कर खींच रहे हैं।

"कृपा कर, हे देव! अपना प्रण न तोड़ें। रथ पर वापस आ जाएँ। मैं निर्ममतापूर्वक और प्रतिबद्धता के साथ अपना काम पूरा करने का प्रण करता हूँ।"

इस पर द्रवित होकर कृष्ण ने कहा, "यदि तुम अपना वचन पूरा करने का प्रण करते हो तो मैं युद्ध में नहीं उतरूँगा।"

ऐसा कहकर वह रथ पर वापस लौट आए और अपना चक्र रख दिया। वह अपने अश्वों के नियन्त्रण में पुनः लग गए।

पर तभी संध्या का अन्धकार गहराने लगा। ऐसा लगा जैसे सूर्य भी इस युद्ध में एक खेल खेल रहे थे। दोनों पक्षों के सैनिकों को सूर्यास्त ईश्वर का एक वरदान सा प्रतीत हुआ जिससे उन्हें कम से कम उस एक रात का विश्राम मिल गया था। कल फिर एक दूसरा दिन होगा, दूसरे दौर की बर्बादी का।

पचास

चौथा दिन

अगली सुबह जब सूर्योदय हुआ तो दुर्योधन सोचने लगे कि क्या वह दिन उनके पक्ष में जाएगा। जहाँ तक भीष्म की बात थी अब वह पांडव सेना को परास्त करने के लिए कटिबद्ध थे ताकि दुर्योधन का क्रोध फिर से न भड़के। इसलिए अपनी सेना को आगे बढ़ने का आदेश देने के साथ ही उनके बाण सामने आनेवालों का सफाया करने लगे।

दूसरे मोर्चे पर अद्‌भुत शौर्य के साथ लड़ते हुए अभिमन्यु को दुर्योधन और उनके सहयोगियों द्वारा परेशान करते देख भीम अति उत्तेजित हो गए। बहुतों की दृष्टि में अभिमन्यु का धनुष उनके पिता के गांडीव से ज्यादा प्रलयंकारी था। दुर्योधन के भाइयों की बड़ी तादाद देखकर भीम तेजी से वहाँ पहुँच गए।

दुर्योधन योजनाबद्ध तरीके से पीछे हट गए और फिर बड़ी संख्या में हाथियों के साथ इस उम्मीद से हमला कर दिया कि भीम और उनके सैनिकों को खदेड़ देंगे। पर भीम दुर्योधन पर भारी पड़े। रथ से कूदकर वह गदा भाँजते और गरजते हुए हाथियों की तरफ बढ़े। उनके प्रहार से जानवरों में भय व्याप्त हो गया और वे हड़बड़ाकर भागने लगे। भगदड़ में हाथियों ने दुर्योधन के ही अनेक सैनिकों को कुचल दिया। पर भीम उन जानवरों के पूरे झुंड को ही मिटा देने पर आमादा थे। उनकी गदा तब तक चलती रही जब तक कि सब के सब धराशायी न हो गए। अपने असंख्य हाथियों को मृत देखकर दुर्योधन घोर निराशा में पड़ गए।

तब भीम ने दुर्योधन के भाइयों से भिड़ने का निश्चय किया। अपने रथ में सवार होकर उन्होंने सारथी विसोक से दुश्मनों की सेना के बीच पूरी गति से रथ घुसाने का आदेश दिया। इस बार उन्होंने दुर्योधन के भाइयों पर अपने तीर-धनुष का प्रयोग किया और कुछ ही देर में उनमें से आठ को मार गिराया।

"कहाँ हैं तुम्हारे बाकी भाई," भीम दुर्योधन पर चीखे, "ताकि मैं उन सबों को एक साथ देख लूँ?"

तभी अपने अजेय हाथी सुप्रिंतिक पर सवार प्रागज्योतिष नरेश भागदत्त को अपनी ओर आते देखकर दुर्योधन को थोड़ी राहत मिली। भीम गदा भाँजते हुए दुर्योधन के इस सहयोगी की तरफ मुड़े। पर उन्होंने गौर किया कि वह हाथी भी उतना ही लड़ाकू था

जितना उसका स्वामी। उसकी सूँड़ सरसराती हुई ऐसी चली मानो उसकी गदा हो। इस युद्ध के क्रम में भागदत्त के धनुष से निकला एक बाण भीम के सीने में जा लगा और वह मूर्च्छित होकर गिर पड़े। इससे पांडवों की सेना में भगदड़ मच गई। यह जानकर कि उनके पिता मूर्च्छित हो गए हैं घटोत्कच वहाँ पहुँच गए। पिता की स्थिति देखकर क्रोधित वह भागदत्त के हाथी पर जंगली भालू की तरह टूट पड़े। कुछ ही क्षणों में उस विशालकाय जानवर को लग गया कि उसका सामना किसी प्रबल विरोधी से हुआ है।

तब तक भीम को होश आ गया। अपने पुत्र द्वारा कौरव सेना की एक पूरी टुकड़ी को दूर खदेड़ दिया गया देखकर वह अति प्रसन्न हुए। जब भीम और घटोत्कच दोनों मिलकर दुश्मनों से युद्ध करने लगे तो दुर्योधन को भान हो गया कि पराजय का एक और दिन उनके नाम हो चुका।

जब भीष्म तक यह जानकारी पहुँची कि भीम का राक्षस पुत्र उनकी सेना को घास–पात की तरह रौंद रहा है तो वह तुरन्त उस स्थान पर पहुँचे। अपने पितामह को देखकर दुर्योधन पुनः उत्साहित हुए–

"आप और द्रोण मिलकर इस भयानक जीव को मारने का कोई यत्न क्यों नहीं करते जो हमारी सेना को तबाह करने पर तुला है?" दुर्योधन ने पूछा, "यह तो अपने पिता से भी ज्यादा विनाशकारी प्रतीत होता है।"

भीष्म ने एक कटु मुस्कान के साथ उत्तर दिया, "तुम्हें मालूम है कि घटोत्कच एक राक्षस है जो अपनी शारीरिक शक्ति और अपने पिता की सामरिक निपुणता दोनों से सम्पुष्ट है।"

वह रुककर बोले, "और फिर मैं थक गया हूँ और मेरी सेना भी थक गई है। इसलिए आज का युद्ध यहीं समाप्त घोषित कर हमें अपने शिविरों में लौट जाना चाहिए।"

दुर्योधन ने अपने पितामह पर आँखें तरेंरी। फिर अपने होंठ बिचकाते हुए उपहासपूर्वक भुनभुनाए–"लौट जाना चाहिए, या पीछे हट जाना चाहिए? मुझे लगता है आपको विश्राम की आवश्यकता है, एक वृद्ध का युद्ध से बचने का बहाना।"

पर भीष्म ने इसे अनसुना कर दिया। तथापि दुर्योधन क्रोध से उबल रहे थे। "अगर आप अत्यधिक थक गए हैं और पांडवों से युद्ध करने के इच्छुक नहीं हैं तो मैं अभी भी राधेय से कह सकता हूँ कि वह कमान सँभाल लें–क्योंकि मैं इस युद्ध को जीतने के लिए दृढ़संकल्पित हूँ।"

इस बात ने वृद्ध योद्धा को क्रोधित कर दिया और उन्होंने प्रत्युत्तर में कहा,

"ऐ दुर्योधन, मेरी सलाह है कि अपनी जीत की कपोल–कल्पना छोड़ दो। जब तक कृष्ण पांडवों के मार्गदर्शक हैं तुम्हारे विजय की कोई आस नहीं। सैकड़ों बार मैंने कहा है कि यह युद्ध दो सेनाओं के बीच का नहीं बल्कि न्याय और दुष्टता के बीच का है।" वह रुक गए। "इसलिए अब भी बहुत देर नहीं हुई है कि तुम युधिष्ठिर से शान्ति

की पहल करो।" वह फिर रुक गए। "जहाँ तक मेरा सवाल है, मुझे तो हस्तिनापुर के लिए लड़ते रहना है क्योंकि यही मेरा संकल्प है जो मैंने अपने पिता और अपनी पालक माता सत्यवती से किया था।"

गुस्साए दुर्योधन अपने तम्बू में चले गए। परन्तु सारी रात वह करवटें बदलते रहे। फिर वह उठकर चहलकदमी करने लगे, किसी अनिद्राग्रस्त रोगी की तरह। कुछ देर बाद वह बाहर आए, ताजी हवा साँस में भरने के लिए। चूँकि सभी तम्बुओं में रोशनी बुझ चुकी थी इसलिए उन्हें लगा कि सभी गहरी निद्रा में हैं। यहाँ तक कि हाथी-घोड़े भी धरती पर शान्त पड़े विश्राम कर रहे थे। आकाश में चाँद बादलों के बीच से गुजरता हुआ दिख रहा था। "क्या चाँद और सूरज वर्णक्रम के दो विपरीत छोरों की तरह नहीं हैं?" उन्होंने स्वयं से प्रश्न किया, "यदि चाँद शान्ति और विश्राम देता है तो सूरज सैनिकों को युद्ध के लिए बुलाता है।"

"पता नहीं, कल मेरे लिए क्या लेकर आएगा।" वह आहें भरते हुए स्वयं से बोले और अपने तम्बू में लौट गए।

इक्यावन

पाँचवाँ दिन

नित्य की तरह संजय राजा धृतराष्ट्र के कक्ष में सूर्योदय से थोड़ा पहले पधारे। भोर का धुँधलापन अभी मिटा नहीं था। उन्होंने राजा को आसन पर बैठे देखा–बाल अस्त-व्यस्त, चेहरा पीला पड़ा हुआ और पथराई आँखें जैसे अगल-बगल कुछ देखने का प्रयास कर रही हों।

"हे राजन!, रात क्या अच्छी नींद नहीं आई?" संजय ने पूछा।

"तुम मुझे चिढ़ा रहे हो?" राजा ने रूखेपन से कहा, "मैं तुम्हें बता चुका हूँ कि इस युद्ध के प्रथम दिन से ही मैंने पलक भी नहीं झपकाया है। किन्तु पिछली रात मैंने दुःस्वप्न देखे।" फिर कुछ ठहरकर उन्होंने जोड़ा, "क्योंकि तुम मुझे रणभूमि का दुःखद समाचार ही देते हो–मेरे पुत्रों के वध का? और मैं यह जानकर भी दुःखी हूँ कि भीष्म अर्जुन को मारने के अनिच्छुक हैं और द्रोण का स्नेह है पांडवों के प्रति। कभी-कभी मुझे लगता है कि तुम हमारे शत्रु के प्रवक्ता की तरह काम कर रहे हो।"

"पर मुझे लगता है कि अपने पुत्र की तरह आप भी अपना सन्तुलन खो रहे हैं। काश आप विवेक से काम लेते, अपनी अन्तर्दृष्टि से भविष्य को देखने की कोशिश करते! जहाँ तक मेरे द्वारा रणभूमि की घटनाओं का वर्णन करने का सवाल है तो मैंने हमेशा ही सत्य वर्णित किया है–वही जो मेरी आँखें देखती हैं और मेरे कान सुनते हैं। सत्य प्रायः अप्रिय होता है, राजन। यह एक कड़वी औषधि की तरह होता है जो गम्भीर बीमारी का एक मात्र निदान है। भीष्म और द्रोण ने बार-बार आपको परामर्श दिया कि पांडवों से शान्ति-समझौता कर लें और एक वृहत परिवार के सदस्यों की तरह रहें। पर आप दोनों पिता-पुत्र ने एक न सुनी। कुरु परिवार को विनाश की ओर बढ़ते देखकर मेरा हृदय खून के आँसू रोता है।

"आप इस नंगे सत्य को स्वीकार क्यों नहीं करते कि पांडवों की जीत सुनिश्चित है? इसलिए नहीं कि भीम और अर्जुन अजेय योद्धा हैं बल्कि इसलिए कि वह न्याय के लिए संघर्षरत हैं। और उससे भी बढ़कर इसलिए कि कृष्ण केवल एक सारथी नहीं हैं बल्कि एक परम दिव्य सत्ता हैं। वह हर कदम पर पांडवों का मार्गदर्शन कर रहे हैं। इसलिए रणभूमि में दुर्योधन की पराजय और हताशा तथा और भी अन्य भयानक

समाचारों के लिए तैयार रहें। बीते प्रथम चार दिन तो एक त्रासदिक नाटक की प्रस्तावना जैसे थे। आगे के दिन तो कौरवों के लिए और भी अधिक पीड़ा और दुःखभोग लेकर आएँगे।"

अपना दाहिना हाथ उठाते हुए, मानो संजय को चुप होने जाने के लिए कह रहे हों, राजा ने कहा, "बहुत हो गया। मेरे ताजे घावों पर नमक न छिड़को। लगता है तुम मुझे निरुत्साहित करना चाहते हो। बस एक-दो दिन रुक जाओ, तुम मेरे पुत्रों को विजयी होते देखोगे।"

संजय और धृतराष्ट्र के बीच एक अल्पकालिक मौन छा गया। तब थोड़ा नरम पड़ते हुए राजा ने कहा, "तुम फिर से अपना काम क्यों नहीं शुरू करते, संजय? चूँकि मैं सूर्योदय का आगमन अपने कक्ष में महसूस कर रहा हूँ इसलिए निश्चय ही एक दूसरा दिन प्रारम्भ हो चुका है। वहाँ अपनी दृष्टि डालो और मुझे बताओ कि भीष्म और दुर्योधन किस प्रकार युद्ध का रुख पलट देने की योजना बना रहे हैं?"

"हाँ, राजन! मैं भीष्म को अपनी सेना के लिए नई व्यूह-रचना करते देख रहा हूँ। मैं तुरही की आवाज भी सुन रहा हूँ।"

फिर संजय हमेशा की तरह युद्ध का वृत्तांत सुनाने लगे। जो चीज मनुष्य को अवसाद में डूबने से बचाती है वह है उसकी नित नई चीजों को देखने की चाह-कोई नया चेहरा, नया सूर्योदय, ऋतु परिवर्तन...अथवा, एक सेनापति के लिए, नयी व्यूह-रचना।

उस दिन भीष्म ने अपनी सेना की तैनाती के लिए मगरमच्छ की आकृति को चुना, इस आशा से कि परिणाम अच्छे होंगे। दूसरी तरफ इस चाल की काट में अर्जुन और धृष्टद्युम्न ने बाज रूपी संरचना का चयन किया। युधिष्ठिर ने नकुल और सहदेव के साथ बाज के पार्श्वभाग में मोर्चा सँभाला और अर्जुन ने अपने सैनिकों को गर्दन के स्थान पर तैनात किया। भीम बाज का मस्तक बने और धृष्टद्युम्न उसकी आँखें। भीम ने अपने सैनिकों को पक्षी की चोंच के स्थान पर लगाया-किसी भी क्षण दुश्मनों को चीरने के लिए तैयार।

कौरवों की मगरमच्छ की आकृति वाले सैन्य संयोजन पर सबसे पहले भीम को सीधे आक्रमण करना था। वह दिन चन्द घातक द्वन्द्वों से भरा रहा-भीम और भीष्म के बीच, भीष्म और अर्जुन के बीच तथा सात्यकि और भूरिश्रवा के बीच।

भीम-वध के लिए भीष्म कटिबद्ध थे ताकि कम-से-कम एक पांडव युद्ध से बाहर हो जाएँ। उनके बाणों के प्रहार से भीम चक्कर खाकर रथ से गिर पड़े। तब यह देखते हुए कि उनके भ्राता भीष्म का प्रहार नहीं झेल पाएँगे अर्जुन ने हस्तक्षेप किया। तदोपरान्त दो अजेय योद्धाओं के बीच भयंकर युद्ध प्रारम्भ हो गया, एक दूसरे के बाणों को मध्य आकाश में ही खंडित करते हुए।

जब यह द्वन्द्व चल रहा था तभी शिखंडी का रथ सामने आ गया। एक क्षण के लिए

भीष्म ने अर्जुन से युद्ध करना बन्द कर दिया और द्रुपद-पुत्र शिखंडी को देखा। उन्होंने अपने प्रतिद्वन्द्वी की आँखों में राजकुमारी अम्बा की तीव्र क्रोधाग्नि देखी जिन्होंने उनसे बदला लेने की शपथ ली थी और जिनका जन्म नर रूप में हुआ था, शिखंडी के रूप में। भीष्म का क्षत्रिय धर्म उन्हें नारी से युद्ध की अनुमति नहीं देता था। इसलिए उन्होंने अपने धनुष-बाण रख दिए। अपने पितामह की स्थिति को भाँपते ही दुर्योधन ने स्वयं को दोनों के बीच ला खड़ा किया और उछल कर उस वृद्ध योद्धा के रथ पर सवार हो गए तथा उन्हें फुर्ती से उठा ले गए। थोड़ा भी विलम्ब हुआ होता तो शिखंडी के बाण से निहत्थे भीष्म आहत हो जाते और कौरव सेना प्रधान-सेनापतिविहीन हो जाती।

फिर दुर्योधन द्रोण के पास गए और चापलूसी से उन्हें मनाने की कोशिश की, कटाक्ष करने की अपनी आदत पर नियन्त्रण रखते हुए और उन्हें युद्ध के लिए प्रेरित करते हुए क्योंकि उन्हें लग गया था कि एक और दिन उनके हाथ से निकलता जा रहा है।

"हे आदरणीय गुरुवर," उन्होंने कहना शुरू किया, "क्या मैं एक मात्र सौभाग्यशाली व्यक्ति नहीं हूँ जिसकी ओर से आप जैसे बेजोड़ योद्धा लड़ रहे हैं? इस धरा पर दूसरा कोई नहीं जो युद्ध में आपकी बराबरी कर सके। आखिर अर्जुन और भीम भी आपकी ही देन हैं। और जब किसी गुरु का अपने शिष्यों से सामना हो तो गुरु की जीत अवश्यम्भावी है। अत: हे मेरे आदरणीय गुरु, मेरे दुश्मनों को खत्म करने के लिए कुछ कीजिए।"

द्रोण समझ गए कि उन्हें पांडवों के विरुद्ध उकसाने के लिए दुर्योधन अब दूसरा राग अलाप रहे हैं।

"तुम जानते हो, दुर्योधन, कि मैं भरसक प्रयास कर रहा हूँ। पर मैंने अनेकों बार यह भी कहा है कि हम एक व्यर्थ के प्रयास में लगे हुए हैं। इस युद्ध में पराजित होना हमारी नियति है क्योंकि हम धर्म और न्याय के विरुद्ध खड़े हैं। सुनो, हे दुर्योधन, अर्जुन भले ही मेरे शिष्य रहे हैं परन्तु अब वह लैस हैं पशुपत दिव्यास्त्र से, और सत्य से। इसलिए मैं भला कैसे उनका संहार कर सकता हूँ? इसके अतिरिक्त मैं उनके मुखमंडल पर अपने पुत्र अश्वत्थामा का प्रतिबिम्ब देखता हूँ।"

ज्यों ही द्रोण की आवाज भावुकता में लड़खड़ाई, दुर्योधन प्रस्थान कर गए। अपने दल में भीष्म और द्रोण जैसे अनिच्छुक योद्धाओं को पाकर उनका काफी मोहभंग हुआ था। दोनों ही कौरवों और पांडवों के प्रति अपनी विभाजित निष्ठा का निराकरण नहीं कर पा रहे थे। "काश, राधेय हमारे साथ रणभूमि में होते!" दुर्योधन आहें भरते हुए बोले।

दूसरे मोर्चे पर सात्यकि का दुर्योधन के घनिष्ठ सहयोगी भूरिश्रवा के साथ भयानक संघर्ष चल रहा था। चूँकि सात्यकि ने धनुर्विद्या अर्जुन से सीखी थी इसलिए वह उसी गति और दक्षता के साथ लड़ रहे थे। परन्तु कुछ देर के बाद वह अपने प्रतिद्वन्द्वी के बाणों का दबाव महसूस करने लगे। उन्हें परेशानी में देखकर उनके पुत्रों ने मोर्चा सँभाल

लिया। लेकिन भूरिश्रवा के बाणों ने उन्हें क्षत-विक्षत कर दिया, जैसे ओले मक्के की फसल को तहस-नहस कर देते हैं। अपने पुत्रों के वध ने सात्यकि को अत्यन्त क्रोधित कर दिया और वह तलवार भाँजते हुए अपने रथ से कूद पड़े। परन्तु उनके दुश्मन ने तुरन्त प्रहार करके उनके हाथों से तलवार गिरा दी। ठीक उसी क्षण भीम सात्यकि के बचाव में आ गए और उन्हें अपने रथ में लेकर निकल गए।

उस दिन का युद्ध समाप्त होने तक अर्जुन ने दुर्योधन के सैकड़ों सैनिकों को मार गिराया। हर तरफ विध्वंस इतना भीषण हुआ कि रणभूमि रक्त के सागर-सी दिखने लगी।

सूर्यास्त फिर दोनों सेनाओं के लिए राहत लेकर आया। एक तरफ दुर्योधन फिर हतोत्साहित थे और दूसरी तरफ उल्लास का शोर था।

बावन
छठा दिन

युद्ध के छठे दिन जब सूर्योदय हुआ तो समरभूमि में अपूर्व उन्माद था। युद्ध भीम और द्रोण के बीच शुरू हुआ। यद्यपि भीम के हाथ काँपे पर उन्होंने अपने गुरु पर धनुष साधा। उनके बाण ने द्रोण के सारथी को धराशायी कर दिया। इससे द्रोण के अन्दर एक नया आक्रोश पैदा हुआ। भीम को तो वह निकल जाने दिया पर उन्होंने बाणों ने दुश्मन के सैनिकों का संहार इस तीव्रता से करना शुरू कर दिया कि पांडव सेना भयाक्रान्त हो गई।

भीम के मन में बस एक ही विचार था कि दुर्योधन के अन्य भाइयों को कैसे खत्म करें। वह जानते थे कि दुर्योधन को कमजोर करने का यही एक तरीका था।

अपने सारथी विसोक के संरक्षण में अपना रथ छोड़कर भीम पैदल ही दुश्मनों के बीच घुस गए। किसी आन्तरिक शक्ति से संचालित अपने शिकार ढूँढ़ते हुए वह बवंडर की तरह कौरवों की सैन्य संरचना के हृदयस्थल में प्रवेश कर गए। चूँकि दुर्योधन के भ्रातागण सैनिकों के सुरक्षा घेरे में मध्य भाग में ही स्थित थे इसलिए वह अपने मार्ग में आनेवाले हर एक का संहार तब तक करते रहे जब तक कि उन्होंने दुर्योधन के भाइयों को दृष्टिगत नहीं कर लिया। और तब वह उन पर ऐसे टूट पड़े जैसे कोई शेर हिरणों के झुंड पर झपटता है।

उधर धृष्टद्युम्न पांडव पक्ष में भीम को नहीं पाकर चिन्तित थे। उन्होंने केवल सारथी विसोक को देखा जो अकेले रथ में बैठे थे।

"भीम कहाँ हैं?" धृष्टद्युम्न ने पूछा।

"वहाँ हैं, स्वामी," सारथी ने कौरव सेना के मध्य इंगित करते हुए उत्तर दिया।

"हे भगवान!" धृष्टद्युम्न विस्मय से बोल पड़े। "अनर्थ हो जाएगा यदि उनकी हत्या हो गई।"

घबराए हुए से उन्होंने अपनी जान की परवाह किए बिना दुश्मनों के बीच प्रवेश करने का निर्णय किया। पर वह भीम को सुरक्षित देखकर अति आह्लादित हुए। वह वहाँ दुर्योधन के भाइयों से लड़ रहे थे जिन्हें अपने सर पर मौत मँडराती नजर आ रही थी। बहुत जल्द उनमें से अनेकों का वध हो गया।

अब धृष्टद्युम्न का सहयोग पाकर आश्वस्त भीम और भी अधिक उत्साह से युद्ध करने लगे। पर उनकी आँखें अपने प्रमुख शिकार दुःशासन को व्यग्रता से ढूँढ़ रही थीं।

"मुझे अवश्य उसे ढूँढ़ निकालना है," उन्होंने धृष्टद्युम्न की तरफ मुड़कर कहा। "पर लगता है वह भाग गया है।"

"फिर मौका मिलेगा, प्रिय भीम।" धृष्टद्युम्न ने सान्त्वना देते हुए कहा।

तभी उन दोनों योद्धाओं ने दुर्योधन को एक बड़े सैन्य समूह के आगे-आगे अपनी ओर आते देखा। एक क्षण के लिए उन दोनों ने पाया कि वे चारों ओर से घिर गए हैं। पर धृष्टद्युम्न ने अपने तरकस से एक बाण निकालकर आकाश में छोड़ दिया। यह धुँआ उगलने वाला एक चमत्कारी अस्त्र था जिससे सभी निश्चेष्ट हो गए। और जब कौरव सेना मूर्च्छित पड़ी थी उसी बीच दोनों बड़ी होशियारी से अपनी सेना की ओर निकल पड़े।

पर अभी वह कुछ ही दूर गए थे कि दुर्योधन न जाने किधर से उनके सम्मुख फिर आ गए। तब भीम और दुर्योधन के बीच जमकर युद्ध हुआ जिसमें कौरव युवराज भीम की गदा से गम्भीर रूप से घायल हुए। चूँकि वह रक्तरंजित पृथ्वी पर मूर्च्छित पड़े थे इसलिए भीम को उनकी हत्या इस असहायावस्था में करना वीरोचित नहीं लगा।

अपनी सेना के बीच लौटकर भीम और धृष्टद्युम्न को पता चला कि द्रोण अब भी अपने घातक बाण चलाए जा रहे हैं जबकि सूर्यास्त हो चुका है।

"क्या यह गुरु द्रोण द्वारा युद्ध के मौलिक नियमों का उल्लंघन नहीं हैं?" भीम ने पूछा।

"इतने लम्बे समय तक दुर्योधन और धृतराष्ट्र की संगति में रहने के कारण," धृष्टद्युम्न ने चुटकी लेते हुए कहा, "महान गुरु ने भी अपनी नैतिकता खो दी है।"

"निश्चय ही उन सबों का विनाश तय है?" भीम ने कहा। जब संजय ने यह सब धृतराष्ट्र को बताया तो राजा बुदबुदाए–"कैसे नींद आएगी मुझे आज रात, संजय, जबकि मेरा पुत्र रणभूमि में पड़ा है?"

तिरपन

सातवाँ दिन

अब हर सूर्योदय कौरवों के लिए बुरी खबर लेकर आने लगा। हर दिन की समाप्ति पर वे गहरे विषाद में डूबे होते थे। फिर भी दुर्योधन यह कठोर सत्य स्वीकार करने को तैयार नहीं थे कि अन्त में पराजय उन्हीं की होगी। उल्टे भीष्म, द्रोण और कृपाचार्य जैसे महारथियों के कारण अन्तिम विजय प्राप्ति की कपोल-कल्पना करते वह थकते नहीं थे।

नित्य की तरह भीष्म ने अपनी सेना के लिए एक नया संयोजन किया। इस बार तैनाती मंडलाकार होनी थी जिसकी परिधि पर सबसे बहादुर सैनिकों को लगाया जाना था ताकि संयोजन अनाक्रमणीय हो जाए। उन्होंने स्वयं सबसे अग्र भाग में मोर्चा सँभाला। उनके सफेद बाल रथ के चाँदी जैसे रंग और उसमें जुते सफेद घोड़े से मेल खा रहे थे।

अर्जुन ने अपने पितामह को एक और भयंकर आक्रमण के लिए तैयार देखा। पर वह भी अपने इच्छित स्थान पर तैनात होकर दुश्मन के वृत्त को खंडित कर देने के लिए कृतसंकल्प थे। अपने गांडीव की टंकार के साथ उन्होंने वृत्त के एक कमजोर अंश पर प्राणघातक बाणों का प्रहार शुरू कर दिया। उनका आक्रमण इतना प्रचंड था कि कौरव सेना में भगदड़ मच गई और वे बुरी तरह अस्त-व्यस्त हो गए।

तब भीष्म अपना रथ उस स्थान पर ले गए जहाँ अर्जुन उनके सैनिकों का संहार कर रहे थे। और तब पितामह भीष्म और उस युवा अजेय धनुर्धर अर्जुन के बीच घमासान युद्ध हुआ। प्रातःकाल सूर्य की रोशनी में हर किसी ने बुढ़ापे और जवानी का मुकाबला देखा। दोनों पक्षों के सभी सैनिक किनारे खड़े मन्त्रमुग्ध सा देखते रहे। द्वन्द्व पृथ्वी पर के बजाय मध्य आकाश में चल रहा था। बाण एक दूसरे से टकराकर धरती पर गिर जाते थे या मुड़ जाते थे। एक बार तो अर्जुन ने अपने विरोधी का धनुष तोड़कर सबों को अचम्भित कर दिया। पर तुरन्त भीष्म ने दूसरा धनुष उठा लिया ताकि लड़ाई जारी रख सकें। यदि भीष्म के बाण से निकली अग्नि की ज्वाला कतारबद्ध धधकती थी तो अर्जुन के अस्त्र से उसे बुझा देनेवाली जलधार फूट पड़ती थी। क्रमशः दोनों ओर से अनेकों ऐसे बाण चले जिससे आकाश में आतिशबाजी हुई। दर्शकों ने विभिन्न

रंगों के अग्नि के गोले उल्कापिंडों की तरह टूटते देखे। पर आश्चर्य की बात यह थी कि दोनों धनुर्धर एक दूसरे पर सीधा प्रहार करने से कतरा रहे थे। वास्तव में जब भी अर्जुन ने अपने धनुष से अस्त्र छोड़े तो भीष्म को कहते सुना गया–"शाबाश, मेरे बच्चे!"

इस बात से दुर्योधन, जो तब तक दर्शकों की भीड़ में शामिल हो चुके थे, आक्रोशित हो गए। 'ये युद्ध कर रहे हैं या एक-दूसरे के साथ खेल खेल रहे हैं,' उन्होंने अपने आप से पूछा, 'उनके पितामह अविलम्ब अर्जुन को मार क्यों नहीं देते?' क्षुब्ध होकर वह वहाँ से चले गए।

दूसरे मोर्चे पर द्रोण और विराट युद्धरत थे। जब विराट ने उनका धनुष खंडित कर दिया और उनके सारथी का वध कर दिया तब द्रोण प्रतिकार के लिए उत्तेजित हो गए। उन्होंने भी विराट के सारथी को मार गिराया। तब विराट रथ से उतरकर युद्ध करने लगे।

एक अन्य मोर्चे पर द्रोण-पुत्र अश्वत्थामा का मुकाबला शिखंडी से हो रहा था। जब शिखंडी के बाण से अश्वत्थामा का रथ क्षतिग्रस्त हो गया तो दोनों योद्धा रथ से उतरकर तलवार से लड़ने लगे। दोनों बड़ी दिलेरी से काफी देर तक लड़ते रहे और अन्त में थककर वहाँ से प्रस्थान कर गए।

उधर मध्य दोपहरी में युधिष्ठिर और कौरव सेना के एक अनुभवी योद्धा श्रुतायस के बीच युद्ध चल रहा था। जब श्रुतायस का एक बाण युधिष्ठिर के कवच पर लगा तो कुछ क्षणों के लिए वह अपना सन्तुलन खो बैठे। पर शीघ्र ही अपने को सँभालते हुए वह अपने दुश्मन पर इतने क्रोध और इतनी आक्रामकता के साथ बाणों का प्रहार करने लगे कि सभी आश्चर्यचकित रह गए। ऐसा इसलिए कि पांडव नरेश को, जो अपनी विनम्रता के लिए प्रसिद्ध थे, कभी भी इतना क्रोधित और उत्तेजित नहीं देखा गया था। क्रोधावेश में उन्होंने दुश्मन के अश्वों को मार डाला और उसे भागने पर मजबूर कर दिया।

जब युधिष्ठिर अपनी सेना के बीच वापस आए तो उन्होंने देखा कि भीष्म अपने घातक बाणों के प्रहार से उनके सैनिकों में आतंक फैला रहे हैं। उन्होंने सोचा कि यदि ऐसा ही होता रहा तो वह जल्द ही उनके सैकड़ों सैनिकों का संहार कर देंगे। इसलिए जब उनकी दृष्टि पास से गुजरते शिखंडी के रथ पर पड़ी तो उन्होंने उसे रोका और भीष्म की ओर दिखाते हुए कहा, "मुझे लगता है, उस वृद्ध भयंकर योद्धा को समाप्त करने के आपके प्रण की याद दिलाने की घड़ी आ गई है। आप भली-भाँति जानते हैं कि आपके सम्मुख होते ही वह अपना धनुष-बाण रख देंगे। और वही क्षण होगा जब आप उन्हें अन्तिम रूप से हमारे रास्ते से हटा देंगे। वह जब तक जीवित रहेंगे, विनाश हम सबों पर मँडराता रहेगा।"

प्रत्युत्तर में शिखंडी ने तुरन्त अपने सारथी से भीष्म के सामने ले चलने को कहा। परन्तु ज्यों ही उनका रथ नजदीक आया भीष्म ने एक तीव्र दृष्टि डाली और मुस्कराकर

दूसरी तरफ बढ़ गए। ओह! एक अच्छा मौका हाथ से निकल गया, युधिष्ठिर ने स्वयं से कहा।

पर उस दिन का एक प्रमुख युद्ध घटोत्कच और भागदत्त के बीच का भी रहा। अपने विशाल हाथी पर सवार भागदत्त आश्वस्त थे कि वह अपने दुश्मन को पराजित कर देंगे पर वह एक विशाल चट्टान की तरह उनके सामने थे। यों तो द्वन्द्व की शुरुआत धीमी थी पर जल्द ही वह एक भयानक युद्ध में बदल गया। दुश्मन की असावधानी का लाभ उठाते हुए भागदत्त ने उनके घोड़ों पर तीर चलाया और उनके रथ को भी चकनाचूर कर दिया। तब एक घायल शेर की तरह उत्तेजित घटोत्कच तलवार लेकर अपने दुश्मन पर लपके। परन्तु भागदत्त के हाथी का सूँड़ एक चाबुक की तरह चला और घटोत्कच धरती पर गिर पड़े। अपने आप को कठिन परिस्थिति में घिरा पाकर घटोत्कच ने योजनाबद्ध तरीके से पीछे हट जाना ही श्रेयस्कर समझा।

'फिर कभी देख लूँगा इन्हें,' उन्होंने स्वयं से कहा और वहाँ से चले गए।

सूर्यास्त होते ही दोनों सेनाओं ने फिर राहत की साँस ली।

चौवन
घटोत्कच का शौर्य-प्रदर्शन

हर दिन का उदय एक नए सैन्य संयोजन के साथ होता था, दोनों सेनाओं के एक दूसरे को परास्त करने के नए संकल्प के साथ। परन्तु हर सूर्यास्त के साथ पांडवों में उल्लास भर जाता था और कौरव खेमे में उदासी और अवमानना छा जाती थी।

युद्ध के आठवें दिन की व्यूह-रचना बिलकुल नवीन थी। जहाँ धृष्टद्युम्न ने अपनी सेना को सींग का आकार दिया था वहीं कौरवों ने समुद्र रूप को चुना। और फिर पूर्व के सात दिनों की तरह ही उग्रता और गति के साथ भयंकर युद्ध शुरू हुआ। पहला द्वन्द्व भीम और भीष्म के बीच हुआ–दोनों एक दूसरे को मिटा देने के लिए संकल्पित। भीम ने अपने पितामह पर बाणों की बौछार कर दी। पर उन्होंने बड़ी कुशलता से अपनी रक्षा की। जब भीम ने उनके अश्वों और सारथी का वध कर दिया तो दुर्योधन अपने भाइयों के साथ अपने सेनाध्यक्ष प्रमुख की सुरक्षा के लिए दौड़ पड़े। पर ज्यों ही भीम की दृष्टि दुर्योधन के भाइयों पर पड़ी, वह जंगली जानवर की तरह उनकी तरफ लपके मन-ही-मन कहते हुए–'मैंने धृतराष्ट्र के सभी बेटों को खत्म कर देने का प्रण किया है। उनमें से केवल कुछेक को नहीं क्योंकि वे सभी तो उसी निर्दयी, अन्यायी और लोभी राजा की सन्तान हैं।'

जब दुर्योधन ने अपने कई भाइयों का तत्काल संहार होते देखा तो वह क्रोध भरी आँखों से अपने पितामह की तरफ मुड़े–

"हे श्रेष्ठ पितामह! समझ में नहीं आता कि आपके लिए उस व्यक्ति का अन्त करना क्यों सम्भव नहीं हो पा रहा जो भूखे भेड़िए की तरह मेरे भाइयों का शिकार कर रहा है? आप तो जानते हैं कि यह केवल आप ही कर सकते हैं, मेरे सैनिक नहीं जो घबराए हुए भाग रहे हैं। पर मेरा हमेशा से शक रहा है कि आप पांडवों को आघात नहीं पहुँचाएँगे। मैं तो स्वयं को एक विकट स्थिति में फँसा पा रहा हूँ जिसमें मेरे सेनाध्यक्ष ही मेरे दुश्मनों की मदद कर रहे हैं।"

भीष्म ने आत्मसंयम और गरिमा के साथ उत्तर दिया–

"हे प्रिय वत्स, मैं जानता हूँ कि मुझे और द्रोण को पक्षपाती ठहराने से तुम बाज नहीं आओगे। अगर तुम ऐसा ही सोचते हो तो जो चाहो बोलो। पर हम और द्रोण अपना

कर्तव्य निभा रहे हैं, अन्यथा हम दोनों आसानी से तुम्हारे लिए युद्ध करने से मना कर सकते थे।" फिर कुछ ठहरकर उन्होंने व्यंग्यमिश्रित स्वर में कहा, "परिवर्तन के लिए ही सही, तुम स्वयं को क्यों नहीं दोष देते? क्या तुम द्रोण के शिष्यों में से एक नहीं हो? निश्चय ही यदि तुमने भी युद्ध कौशल अपने गुरु से सीखा होता, और भीम तथा अर्जुन से भी, तो आज तुम पांडवों का सामना आसानी से कर सकते थे, जैसी उम्मीद तुम हम से करते हो। लेकिन तुम तो अपनी जबान की धार तेज करते रहे हो, अपने ही सहयोगियों पर चलाने के लिए।"

भीष्म के कटाक्ष से डसे दुर्योधन ने अपना रथ दूसरी ओर मोड़ दिया।

"हे संजय," धृतराष्ट्र ने पूछा, "भीष्म ने अभी-अभी जो कुछ कहा उसमें तो सत्य है। मेरा पुत्र भीष्म को दोष देने के बजाय स्वयं अपनी गदा और अपने धनुष से युद्ध क्यों नहीं करता?" फिर बूढ़े राजा ने एक गहरी आह भरी और बोले, "आज रात मुझे फिर दुःस्वप्न आएगा। मेरी दृष्टिहीन आँखें रणभूमि में बिखरे पड़े अपने पुत्रों के शव की छवि देखेंगी, जैसे लकड़ी के बोटे बिखरे पड़े हों। और उससे भी बुरा तो अभी होनेवाला है, मैं जानता हूँ। कभी-कभी लगता है मैं तुम्हें युद्ध का वर्णन करने से रोक दूँ। मेरा हृदय व्यथित हो जाता है।"

"निःसन्देह," संजय ने हामी भरी, "पर क्या ऋषि व्यास ने आपको पूर्व चेतावनी नहीं दी थी? परन्तु आप तो उतने ही हठधर्मी और अकड़े हुए हैं जितने आपके पुत्र।"

अब तक सूर्य आकाश मध्य पहुँच चुके थे। वह उस दृश्य के साक्षी थे जिसमें पूरी समरभूमि छोटे-छोटे रक्तकुंडों में पड़े असंख्य शवों से पटी थी।

अभी भीष्म ने फिर से पांडव सेना का संहार करना शुरू किया ही था कि भीम-पुत्र घटोत्कच किसी गहरी घाटी के ऊपर से देखते पर्वत शिखर की तरह सामने आ गए। जब वह एक हिंसक सांढ़ की तरह गरजने लगे तो भय से कौरव सैनिकों को लगा जैसे उनकी रगों में खून जमने लगा है। अपनी मायावी शक्ति से उन्होंने कौरव सैनिकों को हैरान और भयाक्रांत कर दिया। एक प्रचंड तूफान की तरह वह युद्धभूमि को एक छोर से दूसरे छोर तक निर्विरोध रौंदते रहे। कौरव सैनिकों में चीख-पुकार मच गई- "इस दैत्य का सामना कौन कर सकता हैं? हमारा सर्वनाश निश्चित है।"

तब घटोत्कच दुर्योधन पर झपटे और उन्हें उत्पीड़ित करने लगे। उनके शरीर पर गदा से प्रहार किया और उन्हें उठाकर ऐसे उछाल दिया जैसे कोई बिल्ली चूहे से खेल रही हो। उनकी शारीरिक क्षमता देख दुर्योधन अचम्भित थे। घटोत्कच पर वार करने के लिए उन्होंने अपनी गदा उठाई। पर वह तत्क्षण उनके हाथों से दूर जा गिरी और अगले ही क्षण दुर्योधन धरती पर चित पड़े हाँफ रहे थे।

"नहीं, मैं तुम्हें पैरों तले नहीं रौंदूँगा," घटोत्कच ने गुर्राते हुए कहा, "मुझे अपने पिता को दिए वचन का पालन करना है कि वही तुम्हारी जाँघों का गूदा बनाएँगे। इसलिए मैं अपने पिता के शिकार को नहीं मारूँगा।"

'इस मानमर्दन के मुकाबले तो मृत्यु एक वरदान होती,' दुर्योधन ने सोचा। असहाय-सा उन्होंने चारों तरफ देखा, परन्तु कोई उनकी मदद को नहीं आया।

तभी भीष्म को कुछ दूरी पर हो-हल्ला सुनाई पड़ा। वह तुरन्त द्रोण, अश्वत्थामा और कृपाचार्य के साथ वहाँ पहुँच गए। तब घटोत्कच उन सबों से एक साथ जूझ पड़े।

"आप सभी मेरे विरुद्ध एक गुट बनाकर लड़ना चाहते हैं या आप में से कोई द्वन्द्व युद्ध के लिए आगे आएगा?"

"मैं तुमसे युद्ध करूँगा, ऐ राक्षस।" भीष्म अपना धनुष उठाते हुए गरजे। उनकी खूनी आँखों में एक उत्तेजित योद्धा की ज्वाला थी। तब उन दोनों वीरों के बीच द्वन्द्व-युद्ध शुरू हो गया। हर वार के साथ घटोत्कच एक हिंसक पशु की तरह हुँआते थे। उनकी आवाज सुनकर युधिष्ठिर को लग गया कि उनके भतीजे को दुश्मन परेशान कर रहे हैं। उनकी सुरक्षा के लिए चिन्तित उन्होंने भीम से अपने पुत्र के संरक्षण हेतु तुरन्त जाने को कहा क्योंकि अर्जुन दूसरे मोर्चे पर युद्धरत थे। विद्युत गति से भीम उस स्थान पर पहुँच गए और देखा कि उनका पुत्र एक साथ कई वीरों से अकेले मुकाबला कर रहा है।

इस बीच दुर्योधन ने भागदत्त को सन्देश भेज दिया था कि वह घटोत्कच का सामना करें क्योंकि वह जानते थे कि कोई दूसरा योद्धा इस मायावी राक्षस के सामने टिक नहीं सकता था। अपने अजेय हाथी सुप्रिंतिक पर सवार भागदत्त जल्द ही आ गए। फिर घटोत्कच और भागदत्त के बीच आक्रामक द्वन्द्व-युद्ध हुआ। देखने वालों को लगा कि यह द्वन्द्व सूर्यास्त तक चलेगा। घटोत्कच ने उस विशालकाय हाथी पर बाणों की बौछार कर दी पर उसने अपने सूँड़ से उन्हें ऐसे झटक दिया मानो वे छोटे-छोटे काँटे हों। तब भागदत्त अपने हाथी से कूद पड़े और घटोत्कच के रथ के घोड़ों को मार दिया। इससे भीम-पुत्र अति क्रोधित हो उठे। उन्होंने अपने भाले से दुश्मन को निशाना बनाया, परन्तु भागदत्त ने उसे टुकड़े-टुकड़े कर दिया। चूँकि दोनों योद्धा थका महसूस कर रहे थे, वे अपने-अपने शिविर में लौट गए।

पचपन

व्यथा की एक रात

आठवें दिन का सूर्यास्त एक गहरी काली रात लेकर आया। चारों तरफ तेज हवा की साँय-साँय गूँज रही थी। दूर कहीं रणभूमि के उस पार से दुर्योधन को जंगली पशुओं के हुँआने की आवाज सुनाई दे रही थी। उनके अनेकों भाइयों की मौत और हर दिन सैनिकों के संहार ने उनका हृदय छलनी कर दिया था। वह बेचैनी से बिस्तर पर करवटें बदल रहे थे। पहली बार उन्हें महसूस हुआ कि इस युद्ध में उनकी पराजय नियत है। अकेलेपन और विषाद ने जैसे उन्हें निष्प्राण कर दिया था। तीव्र व्यथा में वह बिस्तर से उठ गए और चहलकदमी करने लगे। तभी उनके दिमाग में एक विचार कौंधा। क्यों नहीं राधेय के तम्बू में जाकर उनसे अपनी व्यग्रता बताएँ क्योंकि वह मुझे बेहद पसन्द हैं और उन पर मेरा सर्वाधिक विश्वास है। यदि उनके पितामह की जगह राधेय ने सेना की कमान सँभाली होती, उन्होंने सोचा, तो पहले ही दिन अर्जुन का सफाया हो जाता और तब उनकी सेना भी ज्यादा बहादुरी से लड़ती और हर दिन का अन्त उनकी सफलता में होता। कहीं कोई अशुभ तो नहीं था, वह सोचने लगे, जिसके कारण मेरी अब तक की सारी योजनाएँ विफल हो गईं?

कुछ देर बाद हाथ में मोमबत्ती लिये दुर्योधन राधेय के तम्बू की तरफ जा रहे थे। जब वह अन्दर दाखिल हुए तो लेटे हुए राधेय को लगा कि कोई उनके ऊपर झुका हुआ है।

"कौन?" आँखें मलते हुए राधेय ने पूछा। फिर दुर्योधन को पहचानते हुए वह बुदबुदाए, "ओह, आप! इस समय यहाँ कैसे?"

"मैं सो नहीं पाया, प्रिय राधेय," उन्होंने उत्तर दिया। "तुम्हें तो पता ही है, कल का दिन भी मेरे लिए बुरा साबित हुआ। अब तक मैं अपने चौबीस भाइयों को खो चुका हूँ, अपने सैकड़ों सैनिकों के अतिरिक्त।

"युद्ध में कुछ कहा नहीं जा सकता।" राधेय ने कहा।

"अच्छा, मैं यहाँ एक खास बात करने आया हूँ। मैं भीम या अर्जुन को दोष नहीं देता क्योंकि वे तो मेरे कट्टर दुश्मन हैं ही। पर मेरे पितामह का क्या जिन्होंने अभी तक एक भी पांडव का वध नहीं किया। क्या यह एक तरह का विश्वासघात नहीं है?"

राधेय ने अपने मित्र की तरफ देखा। क्रोध और निराशा उनके चहरे पर साफ झलक रही थी।

"आपको पहले से ज्ञात है," राधेय ने कहा, "कि आपके सेनाध्यक्ष उनके प्रति अत्यन्त नरम हैं। वह उनमें से किसी को भी नहीं मारेंगे, यद्यपि वह प्रतिदिन उनके सैकड़ों सैनिकों का संहार करते हैं।"

"दुश्मन की सेना में उनका बवंडर की तरह तबाही मचाना मुझे तनिक भी नहीं भाता," दुर्योधन ने कहा, "काश, वह केवल भीम का वध कर देते जो मेरे भाई दुःशासन की जान के पीछे पड़ा है...या फिर सिर्फ अर्जुन को खत्म कर देते तो युद्ध तुरन्त समाप्त हो जाता। मैं बेहद परेशान हूँ। ऐसे समय में तुम मेरी सहायता कर सकते हो क्योंकि तुम्हीं मेरी सान्त्वना के एक मात्र आधार हो, मेरे सभी भाइयों से भी ज्यादा प्रिय, और मेरे पिता से भी।"

भावावेग में राधेय दुर्योधन के पास चले आए और गर्मजोशी से उन्हें गले लगाते हुए बोले, "हे प्रिय मित्र, आप जानते हैं कि मैंने अपना जीवन आपको सौंप दिया है। मृत्यु का भय मुझे नहीं है क्योंकि आपके लिए युद्ध करते हुए प्राणोत्सर्ग करना मेरे लिए सम्मान की बात होगी।"

"ऐसा न कहो, हे राधेय," दुर्योधन ने कहा, "किसी भी परिस्थिति में यदि तुम वीरगति को प्राप्त करोगे तो पता नहीं मैं क्या कर बैठूँगा। मेरे लिए तो वह संसार का अन्त ही होगा।" वह कुछ रुककर बोले, "इस समय तुम्हारे पास आने का मेरा मूल उद्देश्य है तुम्हारी राय लेना। क्या तुम्हें नहीं लगता कि वह समय आ गया है जब मैं पितामह से कहूँ कि वह रणभूमि में अपना स्थान अब तुम्हें सौंप दें? उन्हें सेनाध्यक्ष के रूप में चुनना मेरी भयंकर भूल थी। परन्तु अभी भी कुछ नहीं बिगड़ा।"

कौरव सेना का नेतृत्व करने के दुर्योधन के प्रस्ताव पर राधेय द्रवित हो गए।

"यदि मैं कमान सँभालता हूँ तो आप जानते हैं कि अर्जुन-वध ही मेरा मूल लक्ष्य होगा।"

"इससे बढ़कर प्रसन्नता की बात, हे राधेय, मेरे लिए और क्या हो सकती है?" दुर्योधन ने कहा, "तो मैं पितामह के शिविर में जाता हूँ और उन्हें कहता हूँ कि वह अपने आप को युद्ध से अलग कर लें। हाँ, मैं यथासम्भव श्रद्धापूर्ण तरीके से और सावधानीपूर्वक ही बात करूँगा।"

"मेरी शुभकामना," राधेय ने कहा। "आशा है आप किसी न किसी तरह इसमें सफल होंगे।"

राधेय के तम्बू से निकलकर दुर्योधन सीधे अपने पितामह के पास गए। उन्होंने उन्हें खर्राटे लेते सुना। 'ये यहाँ निश्चिंत सो रहे हैं,' दुर्योधन ने स्वयं से कहा, 'जबकि मैं यन्त्रणा झेल रहा हूँ।' जब उन्होंने भीष्म के पैर छूए तो उस वृद्ध योद्धा की आँखें खुलीं। वह दुर्योधन को अपने बिस्तर के पास देखकर अचम्भित थे।

"क्या बात है, मेरे प्रिय बच्चे?" भीष्म ने पूछा, "कुछ गड़बड़ है क्या?"

"सब कुछ, हे पितामह!" उन्होंने उत्तर दिया, "शायद मेरे मार्ग का सीमान्त हो चुका है। पहली बार मुझे लगने लगा है कि मैं यह युद्ध हार जाऊँगा–द्रोण, कृपाचार्य, अश्वत्थामा और आप जैसे महारथियों के होते हुए।"

"ऐसा क्यों कहते हो जबकि मैं स्वयं प्रतिदिन सैकड़ों दुश्मन सैनिकों का संहार कर रहा हूँ? द्रोण भी पराक्रम के साथ लड़ रहे हैं। फिर तुम्हें कैसी चिन्ता?"

अब दुर्योधन ने उन्हें गुर्राकर देखा। "क्षमा करें यदि मैं कहूँ कि मेरे मोहभंग के लिए मूल रूप से आप जिम्मेदार हैं। मैं इस बात से इनकार नहीं करता कि दुश्मन के सैनिकों में आपका भय व्याप्त है। किन्तु मुझे तनिक भी प्रसन्नता नहीं होगी यदि आप दुश्मन के सभी सैनिकों का सफाया कर दें और पांडवों को हाथ से निकल जाने दें। मैंने कई बार आपको अर्जुन या भीम से आमने-सामने होते देखा है परन्तु आपके बाण कभी उन्हें अपना निशाना नहीं बनाते। उल्टे जब भी उनके तीर आपको लगे, मैंने हर बार आपको उन्हें आशीष देते सुना। और यही बात गुरु द्रोण के साथ है। आप दोनों मेरे दुश्मन से मिले हुए लगते हैं। बस ऊपर से मेरे समर्थक होने का स्वाँग करते हैं।"

"तुम फिर द्रोण और मुझ पर दोहरेपन का आरोप लगाने की कोशिश कर रहे हो।" एक क्षण के लिए लगा जैसे वह वृद्ध व्यक्ति अपना आपा खो देंगे। पर तुरन्त उन्होंने स्वयं को संयमित कर लिया। "अनेकों बार तुमने अपनी नासमझी के कारण ऐसी बातें कही हैं। पर मैं सौवें बार तुम्हें बता दूँ कि पांडवों को खत्म करने की शक्ति मुझमें नहीं है क्योंकि वे अजेय हैं। इसके अतिरिक्त, पांडु-पुत्रों के रूप में वे मुझे उतने ही प्रिय हैं जितने कि तुम।"

"उतने ही प्रिय नहीं, बल्कि मुझसे कहीं ज्यादा प्रिय," दुर्योधन ने क्रोध से बिफरते हुए कटाक्ष किया। "इसलिए सब कुछ एक ही बार खुलकर क्यों नहीं कह देते?"

"तुम जैसा चाहो, समझो," भीष्म ने प्रत्युत्तर दिया, "मैं उनका वध नहीं करूँगा–और यही सत्य है।"

"तब आप मुझे युद्ध के लिए राधेय से आग्रह क्यों नहीं करने देते? अर्जुन को मिटा कर वह अत्यन्त प्रसन्न होंगे।"

"मैं जानता हूँ कि वह खुली प्रतिस्पर्धा में हुई अपनी अवमानना की पुरानी दुश्मनी साधने के लिए कटिबद्ध है। पर मैं तुम्हें बता दूँ कि वह भी पांडवों में से किसी का भी वध नहीं कर पाएगा। मैं तुम्हें याद दिलाना चाहूँगा कि अपने कवच और स्वर्ण-कुंडल इन्द्रदेव को सौंपकर अब राधेय वास्तव में असुरक्षित है। फिर भी यदि तुम इतने इच्छुक हो तो उसे युद्ध में शामिल कर सकते हो।"

फिर एक गहरी लम्बी साँस भरकर भीष्म ने उदास स्वर में कहा, "जहाँ तक मेरा सवाल है, वत्स, समस्त जिम्मेदारियों से मुक्त होकर मुझे अत्यन्त प्रसन्नता होगी। अपने कन्धों पर अपनी आयु का बोझ महसूस करने लगा हूँ। शायद मैं कुछ ज्यादा ही

जी चुका हूँ। अब क्या विदा होने की घड़ी नहीं आ गई है? तुम इन सब बातों पर अनासक्त भाव से मनन कर सकते हो। तब तक मैं अपने दायित्व का निर्वहन करता रहूँगा जो मेरे पिता शान्तनु ने मेरे लिए निर्धारित किया था–हस्तिनापुर के सिंहासन की रक्षा का दायित्व।"

गुस्से से भरे दुर्योधन दाँत पीसते हुए अपने पितामह के तम्बू से बाहर निकल गए। जब वह अपने तम्बू में लौटे तो नींद उनसे किनारा कर चुकी थी। वह बस अगले सूर्योदय की प्रतीक्षा करते रहे जो वह जानते थे कि उनके लिए एक और पराजय और निराशा का दिन लेकर आएगा।

छप्पन

अग्नि-नद भीष्म

नौवें दिन जब दिवाकर उदित हुए तो आग के गोले से दिखे। मध्यान्ह के अपने ताप और तेज तक पहुँचने के पूर्व ही उनकी किरणों के तीक्ष्ण बरछे रणभूमि पर सर्वत्र बरसने लगे। भास्कर देव की इस प्रचंडता के समान ही भीष्म ने भी पूर्व की भाँति अपनी विनाशक शक्ति का प्रदर्शन करने का निर्णय किया। यद्यपि उन्होंने रणक्षेत्र छोड़ देने की धमकी दी थी पर उस दिन उन्होंने अपनी तेजस्विता दिखा देने की ठान ली।

उस दिन की व्यूह-रचना के लिए उन्होंने सर्वतोभद्र, अर्थात सभी दिशाओं से सुरक्षित, आकार को चुना इस आशा के साथ कि इस बार दुश्मन किसी भी कोने से उसका भेदन नहीं कर पाएगा। भीष्म स्वयं सबसे अग्र भाग में कृपाचार्य, शकुनि और जयद्रथ के साथ तैनात हो गए।

उधर धृष्टद्युम्न और अर्जुन ने दुश्मन पर अचानक आक्रमण करके उसे विस्मित कर देने की योजना पहले से ही बना ली थी।

व्यूह-रचना और अपने पितामह के आनन पर घातक आक्रामकता देखकर दुर्योधन को कुछ आशा बँधी कि वह नौवाँ दिन पांडवों के विपरीत जाएगा। अपने भाई दुःशासन से उन्होंने कहा, "पिछली रात जो बातें मैंने पितामह से कही उसी का असर है कि आज वह एक नए जोश के साथ युद्ध करने के लिए उद्यत दिख रहे हैं।" साथ ही उन्होंने इस वृद्ध योद्धा के शिखंडी के सम्मुख पड़ने से उत्पन्न खतरे से भी सावधान किया। "तब यह बस अपना अस्त-शस्त्र रख देंगे और उस औरत के समक्ष, जो इस जन्म में नर रूप में हैं, निष्क्रिय हो जाएँगे। इसलिए आज तुम रणभूमि में कहीं भी शिखंडी को इनके आस-पास भी नहीं आने देना।"

भीष्म तो आज प्रचंड सूरज की तरह दहक रहे थे। उनके बाणों से पांडवों में आतंक जंगली आग की तरह फैल रहा था। दहशत में वे रणभूमि से भागने लगे। ज्वालामुखी की तरह लावा बहाते वह सब कुछ भस्म कर देने के लिए कटिबद्ध दिख रहे थे। तीव्र वेग से उन्हें बेरोक-टोक बढ़ते देखकर कृष्ण ने अर्जुन से उनके वध का अपना वचन पूरा करने को कहा क्योंकि वह पहले ही आधे से अधिक पांडव सैनिकों का संहार कर चुके थे।

"यही समय है," कृष्ण अर्जुन से बोले,"यदि तुम युद्ध के लिए तैयार हो तो मैं सीधे तुम्हें उनके सम्मुख ले चलूँगा। "

परन्तु अर्जुन उलझन में दिखे।

"हे वासुदेव! " उन्होंने कहा, "मेरे हाथ फिर काँप रहे हैं और मेरा गांडीव छूटता प्रतीत हो रहा है। याद करें, मैं ही था जिसने आपके शान्ति-प्रस्ताव की विफलता पर दुर्योधन को युद्ध का निर्णय सुना देने को कहा था। पर अब मुझे लगता है कि युद्ध सर्वथा अनिष्टकर है क्योंकि इसमें विजित और पराजित दोनों की हानि होती है। हर युद्ध केवल बर्बादी ही देता है।"

कृष्ण ने अर्जुन को क्रोधपूर्ण दृष्टि से देखा। "तुम तो ऋषि की भाषा बोल रहे हो, एक क्षत्रिय की नहीं। नग्न सत्य यह है कि तुम फिर एक बार अवसाद और कायरता में डूब गए हो। क्या तुम्हें नहीं पता कि भीष्म हमारी सेना के लिए यमराज बने हुए हैं? सत्य और न्याय की बात करनेवाले ये भयानक निर्दयता से हमारी सेना का संहार कर रहे हैं। इनके हाथ न्याय के लिए लड़नेवाले हमारे हजारों सैनिकों के खून से सने हैं।"

अचानक कृष्ण रुके, मानो विषय परिवर्तन कर रहे हों, और बोले, "मैं तुम्हें सीधे-सीधे बता दूँ कि यह समय शास्त्रार्थ करने का नहीं है और न ही छिद्रान्वेषण का कि तुम कायर हो गए हो। अब मुझे स्वयं युद्ध में कूदना पड़ेगा। एक बार फिर मैंने इस वृद्ध का अन्त करने के लिए अपने चक्र सुदर्शन का प्रयोग करने का निर्णय कर लिया है। तुम चाहो तो बस एक निष्क्रिय दर्शक की तरह खड़े रह सकते हो..."

कृष्ण ने घोड़ों की लगाम छोड़ दी और रथ से कूद पड़े। अभी उनके पाँव पृथ्वी पर पड़े ही थे कि उनका सुदर्शन चक्र दाहिने हाथ की तर्जनी में प्रकट हो गया। उसे अपने सर के ऊपर आक्रामकता से घुमाते हुए वह भीष्म की तरफ बढ़े। पर उस वृद्ध ने फिर अपना धनुष बाण कृष्ण के चरणों में रख दिया।

"हे कृष्ण! इस बार इस कार्य को अधूरा न छोड़ें। तत्क्षण मेरा अन्त कर दें क्योंकि आपके हाथों मृत्यु को पाकर मैं अपने समस्त सांसारिक कष्टों से मुक्त हो जाऊँगा। अपने सारे जीवन में मैंने केवल दर्द और वंचित होना ही झेला है। शान्ति का एक भी क्षण नसीब नहीं हुआ। मैं जन्म से ही अभिशप्त रहा हूँ। शायद अब मेरा अन्त निकट है। मैं थक गया हूँ और हर चीज से विरत हो गया हूँ। अतः मेरा वध कर दीजिए, हे वासुदेव! ताकि मैं अपनी माता गंगा की गोद में वापस जा सकूँ जो ऊपर अवश्य अपने आठवें पुत्र की प्रतीक्षा कर रही होंगी।"

वेदना से भरे भीष्म के शब्दों ने कृष्ण का क्रोध पिघला दिया। उनके ठीक पीछे अर्जुन उनके वस्त्र का किनारा पकड़े खड़े थे। "हे प्रभुवर! " अर्जुन ने कहा, "इनके वध का दुःखदायी कार्य मुझ पर ही छोड़ दें क्योंकि मैं नहीं चाहता कि आप अपना प्रण भंग करें। यह दूसरी बार है जब मैंने आपको ऐसी परिस्थिति में ला खड़ा किया। मैं शपथपूर्वक कहता हूँ ऐसा तीसरी बार नहीं होगा। मेरे हाथ अपने पितामह पर गांडीव

तानने में नहीं काँपेंगे। और तब, मैं जानता हूँ, युद्ध समाप्त हो जाएगा।"

ज्यों ही कृष्ण के हाथ से चक्र विलुप्त हुआ, अर्जुन ने भीष्म को बाण के निशाने पर ले लिया। पर उसी क्षण एक दूत यह संवाद लेकर दौड़ा आया कि अभिमन्यु को द्रोण, अश्वत्थामा, दुर्योधन और दुःशासन ने घेर लिया है। तब भीष्म को वहीं छोड़कर कृष्ण और अर्जुन शीघ्रता से रथ में सवार होकर उस ओर चल पड़े जिधर अकेले अभिमन्यु को बड़ी संख्या में कौरव योद्धा उत्पीड़ित कर रहे थे। जब उनका रथ वहाँ पहुँचा तो अभिमन्यु के हँस जैसी तनी मेहराबी गर्दन को देखकर अर्जुन रोमांचित हो उठे। अभिमन्यु अपने अस्त्र चलाने में व्यस्त थे और उनका मुखमंडल मध्यान्ह के मार्तण्ड सा चमक रहा था। उनके मुखमंडल पर अपने पिता का तेज झलक रहा था।

बिना समय गँवाए अर्जुन के बाण दुश्मन पर बरसने लगे। उनका प्रहार इतना प्रचंड था कि द्रोण ने अपने सहयोगियों को पीछे हट जाने की सलाह दी।

जब नौंवे दिन का सूर्य अस्ताचलगामी हुआ तो युधिष्ठिर को लगा कि जब तक भीष्म रण में प्रवृत्त रहेंगे विजय की कोई उम्मीद नहीं की जा सकती। उन्हें भारी नुकसान उठाना पड़ेगा इस युद्ध में, जो मवाद भरे घाव की तरह रिस रहा था। कभी-कभार यदि सफलता मिल भी गई तो क्या? ऐसी एकाध जीत से अन्तिम विजय सुनिश्चित नहीं होती। इसलिए उन्हें भीष्म को युद्ध से अलग करने की कोई तरकीब सोचनी होगी। अतः उन्होंने अपने शिविर में अपने सभी सहयोगियों की बैठक बुलाने का निश्चय किया– अपने चारों भाइयों, धृष्टद्युम्न, द्रुपद, अभिमन्यु, सात्यकि और अपने प्रमुख परामर्शदाता कृष्ण।

सत्तावन

भीष्म के शिविर में पांडव

अपने शिविर में सलाहकारों के साथ बैठे युधिष्ठिर को पूरी उम्मीद थी कि भीष्म को, जो पांडवों के लिए एक कंटक बने हुए थे, युद्ध से विरत करने का कोई मार्ग निकल जाएगा। उनके सैनिकों के लिए वह एक लकड़बग्घा थे जो रणभूमि में सर्वत्र उनका पीछा करते थे और प्रतिदिन उनमें से सैकड़ों का शिकार करते थे।

एक अल्पकालीन चुप्पी के पश्चात् युधिष्ठिर ने कृष्ण की तरफ मुड़कर कहा, "हे वासुदेव! आप समझ गए होंगे कि मैंने आप सबों को यहाँ क्यों बुलाया है। आपको ज्ञात है कि मेरे पितामह मेरे सैनिकों के एक भयानक हन्ता बन गए हैं। मुझे यह दुःखद अनुभूति होने लगी है कि जब तक वह अपनी क्रोधाग्नि बरसाते रहेंगे, विजय की कोई उम्मीद नहीं की जा सकती। मुझे लगने लगा है कि इन्द्रप्रस्थ पुनः प्राप्त करने के लिए कौरवों को चुनौती देकर हमने गलती की। क्या रक्तकुंडों से गुजरकर सिंहासन प्राप्त करना पाप नहीं होगा? परन्तु वह भी एक मृगतृष्णा ही रहेगी जब तक मेरे पितामह रणभूमि में क्रियाशील हैं। युद्ध के इस कोलाहल से तो मैं जंगल में ही सुखी था। इसलिए हे कृष्ण, क्या इस अवरोध को हटाने का कोई उपाय है? आप केवल अर्जुन के सारथी ही नहीं हैं। हमें इस भूलभुलैये से निकलने में आपका मार्गदर्शन भी चाहिए। क्या आप मुझे दुर्योधन के पास शान्ति प्रस्ताव लेकर जाने और सारी दुश्मनी समाप्त करने का आग्रह करने की सलाह देंगे?

युधिष्ठिर की बात समाप्त होते-होते कृष्ण की आँखों में क्रोध उतर आया। उठ खड़े होते हुए उन्होंने फटकारा, "मैं सोच भी नहीं सकता था कि आप जैसा वीर क्षत्रिय इस तरह निराशा में डूब जाएगा। मुझे आपसे ऐसी उम्मीद नहीं थी। आप किस प्रकार के धर्मराज हैं? क्या शान्ति और त्याग के नाम पर खुला आत्मसमर्पण करना चाहते हैं? तो सुनिए, यदि आपको अपने कट्टर दुश्मन के आगे घुटने टेकने का मन कर रहा है तो युद्ध मैं स्वयं लड़ूँगा, जैसा कि मैं पहले भी दो बार कह चुका हूँ। दो अवसर आए जब मैं इस वृद्ध योद्धा को समाप्त करनेवाला था, पर नियति बीच में आ गई।...नहीं, मैं भीष्म के उस आग्रह से प्रभावित नहीं हुआ था कि मैं उनका वध कर दूँ ताकि वह मानव जीवन के बन्धन से मुक्त हो जाएँ। बल्कि वह तो अर्जुन का प्रण था जिसने मुझे रोक

लिया कि अगली बार जब वह सम्मुख होंगे तो अर्जुन उनका अन्त कर देंगे। पिछली बार मैं उनको निशाना बनाने ही वाला था कि अभिमन्यु के कौरव योद्धाओं के बीच घिरे होने का समाचार आ गया। इसलिए सहायतार्थ मुझे और अर्जुन को अविलम्ब उस मोर्चे पर जाना पड़ा।''

फिर थोड़ा रुककर बोले, ''पर मैं आपको विश्वास दिलाता हूँ कि इस बार मैं करके रहूँगा। मुझे इस बात की परवाह नहीं कि युद्ध में शामिल न होने का अपना प्रण मुझे तोड़ना पड़ेगा। परन्तु देवतागण मुझे अवश्य क्षमा कर देंगे यदि मैं सुदर्शन चक्र का प्रयोग एक नेक काम के लिए करूँगा। निःसन्देह मैं भी उस वृद्ध का सम्मान करता हूँ पर अब मेरा सम्मानभाव घृणा में बदल गया है। मेरी मान्यता है कि प्रेम और घृणा एक ही सिक्के के दो पहलू हैं। ऐसे क्षण आते हैं जब कोई अपने प्रिय व्यक्ति का अन्त करने के लिए बाध्य हो जाता है। प्रेम और घृणा, जीत और हार, नफा और नुकसान आदि सभी विपर्यायों से ऊपर उठना ही आन्तरिक सन्तुलन या स्थितिप्रज्ञता का मार्ग है। इसलिए अब कल मुझे यह अपूर्ण कार्य पूरा करने दें। मेरा चक्र सुदर्शन आपके लिए यह कार्य करेगा। एक बार भीष्म कर्मक्षेत्र से अलग हो जाएँ तो विजयश्री हमारा कदम चूमेगी। हमारे सैनिक हमें दुआएँ देंगे क्योंकि इससे यह खूनी युद्ध जल्द समाप्त हो जाएगा।''

''नहीं,'' युधिष्ठिर चीख पड़े, ''मैं आपको अपना प्रण नहीं तोड़ने दूँगा। दूध के समान धवल आपके हाथों पर प्रण तोड़ने के पाप का धब्बा नहीं लगने दूँगा। इसलिए हम सबों को मिलकर उन्हें युद्ध से हटाने का उपाय ढूँढ़ना चाहिए। कभी-कभी चतुराईपूर्ण चाल धनुष या तलवार से ज्यादा प्रभावी अस्त्र साबित होती है।''

फिर एक लम्बा विराम इस विचार-विमर्श में आया जब हर कोई इस कठिन गाँठ को सुलझाने में लगा था। तभी युधिष्ठिर ने, जो अब तक पूर्ववत संयमित हो चुके थे, एक अद्‌भुत विचार रखा–

''क्यों नहीं हम सभी पितामह भीष्म के शिविर में जाएँ और इस शेर का सामना उन्हीं की माँद में करें? हम उनके पैरों पर गिर जाएँ और उन्हें हटाने का उपाय उन्हीं से पूछें। मैं उन्हें याद दिलाऊँगा कि युद्ध प्रारम्भ होने से पहले जब मैं उनका आशीर्वाद लेने गया था तो उन्होंने मेरे लिए विजय की कामना की थी। हम उन्हें कहेंगे कि जब तक वह हमारे मार्ग से नहीं हट जाते हमारी जीत सम्भव नहीं है। मुझे विश्वास है कि वह स्वयं किसी-न-किसी प्रकार हमारी सहायता करेंगे।...और निश्चय ही कृष्ण इस बात से इनकार नहीं कर सकते कि यद्यपि वह हमारे सैनिकों के निर्दयी हन्ता हैं परन्तु उन्होंने हम में से किसी को कोई नुकसान नहीं पहुँचाया। हमारे गुप्तचर यह समाचार लाते रहे हैं कि दुर्योधन ने प्रायः उन्हें हमारे प्रति नरमी बरतने के लिए दोषी ठहराया है। और क्या कृष्ण के सम्मुख उन्होंने दो बार अस्त्र नहीं डाल दिए यह निवेदन करते हुए कि वह उनका अन्त कर दें? और क्या अर्जुन के गांडीव से हुए हर वार पर उन्होंने

उनके अदभुत धनुर्कौशल के लिए शाबाशी नहीं दी? इसलिए वह दूषित नहीं हैं। हमें यह नहीं भूलना चाहिए कि उनके रथ का रंग सफेद है, काला नहीं। और वैसे ही हैं उनके अश्व, दूध के समान धवल। उनके सफेद बाल भी उनकी करुणा और प्रज्ञा के प्रमाण हैं।"

कृष्ण के चेहरे पर एक मुस्कान फैल गई मानो युधिष्ठिर के प्रस्ताव को अनुमोदन मिल गया। पर उन्होंने थोड़ा चिढ़ाते हुए कहा, "यह देखिए, अब ये उस भयानक हन्ता के लिए प्रबल क्षमायाचक बन गए हैं। उस वृद्ध व्यक्ति को तो यहाँ होना चाहिए था यह सुनने के लिए कि सबसे ज्येष्ठ पांडव कैसे उन्हें प्रशंसा का उपहार दे रहे हैं।"

फिर थोड़ा रुककर चेहरे पर फीकापन लिये कृष्ण ने कहा, "मुझे गलत न समझें। मैं बस थोड़ा विनोद कर रहा था।...पर आपका प्रस्ताव मुझे हृदय से स्वीकार है। मैं समझता हूँ यह युक्ति अवश्य काम आएगी। इसलिए विलम्ब करना ठीक नहीं। हमें इसी क्षण उनके पास चलकर उनकी मदद माँगनी चाहिए।"

कुछ देर बाद छह लोग भीष्म के शिविर की तरफ जाते दिखे। चाँद-तारों से विहीन आकाश में अँधेरा था। सभी निहत्थे और नंगे पाँव जा रहे थे। तम्बू में प्रवेश करते ही भीष्म की नींद खुल गई। वह बिस्तर पर उठकर बैठ गए, कुछ चकराए से। फिर एक कृपापूर्ण मुस्कान के साथ उन्होंने कृष्ण को सम्बोधित किया, "हे देव! इस समय आप? और बिना सुदर्शन चक्र के? आप तो मुझे कभी भी, कहीं भी मार सकते हैं।"

फिर युधिष्ठिर की तरफ मुड़कर बोले, "मैं अपने सभी बच्चों को देखकर आह्लादित हूँ। है न यह एक पारिवारिक मिलन? पर आपके चिन्तित चेहरों से लगता है आप कोई गम्भीर मसला लेकर आए हैं। क्या बात है? आप जानते हैं कि मैं आपकी सहायता के लिए कुछ भी कर सकता हूँ।"

"कुछ भी, हे मेरे पूज्य पितामह?" युधिष्ठिर ने जोर देकर पूछा।

"हाँ, हाँ, कुछ भी। मैं दोहराता हूँ।"

"तो मैं आपको उस आशीर्वाद की याद दिलाने आया हूँ जो आपने मुझे युद्धारम्भ से पूर्व दिया था। क्या आपने इस युद्ध में मेरी जीत की कामना नहीं की थी? पर वह कैसे सम्भव है जब तक उस आशीर्वाद और उसके फलित होने के बीच आप स्वयं खड़े रहेंगे? जब तक आपके बाण मेरे सैनिकों का संहार करते रहेंगे? इस गति से तो एक दो दिनों में ही आप हमारी सम्पूर्ण सेना का सफाया कर देंगे। इसलिए आप ही बताएँ कि अनवरत विध्वंस के आपके इस ज्वार को हम कैसे रोकें?"

भीष्म किसी पहेली में उलझे दिखे। वह समझ गए कि युधिष्ठिर के मन में क्या था।

"मैं सब समझता हूँ, प्रिय वत्स," वृद्ध योद्धा ने कृपालुता के साथ कहा, "हाँ, यह सच है कि जब तक मैं समरभूमि में रहूँगा, तुम्हारे लिए कोई उम्मीद नहीं है। क्योंकि देवताओं ने मुझे अपराजेय बना रखा है। केवल दो ही अस्त्र मुझे परास्त कर सकते हैं–

कृष्ण का चक्र सुदर्शन और अर्जुन का गांडीव। किन्तु किसी न किसी कारण से ये अस्त्र अभी तक अपना काम नहीं कर पाए हैं।"

फिर उन्होंने एक गहरी साँस भरी मानो अपने अन्दर से शक्ति संचय कर रहे हों।

"ठीक है, प्रिय युधिष्ठिर, मैं तुम्हें दिए अपने आशीर्वाद का मान रखूँगा। मैं तुम्हें अपने शिविर से खाली हाथ नहीं लौटने दूँगा। कल मैं स्वेच्छा से अपने अस्त्र रख दूँगा और युद्ध करना बन्द कर दूँगा।"

छह जोड़ी आँखों ने उस वृद्ध योद्धा को संशय से देखा जैसे वह कोई पहेली बुझा रहे हों। अचम्भित और तनावग्रस्त वे सभी उन्हें एकटक देख रहे थे।

"किन्तु, हे पितामह, यह होगा कैसे?" युधिष्ठिर ने पूछा।

"कल द्रुपद-पुत्र शिखंडी को मेरे सम्मुख ले आओ और यह चमत्कार हो जाएगा। क्योंकि वह पूर्व जन्म में अम्बा थे–वह स्त्री जिनसे विवाह न करने के कारण उन्होंने मुझे कभी क्षमा नहीं किया। इसलिए उन्होंने अपने अगले जन्म में मेरी मृत्यु का कारण बनने की प्रतिज्ञा की थी। और उनकी कठिन तपस्या के कारण देवताओं ने उन्हें ऐसा ही वरदान भी दे दिया था। बस देखो, कैसे मेरे लिए उनका प्रेम घातक प्रतिशोध में रूपान्तरित हो गया है। तिरस्कृत नारी घायल शेरनी से भी अधिक खूँखार होती है।

"अब भले ही शिखंडी एक पुरुष हैं पर मेरे लिए वह अब भी वही अम्बा हैं, काशी नरेश की तीन कन्याओं में से एक। और क्षत्रिय होने के नाते मैं किसी नारी पर अस्त्र नहीं उठा सकता। इसलिए ज्यों ही शिखंडी मेरे सम्मुख होंगे, मैं अपना धनुष रख दूँगा और वही क्षण होगा जब अर्जुन, मेरा सबसे प्रिय बालक, उस स्त्री रूप के पीछे से मुझ पर बाण चलाएगा। परन्तु वहाँ कृष्ण की आवश्यकता होगी अर्जुन को प्रेरित करने के लिए ताकि उसके हाथ न काँपें। अर्जुन के गांडीव का वार भी मेरे लिए वरदान होगा। अब देखो, किस तरह प्रेम और हत्या एक दूसरे में गुँथे हुए हैं। मैं जानता हूँ, कृष्ण मेरी बात का मर्म समझेंगे।"

तभी अचानक एक अश्रुमिश्रित आवाज आई–

"हे मेरे पूज्य पितामह! मैं कैसे अपना गांडीव आप पर तानूँगा?" अर्जुन ने पूछा, "इस क्षण मुझे याद आ रहा है कि कैसे मैं एक चार वर्ष का बालक धूल-मिट्टी में सना, आपकी गोद में बैठा था और तब भी आपने मुझे पुचकारते हुए चूमा था और अपनी बाँहों में भर लिया था यद्यपि मैंने आपके स्वच्छ सफेद रेशमी कपड़े मैले कर दिए थे। और अब आप चाहते हैं कि मैं अपना हाथ आपके रक्त से रंग लूँ?" ऐसा कहते हुए अर्जुन फूट-फूटकर रोने लगे।

"आओ, मेरे पास आओ, प्रिय वत्स। यह समय भावावेग में बहने का नहीं है," भीष्म ने कहा, "तुम्हें तो बस एक कार्य सम्पादित करना है।...अब आप सभी अपने शिविर में वापस जाएँ और मुझे अपनी आखिरी नींद सोने दें।" उन्होंने एक गहरी आह भरी, "पर सोने के पहले मैं अपनी माता गंगा से वार्तालाप करना चाहूँगा। मुझे विश्वास

है, वह अपने पास मेरी वापसी अवश्य पसन्द करेंगी। वह अपने अन्तिम वसु के स्वर्गारोहण की प्रतीक्षा में होंगी। अब तो इस पृथ्वी पर मैं अपने हिस्से से कहीं ज्यादा दर्द और तकलीफ भोग चुका हूँ। देखिए, किस तरह नियति ने मुझे झूठ और अन्याय का साथ देने के लिए बाध्य कर दिया।"

युधिष्ठिर और उनके भ्रातागण सिसक रहे थे। कृष्ण ने कहा, "हे भीष्म! भारतवर्ष का इतिहास आपको हमेशा कुरुवंश के महानतम सदस्य के रूप में याद करेगा। आपका जीवन इस बात का प्रमाण है कि सच्चा देवत्व त्याग और बलिदान में निहित है। अपने व्यक्तिगत जीवन में आपको शान्ति का एक क्षण भी नसीब नहीं हुआ, क्योंकि आप केवल दूसरों के लिए जिए। इसलिए हे गंगा-पुत्र! मैं आपको प्रणाम करता हूँ।"

दु:ख और मौन में डूबे वे सभी अपने-अपने तम्बू में लौट आए। पूरे रणक्षेत्र पर अँधेरा शववस्त्र-सा फैला हुआ था। दूर कहीं विलाप का एक स्वर आकाश की तरफ उठता सुनाई दे रहा था मानो एक संकेत हो कि इस धरा से अब श्रेष्ठता का प्रस्थान अवश्यम्भावी है।

अट्ठावन

युगान्त

दसवें दिन प्रातःकाल सबों ने एक विचित्र घटना देखी। पौ फटने के बाद भी दिनकर क्षितिज से ऊपर उठने के अनिच्छुक दिखे जैसे शीत-निष्क्रियता में कोई भालू अपनी गुफा में पड़ा रहना चाहता हो। या फिर सूर्यदेव को पूर्वाभास हो गया था कि उस दिन एक महान योद्धा का अन्त होनेवाला है इसलिए उन्होंने युद्ध को कुछ विलम्बित कर दिया। फलतः उस दिन के लिए तैयार दोनों सेनाएँ अनिश्चिय और चिन्ता में पड़ी रहीं। जब दिनकर की पलकें खुलीं तो उनकी ताम्र किरणें रणभूमि पर सर्वत्र फैल गईं। और इसी के साथ शान्त वातावरण में अनेकों शंख-ध्वनियाँ गूँज उठीं और कुरुक्षेत्र में भीषण संग्राम प्रारम्भ हो गया।

भीष्म स्वयं अपने असुराकार व्यूह-रचना के अग्र भाग में मोर्चा लिए हुए थे जबकि पांडवों की व्यूह-रचना देवाकार थी। पर आश्चर्य की बात यह थी कि जहाँ सभी ओर विभिन्न क्षेत्रों में अनेकों द्वन्द्व-युद्ध चल रहे थे, भीष्म अपने रजत रथ में गतिहीन खड़े थे। उनकी दृष्टि अपनी सेना की अग्रिम पंक्ति पर जमी हुई थी। हमेशा की तरह दुर्योधन ने उनको द्रोण, कृपाचार्य एवं अश्वत्थामा के सुरक्षा घेरे में रखा था क्योंकि वह शिखंडी को पितामह के सम्मुख आने देने का खतरा मोल लेना नहीं चाहते थे।

पर दुर्योधन इस सोच में पड़े थे कि आखिर पितामह ने आज शत्रु-सेना का संहार क्यों नहीं प्रारम्भ किया? क्या वह दसवें दिन के लिए किसी नई योजना पर विचार करने में निमग्न हैं?

भीष्म स्तम्भ की तरह खड़े थे जबकि उनके सफेद घोड़े दुश्मन की सेना में घुस जाने के लिए व्याकुल दिख रहे थे। तभी अचानक काले घोड़ों वाला एक रथ उनकी तरफ बढ़ता दिखा। उसी में सवार थे शिखंडी अपना धनुष-बाण सँभाले उस वृद्ध पर दाँत पीसते हुए। भीष्म को वह यम की तरह दिख रहे थे, काला और भयानक। उनके पीछे अर्जुन थे और कृष्ण बगल में बैठे थे।

खतरे की आशंका से दुर्योधन ने अपने योद्धाओं को आदेश दिया कि वे भीष्म को किसी दूसरे मोर्चे की तरफ ले जाएँ। परन्तु उस वृद्ध पुरुष ने सबों को अलग हट जाने

का संकेत किया। अर्थात वह क्षण आ चुका था। पिछले कई अवसरों पर उन्होंने स्वयं शिखंडी से सामना टाल दिया था और अपना रथ दूसरी दिशा में हाँक ले गए थे। पर क्या आज वह अपनी नियति से बच सकते थे?

अचानक भीष्म ने शिखंडी को उन पर चीखते सुना, "हे भीष्म, क्या आप द्वन्द्व-युद्ध के लिए तैयार हैं? मृत्यु और पुनर्जन्म के लम्बे अन्तराल में मैं इसी क्षण की प्रतीक्षा करता रहा हूँ।"

परन्तु भीष्म अब भी असमंजस में चुपचाप अपने रथ में खड़े थे। उनकी आँखें जमी हुई थीं शिखंडी के चेहरे पर जो मध्यान्ह के सूरज सा तीव्र क्रोध से जल रहा था। उनके नर रूप के पीछे उन्हें एक नारी का चेहरा दिख रहा था।

मुस्कराते हुए उन्होंने कहा, "हे अम्बा, मैं आपकी आँखों में प्रतिशोध की वही अग्नि देख रहा हूँ जो आपको आपके मंगेतर से दूर करने के कारण मेरे विरुद्ध पैदा हुई थी। परन्तु आपने कभी नहीं समझा कि मैं ब्रह्मचर्य के अपने प्रण से बँधा हुआ था। आप मेरे लिए अपने भावोन्माद की ज्वाला को बुझा नहीं सकीं। वही प्रेम घृणा और प्रतिशोध में बदल गया। मैं निश्चित रूप से आपकी एकनिष्ठता का आदर करता हूँ। परन्तु आज जब हम यहाँ समय के इतने विस्तृत अन्तराल के बाद मिले हैं तो आप जानती हैं कि क्षत्रिय होने के नाते मैं किसी नारी से युद्ध नहीं करूँगा। इसलिए मैं अपना धनुष-बाण रखता हूँ।

"परन्तु, हे अम्बा, यह क्षण मेरे लिए ईश्वर को धन्यवाद ज्ञापित करने का भी है कि उन्होंने इस पीड़ादायक सांसारिक अस्तित्व से मेरी मुक्ति के लिए आपको चुना। मैं यह सब युधिष्ठिर, कृष्ण और अर्जुन को बता चुका हूँ। मैं बेहद थक गया हूँ इस जीवन को अब और ढ़ोने से जो मेरे बूढ़े कन्धों पर एक भारी बोझ सा है।..." फिर एक गहरी साँस भरकर उन्होंने अपनी बात जारी रखी–"मैं देख रहा हूँ आपके पीछे खड़े अपने सबसे प्रिय बालक अर्जुन को जिसके बगल में कृष्ण हैं यह सुनिश्चित करने के लिए कि इस बार मेरे सीने पर उसके गांडीव का निशाना चूके नहीं। इसलिए हे अम्बा, कृपा कर हम दोनों के बीच से हट जाएँ और अर्जुन को मेरे उस सीने पर वार करने दें जिससे वह प्राय: लिपटा रहा है?"

जब कृष्ण ने अर्जुन को अपने कर्तव्य पालन के लिए प्रेरित करने का प्रयास किया तो भीष्म ने उन्हें कहते हुए सुना–

"हाँ, वासुदेव! आज मैं पूरे दायित्व के साथ अपना कर्तव्य पूरा करूँगा। किन्तु पहले मुझे उनको अपना प्रणाम अर्पित करने दें जिनके लिए मेरे मन में अपार श्रद्धा है।" फिर अर्जुन ने अपना पहला बाण पितामह भीष्म के चरणों में अर्पित किया।

"मैं तुम्हें आशीष देता हूँ, प्रिय वत्स," भीष्म ने कहा, "अब आगे बढ़ो और सीधे मुझ पर बाण चलाओ।"

कपोलों पर से अश्रुधार बहती रही और अर्जुन ने अपने पूज्य पितामह पर गांडीव

तान दिया। जैसे-जैसे उनके बाण छूटते गए, आँखों से अविरल अश्रु प्रवाहित होते रहे। हर बार जब उन्होंने भीष्म को लक्ष्य करके बाण छोड़ा तो बोले, "हे नारायण! मेरी सहायता करें।" फिर एक प्राणघातक अस्त्र के प्रहार से वह वृद्ध रथ से गिर पड़े। शरीर में गुँथे बाणों की शैया पर गिरते ही आकाश में भीषण मेघ गर्जन हुआ और बिजली की कौंध से सारा कुरुक्षेत्र चौंधिया गया। सूरज घने बादलों में ढक गया और कुछ क्षणों के लिए सम्पूर्ण समरभूमि गहरे अन्धकार में डूब गई। अर्जुन के रथ से एक गहरी वेदनायुक्त ध्वनि गूँजी–"हे मेरे परम पूज्य पितामह, मैंने आपको सबसे ज्यादा चाहा जब सबसे घातक बाण का प्रहार किया।"

फिर अपना गांडीव रथ में रखकर वह भीष्म के पास गए और उनके चरणों में गिर पड़े, बुदबुदाते हुए–"मैंने घोर पाप किया है, हे देव! मुझे क्षमा करें।"

"नहीं, अर्जुन," भीष्म ने उत्तर दिया, "उल्टे इन्द्रलोक के सभी देवता तुम्हें आशीष देंगे, मुझे उस कर्ज से मुक्ति दिलाने के लिए जो मेरे पिता शान्तनु और राजा धृतराष्ट्र का मुझ पर था। एक वचनबद्ध व्यक्ति जो कुछ कर सकता था, मैंने किया। और इससे अधिक और कोई क्या कर सकता है?"

अब सूर्यास्त हो चुका था और उसके साथ ही उस दिन का संग्राम भी समाप्त हो गया। अँधेरे में दोनों पक्षों के योद्धागण भीष्म के पास उस अदभुत पुरुष के प्रति अपनी श्रद्धा अर्पित करने जा रहे थे जो अब सर-शैया पर घायल पड़े थे। पर जब दुर्योधन अपने सेनाधिपति के चरणों में खड़े हुए तो उन्होंने बस इतना कहा–"अब मैं क्या करूँगा, हे पितामह? मैं स्वयं को उस नन्हे बालक की तरह पा रहा हूँ जो अपने माता-पिता से दूर किसी जंगल में खो गया हो।" परन्तु मन ही मन वह अब भी सम्मूर्च्छा की स्थिति में पड़े उस वृद्ध के प्रति क्रोध से जल रहे थे। भले ही उन्हें शिखंडी का पूर्व जन्म दिखाई दे रहा था पर वह तो इनके समक्ष द्रुपद-पुत्र और धृष्टद्युम्न के भाई के रूप में उपस्थित था। वास्तव में दुर्योधन यह मान चुके थे कि एक बार फिर भीष्म ने पांडवों को संहार से बचा लिया था।

दुर्योधन को विचारों में खोया देखकर भीष्म ने पूछा, "क्या तुम आनेवाले कल के लिए चिन्तित हो, मेरे बच्चे? तुम्हारी सेना की कमान सँभालने के लिए अजेय धनुर्धर द्रोण अभी हैं। और फिर तुम राधेय को भी इस युद्ध में शामिल कर सकते हो क्योंकि अब यह विचित्र व्यक्ति इस समर से बाहर हो गया है।"

दुर्योधन ने बस सर हिलाया और वहाँ से चले गए। जब सभी चले गए तो शर-शैया पर पड़े भीष्म ने एकाकीपन महसूस किया। ऊपर आकाश में मेघ-गर्जन और बिजली का चमकना अभी जारी था यद्यपि उनकी तीव्रता अब पहले से कुछ कम हो गई थी। उन्हें वह सुबह याद आ रही थी जब मछुआरे की झोपड़ी में उनके ब्रह्मचर्य व्रत की निर्णायक घोषणा पर प्रकृति ने ऐसा ही विकराल रूप दिखाया था। फिर उन्हें याद आया वह वचन जो उन्होंने अपने पिता को दिया था कि शासक चाहे कोई भी हो वह सर्वदा

हस्तिनापुर की रक्षा करेंगे। मन की आँखों से उन्हें भूतकाल की सारी आकृतियाँ किसी विद्रूप झाँकी की तरह उनके सामने से गुजरती हुई स्पष्ट दिख रही थीं। आखिर उनके प्रण का उन्हें क्या पुरस्कार मिला? एक एकाकी जीवन और बार-बार दुर्योधन और धृतराष्ट्र का कटाक्ष!

जब वह यह सब सोच रहे थे तो उन्हें पास आते कदमों की आहट सुनाई पड़ी। बगल की ओर थोड़ा सर घुमाया तो देखा कि राधेय उनके चरणों में खड़े हैं। राधेय ने अपना सर नवाया और बोले, "मैं एकान्त में आपसे बात करना चाहता था। आपको यहाँ घोर कष्ट में पड़ा देख मेरा हृदय छलनी हुआ जा रहा है। काश, मैं वहाँ होता और अर्जुन का अन्त उसी समय कर देता जब वह आपके शरीर को वेध रहा था।"

एक पल के लिए पूर्ण शान्ति छा गई। फिर राधेय ने कहा, "हम दोनों को हमेशा एक दूसरे से शिकायत रही। पर कुछ तो है जो हम दोनों को एक सूत्र में बाँध देता है—दुर्योधन से हम दोनों का सम्बन्ध। आप उनके पक्ष में इसलिए लड़े कि आप हस्तिनापुर के सिंहासन से प्रतिबद्ध थे, यह जानते हुए भी कि वह गैर-इन्साफ और धनलोलुप हैं। और मैं उनके साथ मित्रता की जंजीर से बँधा हूँ। तो आप देखें कि हम दोनों किस तरह पांडवों के विरुद्ध हुए।" फिर एक चुप्पी छा गई, "पर मैं आपको बताना चाहता हूँ कि मेरे मन में हमेशा आपके प्रति अगाध प्रेम रहा है, श्रद्धा और संवेदना रही है, क्योंकि आपकी ही तरह मेरा जीवन भी एकाकीपन को समर्पित है। और ऊपर से आपका मुझे गलत समझना! तो क्या आप मुझे भी अपना आशीष देंगे जैसे आपने युधिष्ठिर और अर्जुन को दिया?"

रगों में अचानक उमड़ पड़े रक्त से प्रेरित राधेय की इच्छा हुई कि वह भी उन्हें 'पितामह' कहकर सम्बोधित करें क्योंकि वह तो कुन्ती के प्रथम पुत्र थे, यानी सबसे ज्येष्ठ पांडव। परन्तु नहीं, यह रहस्य उन्हें हृदय में ही दबाए रखना चाहिए।

राधेय की बातों ने भीष्म को गहरे छू लिया। उन्होंने अपने दाहिने तरफ आने का संकेत किया। फिर उनके हाथों को स्नेहपूर्वक सहलाते हुए बोले, "मुझे पूर्वाभास हो रहा है कि मेरी तरह ही तुम भी रणभूमि में हताहत होओगे, नियति के कारण, न कि अपने प्रतिद्वन्द्वी की बेहतर निपुणता के कारण। इसलिए हम दोनों जल्द ही यहाँ से विदा हो जाएँगे—स्वर्ग में अपने पुनर्मिलन के लिए जहाँ शाश्वत शान्ति निवास करती है।"

आँखों में आँसू लिए लौटते हुए राधेय ने स्वयं से पूछा—'क्या मृत्यु ही दुःख और अकेलेपन से मुक्ति का एक मात्र मार्ग है?'

उनसठ

राधेय का प्रवेश

निराश और चिन्तित जब राधेय अपने शिविर में लौटे तो आधी रात से ज्यादा समय बीत चुका था। वह समझ नहीं पा रहे थे कि उनके मित्र दुर्योधन किस प्रकार अपनी सेना को लामबन्द करेंगे। वह जानते थे कि अब कौरव सेना एक ऐसे शरीर के समान है जिसमें आत्मा नहीं है, एक ऐसा घर जिसका केन्द्रीय स्तम्भ ढह चुका हो, एक बिना पतवार की नाव या फिर बिना सवार का घोड़ा। सोने का विचार छोड़कर उन्होंने दुर्योधन के पास जाने का निर्णय किया, यह जानने के लिए कि अगली सुबह वह क्या करने जा रहे हैं। पर अभी वह प्रस्थान करने ही वाले थे कि उन्होंने दुर्योधन को भाइयों के साथ अपनी ओर आते देखा। यद्यपि अभी कुछ-कुछ अँधेरा व्याप्त था पर जब वह निकट आए तो राधेय ने देखा कि उनके मित्र का चेहरा बेहद गमगीन था।

"मैं तुम्हारी राय लेने आया हूँ," दुर्योधन ने कहना शुरू किया, "विषाद अब मेरी रग-रग में समा चुका है। एक बार तो मुझे लगा कि मैं सब कुछ त्याग दूँ और मान लूँ कि यह एक हारा हुआ खेल है। मैं जानता था कि मेरे पितामह हमेशा पांडवों के प्रति दयालु थे परन्तु उन्हें दुश्मन की सेना का संहार करते देख कुछ सन्तोष होता था। पर अब जबकि वह रण से विदा हो चुके हैं, मैं नेतृत्वविहीन महसूस करता हूँ।" उन्होंने एक लम्बी साँस ली जैसे गले में कुछ अटक गया हो, "क्या तुम संकट की इस घड़ी में मेरी सहायता के लिए आगे आओगे, प्रिय मित्र? मेरी प्रतिष्ठा पुनः स्थापित करने में मेरी मदद करके तुम अपना वचन पूरा कर सकते हो।...मैं अत्यन्त आभारी होऊँगा यदि तुम सेना की कमान सँभाल लो। ऐसा इसलिए कि तुम एक अद्वितीय धनुर्धर हो और मेरे पितामह और द्रोण के ठीक विपरीत तुम पांडवों का अन्त करने के लिए कटिबद्ध हो, खासकर अर्जुन का जिसका भय मेरे सैनिकों में व्याप्त है, और उस वहशी भीम का जो शिकार की ताक में घूमते नरभक्षी की तरह मेरे सभी भाइयों के पीछे पड़ा हुआ है–उनकी हत्या करने पर आमादा।"

"आपको यह सब कहने की आवश्यकता नहीं," राधेय ने कहा, "क्योंकि मैं आपके शरीर के एक अंग की तरह हूँ, या फिर आपकी आत्मा के लिए एक दर्पण के समान। अतः मैं तन-मन से आपके लिए युद्ध करूँगा।" वह रुककर बोले, "परन्तु

सेना के नेतृत्व का आपका प्रस्ताव एक भिन्न विषय है। आपके पक्ष के सभी वीर इसके लिए योग्य हैं–द्रोण, कृपाचार्य...यदि आप इन बहादुर योद्धाओं की उपेक्षा करके मुझे अपना सेनाध्यक्ष बनाएँगे तो कुछ-न-कुछ जलन अवश्य होगी।" थोड़ा रुककर उन्होंने आगे कहा, "मेरी सलाह मानें तो आपको इस दायित्व-निर्वहन के लिए गुरु द्रोण से आग्रह करना चाहिए कि वे भीष्म का स्थान लें। वह एक अद्वितीय धनुर्धर हैं और सभी पांडवों के गुरु भी रहे हैं। इसलिए वे अपने गुरु के सामने कैसे टिक सकेंगे? रणभूमि में उनका सामना करने में वे भयभीत और हतोत्साहित महसूस करेंगे।"

दुर्योधन राधेय के कथन पर कुछ देर सोचते रहे। निःसन्देह द्रोण एक अद्‌भुत पसन्द थे, परन्तु क्या वह भी भीष्म की तरह अर्जुन, युधिष्ठिर और भीम को मारने से कतराएँगे? जो भी हो, अब चूँकि समय नहीं था इसलिए दुर्योधन ने कुछ शर्तों के साथ द्रोण को नेतृत्व सौंपने का निर्णय कर लिया। 'जीवन एक समझौता ही तो है,' उन्होंने स्वयं से कहा।

तब राधेय को साथ लेकर दुर्योधन द्रोण के तम्बू में गए। "आप तो समझ ही गए होंगे, हे पूज्य गुरु! कि हम यहाँ क्यों आए हैं। भीष्म के बिना हम सभी अनाथ महसूस कर रहे हैं। इसलिए अब सिर्फ आप ही हमारी उम्मीद हैं। मैं आपसे सेना की कमान सँभालने की विनती करता हूँ। आपका नेतृत्व ही हमें विजय दिला सकता है।"

कुछ देर मौन छाया रहा और द्रोण मन-ही-मन दुर्योधन के प्रस्ताव का मूल्यांकन करते रहे। वह जानते थे कि अब उनसे पांडवों के वध की अपेक्षा होगी–जो कि वह कभी नहीं करेंगे। पर यदि वह भी भीष्म की तरह अधिक से अधिक दुश्मन सैनिकों का सफाया करें तो हो सकता है दुर्योधन सन्तुष्ट हो जाएँ। और जहाँ तक अर्जुन और भीम के वध का प्रश्न है तो यह वह राधेय पर छोड़ देंगे।

"तुम्हारी सेना के नेतृत्व के प्रस्ताव से मैं गौरवान्वित महसूस करता हूँ । पर एक शर्त पर मुझे यह स्वीकार है–कि मैं सारे निर्णय स्वतन्त्र रूप से लेने के लिए अधिकृत होऊँगा। हाँ, मुझे प्रसन्नता होगी यदि राधेय इस युद्ध में मेरे साथ हों, किन्तु वह मेरी योजना में हस्तक्षेप नहीं करेंगे।"

राधेय ने तुरन्त आगे बढ़कर आचार्य का नमन किया। हाथ जोड़कर उन्होंने कहा, "आपको अपने गुरु के रूप में नहीं पाना भले ही मेरा दुर्भाग्य हो सकता है पर मैं आपको एक अजेय योद्धा के रूप में ही देखता हूँ–विवेक और पराक्रम दोनों में अद्वितीय। इसके अतिरिक्त, संकट की इस घड़ी में जो कोई भी मेरे मित्र दुर्योधन की सहायता करेगा, मैं उसका आभारी होऊँगा। अतः हे आचार्यवर! हमें विजयश्री दिलाएँ।"

"जीत या हार तो विधाता के हाथ है, राधेय। मनुष्य तो बस अपने कर्तव्य का पालन ही यथासम्भव दृढ़ता से कर सकता है।"

इसी विचार-विमर्श में रात बीत गई और विश्राम के लिए समय ही नहीं बचा। कुछ ही घंटों के बाद उन्हें अगले दिन के युद्ध की तैयारी में जुट जाना था।

सूर्योदय से पहले ही द्रोण ने निर्णय कर लिया कि आज वह अपनी सेना के लिए सकट चक्रव्यूह रचना आजमाएँगे जबकि पांडवों ने क्रौंच पक्षी का आकार चुना। धृष्टद्युम्न काफी उत्साहित थे क्योंकि उन्हें लगा कि भीष्म के बिना दुश्मन बेहद हतोत्साहित होंगे। उन्हें बस राधेय से निपटने की चिन्ता थी क्योंकि वह भी अर्जुन के समान ही एक निपुण धनुर्धर थे।

जब सवेरा हुआ तो दोनों सेनाएँ युद्ध के अगले दौर के लिए तैयार हो गईं। अग्रिम पंक्ति में अपने भव्य रथ पर सवार राधेय सूर्य के समान उज्ज्वल लग रहे थे। आज पांडवों के सामने दो सूरज थे–एक अग्निपिंड ऊपर आकाश में और दूसरा उस नवागन्तुक योद्धा राधेय का देदीप्यमान मुखमंडल पृथ्वी पर। ज्यों हि सभी मोर्चों पर युद्ध प्रारम्भ हुआ, दुर्योधन का रथ द्रोण के करीब आया। अत्यन्त विनयपूर्वक उन्होंने कहा, "हे मेरे आदरणीय गुरु! क्या मैं आपसे एक विशेष निवेदन कर सकता हूँ? मुझे बेहद सन्तोष होगा यदि आप किसी तरह युधिष्ठिर को बन्दी बनाकर मेरे सामने ला दें।"

"ताकि तुम उनका वध कर सको?" द्रोण ने पलटवार किया। "ऐसा मैं कभी नहीं करूँगा। यह न भूलो कि मैं उनका आदर करता हूँ, बावजूद इसके कि मैं उनके दुश्मन की तरह तैनात हूँ। यदि तुम सच्चे क्षत्रिय हो तो तुम्हें उनको द्वन्द्व में परास्त करना चाहिए–यदि तुम कर सको। पर उन्हें पकड़कर तुम्हारे सामने बलि का बकरा बनाकर लाना तो घोर पाप होगा।"

विश्वासघात के आरोप से असहमति में सिर हिलाते हुए दुर्योधन ने तुरन्त कहा, "आप मुझे गलत समझ रहे हैं, गुरुवर। मैं ऐसी नीच चाल कभी नहीं चलूँगा। मेरे मन में बस इतना है कि मैं उन्हें फिर एक बार द्यूत–क्रीड़ा के लिए आमन्त्रित करूँ और मुझे विश्वास है कि इस खेल में अभिरुचि होने के कारण वह मान जाएँगे। मैं आपको विश्वास दिलाता हूँ कि इस बार खेल बिलकुल निष्कपट होगा। जीतना या हारना तो किसी के वश का नहीं है...फिर एक और कारण भी है। यदि पांडव राजा बन्दी हो जाते हैं तो क्या उनकी सेना बिखर नहीं जाएगी? इसलिए यह युक्ति आजमाने लायक है। है कि नहीं?"

द्रोण के ललाट पर सिकुड़न उभर आई मानो वह दुर्योधन की असली मंशा को समझने का प्रयास कर रहे हों। कहीं यह युधिष्ठिर को जाल में फँसाकर उन्हें समाप्त तो नहीं करना चाहता? लेकिन यदि निष्पक्षतापूर्वक केवल द्यूत–क्रीड़ा ही उद्देश्य है तो प्रस्ताव विचारणीय है।

"यदि तुम वचन दो कि किसी भी रूप में उन्हें हानि नहीं पहुँचाओगे," द्रोण ने कहा, "तो मैं उन्हें पकड़ने का प्रयास करूँगा। किन्तु याद रहे कि वह हमेशा अर्जुन और भीम के सुरक्षा घेरे में रहते हैं।" फिर रुककर उन्होंने कहा, "तुमने मुझे एक कठिन काम सौंप दिया है, पर मैं बस तुम्हारी खुशी के लिए इसे पूरा करने का प्रयास करूँगा।"

आज फिर अनेकों द्वन्द्व-युद्ध हुए। एक तरफ भूरिश्रवा शकुनि से लड़े तो दूसरी तरफ दुर्योधन के भाई विवम्सती भीम से। किन्तु विवम्सती जल्द ही भाग खड़े हुए।

पर सबसे रोमांचक द्वन्द्व दुर्योधन पक्ष के राक्षस अलम्बुस तथा घटोत्कच के बीच हुआ। दोनों चमत्कारी शक्तियों के प्रयोग में निपुण थे। परन्तु अन्त में भीम के अजेय पुत्र से पराजित होकर अलम्बुस संघर्ष से बाहर हो गए।

उधर द्रोण बस एक ही सोच में डूबे थे कि कैसे युधिष्ठिर को बन्दी बनाएँ। इसलिए जब उनका सामना धृष्टद्युम्न से हुआ तो एक संक्षिप्त मुठभेड़ के बाद ही उन्होंने उन्हें जाने दिया। तभी उनकी दृष्टि युधिष्ठिर पर पड़ी और आस-पास अर्जुन भी नहीं थे। उन्होंने अपने सारथी से कहा, "वहाँ देख रहे हो, युधिष्ठिर का सफेद छत्र वाला रथ? अपने घोड़ों को सरपट दौड़ाते हुए मुझे वहाँ पहुँचाओ।"

जब द्रोण युधिष्ठिर के निकट पहुँचे तो देखा कि उनकी सुरक्षा में कोई भी पांडव वीर नहीं था। 'ईश्वर की कृपा'–उन्होंने स्वयं से कहा और उनके रथ पर बाण चलाने लगे। उनकी योजना बस अपने जबरदस्त आक्रमण से युधिष्ठिर को दबोच लेने की थी। वह उन्हें या उनके किसी भी भाई को मारना नहीं चाहते थे क्योंकि भीष्म की ही तरह वह भी उन सबों के प्रति स्नेह रखते थे। परन्तु युधिष्ठिर को बहादुरी से अपनी रक्षा करते हुए देखकर उन्हें बड़ा आश्चर्य हुआ। जब द्रोण के बाण-प्रहार से युधिष्ठिर का धनुष खंडित हो गया तब वह जैसे घात में पड़ गए। अपने रथ में वह उस शिकार की तरह खड़े थे जिसे जंगली जानवर ने घेर लिया हो। तभी धृष्टद्युम्न, शिखंडी और विराट को अपनी ओर आते देख वे काफी आश्वस्त हुए। परन्तु द्रोण ने अपने बाणों की बरसात से उन सबों को रोक दिया। जल्द ही वह युधिष्ठिर के पास पहुँच गए जिन्होंने देखा कि उनके गुरु उन्हें बन्दी बनाने के लिए तैयार हैं। अभी वह उन्हें रथ से खींचने ही वाले थे कि अर्जुन सामने आ गए।

"रुक जाइए," अर्जुन द्रोण पर गांडीव तानते हुए चीखे, "यह क्या कर रहे हैं आप? यदि आपकी योजना इन्हें बन्दी बनाने की है तो पहले मुझसे युद्ध कीजिए–गुरु-शिष्य युद्ध। आप जानते हैं कि मैं अपने गुरु का वध नहीं करूँगा और यह भी सच है कि आप मेरे भ्राताश्री की हत्या नहीं करेंगे। परन्तु आप दुर्योधन के बहकावे में आकर काम करते लग रहे हैं।" वह अचानक चुप हो गए क्योंकि क्रोध से उनका गला रुँध सा गया था। "मैं आपकी चाल समझ रहा हूँ। आप मेरे भ्राताश्री को बन्दी बनाना चाहते हैं ताकि पांडव सेना समर्पण कर दे और युद्ध तुरन्त समाप्त हो जाए। किन्तु दुर्योधन को पता होना चाहिए कि जब तक हम और भीम जिन्दा हैं युद्ध जारी रहेगा, भ्राताश्री के सिंहासनारूढ़ होने तक। अतः मेरे भ्राताश्री को छोड़ दें अन्यथा मेरे हाथ उस व्यक्ति के खून से रँग जाएँगे जिनके प्रति मेरे मन में अपार आदर है।"

अधोमुख द्रोण ने अपने सारथी को वहाँ से चलने का आदेश दिया। उन्होंने समझ लिया कि वह अपनी योजना में विफल रहे। एक अपराध बोध भी उनके अन्दर उमड़

पड़ा। ओह! युद्ध करने के बजाय युधिष्ठिर को बन्दी बनाने के प्रस्ताव से उन्हें सहमत नहीं होना चाहिए था!

जब कृष्ण ने द्रोण को वहाँ से जाते देखा तो अर्जुन से बोले, "देखो, एक महान धनुर्धर जा रहा है जो अब एक दुष्ट स्वामी का दास बन चुका है। मैं तुम्हें बताता हूँ–इसके दिन अब गिने-चुने रह गए हैं। आज जो घटिया हरकत इसने की है, अब इसी रणभूमि में इसका अन्त होना तय है।"

जब अर्जुन और कृष्ण युधिष्ठिर को सुरक्षित ले जा रहे थे तो उन्होंने क्षितिज पर सूरज ढलते देखा। यह दोनों सेनाओं के लिए युद्धविराम का संकेत था।

साठ

एक और प्रयास

द्रोण की विफलता से दुर्योधन की नींद हराम हो गई पर जब उन्होंने उन पर अनिच्छुक होने का आरोप लगाया तो द्रोण ने तीव्र प्रतिक्रिया व्यक्त की–

"मैंने स्पष्ट कहा था न कि मैं उन्हें तभी बन्दी बनाऊँगा जब अर्जुन वहाँ पर नहीं होंगे? तुम समझते क्यों नहीं कि नियति पर किसी का नियन्त्रण नहीं होता। मैं उन्हें रथ से खींचने ही वाला था कि अर्जुन और कृष्ण उनकी रक्षा में सामने आ गए। मैंने तुम्हें कई बार कहा है कि मैं अर्जुन को नहीं मार सकता...और फिर उनके साथ कृष्ण हैं, ऐसी दैवी शक्ति से परिपूर्ण जिसे मात देना मनुष्य के बूते से बाहर है।"

जब द्रोण यह सब दुर्योधन से कह रहे थे तो तृगर्तों में ज्येष्ठ सुशर्मा पास ही खड़े थे। उन्होंने दुर्योधन की मदद करने का यह मौका लपक लिया–

"चूँकि मुझे अर्जुन से कुछ पिछला हिसाब चुकाना है आप मुझे उससे युद्ध की अनुमति क्यों नहीं देते? मैं रणभूमि के दक्षिणी भाग में उसे द्वन्द्व के लिए चुनौती दूँगा और इतनी देर तक उसे उलझाए रखूँगा कि द्रोण को अपना काम पूरा करने का मौका मिल जाएगा। मैं कृष्ण के दैवत्व से अप्रभावित हूँ और अर्जुन को तो मैं अपने धनुर्कौशल का स्वाद चखाना चाहता हूँ। मैं आपको विश्वास दिलाता हूँ कि यह लड़ाई निर्णायक होगी। या तो मैं मार दूँगा या मारा जाऊँगा।"

सुशर्मा की बातों से दुर्योधन खुश हो गए। उनकी पीठ ठोकते हुए उन्होंने कहा, "ये हैं एक वीर योद्धा।"

फिर द्रोण की तरफ मुड़कर बोले, "काश, आपने भी यही जोश दिखाया होता।"

यद्यपि द्रोण इस कटाक्ष से आहत हुए पर वह चुप रहे। हो सकता है अगली बार सफलता मिल जाए। वह तुरन्त बारहवें दिन के युद्ध के लिए व्यूह-रचना में लग गए। इस बार उन्होंने गरुड़ का आकार चुना और पांडवों ने अर्धचन्द्र का।

सूर्योदय होते ही सुशर्मा ने अपने भाइयों के साथ अर्जुन को भिड़न्त के लिए ललकारा–"यदि असली क्षत्रिय हो तो मेरा सामना करके दिखाओ।"

अर्जुन तत्क्षण सुशर्मा का असली प्रयोजन समझ गए। निःसन्देह उसने दुर्योधन

के कहने पर ही उन्हें द्वन्द्व की चुनौती दी है ताकि इस बीच द्रोण युधिष्ठिर को बन्दी बना सकें। इसलिए जाने से पहले उन्होंने युधिष्ठिर को आश्वस्त किया कि द्रुपद के भाई सत्यजीत आपकी सुरक्षा में रहेंगे। "लेकिन आप भी वचन दीजिए कि आप किसी भी स्थिति में स्वयं को बन्दी नहीं बनने देंगे। अगर भीषण संकट में पड़ जाएँ तो आप सावधानीपूर्वक वहाँ से पलायन कर जाएँ, इसलिए नहीं कि आप कायर हैं बल्कि इसलिए कि हमें दुर्योधन को उसकी घृणित योजना में सफल नहीं होने देना है।"

यद्यपि स्वयं को खतरे में पड़ा देखकर युधिष्ठिर थोड़े भयभीत थे पर उन्होंने कहा, "चिन्ता न करो, प्रिय अर्जुन, मैं अपना ध्यान रखूँगा। किन्तु जल्दी लौटना क्योंकि मैं चाहता हूँ कि तुम मेरे निकट रहो, न कि सत्यजीत या कोई और।"

सत्यजीत द्वारा कुरुक्षेत्र के दक्षिणी भाग से युधिष्ठिर को ले जाने के बाद अर्जुन सहजतापूर्वक सुशर्मा से युद्ध करने लगे जो अद्‌भुत शौर्य एवं निपुणता के साथ अपनी रक्षा कर रहे थे।

लेकिन शीघ्र ही अर्जुन समझ गए कि सुशर्मा ने बड़ी ही चालबाजी से उनके चारों ओर से काफी सैन्य बल लगा दिया है।

"लगता है हम एक जाल में आ फँसे हैं," कृष्ण ने अर्जुन से कहा, "परन्तु मैं जानता हूँ कि तुम पूरी सेना पर भी भारी पड़ोगे।"

"जब आप मेरे साथ हैं, हे देव! तो मैं सारे तृगतों का संहार कर दूँगा। "

तब एक क्रुद्ध शेर की तरह अर्जुन दुश्मनों से लड़ने लगे। इतना तीव्र और भारी था उनके अस्त्रों का प्रहार कि तृगर्तों के बीच भगदड़ मच गई। जब उनके एक बाण ने सुशर्मा का धनुष तोड़ दिया तो उन्होंने दूसरा उठा लिया और संघर्ष जारी रखा। अर्जुन के आक्रमण से अविचलित उन्होंने बाणों की वर्षा कर दी जिससे चारों ओर धुँध-सा छा गई। एक क्षण के लिए कृष्ण को लगा जैसे वह अर्जुन को भी नहीं देख पा रहे हैं।

"तुम ठीक तो हो न, पार्थ?" उन्होंने ऊँची आवाज में पूछा।

"चिन्ता न करें।" अर्जुन ने उत्तर दिया, यह दिलाशा देते हुए कि स्थिति उनके नियन्त्रण में है। फिर उन्होंने एक ऐसा अस्त्र चलाया जिससे न केवल अन्धकार का आवरण हट गया बल्कि एक बवंडर भी उठा जो सम्पूर्ण रणभूमि में फैल गया। फलतः सभी दुश्मन जल्दी से पीछे हटने के लिए बाध्य हो गए।

कृष्ण की तरफ मुड़कर अर्जुन ने कहा, "अब हमें भ्राताश्री के पास चलना चाहिए।"

तत्क्षण कृष्ण ने रथ को बिखरे शवों के भूलभुलैया से निकालते हुए वहाँ पहुँचा दिया जहाँ युधिष्ठिर सत्यजीत की सुरक्षा में थे।

इस बीच जब द्रोण युधिष्ठिर की तरफ बढ़ रहे थे तो उन्होंने देखा कि धृष्टद्युम्न ने उनका मार्ग अवरुद्ध कर रखा है। पर द्रोण ने सोचा कि यह समय किसी द्वन्द्व में पड़ने

का नहीं है। उन्हें अपने असली लक्ष्य की तरफ बढ़ते जाना चाहिए। परन्तु कुछ ही दूर जाने पर उनका सामना द्रुपद की सेना से हो गया। 'क्या नियति ने आज फिर उन्हें भटका दिया।' उन्होंने स्वयं से पूछा। किन्तु उनके अस्त्र का प्रभाव इतना प्रबल था कि उनका रथ दुश्मनों के बीच से निकलने में सफल रहा।

अब सत्यजीत के साथ रथ में सवार युधिष्ठिर उनके सामने थे। द्रोण के लिए ये दोनों एक सहज शिकार थे। यदि वह सत्यजीत को खत्म कर देते हैं, उन्होंने सोचा, तो बिना किसी असुविधा के वह युधिष्ठिर को बन्दी बना लेंगे। बस उन्होंने सत्यजीत पर एक बाण चलाया जिससे उनका सर धड़ से अलग हो गया।

सत्यजीत को पृथ्वी पर मृत पड़ा देख युधिष्ठिर की सुरक्षा में लगी पांडव सेना अस्त-व्यस्त हो गई। ऐसा लगा जैसे अब कोई भी शक्ति आचार्य द्रोण को, जो एक तूफान की तरह बढ़ रहे थे, रोक नहीं पाएगी। उनकी आँखों में एक उन्माद झलक रहा था। जब युधिष्ठिर ने द्रोण को आक्रामकता के साथ अपनी ओर आते देखा तो उन्हें वहाँ से पलायन कर जाने की अर्जुन की सलाह याद आई। अपने रथ में जुते घोड़ों में से सबसे तेज पर सवार होकर वह वहाँ से निकल पड़े।

कुछ ही दूरी से दुर्योधन और राधेय गुरु द्रोण को युधिष्ठिर की तरफ चक्रवात की तरह बढ़ते देख रहे थे।

"आज मेरे लिए गौरव का दिन होगा," दुर्योधन ने कहा, "क्योंकि आचार्य आज युधिष्ठिर को अवश्य बन्दी बना लेंगे।"

पर राधेय का चेहरा सिकुड़ा हुआ था। "ऐसा करना आपकी निकृष्टता कहलाएगी," उन्होंने कहा, "क्योंकि क्षत्रिय होने के नाते आपको उनसे युद्ध करना चाहिए था और उन्हें घुटने टेकने पर बाध्य कर देना चाहिए था। आपको ज्ञात है कि मैं सीधे वार करने में विश्वास करता हूँ, द्यूत-क्रीड़ा जैसे छद्म खेल खेलने या किसी असुरक्षित व्यक्ति को बन्दी बनाने का न्यून प्रयास करने में नहीं..."

यों तो दुर्योधन को अपने मित्र के दंश में सत्य दिख रहा था फिर भी वह युधिष्ठिर को बन्दी बनाए जाने की प्रतीक्षा करते रहे। परन्तु उनकी सारी आशाएँ धराशायी हो गईं जब उन्होंने द्रोण को खाली हाथ वापस आते देखा।

"पंछी उड़ गया," द्रोण ने कहा, "ठीक तभी जब मुझे लगा कि मैं उसे पकड़ लूँगा। पर मुझे बस युधिष्ठिर का खाली रथ मिला। चूँकि उनमें से एक घोड़ा नहीं था, मैं समझता हूँ कि वह किसी सुरक्षित स्थान पर चले जाने में सफल रहे।"

"दुर्भाग्य!" दुर्योधन ने आह भरी। फिर बोले, "आप तो मन ही मन प्रसन्न होंगे कि वह आपके हाथों से निकल गए।"

"तुम फिर...," द्रोण ने कहा, "हमेशा की तरह कृतघ्न। काश, तुम मेरे कठिन प्रयास की सराहना कर पाते! पर तुम तो हमेशा अपने मनोनुकूल परिणाम की कामना से ग्रसित रहते हो। तुम्हें क्या पता कि यह युद्ध कैसे समाप्त होगा। याद रखो, मनुष्य

केवल प्रारम्भ की योजना कर सकता है परन्तु अन्त का अनुमान नहीं कर सकता जो हमेशा ईश्वर के हाथ होता है।"

उधर दूसरे मोर्चे पर भीम और भागदत्त के बीच रण जारी था जिनका हाथी सुप्रिंतिक पहले ही की तरह अविजेय था। ऐसा लग रहा था जैसे इस युद्ध में उस पशु की भूमिका एक योद्धा जैसी थी। स्थिर स्मरणशक्ति और अतृप्त प्रतिशोध वाले इस हाथी की आँखें अपने पुराने प्रतिद्वन्द्वी भीम पर गड़ी हुई थीं। यदि भागदत्त पूरी कुशलता से अपना बाण चला रहे थे तो सुप्रिंतिक अपनी सूँड़ तलवार की तरह भाँज रहा था। कोई आश्चर्य नहीं यदि भीम को ऐसा लगा कि उनका एक साथ दो विरोधियों से पाला पड़ा है।

यह द्वन्द्व उत्तरोत्तर भयंकर होता गया। अनेकों सैनिक खड़े होकर यह दृश्य देखने लगे। भीम को उस हाथी से परेशान होते देखकर कौरव सैनिक मुदित थे। लग रहा था जैसे कोई बिल्ली चूहे का खेल हो रहा हो। वह जानवर भीम के रथ को एक तरफ से दूसरी तरफ धकेल दे रहा था। फिर उसने अपने सूँड़ से ऐसा प्रहार किया कि रथ टुकड़े-टुकड़े हो गया। लग रहा था जैसे यह द्वन्द्व भीम और उस हाथी के बीच हो न कि उसके मालिक भागदत्त के साथ।

तभी वहाँ पर सात्यकि आ गए। एक और दुश्मन को भाँप कर हाथी उनकी तरफ मुड़ा और एक ही वार में उनके रथ को चकनाचूर कर दिया। सौभाग्य से सात्यकि कूद चुके थे अन्यथा वह हिंसक पशु उन्हें मार चुका होता। सात्यकि को सामने से हटाकर वह हाथी अब भीम पर टूट पड़ा और उन्हें अपनी सूँड़ में वैसे ही लपेट लिया जैसे कोई अजगर अपने शिकार को जकड़ लेता है। यदि भीम ने स्वयं को किसी तरह छुड़ा नहीं लिया होता तो वह उन्हें अपने भारी कदमों के नीचे कुचल देता। तब वह हाथी के पेट के नीचे घुस गए और अपनी गदा से प्रहार करने लगे। कुछ अन्य पांडव सैनिकों ने उनका साथ देना चाहा तो हाथी ने उन्हें अपने पाँव से धकेल दिया। और इस पूरे प्रकरण में अपने हाथी पर सवार भागदत्त दुश्मनों को एक-एक कर हत होते देखते रहे। प्रतीत हो रहा था जैसे किसी विशालकाय जानवर ने अकेले ही एक पूरी सेना को थाम रखा हो।

हाथी का कर्णभेदी चिंघाड़ और भगदड़ की आवाज अर्जुन के कानों तक पहुँची। यह जानकर कि युधिष्ठिर किसी तरह सुरक्षित निकल चुके हैं वह उस स्थान पर पहुँचे जहाँ भीम भागदत्त और उनके हाथी के साथ एक घातक युद्ध में फँसे थे। अर्जुन का रथ अपने पास आते देख भागदत्त के हाथ से धनुष छूट गया। इससे पहले कि अर्जुन अपना बाण चलाते उनके प्रतिद्वन्द्वी ने हाथ जोड़कर उनका अभिवादन किया-"एक श्रेष्ठ योद्धा को एक युवा धनुर्धर का प्रणाम।"

पर जब अर्जुन-भागदत्त संग्राम होने ही वाला था तो वहाँ कई तृगर्तों के साथ सुशर्मा आ गए।

"मैं पुनः प्रस्तुत हूँ, हे अर्जुन, वह काम पूरा करने के लिए जो हम दोनों ने अधूरा छोड़ दिया था। इस खेल का अन्त हम दोनों में से किसी एक की मृत्यु के साथ ही होगा।"

अर्जुन असमंजस में पड़ गए। एक ओर भागदत्त के साथ भयंकर संग्राम में फँसे भीम और दूसरी तरफ सुशर्मा की चुनौती।

"मुझे क्या करना चाहिए, हे देव?" वह कृष्ण की तरफ परामर्श के लिए मुड़े।

"आप जो चाहें कर सकते हैं," कृष्ण ने कहा, "किन्तु पहले इस तृगर्त को ही क्यों नहीं रास्ते से हटा देते? और बाद में भागदत्त से निपटते।"

तत्क्षण अर्जुन का गांडीव क्रियाशील हो गया। कुछ ही मिनटों में तृगर्तों में से कई समाप्त हो गए। जब उनका एक बाण सुशर्मा को लगा तो वह चक्कर खाकर धराशायी हो गए। उन्हें वहीं छोड़कर अर्जुन के गांडीव ने व्यापक संहार करना शुरू कर दिया। भयाक्रांत कौरव सेना भागने लगी। तब कृष्ण ने अर्जुन का रथ भागदत्त की तरफ मोड़ दिया। अर्जुन को देखते ही भागदत्त ने अपने हाथी को उनके रथ पर हमला करने के लिए उकसाया। परन्तु कृष्ण के कुशल संचालन के कारण उस जानवर का वार विफल हो गया। तब भागदत्त ने अर्जुन के रथ पर बाणों की वर्षा कर दी। पर उनके गांडीव ने सभी बाणों को काट गिराया।

अविचलित भागदत्त ने तब बरछे से अर्जुन और कृष्ण दोनों पर प्रहार करना शुरू कर दिया। जब एक बरछा अर्जुन की छाती को बेधने वाला था तो कृष्ण ने सामने आकर उसे अपने ऊपर ले लिया। किन्तु रत्नजड़ित कवच कौस्तुभ से सुसज्जित होने के कारण बरछा टूटकर गिर पड़ा। नाराजगी से कृष्ण को देखते हुए अर्जुन ने कहा, "आपने मेरे लिए, हे वासुदेव! अपना जीवन खतरे में क्यों डाला?"

"उस क्षण आपका जीवन मुझसे ज्यादा मूल्यवान था।" उन्होंने मुस्कराते हुए उत्तर दिया।

तब अर्जुन ने हाथी के कवच पर प्रहार किया परन्तु वह अभेद्य लगा। इस बीच भागदत्त का एक बाण अर्जुन के रत्नजड़ित मुकुट में आ घुसा। एक हाथ से माथे पर मुकुट को ठीक करते हुए उन्होंने दूसरे हाथ से बाण चलाकर भागदत्त का धनुष खंडित कर दिया। पर उस धनुर्धर ने दूसरा धनुष उठा लिया और बाणों की झड़ी लगा दी। क्रोधोन्माद में भागदत्त ने अर्जुन पर उस अंकुश बाण का प्रयोग कर दिया जिससे उनका हाथी निर्देशित होता था। अंकुश कोई साधारण अस्त्र नहीं था। इसी के कारण हाथी और उसका सवार दोनों अभेद बने हुए थे। परन्तु ज्यों ही वह बाण आकाश में छूटा, दोनों असुरक्षित हो गए। अब अर्जुन विश्वास के साथ दोनों का सामना कर सकते थे। अर्जुन के एक बाण ने उस हाथी का मस्तक धड़ से अलग कर दिया और दूसरा बाण भागदत्त की पसलियों में घुस गया। अब हाथी और सवार दोनों रक्त-कुंड में मृत पड़े थे। भीष्म के बाद यह कौरवों के लिए दूसरा बड़ा झटका था जिससे वे

सन्न रह गए।

जब अर्जुन अपने शिविर की तरफ जा रहे थे तो उनका सामना शकुनि से हो गया। उन्हें देखते ही अर्जुन का खून खौलने लगा। यही वह व्यक्ति हैं जिनके षड्यन्त्रों के कारण पांडवों को असीम कष्ट झेलने पड़े। जब अर्जुन ने उन्हें चुनौती दी तो देखा कि वह धनुष उठा रहे हैं।

"हे शकुनि, क्या आपको विश्वास है कि आप धनुष चला सकेंगे?" उन्होंने व्यंग्य पूर्वक पूछा, "याद रखिए, यह पासा फेंकने का खेल नहीं है जिसमें आप चालबाजी कर सकें। बाण केवल एक ही भाषा बोलते हैं–मारो या मरो।"

यों तो शकुनि ने धनुर्विद्या के कुछ गुण सीख रखे थे पर इस समय वह कुछ काम नहीं आए। अन्दर से भयभीत उन्होंने अपना रथ दूसरी तरफ भगा ले जाने में ही अपनी भलाई समझी।

अभी शकुनि कुछ ही दूर गए होंगे कि राधेय ने अर्जुन को रथ रोककर उन्हें युद्ध के लिए ललकारा। फिर तो एक लम्बा भीषण युद्ध हुआ जिसमें दोनों एक दूसरे को समाप्त कर देने के लिए कटिबद्ध दिखे। जब राधेय ने अपने आग्नेयास्त्र से आकाश-मध्य अग्नि-पथ बना दिया तो अर्जुन ने उसका उत्तर वरुणास्त्र चलाकर दिया जिससे न केवल आग बुझ गई बल्कि एक आँधी भी चली जिसने वातावरण में उथल-पुथल मचा दी। द्वन्द्व बढ़ता गया और दोनों पक्षों के अन्य योद्धा भी आमने-सामने हो गए–भीम, धृष्टद्युम्न, अभिमन्यु और सात्यकि एक तरफ तो अश्वत्थामा, द्रोण और दुर्योधन दूसरी तरफ। यह भयंकर युद्ध न जाने क्या आयाम ग्रहण करता यदि सूर्यास्त न हो गया होता। चूँकि यह काफी थकान भरा दिन था इसलिए सभी वीरों को इस विराम से राहत मिली।

जब द्रोण अपने तम्बू की तरफ लौट रहे थे तो दुर्योधन ने उन्हें रोका, "क्या मैं आपसे कुछ बातें कर सकता हूँ?" उन्होंने पूछा।

"क्या तुम फिर कलह करना चाहते हो?" द्रोण ने प्रत्युत्तर में पूछा, "मुझे मालूम है कि आज का दिन फिर हम लोगों के लिए बुरा रहा। युधिष्ठिर मुझे चकमा दे गए, और हमने अपने एक महान वीर भागदत्त को भी खो दिया। ऐसा लगता है, दुर्भाग्य हर जगह हमारा पीछा कर रहा है।"

दुर्योधन चिन्तित मुद्रा में थे। द्रोण ने उनकी आँखों में अंगारे देखे।

"नहीं, यह दुर्भाग्य नहीं था, बल्कि युधिष्ठिर को न पकड़ने की आपकी समझी-बूझी अनिच्छा का परिणाम था। मुझे उम्मीद थी कि आपके नेतृत्व में हमें दुश्मन को परास्त करने का बेहतर अवसर मिलेगा। परन्तु पिछले दो दिनों में आपने हमें हर मोर्चे पर विफलता और बर्बादी के सिवा कुछ नहीं दिया।"

द्रोण ने सब सुन लिया। फिर बोले, "तुममें धैर्य का अभाव है। तुम्हारा यही अहंकार, क्रोध और शक तुम्हें एक दिन ले डूबेगा।" फिर थोड़ा ठहर कर बोले, "मुझमें

विश्वास रखो। मुझे लगता है कल का दिन क्षतिपूरक होगा। मैं कुछ उपलब्धि प्राप्त कर दिखाने की योजना बना रहा हूँ जिससे तुम्हें बेहद प्रसन्नता होगी। आशा है मैं किसी एक पांडव वीर का अवश्य शिकार करूँगा–यदि शेर नहीं तो कम–से–कम उसका शावक। बस सूर्योदय होने की प्रतीक्षा करो।"

द्रोण के आश्वासन में कुछ ऐसा था जिससे दुर्योधन का विषाद कुछ कम हुआ। उन्होंने सोचा, 'हो सकता है यह महान योद्धा कल कुछ असामान्य कर दिखाएँ।'

इकसठ

चक्रव्यूह में अभिमन्यु

उस रात दुःस्वप्न के कारण अर्जुन की नींद उड़ गई। अपने सपने में उन्होंने देखा कि आबनूसी काले चेहरेवाला एक व्यक्ति उनके बिस्तर पर झुका हुआ है। गहरी घरघराती आवाज में उसने कहा, "कल मैं तुमसे तुम्हारी सबसे मूल्यवान वस्तु छीन लूँगा।"

"पर तुम हो कौन?" अर्जुन ने पूछा।

"जीवन के उस पार की एक आवाज।" उसने उत्तर दिया और एक फुसफुसाहट की तरह हवा में विलुप्त हो गया।

तत्पश्चात अर्जुन सो नहीं पाए। अपने तम्बू में चहलकदमी करते हुए उत्सुकता से सुबह की प्रतीक्षा करते रहे। जब सूर्य उदित हुआ तो लगा जैसे रक्त के सागर से निकला हो। उसका रंग गहरा लाल था, न कि सुनहरा या नारंगी। उन्होंने सोचा, शायद वह दिन उनके लिए शुभ नहीं है।

उषाकाल जब कृष्ण उन्हें रणभूमि में ले जाने के लिए आए तो अर्जुन को चिन्तित देखकर उन्हें विस्मय हुआ।

"क्या बात है, पार्थ?" उन्होंने पूछा।

अर्जुन ने उन्हें दुःस्वप्न वाली उस काली आकृति के बारे में सब कुछ बताया। फिर उगते सूरज को इंगित करते हुए उन्होंने कहा, "यह रक्तिम क्यों लग रहे हैं, हे वासुदेव? लगता है आज कुछ भयंकर घटित होनेवाला है।"

उन्हें स्नेह से देखते हुए कृष्ण ने कहा, "यह सब तुम्हारा विभ्रम है, तुम्हारे दुःस्वप्न का परिणाम। उसे दिमाग से निकाल दो और आज के युद्ध के लिए तैयार हो जाओ।" थोड़ा रुककर कृष्ण बोले, "और यदि कुछ भयानक होता भी है तो मैं तो तुम्हारी सहायता के लिए रहूँगा ही।"

"वह तो मैं जानता हूँ, हे देव!" कुछ सान्त्वना पाकर अर्जुन ने उत्तर दिया।

तेरहवें दिन द्रोण कुछ असाधारण कर दिखाने के लिए दृढ़प्रतिज्ञ दिखे। उस दिन के युद्ध के लिए उन्होंने अपनी सेना का संयोजन चक्रव्यूह के आकार में किया–असंख्य घुमावदार मोड़ों से भरी एक जटिल संरचना। दुश्मन के लिए इसका भेदन असम्भव था। और यदि कोई इसमें प्रवेश कर भी जाए तो उसका इस भूलभुलैया में फँस जाना

अवश्यम्भावी था, जैसे कोई कीट मकड़ी के जाल में फँस जाता है।

चूँकि चक्रव्यूह की संरचना में अनेकों संकेन्द्रित वृत्ताकार शृंखलाएँ थीं इसलिए द्रोण ने दुर्योधन को इसके केन्द्र में रखा जबकि प्रथम बाहरी वृत्त पर राधेय, कृपाचार्य और दु:शासन तैनात थे। दूसरे वृत्त पर जयद्रथ और अश्वत्थामा थे। और चक्रव्यूह के प्रवेश द्वार पर कौरव सेना की एक मजबूत टुकड़ी के साथ द्रोणाचार्य स्वयं खड़े थे। अपनी योजना के अनुसार उन्होंने तृगर्तों को भी निर्देशित कर रखा था कि वे फिर एक बार अर्जुन को रणभूमि के दक्षिणी भाग में युद्ध में उलझाएँ। ऐसा इसलिए कि उन्हें पता था कि एक मात्र अर्जुन ही इस व्यूह का भेदन करने और फिर उसमें से बाहर निकल जाने में निपुण थे।

एक बार फिर मुख्य युद्धस्थल से काफी दूर दक्षिण में अर्जुन तृगर्तों के साथ संग्राम में फँस गए।

इधर भीम अपनी सेना के साथ चक्रव्यूह की तरफ बढ़े। साथ में धृष्टद्युम्न, सात्यकि, शिखंडी और नकुल थे। किन्तु ज्यों ही वे व्यूह के बाहरी वृत्त के पास पहुँचे, द्रोण के बाणों ने उनका मार्ग अवरुद्ध कर दिया। अब युधिष्ठिर को लग गया कि उनकी सेना के लिए व्यूह में प्रवेश कर पाना दुश्कर होगा। सबों को विस्मय और चिन्ता में पड़े देखकर अभिमन्यु ने युधिष्ठिर से कहा, "चाचाश्री, यह काम मुझे करने दें। चक्रव्यूह के बाह्य वृत्त का भेदन करना मैं जानता हूँ।"

फिर उन्होंने विस्तार से बताया कि कैसे उन्होंने व्यूह-भेदन का रहस्य जान लिया था जब वह अपनी माता सुभद्रा के गर्भ में थे। एक रात जब उनके पिता यह रहस्य उनकी माता को बता रहे थे तभी उन्होंने सुन लिया था। किन्तु अभिमन्यु को यह नहीं पता था कि उनकी माता को उस समय झपकी आ गई थी जब अर्जुन व्यूह से सुरक्षित बाहर निकलने की कला का वर्णन कर रहे थे। और इसीलिए अभिमन्यु व्यूह-भेदन की कला तो जानते थे परन्तु उससे बाहर निकलने की युक्ति का ज्ञान उन्हें नहीं था। तथापि उस युवा वीर को यह विश्वास था कि जब भीम, धृष्टद्युम्न और कई अन्य योद्धा उनके साथ रहेंगे तो फिर कैसी चिन्ता?

तब काफी हिचकिचाते हुए युधिष्ठिर ने अपने सोलह वर्ष के युवा भतीजे को दुश्मन के घेरे को तोड़ने की अनुमति दे दी। पूरी पांडव सेना की आँखें अब अभिमन्यु पर टिकी थीं जो हू-ब-हू पांडवों के गौरव और अपने पिता अर्जुन का प्रतिरूप लग रहे थे। उनके धनुष की टंकार पिता के गांडीव की तरह वायुमंडल में गूँज उठी और उन्होंने अपना रथ दुश्मनों की तरफ बढ़ा दिया। भीम, धृष्टद्युम्न, द्रुपद और सात्यकि उनके पीछे-पीछे थे।

अभिमन्यु के समर्थकों के मन में अब भी भय और खतरे के बादल घुमड़ रहे थे। द्रोण ने अपनी व्यूह रचना इस प्रकार से की थी कि जैसे ही कोई उसे भेदकर घुसेगा उसका प्रवेश मार्ग पीछे से बन्द हो जाएगा और किसी अन्य के लिए प्रविष्ट होना

असम्भव हो जाएगा। इसलिए प्रबल सम्भावना यह थी कि भेदक अकेला ही अन्दर फँस जाएगा, जैसे कोई मधुमक्खी पुष्प-कोष में फँस जाती है। किन्तु यदि अभिमन्यु कुछ देर तक अपने मार्ग को खुला रख पाते हैं तो आशा थी कि भीम, धृष्टद्युम्न आदि भी उनके पीछे-पीछे प्रवेश कर जाएँगे।

जब अभिमन्यु पद्मव्यूह, अर्थात वाह्य वृत्त, के निकट पहुँचे तो उन्होंने अपने चाचा युधिष्ठिर की तरफ हाथ हिलाया जिसका उत्तर उन्होंने "ईश्वर तुम्हें आशीष दें" कहकर दिया। और दूसरे ही क्षण उनका रथ पद्मव्यूह में प्रवेश कर गया। द्रोण इस आकर्षक युवा धनुर्धर का अद्भुत कारनामा देखकर अचम्भित रह गए। और एक बार जब व्यूह टूट गया तो कौरव सेना में भगदड़ मच गई। अभिमन्यु के बाण ओलों की तरह बरसने लगे और सैकड़ों दुश्मन सैनिक हताहत हुए।

अभिमन्यु के दुस्साहसिक आक्रमण से चिन्तित दुर्योधन अपना रथ लेकर उनका सामना करने के लिए आ गए। दोनों को द्वन्द्व करते देखकर द्रोण दुर्योधन की रक्षा के लिए भागे आए क्योंकि वह जानते थे कि अर्जुन-पुत्र के सामने दुर्योधन कुछ भी नहीं थे। द्रोण के पीछे कृपाचार्य, अश्वत्थामा और राधेय भी हो लिए। पर अभिमन्यु ने उन सबों का सामना बड़ी बहादुरी से किया। उनके एक अस्त्र से घायल होकर राधेय पृथ्वी पर गिर पड़े। दु:शासन भी युद्ध में शामिल हुए किन्तु उन्हें भागना पड़ा। अभिमन्यु का क्रोधावेग इतना तीव्र था कि अनेकों कौरव सैनिकों ने महसूस किया कि उनके धनुष में उनके पिता के गांडीव से ज्यादा तेज था।

हतोत्साहित दुर्योधन ने देखा कि उनके सैनिक घबराकर इधर-उधर भाग रहे हैं। पर उन्हें आश्चर्य इस बात से हो रहा था कि अब तक द्रोण ने अभिमन्यु पर आक्रमण किया क्यों नहीं। क्या वह फिर कमजोर पड़ गए क्योंकि यह युवा धनुर्धर उनके प्रिय शिष्य का पुत्र था। यदि वह चाहते तो अभिमन्यु को आसानी से मार सकते थे और उसकी मृत्यु पूरी पांडव सेना का धैर्य तोड़ देती। यानी एक बार फिर उनके अपने ही सेना-प्रमुख ने उनको निराश किया।

तभी अचानक अभिमन्यु का रथ पद्मव्यूह के पीछे ओझल हो गया। जब भीम और अन्य योद्धाओं ने व्यूह में प्रवेश करना चाहा तो जयद्रथ ने, जो दुर्योधन के एक विश्वासपात्र सहयोगी थे, उनका मार्ग अवरुद्ध कर दिया। यद्यपि वह भीम और उनके सहयोगियों की शक्ति के सामने टिक नहीं पाए किन्तु वह अभिमन्यु को उनके समर्थकों से अलग कर देने में सफल हुए। जयद्रथ को भगवान शंकर का एक वरदान प्राप्त था कि वह तब तक अविजित रहेंगे जब तक अर्जुन या कृष्ण से उनका सामना न हो जाए। इसलिए उन्होंने एक महत्त्वपूर्ण काम करने का यह मौका हाथ से जाने नहीं दिया। अब पद्मव्यूह पर खड़े जयद्रथ अभिमन्यु के साथ प्रवेश कर पाने में असमर्थ भीम और अन्य को घूर रहे थे। वे समझ गए कि उनका युवा वीर अन्दर फँस गया है, जैसे कोई बवंडर के केन्द्र में खिंचा चला जाता है। क्या वह इस मृत्यु-फाँस से बाहर निकल पाएगा?

युधिष्ठिर यह सोचकर भयाक्रांत हो गए कि कहीं चारों ओर से घेरकर उनके अनुज-पुत्र की हत्या न कर दी जाए, जैसे भूखे भेड़ियों का झुंड हिरण का शिकार करता है। वह अर्जुन, कृष्ण और सुभद्रा को क्या जवाब देंगे? क्या उन्होंने पांडु परिवार के इस पुष्प को अग्नि में नहीं झोंक दिया? और वह भी तब जब अर्जुन और कृष्ण धूर्त तृगर्तों के साथ युद्ध में फँसे थे। त्रास से ग्रसित उन्हें लगा जैसे उनके पैरों तले की धरती खिसक गई हो।

उधर चक्रव्यूह में फँसे अभिमन्यु उस शावक की तरह थे जो अपने प्रजनक से बिछुड़ गया हो, जिसका शासन सम्पूर्ण जंगल पर चलता था। परन्तु साहस के साथ वह हर चुनौती देने वाले का संहार करते जा रहे थे। विद्युत तरंगों की तरह चमकता उनका धनुष असंख्य कौरव सैनिकों को हताहत कर चुका था। वह उस अग्नि की लपट की तरह थे जो अपनी चपेट में आनेवाले हर किसी को जलाकर भस्म कर देती है। केवल जब वह बाहर निकलने का मार्ग चिन्हित करने के लिए मुड़े तब जाकर उन्हें महसूस हुआ कि वह चक्रव्यूह में फँस चुके हैं।

जब उन्होंने दुबारा मार्ग ढूँढ़ना चाहा तो उनका सामना दुर्योधन और दुःशासन से हो गया। दुर्योधन ने विजयोत्सव के साथ द्रोण से कहा, "हे आदरणीय गुरु, आपने कर दिखाया। अब यह शावक एक ऐसे पिंजड़े में है जिससे निकलने का कोई द्वार नहीं। आइए आज इसे हम खत्म कर दें।...आपने अपना वचन निभाया। मैं आपका आभारी हूँ।"

परन्तु द्रोण की भंवें सिकुड़ी हुई थीं मानो वह अन्दर ही अन्दर किसी द्वन्द्व में पड़े थे। वह युवा धनुर्धर उनके सामने डटा हुआ था, मुखमंडल पर अपने पिता समान तेज लिए और दाहिने हाथ में धनुष उठाए खून की आखिरी बूँद तक अपनी रक्षा के लिए तैयार। पर क्या राधेय, कृपाचार्य, अश्वत्थामा और दुःशासन जैसे महारथियों के सामने उसके लिए कोई गुंजाइश थी?

सबसे पहले जयद्रथ ने अभिमन्यु से लोहा लिया, पर वह जल्द ही पराजित हो गए। और जब दुर्योधन ने हाथियों की अपनी सेना के साथ आक्रमण किया तो अभिमन्यु के बाणों के प्रहार से व्याकुल वे चिंघाड़ते हुए इधर-उधर भागने लगे। तब जयद्रथ ने अपने नायक की मदद के लिए पुनः धावा बोल दिया। फिर भी अभिमन्यु का विद्रोही तेवर पूर्ववत बरकरार रहा यद्यपि उन्हें काफी कठिनाइयों का सामना करना पड़ रहा था। यह सब देख हतोत्साहित शकुनि ने द्रोण से जाकर कहा, "जब तक हम सब मिलकर अभिमन्यु पर प्रहार नहीं करेंगे, इसे मार पाना सम्भव नहीं होगा।"

द्रोण ने कहा, "नहीं, जब तक उसके हाथों में धनुष है आप उसे मार नहीं पाएँगे। इसलिए पहले किसी को उसके धनुष का चाप काटना होगा और उसके रथ को क्षतिग्रस्त करना होगा ताकि वह असुरक्षित हो जाए। अन्यथा वह अजेय बना रहेगा।"

द्रोण का संकेत पाकर राधेय चुपके से अभिमन्यु के पीछे चले गए, जब वह

जयद्रथ से लड़ रहे थे, और उनके धनुष का चाप काट दिया। उसी क्षण द्रोण ने उनके अश्वों को मार गिराया और कृपाचार्य ने उनके सारथी को। फिर द्रोण के एक बाण से अभिमन्यु का कवच भी चकनाचूर हो गया। अब बिना धनुष, सारथी और घोड़ों के वह असहाय हो गए। आँखों में धधकती आग लिए वह द्रोण की तरफ मुड़े।

"हे आदरणीय गुरु, मेरे पिता तो आपकी प्रशंसा करते हैं। फिर आपने मुझे अस्त्र–विहीन करने का कायरतापूर्ण कार्य क्यों किया?" फिर राधेय को घूरते हुए उन्होंने व्यंग्य किया–"क्या यही आपने अपने गुरु परशुराम से सीखा था–चोरी से मेरे पीछे आकर मेरे धनुष की प्रत्यंचा काटना?" और कृपाचार्य से उन्होंने पूछा, "आप तो कुरुवंश के आध्यात्मिक गुरु रहे हैं पर क्या आज आपके चेहरे से नकाब नहीं उतर गया?"

तत्पश्चात् उन्होंने अपनी तलवार निकाल ली और रथ से कूदकर बोले, "एक-एक कर आते तो मैं आप सबों को धनुर्विद्या का पाठ पढ़ा देता। परन्तु जब आप सब एक साथ मिलकर मेरे विरुद्ध खड़े हैं तब भी मैं अन्त तक लड़ूँगा।"

पर इससे पहले कि वह अपनी तलवार भाँज पाते द्रोण के एक अस्त्र ने उसकी मूठ काट दी, और राधेय ने उनकी ढाल को चकनाचूर कर दिया। अब अभिमन्यु को आभास हो गया कि वह मृत्यु के द्वार पर खड़े हैं। तत्क्षण उनके मानस पटल पर कुछ चित्र उभर आए उनके पिता की घोर व्यथा, माता के आँसू और उनके मामा कृष्ण का दु:ख। काश वे उन्हें कायरों के इस समूह से बहादुरी के साथ लड़ते देख पाते! क्या उनके पिता कभी जयद्रथ को छोड़ेंगे जो उनके इस हाल के मुख्य कारक थे?

तब वीर अभिमन्यु ने अपने रथ का पहिया निकाल लिया और उसे घुमाते हुए उन सबों पर वार कर दिया "आओ, कायरों, मैं अब भी तुम सबों से लड़ सकता हूँ।"

पर जब वह पहिया भी राधेय के बाण से खंडित हो गया तो वह अपनी गदा उठाते हुए अश्वत्थामा की तरफ बढ़े। अश्वत्थामा उनके आक्रमण के सामने टिक नहीं पाए और भाग खड़े हुए।

अब पूरी तरह थके और लहूलुहान अभिमन्यु चक्कर खाकर गिर पड़े। ऐसा लगा जैसे कोई जगमगाता उल्कापिंड पृथ्वी पर गिर पड़ा हो। नीचे पड़े वह हाँफ रहे थे। इसी मौके का फायदा उठाते हुए दु:शासन के पुत्रों में से एक ने अपनी गदा से उनके मस्तक पर वार कर दिया। तब भी वह अपने पैरों पर उठ खड़े होने का प्रयत्न करते रहे। पर पुन: गिर पड़े। वह सर से पाँव तक लहू में सने थे। उन्होंने आँखें बन्द कर लीं और विस्मृति में डूब गए। युद्ध क्षेत्र में उस क्षण सबों ने आकाश में गूँजता विलाप का स्वर सुना, मानो सभी देवता उस वीर की मृत्यु पर रो रहे हों जो कपट और क्रूरता का शिकार हुआ था।

अपराध बोध से ग्रसित द्रोण ने अपने दोनों हाथों से अपनी आँखें बन्द कर लीं क्योंकि वह भी इस जघन्य आपराधिक कृत्य में सहभागी थे। वह जानते थे कि उन्हें इस

पाप का प्रायश्चित्त करना होगा—शायद अपने प्राण गँवाकर क्योंकि न्याय का विधान तो अबाध रूप से अपनी प्रक्रिया पूरी करेगा ही।

जहाँ तक कौरवों की बात थी, वे विजयोल्लास से चीख रहे थे। जब यह आवाज पांडवों तक पहुँची तो उन्हें भान हो गया कि अभिमन्यु की हत्या हो चुकी है। युधिष्ठिर रो पड़े जबकि भीम उस शेर की तरह गरजे जिसके मर्मस्थल को किसी शिकारी ने तीर से वेध दिया हो। सूर्यास्त के साथ ही हर पांडव के हृदय में अन्धकार प्रविष्ट हो गया। बस एक ही प्रश्न उन्हें साल रहा था—यह दुःखद समाचार अर्जुन और कृष्ण को कौन सुनाएगा?

बासठ

प्रतिशोध का प्रण

तृगर्तों को पराजित कर जब अर्जुन और कृष्ण अपने तम्बू के निकट आए तो देखा कि पूरे पांडव शिविर पर एक उदासी छाई हुई है।

"मैंने आपसे रास्ते में ही शंका जताई थी, हे देव! कि हमारी अनुपस्थिति में कहीं कुछ अनिष्ट न हो गया हो। आप देख रहे हैं न–हमारे शिविर में एक अशुभ नैराश्यपूर्ण शान्ति व्याप्त है।

"कहीं वही विभ्रम तो नहीं आपको परेशान कर रहा है," कृष्ण ने पूछा, "वह रक्तस्राव जो आपने प्रातःकालीन सूर्य से होते देखा था?..."

"हो सकता है। ईश्वर करें मेरे भ्रातागण सुरक्षित हों, खासकर युधिष्ठिर जिन्हें मेरे संरक्षण की आवश्यकता हमेशा रहती है।...पर मैं क्या करता, मुझे तो तृगर्तों की चुनौती स्वीकार करनी ही थी। यह भी हो सकता है कि मुझे मुख्य युद्धभूमि से दूर उलझाए रखने की यह उनकी चाल रही हो।"

कृष्ण मुस्कराए–"आप फिर अकारण ही अपना मन छोटा कर रहे हैं। मुझे लगता है हमारे शिविर में सब कुछ ठीक-ठाक ही होगा।"

पर जब उनका रथ युधिष्ठिर के तम्बू के निकट पहुँचा तो अर्जुन की आशंकाएँ गहरी हो गईं। "कोई हमारे स्वागत के लिए बाहर क्यों नहीं आया?" उन्होंने कृष्ण से पूछा, "और फिर अभिमन्यु कहाँ हैं जो प्रतिदिन युद्ध की समाप्ति पर मेरे स्वागतार्थ दौड़े चले आते थे?" युधिष्ठिर के तम्बू में उन दोनों ने देखा कि सबों के चेहरे पीले पड़े हुए थे और उन पर दुःख तथा चिन्ता की लकीरें साफ दिख रही थीं। युधिष्ठिर के गालों पर से अश्रुधार बह रही थी और भीम उन्हें सान्त्वना देने की कोशिश कर रहे थे।

"क्या हुआ?" अर्जुन ने व्यग्रता से पूछा, "मेरा अभिमन्यु कहाँ है? फिर रुककर बोले, "लौटते समय मैंने देखा कि द्रोण ने अपनी सेना को चक्रव्यूह के आकार में तैनात कर रखा था, एक ऐसी संरचना जिसे मेरे सिवा कोई दूसरा सफलतापूर्वक भेद नहीं सकता। वैसे अभिमन्यु को व्यूह-भेदन का रहस्य तो ज्ञात है परन्तु वह उसमें से बाहर निकलना नहीं जानते।"

वह फिर रुककर युधिष्ठिर से बोले, "बताइए भ्राताश्री, कहीं आपने मेरे पुत्र को

व्यूह-भेदन का आदेश तो नहीं दिया? वह कहाँ हैं? कहाँ?"

अर्जुन का आखिरी शब्द सम्पूर्ण व्योम में गूँज गया। उनकी आँखों में ज्वाला धधकने लगी और गला रुँध गया।

"स्वर्ग में," युधिष्ठिर ने उत्तर दिया। उनकी आवाज फटी हुई थी और उनके हाथ काँप रहे थे, "क्योंकि मैंने ही उसे मृत्यु के मुँह में भेज दिया, केवल अपने स्वार्थ के लिए, अपनी सेना को द्रोण के हाथों संहार से बचाने के लिए। ऐसा लगा जैसे वह सूर्यास्त होते-होते हमारे सभी सैनिकों को खत्म कर देंगे।" उन्होंने आहें भरीं। "परन्तु क्या अपना साम्राज्य पाने के लिए मुझे उस निर्दोष बालक का बलिदान कर देना चाहिए था? असली हत्यारा मैं हूँ, हे अर्जुन। अभी यहीं मेरा वध कर दो। यदि वह तुम्हारा पुत्र था तो क्या मेरा भतीजा नहीं था? क्या वह एक ऐसा पुष्प नहीं था जो अभी पूरी तरह खिला भी न हो? मैं ही वह अभागा पापी हूँ, हे अर्जुन।"

अभी वह बोल ही रहे थे कि उन्होंने देखा कि अर्जुन चक्कर खाकर गिर पड़े। वह उस पक्षी की तरह दिखे जिसे किसी व्याध ने मार गिराया हो और जो अब छटपटा रहा हो—चोंच खुली और आँखें आधी बन्द। तुरन्त भीम लपककर जल ले आए और अर्जुन के चेहरे पर छींटा मारा। जब उन्हें होश आया तो उन्होंने हकलाते हुए पूछा, यह सब कैसे हुआ? मुझे विस्तार से बताएँ।...क्या वह द्वन्द्व में हताहत हुए या फिर कई हत्यारों ने मिलकर उन्हें घेरकर मारा?" वह फफक पड़े और आगे कुछ बोल नहीं पाए। उनके मानस पटल पर रक्त-कुंड में पड़े अपने पुत्र के शव का चित्र उभर आया।

कुछ क्षणों के बाद वह फिर बोले, "काश, सुभद्रा को उस समय झपकी नहीं लगी होती जब मैं उन्हें व्यूह में से निकलने की कला बता रहा था। तब आज अभिमन्यु चक्रव्यूह से अक्षत निकल आए होते। उनमें तो एक पूरी सेना से अकेले युद्ध करने की क्षमता थी।" उन्होंने एक गहरी साँस ली, "मुझे बताएँ, किसने मेरे फूल से बालक को खिलने से पहले ही विच्छिन्न कर दिया? द्रोण, राधेय या दुर्योधन ने? मैं तब तक चैन नहीं लूँगा जब तक मेरा गांडीव मेरे पुत्र के हत्यारे का रक्त न छलका दे। खून के बदले खून।"

तब भीम ने सब कुछ बताया कि किस तरह अभिमन्यु को व्यूह में फँसाकर धोखे से मारा गया, कि कैसे जयद्रथ उनके पीछे दीवार बनकर खड़े हो गए और उनके सहयोगियों के लिए उनके साथ-साथ व्यूह में प्रवेश कर पाना असम्भव बना दिया।...ज्यों ही अभिमन्यु ने चक्रव्यूह के बाहरी वृत्त का भेदन कर अन्दर प्रवेश किया, जयद्रथ ने अन्य सबों को युद्ध में उलझा लिया और इसी बीच प्रवेश मार्ग बन्द हो गया। और इस तरह अन्दर फँसे अभिमन्यु की कुल छह महारथियों ने घात लगाकर सम्मिलित रूप से हत्या की।"

"कौन-कौन थे वे छह हत्यारे?" अर्जुन ने भीम से पूछा।

"द्रोण, राधेय, अश्वत्थामा, कृपाचार्य और दुःशासन का एक पुत्र," भीम ने

बताया। फिर उन्होंने तुरन्त कहा, "परन्तु असली हत्यारे तो जयद्रथ थे जिन्होंने अभिमन्यु को हम सबों से अलग कर दिया।"

अर्जुन के नेत्र ज्वाला से धधक रहे थे। दाँत पीसते हुए उन्होंने गर्जना के स्वर में कहा, "तब आप सब सुन लें कि कल मैं जयद्रथ का वध करूँगा, सूर्यास्त के पूर्व, चाहे स्वयं भगवान शंकर भी उसे बचाने क्यों न आ जाएँ। हाँ, या तो मैं उसका अन्त करूँगा या स्वयं अग्नि में प्रवेश कर जाऊँगा।"

इस पूरे प्रकरण में कृष्ण गम्भीर चुप्पी में डूबे सब कुछ देखते-सुनते रहे। फिर वह अर्जुन के करीब आकर बोले, "हे अर्जुन, आप भूल रहे हैं कि अभिमन्यु मेरी बहन का भी पुत्र था जो मुझे अपने बच्चे की तरह प्यारा था। इसलिए मैं भी उतना ही व्यथित हूँ जितने आप। और आप यह भी भूल रहे हैं कि जब द्वारका में आपने मेरी सहायता माँगी थी तो मैंने आपको जीवन के हर घुमावदार मोड़ से निकाल ले जाने का वचन दिया था। इसलिए आप कल की प्रतीक्षा करें और देखें कि मैं आपके प्रण को पूरा करने में किस तरह सहायक होता हूँ। मैं हर जगह आपके साथ रहूँगा, केवल आपका सारथी बनकर नहीं बल्कि आपके मित्र और मार्गदर्शक के रूप में भी।"

कृष्ण की बातों से अर्जुन को थोड़ी शान्ति तो मिली पर अन्दर हृदय में प्रतिशोध की ज्वाला धधक रही थी। सारी रात वह बिस्तर पर करवट बदलते रहे और सिसकते रहे। वह गहन मानसिक अशान्ति में थे, यह सोच-सोचकर कि उनकी पत्नी सुभद्रा अपने पुत्र की नृशंस हत्या का समाचार कैसे झेल पाएँगी। क्या यह सदमा वह बर्दाश्त कर पाएँगी?

सूर्योदय हुआ तो उन्होंने किसी तरह स्वयं को सँभाला और अपने गांडीव को झंकृत किया जिसकी टंकार पूरे वायुमंडल में गूँज गई। और इसी के बाद कृष्ण ने पाँचजन्य शंख फूँक दिया जिससे कौरवों के हृदय में भय पैदा हो गया।

चौदहवें दिन की शुरुआत से ही जयद्रथ भयभीत थे क्योंकि वह जानते थे कि वह अर्जुन के क्रोध का सामना नहीं कर पाएँगे। इसलिए वह दुर्योधन के पास दौड़े गए और आग्रह किया–

"मुझे अपने राज्य वापस लौट जाने दें, कुरुक्षेत्र से काफी दूर। यदि मैं सूर्यास्त के पहले वहाँ पहुँच जाऊँगा तो अर्जुन के प्रतिशोध की पहुँच से बाहर हो जाऊँगा।"

परन्तु दुर्योधन ने उन्हें धीरज बँधाया और कहा, "आप क्यों भयभीत हो रहे हैं, हे वीर योद्धा? रणभूमि से आपका पलायन निर्लज्ज कायरता होगी। आप जैसे विश्वसनीय सहयोगी की संरक्षा का मैं वचन देता हूँ। मैं आपको मजबूत सुरक्षा घेरे में रखूँगा, प्रिय मित्र। आप चिन्ता न करें।"

तिरसठ

जयद्रथ पर मँडराती मौत

यों तो जयद्रथ समरभूमि में टिके रहने के लिए राजी हो गए किन्तु उनके मन में अर्जुन के गांडीव का भय बना हुआ था। पर क्या पता अर्जुन की पहुँच से दूर रहकर वह अपनी नियति बदलने में कामयाब हो जाएँ, उन्होंने सोचा।

जब सिन्धु नरेश वृद्धक्षत्र को पुत्र प्राप्त हुआ था तो वह अत्यन्त प्रसन्न थे। जयद्रथ ही, जैसा कि उन्होंने अपने पुत्र का नाम रखा था, उनकी चेतना के केन्द्र में थे। पर एक रात वह बुरी तरह घबरा गए जब उन्होंने अपने स्वप्न में एक आवाज सुनी–

"अपनी छिछली कपोल-कल्पना में, हे नरेश! इतना न डूब जाएँ, क्योंकि आपके पुत्र का जीवन अब थोड़ा ही शेष बचा है। युवावस्था में ही उसका वध होना तय है, उनके हाथों जिनके सारथी स्वयं भगवान होंगे।"

नींद से घबराकर जागे राजा वृद्धक्षत्र ने पूछा, "क्या कोई उपाय नहीं है इस अनिष्ट को टालने का?"

पर तब तक वह आवाज गुम हो चुकी थी। वृद्धक्षत्र ने अपने पुत्र को सिन्धु का राजा घोषित कर दिया और स्वयं वन में तप करने चले गए। जहाँ तक उनके पुत्र की सुरक्षा का सवाल था तो जब तक वह राधेय और अश्वत्थामा जैसे महारथियों की क्षत्रछाया में थे, कोई कैसे उनका वध कर सकता था? और इस सबसे बड़ी बात यह थी कि क्या अर्जुन अपने गुरु द्रोण के सामने टिक पाएँगे? तथापि जयद्रथ ने सीधे द्रोणाचार्य से आश्वासन प्राप्त करने का निश्चय किया।

"हे गुरु, मैं आपसे परामर्श लेने आया हूँ," उन्होंने आदरपूर्वक कहा, "आप तो जानते हैं कि अर्जुन मेरे रक्त के प्यासे हो रहे हैं। आप हम दोनों के गुरु रहे हैं। आप युद्ध कौशल में हमारी तुलना कैसे करते हैं? यदि उनसे युद्ध करना ही पड़ा तो क्या मैं अपनी रक्षा कर पाऊँगा?"

द्रोण के माथे पर शिकन आ गई। अन्यमनस्क भाव से उन्होंने उत्तर दिया, "कोई भी गुरु अपने शिष्यों को श्रेणियों में बाँटकर लज्जित ही महसूस करेगा क्योंकि वह सबों को एक ही शिक्षा देता है। तथापि यह सत्य है कि अर्जुन हमेशा सबों से श्रेष्ठ थे। उनकी असली शक्ति लक्ष्य पर विचलनरहित ध्यान लगाकर निशाना साधने में थी।" फिर यह

सोचते हुए कि उनकी बातों से जयद्रथ का मनोबल टूट सकता है उन्होंने जोड़ा, "किन्तु तुम्हें किस बात का डर है जबकि मैं स्वयं वहाँ इर्द-गिर्द रहूँगा ताकि अर्जुन तुम्हारे निकट न पहुँच सकें? मैं सोचता हूँ कि अपने कुछ बहादुर सैनिकों को भी तुम्हारे चारों तरफ ऐसा वृत्त बनाकर तैनात कर दूँ जो अभेद्य हो। इसलिए जाओ और निर्भय होकर युद्ध करो। रणभूमि में वीरगति को प्राप्त करना तो हर क्षत्रिय के लिए गौरव की बात होती है क्योंकि बहादुर सिर्फ एक बार मरते हैं जबकि कायरों के मन में विनाश का डर हमेशा बैठा रहता है।"

अब जयद्रथ को लगा कि वह काफी सुरक्षित हैं। उनके चारों तरफ राधेय, कृपाचार्य और अश्वत्थामा जैसे महारथी तैनात थे और द्रोण ने उनके और पांडव सेना के बीच एक भारी सेना वृत्ताकार लगा रखी थी। इसके अतिरिक्त यह वृत्ताकार टुकड़ी कमल के आकार में तैनात अन्य सैनिकों से भी घिरी हुई थी। ऐसे ही और भी सैनिकों के अनेकानेक संकेन्द्रित वृत्त थे जिससे अर्जुन के लिए जयद्रथ तक पहुँचना असम्भव था। पूरी व्यूह-रचना को पूर्णत: अभेद्य बनाने के उद्देश्य से द्रोण स्वयं अग्रिम पंक्ति में अपने भूरे-लाल घोड़ोंवाले शानदार रथ पर सवार तैनात थे। सुबह की हवा में बलिवेदी के चिह्नवाली पताका रथ पर लहरा रही थी। सूर्योदय की रोशनी में उनके बाल चमक रहे थे और वह मनुष्य की नियति निर्धारित करनेवाले किसी देवता की तरह दिख रहे थे। तभी कौरव सेना ने दुश्मन की ओर से आते एक रथ की घरघराती आवाज सुनी। यह अर्जुन थे जो दोनों सेनाओं को पृथक करनेवाले भूभाग के बीचों-बीच चले आ रहे थे। एक क्षण के लिए उनका रथ कौरव सेना की व्यूह रचना समझने के लिए रुका। उनके सामने हाथियों और घोड़ों का एक विशाल दल घुसपैठ के किसी भी प्रयास को विफल करने के लिए तैनात था, और उसके पीछे धृतराष्ट्र के एक पुत्र धर्माशहु का रथ था। उसी क्षण उन्होंने एक आवाज सुनी :

"हे अर्जुन, लगता है यम ने स्वयं तुम्हें मेरे हाथों मरने के लिए भेज दिया है," धर्माशहु ने कहा, "मैंने तुम्हारी वीरता के बारे में बहुत कुछ सुना है पर अब देखता हूँ कि तुम्हारा गांडीव मेरे धनुष के सामने कैसे टिकता है।"

अर्जुन के चेहरे पर एक व्यंग्यपूर्ण मुस्कराहट उभर आई। फिर अपने दुश्मन को घूरते हुए बोले, "मैं शब्दों के बाण नहीं चलाता। मेरा गांडीव ही तुमसे बात करेगा," और उन्होंने बाणों की बौछार कर दी जिससे धर्माशहु और उनके सैनिकों के पाँव उखड़ गए। चूँकि समय नहीं था इसलिए कृष्ण ने घोड़ों को चाबुक फटकारकर पूरे वेग से दौड़ाया। जब उनका रथ आगे बढ़ने लगा तो द्रोण उनके सम्मुख आ गए। एक क्षण के लिए अर्जुन सोच में पड़ गए कि किस तरह अपने गुरु को रास्ते से हटाया जाए।

"हे अद्वितीय गुरु!" उन्होंने द्रोण को सम्बोधित करके कहा, "अभी मैं सिन्धुराज से बदला लेने की मुहिम पर हूँ। इसलिए मुझे आशीष दें, हे गुरुदेव, मेरा रास्ता न रोकें। आपको ज्ञात है कि यह कार्य मुझे सूर्यास्त से पहले सम्पन्न करना है।"

द्रोण ने दाँत पीसते हुए उत्तर दिया, "मैं भी एक मुहिम पर हूँ, प्रिय अर्जुन–जयद्रथ की रक्षा का मुहिम। इसलिए तुम मुझे परास्त किए बिना आगे नहीं बढ़ सकते।"

चूँकि कोई विकल्प नहीं था, अर्जुन ने अपना धनुष तान दिया और द्रोण भी बाण प्रहार के लिए तैयार हो गए। और इस प्रकार गुरु-शिष्य के बीच भीषण युद्ध शुरू हो गया। हर बार जब अर्जुन ने द्रोण पर बाण चलाया तो उन्होंने मुस्कराते हुए उसे किनारे कर दिया। तब उन्होंने आचार्य का धनुष ही खंडित कर देने का निश्चय किया। परन्तु इससे पहले कि वह गांडीव से अस्त्र चलाते, द्रोण ने उसकी प्रत्यंचा ही काट दी। जल्द ही आचार्य के बाण अर्जुन के कानों के पास से साँय-साँय गुजरने लगे। बाण इतने तीव्र और उनकी परतें इतनी मोटी थीं कि अर्जुन और कृष्ण दोनों अन्धकार में लिपट गए। यह भाँपते हुए कि द्रोण की मूल योजना उन्हें आगे बढ़ने से रोकना है ताकि समय बीत जाए, कृष्ण ने अर्जुन से फिलहाल इस दुष्ट ब्राह्मण के पास से मार्ग बदलकर निकल जाने की सलाह दी। किन्तु ज्योंही कृष्ण ने घोड़ों को चाबुक लगाया, द्रोण चीखे :

"तुम मेरी लाश पर से गुजरकर ही आगे बढ़ पाओगे। मैं हर कीमत पर जयद्रथ की रक्षा के लिए संकल्पित हूँ।"

अब आचार्य की आँखों में सीधे देखते हुए अर्जुन ने विनती की, "हे आदरणीय गुरु!, मुझे जाने दें। मैंने हमेशा आपको अपने गुरु से ज्यादा पिता तुल्य माना है। मैं आप से निवेदन करता हूँ कि मेरा अमूल्य समय बर्बाद न करें।"

ऐसा कहकर उन्होंने कृष्ण से चलने को कहा, यद्यपि आचार्य उनके रथ पर बाण बरसाते ही रहे। पर अभी कुछ ही दूर गए थे कि उनका सामना दुर्योधन के एक सहयोगी श्रुत्युध से हो गया जो अपने सर के ऊपर गदा भाँज रहे थे। उनकी माँ को वरुण देव का वरदान प्राप्त था कि कोई भी उनके पुत्र को पराजित नहीं कर पाएगा। पर उस वरदान के साथ एक शर्त थी कि श्रुत्युध किसी निहत्थे पर अपनी गदा नहीं चलाएँगे। यदि उन्होंने ऐसा किया तो उनका अस्त्र पलटकर उन्हें ही मार देगा।

पहले तो अर्जुन की इच्छा हुई कि वह कृष्ण से इस मार्गरोधी पर ध्यान न देने को कहें पर चूँकि वह विद्रोही मुद्रा में दाहिने हाथ में गदा लिए बिलकुल उनके सम्मुख आ खड़े हुए थे इसलिए उनका अन्त कर देने के सिवा कोई और विकल्प नहीं था। 'इसे गांडीव का स्वाद चखा ही दें,' अर्जुन ने स्वयं से कहा। फिर दोनों ओर से अस्त्रों का प्रहार शुरू हो गया।

अर्जुन के बाणों के प्रहार से व्याकुल श्रुत्युध ने अपना मानसिक सन्तुलन खो दिया और अर्जुन से युद्ध करने के बजाय अपनी गदा उठाकर कृष्ण पर चला दिया, इस उम्मीद से कि इससे उनका रथ अटक जाएगा। किन्तु वह यह देखकर अचम्भित हो गए कि उनकी गदा वापस उन्हीं के सर पर आ लगी। वह भूल गए कि निहत्थे पर वार करके उन्होंने अपनी माता को दिए वरुण देवता के वरदान को ही निष्क्रिय कर दिया था।

तब अर्जुन जल्दी से आगे बढ़ गए यह सोचकर कि शायद अब उनके मार्ग में कोई

अवरोध न हो। परन्तु अपने सामने कामभोज के राजा को अपनी शक्तिशाली सेना के साथ मोर्चा लिए देखकर अर्जुन ने तुरन्त वार करना प्रारम्भ कर दिया। उनके अस्त्र चारों तरफ बरसने लगे, फसल से भरे खेतों को रौंदते प्रबल झँझावात की तरह। जल्द ही उन्होंने सैकड़ों दुश्मनों को मार गिराया। इस संग्राम में अर्जुन के शरीर पर भी कुछ घाव लगे। थके हुए उन्होंने अपने रथ के ध्वज से लगकर थोड़ी राहत महसूस की। पर कृष्ण ने उन्हें इस हाल में देखकर फटकार लगाई, "हे अर्जुन, तुम्हारे समान वीर योद्धा को युद्धभूमि में विश्राम शोभा नहीं देता। अतः उठाओ गांडीव और उसे बिजली की तरह कौंधने दो। मत भूलो कि सूर्यास्त से पहले तुम्हें जयद्रथ का वध करना है।"

अर्जुन फिर चारों दिशाओं में अस्त्र चलाने लगे। उनके विनाशकारी अस्त्र से कौरव सेना ऐसे छिन्न-भिन्न हो गई जैसे तपते सूरज के सामने बर्फ पिघलकर बिखर जाता है।

अब अर्जुन अपने असली लक्ष्य, अर्थात जयद्रथ, की तरफ बढ़ते जा रहे थे। चक्रव्यूह तक पहुँचते-पहुँचते उनकी रगों में खून उबलने लगा था। जब उन्होंने बाहरी घेरा तोड़ दिया और उनका रथ व्यूह के अन्दर प्रवेश कर गया तो दुर्योधन चिन्तित हो गए। उन्हें लगा कि अब वह अवश्यम्भावी घटना घटने ही वाली है। घबराए हुए वह अपना रथ द्रोण की तरफ दौड़ा ले गए और फिर शिकायत की, "आपने उस आतंक को अपने सामने से क्यों जाने दिया? उल्कापिंड की तरह वह सब तरफ अपनी चमक दिखा रहा है। मैं तो चकित हूँ कि आखिर हमारे महारथीगण इस ज्वार को रोकने में सफल क्यों नहीं हुए?" वह ठहर गए, मानो हाँफ गए हों। फिर बोले, "यदि मैं जानता कि मुझे मुँह की खानी पड़ेगी तो जयद्रथ को अपने देश वापस जाने से कभी नहीं रोकता। एक प्रकार से मैं उन्हें दिया अपना वचन निभाने में विफल रहा हूँ।"

किन्तु न जाने क्यों द्रोण ने दुर्योधन के दोषारोपण का बुरा नहीं माना। उल्टे उन्होंने शान्त मन से उत्तर दिया, "वास्तव में, दुर्योधन, मैं तुम्हारी मनोदशा समझ सकता हूँ। पर क्या तुम भी मेरी मजबूरी समझोगे? मैंने अपने सामर्थ्य के अनुसार अपना कर्तव्य पालन किया है। आशा है तुम इस बात को स्वीकार करोगे कि तुम्हारे प्रति मेरा स्नेह वैसा ही है जैसा अश्वत्थामा के प्रति। मैं निश्चय ही इस युद्ध में तुम्हारी जीत चाहता हूँ परन्तु भविष्य का पूर्वानुमान मेरे वश का नहीं।" वह एक क्षण के लिए रुके जैसे कोई बात दिमाग में आ गई हो। "देखो, मैं दूसरे तरीके से तुम्हारी मदद कर सकता हूँ।" फिर अपने दाहिने हाथ में एक कवच लेकर उन्होंने कहा, "यदि तुम इसे धारण कर लो तो अर्जुन के बाण तुम्हें मार नहीं सकेंगे। देवराज इन्द्र हमेशा अपने दुश्मनों से युद्ध में इसी कवच को पहनकर सुरक्षित रहे जो उन्हें ब्रह्मा से प्राप्त हुआ था। और इस बीच मैं अवसर का लाभ उठाते हुए युधिष्ठिर को बन्दी बनाने का फिर प्रयास करता हूँ क्योंकि अर्जुन दुश्मनों के बीच फँसे रहेंगे। अतः तुम्हारे लिए यह एक मौका है कि तुम निर्भय होकर पांडव योद्धा का सामना करो।"

दुस्साहसी दुर्योधन कवच पाकर अति प्रसन्न हुए, बिना यह समझे कि द्रोण ने इस

प्रकार एक बार फिर अर्जुन से युद्ध टाल दिया था।

अब अर्जुन दुश्मनों के घेरे में अन्दर वहाँ पहुँचते जा रहे थे जहाँ जयद्रथ सुरक्षित थे। पर तभी दुर्योधन का रथ उनके सामने आ गया। अर्जुन जानते थे कि यदि उन्होंने अब और समय गँवाया तो जयद्रथ का वध नहीं कर पाएँगे।

दुर्योधन को युद्ध के लिए तैयार देख कृष्ण ने अर्जुन से कहा, "बड़ा ही अच्छा, मौका है। हे अर्जुन, इसे हाथ से जाने न दो। मत भूलो कि अभिमन्यु की मृत्यु का मूल कारक यही दुष्ट है, यद्यपि मुझे ज्ञात है कि आज हमारा वास्तविक लक्ष्य जयद्रथ है, दुर्योधन नहीं।"

सहमति में सर हिलाते हुए अर्जुन ने गांडीव उठाया और दुर्योधन की तरफ मुड़े।

"तो आज मिले हैं, प्रिय भ्राता, हम अपना पुराना हिसाब चुकता करने के लिए," उन्होंने कहा, "अब जब मेरे ही हाथों मृत्यु चाहते हो तो मैं हमेशा के लिए यह अध्याय समाप्त ही कर देता हूँ।"

"उल्टे मुझे अपने भ्राता का वध करके दुःख होगा," दुर्योधन ने प्रत्युत्तर दिया, "यहाँ तक तो आ गए पर अब इससे आगे नहीं। जयद्रथ तक पहुँचने के पहले तुम्हें मुझसे युद्ध करना होगा।"

बिना वाक्युद्ध में उलझे अर्जुन ने अपने विरोधी पर अस्त्र बरसाना शुरू कर दिया जिसने हर वार का प्रतिवाद बड़ी कुशलता और विश्वास के साथ किया। यदि कुछ बाण दुर्योधन के शरीर पर लगे भी तो वे टूटकर नीचे गिर पड़े। इस द्वन्द्व-युद्ध को लम्बा खिंचता देख कृष्ण थोड़े हैरान हुए।

"क्या हो गया है तुम्हारे गांडीव को आज, हे अर्जुन?" उन्होंने पूछा, "क्या इसकी पुरानी शक्ति समाप्त हो गई है? यदि यह संघर्ष और चला तो कहीं सूर्यास्त न हो जाए। क्या यह तुम्हारे लिए जीवन-मृत्यु का प्रश्न नहीं है?"

परन्तु अर्जुन के चेहरे पर एक सर्वज्ञ मुस्कान थी मानो उन्हें दुर्योधन की अभेद्यता का रहस्य समझ में आ गया हो।

"अब मैं जान गया हूँ," अर्जुन ने कहा, " कि इस व्यक्ति ने गुरु द्रोण द्वारा दिया गया कवच धारण कर रखा है। पर आचार्य ने ही मुझे इसके भेदन का रहस्य भी बताया था। इस कवच में कुछ ऐसी सूक्ष्म दरारें भी हैं जो अस्त्रों के लिए इसे भेद्य बना देती हैं। अब तक मैं अन्धाधुन्ध तीर चलाए जा रहा था। अब मैं बस शरीर के उन्हीं हिस्सों पर वार करूँगा जो उन दरारों के कारण असुरक्षित है।

तब प्रसन्न चित्त कृष्ण ने कहा, "अब हमें एक क्षण भी गँवाना नहीं चाहिए। जब तुम द्रौपदी के स्वयंवर में घूमती मछली की आँख भेद सकते हो तो उन दरारों से होकर इस व्यक्ति के शरीर पर भी वार कर सकते हो।"

किन्तु अर्जुन जल्दबाजी नहीं करना चाहते थे। उन्होंने पहले दुर्योधन का रथ क्षतिग्रस्त किया और उनके सारथी तथा घोड़ों को मार गिराया। तत्पश्चात उन्होंने कवच

की उन सूक्ष्म दरारों को अपना निशाना बनाया। फलतः दुर्योधन गम्भीर रूप से घायल हो गए और विस्मित तथा हतोत्साहित होकर भाग खड़े हुए।

"अद्भुत।" कृष्ण ने कहा।

"परन्तु, हे वासुदेव! यह मेरा पराक्रम नहीं है। कोई दैवी शक्ति मुझे संचालित कर रही है।"

कृष्ण के आनन पर एक सौम्य मुस्कान उभर आई और उन्होंने अपना पाँचजन्य शंख फूँक दिया जिसकी ध्वनि मेघ-गर्जना की तरह पूरे व्योम में गूँज गई। जब कृपाचार्य, अश्वत्थामा और भूरिश्रवा ने गूँज सुनी तो वे समझ गए कि अर्जुन चक्रव्यूह के केन्द्र में पहुँच चुके हैं और अब वह जयद्रथ का वध करने को तैयार हैं।

अतः इससे पूर्व कि अर्जुन अपने शिकार तक पहुँच पाते उन सबों ने एक भीषण युद्ध के लिए अपनी कमर कस ली।

चौंसठ

सात्यकि और द्रोण

एक अन्य मोर्चे पर द्रोण और धृष्टद्युम्न के बीच धमासान युद्ध हो रहा था। धृष्टद्युम्न आचार्य को अर्जुन तक नहीं पहुँचने देने के लिए कटिबद्ध थे। उनका एक मात्र उद्‌देश्य था अर्जुन को जयद्रथ-वध का अपना संकल्प पूरा करने में सहयोग देना। अन्यथा सूर्यास्त के बाद अर्जुन अग्नि में प्रवेश कर जाएँगे ऐसा सोचकर वह भयभीत थे।

अतः धृष्टद्युम्न के घोड़े तेजी से द्रोण के रथ की तरफ बढ़ चले। प्रतीत हो रहा था जैसे दोनों पक्षों के घोड़े भी इस द्वन्द्व-युद्ध में अपने-अपने स्वामी की सहायता कर रहे हों। द्वन्द्व-युद्ध के बीच में ही धृष्टद्युम्न अपने रथ से कूदकर तलवार भाँजते हुए द्रोण पर टूट पड़े। क्रोधित आचार्य ने उनके हाथों से तलवार छीन ली और यदि समय से सात्यकि ने हस्तक्षेप नहीं किया होता तो शायद उन्होंने उसी क्षण धृष्टद्युम्न का शिरच्छेदन कर दिया होता। व्यंग्यपूर्वक सात्यकि ने द्रोण से कहा-

"हे ब्राह्मण, क्या आपने मूल धर्म का त्याग नहीं कर दिया है? आपको तो किसी वन में जप-तप में अपना जीवन व्यतीत करना चाहिए था। पर आप यहाँ अन्याय और दुष्टता के पक्ष में युद्ध कर रहे हैं और अपने शिष्यों-अर्जुन, भीम तथा युधिष्ठिर का वध करने पर तुले हैं। आप तो निश्चय ही नर्क में जाएँगे क्योंकि आप उसी के योग्य हैं।"

ऐसे व्यंग्य बाण छोड़ते हुए सात्यकि ने अपने सारथी को द्रोण के निकट ले चलने का आदेश दिया। और फिर जो युद्ध उन दोनों के बीच हुआ उसमें डंक मारनेवाली मधुमक्खियों की तरह भन्नाते हुए बाण चले। दोनों के रथ एक दूसरे के चारों ओर चक्कर काटते रहे जिससे ऐसी धूल उड़ी कि अन्धकार छा गया, मानो सूर्यास्त हो गया हो।

प्रचंड युद्ध अबाध चलता रहा और दोनों योद्धा बुरी तरह लहूलुहान हो गए। जब सात्यकि के एक बाण से आचार्य का धनुष टूट गया तो उन्होंने आत्मरक्षा में दूसरा उठा लिया। पर जब द्रोण को अनेकों धनुष बदलने पड़े तो मन ही मन उन्हें स्वीकार करना पड़ा कि उनका प्रतिद्वन्द्वी एक सफल धर्नुधर था। 'जो सम्मान के योग्य है उसे स्वीकार करो,' उन्होंने स्वयं से कहा।

काफी देर तक आचार्य से युद्ध करते हुए अब सात्यकि में थकान के लक्षण दिखने लगे थे। उन्हें सुस्त पड़ते देख युधिष्ठिर ने कुछ पांडव वीरों को उनकी सहायता करने का आदेश दिया।

"देख नहीं रहे हो कि वह क्रोधित ब्राह्मण अब सात्यकि से उसी तरह खेल रहे हैं जैसे कोई शेर अपने पंजों में आए असहाय हिरण के साथ खेलता है?" फिर धृष्टद्युम्न की तरफ मुड़कर बोले, "इससे पहले कि एक और योद्धा का अन्त हो जाए, उनकी सहायता कीजिए।"

जब सात्यकि को पांडव सेना सुरक्षित ले जा रही थी तभी कृष्ण के पाँचजन्य की शंख-ध्वनि सुनाई पड़ी।

"ईश्वर को धन्यवाद है कि वासुदेव कौरव सेना के बीच अन्दर घुसकर भी सुरक्षित हैं। हो सकता है अर्जुन को दुश्मन परेशान कर रहे हों।" भय और चिन्ता से जकड़े युधिष्ठिर उदास दिख रहे थे। फिर थोड़ा रुककर बोले, "या क्या पता, कहीं अर्जुन का वध हो गया हो और कृष्ण ने स्वयं युद्ध करने की घोषणा के रूप में शंख फूँका हो। हे भगवान!"

अशुभ विचारों से घिरे उनका गला फँस गया। तब वह सात्यकि की तरफ मुड़े। "अब आप ही मेरे एक मात्र धनुर्धर हैं। मुझे याद आ रहा है, अर्जुन प्राय: आपकी प्रशंसा हमारी सेना के एक प्रमुख योद्धा के रूप में किया करते थे। तो क्या आप मेरे अनुज की सहायता के लिए जाएँगे?" फिर क्षितिज की तरफ देखकर उन्होंने कहा, "अपराह्न की चमक तो धीमी पड़ने लगी है। ओह! न जाने कैसी-कैसी दुष्कल्पनाएँ मेरे मन में हो रही हैं।"

युधिष्ठिर के स्वर में इतनी पीड़ा थी कि उसने सात्यकि को बुरी तरह झकझोर दिया। थके और घायल होने के बावजूद वह अपने प्रयास के लिए उठ खड़े हुए।

"परन्तु," उन्होंने कहा, "मैं याद दिला दूँ कि मैंने अर्जुन को वचन दिया था कि किसी भी स्थिति में मैं आपको असुरक्षित नहीं छोड़ूँगा। उन्हें पता है कि जैसे ही आपकी सुरक्षा हटी कि वह धूर्त ब्राह्मण आपको बन्दी बना लेगा। मैं इस घोर दुविधा में पड़ गया हूँ कि किसकी आज्ञा का पालन करूँ, आपकी या अर्जुन की?"

युधिष्ठिर ने तुरन्त उत्तर दिया, "जब अर्जुन ने आपको हमेशा मेरी रक्षा के लिए मेरे पास रहने का आग्रह किया है तो ऐसे में क्या मुझे भी उनकी सुरक्षा सुनिश्चित नहीं करनी चाहिए? मेरे लिए वह प्राणों से भी ज्यादा प्रिय हैं। इसलिए आपको जाना ही होगा। जहाँ तक मेरी सुरक्षा का सवाल है, भीम और धृष्टद्युम्न मेरा ध्यान रखेंगे।"

तब बड़े बेमन से सात्यकि ने अपने सारथी से चक्रव्यूह की तरफ ले चलने को कहा। रास्ते में उन्हें घोर विरोध का सामना करना पड़ा। पर अपने धनुष के बूते वह अपने दुश्मनों के बीच प्रवेश करने में सफल रहे। किन्तु ज्यों ही द्रोण ने देखा कि सात्यकि युधिष्ठिर से दूर जा रहे हैं, उन्होंने युधिष्ठिर को बन्दी बनाने का निश्चय कर लिया।

पैंसठ

युधिष्ठिर की कपोल-कल्पना

सात्यकि के प्रस्थान करते ही युधिष्ठिर फिर भय और दुःख से ग्रसित हो गए। उन्होंने भीम से कहा, "मैंने अर्जुन के गांडीव की टंकार नहीं सुनी, यद्यपि कृष्ण की शंख ध्वनि अब भी आकाश में गूँज रही है। मुझे चिन्ता हो रही है।"

भीम ने उन्हें यह कहकर आश्वस्त करना चाहा कि अर्जुन को कुछ नहीं होगा क्योंकि उन्हें देवताओं का आशीर्वाद प्राप्त है। और अब जबकि सात्यकि उनके साथ हैं तो चिन्ता का कोई कारण ही नहीं रह जाता।

"मुझे भी ऐसी ही आशा है," युधिष्ठिर ने कहा। "परन्तु चूँकि मैंने गांडीव की टंकार नहीं सुनी तो हो सकता है कि कृष्ण स्वयं युद्धरत हो गए हों, अपने सुदर्शन चक्र के साथ। वह भी तो कोई शुभ संकेत नहीं है।"

"यह सब आपके मन का भ्रम है, भ्राताश्री," भीम ने कहा, "यदि कृष्ण युद्धरत हो गए होते तो क्या उनके दैवी चक्र के सामने कोई टिका होता?" फिर रुककर बोले, "मुझे पक्का विश्वास है कि दोनों सुरक्षित हैं और अपने लक्ष्य, जयद्रथ, की तरफ बढ़ रहे हैं।"

"नहीं, मुझे ऐसा नहीं लगता।" युधिष्ठिर ने कहा।

"यदि तुम मुझे चाहते हो तो तुरन्त मेरे प्रिय अर्जुन के पास जाओ और मुझे उनकी कुशलता का समाचार दो। समय मत गँवाओ।"

किन्तु भीम ने उन्हें बन्दी बनाने की द्रोण की योजना की याद दिलाई।

"पर यहाँ धृष्टद्युम्न तो मेरी रक्षा के लिए हैं ही। समय बीतता जा रहा है। इसलिए जैसा मैंने कहा वैसा ही करो, बस।"

चूँकि उनके आदेश में दृढ़ता थी इसलिए भीम के लिए उन्हें धृष्टद्युम्न की सुरक्षा में छोड़कर जाने और रणभूमि में अर्जुन की तलाश करने के सिवा कोई विकल्प नहीं बचा। पर अभी वह कुछ ही दूर गए होंगे कि सात्यकि की तरह उनका भी सामना द्रोण से हुआ।

"ऐ भीम, तुम आगे नहीं जा सकते," द्रोण ने चुनौती दी, "जब तक कि मुझे अपने रास्ते से न हटा लो।"

"पर आपने अर्जुन को कैसे जाने दिया?" भीम ने सवाल किया।

"क्योंकि उसने हाथ जोड़कर मुझसे याचना की थी," द्रोण ने उत्तर दिया, "इसके अतिरिक्त वह मुझे बेहद प्रिय है। इसलिए मेरे हाथ हमेशा काँप जाते हैं जब भी मैं उस पर धनुष तानता हूँ।"

इस बात पर भीम का चेहरा तमतमा गया। गदा भाँजते हुए उन्होंने कहा, "हे आचार्य! यद्यपि मैं भी आपका गुरु समान ही आदर करता हूँ पर मैं अपने भाई से ज्यादा कठोर तत्त्व का बना हुआ हूँ। मैं याचना करनेवालों में से नहीं हूँ। अपनी सेना के संहारक के सामने मैं घिघियाऊँगा नहीं। इसलिए अब मैं आपको अपने रास्ते से हटाने के लिए संकल्पित हूँ।...आपके लिए यही हितकर होगा कि आप मुझे अपने साथ युद्ध के लिए न भड़काएँ।"

प्रत्युत्तर में द्रोण ने अपना पहला अस्त्र चलाते हुए कहा, "लगता है मुझे तुमको कुछ और युद्ध कौशल सिखाना ही पड़ेगा। "

आचार्य के बाण से अपनी गदा द्वारा बचाव करते हुए भीम किसी जंगली जानवर की तरह आक्रोशित हो उठे। सिंह-गर्जन के साथ अपने रथ से कूदकर उन्होंने द्रोण के रथ को एक ही प्रहार में चकनाचूर कर दिया। द्रोण दूसरे रथ में सवार होने के लिए बाध्य हो गए। अति क्रोधित भीम ने दूसरा रथ भी नष्ट कर दिया। इस क्रम में द्रोण को आठ रथों से हाथ धोना पड़ा। भीम की गति और उनके कौशल से अचम्भित द्रोण ने उन्हें रोक पाने में असमर्थता महसूस की। तब कौरव सेना में आतंक फैलाते हुए भीम रक्तकुंडों के बीच से अपना रास्ता बना ले गए। जब वह उस स्थान पर पहुँचे जहाँ अर्जुन दुश्मनों से युद्धरत थे तो उन्होंने आनन्दगर्जना की। उनका अट्टहास इतना प्रबल था कि रणभूमि के दूसरे छोर पर युधिष्ठिर ने भी साफ सुना। अर्जुन और कृष्ण भी भीम का साथ पाकर आह्लादित हुए।

अब अर्जुन की उद्देश्य प्राप्ति सुनिश्चित मानकर युधिष्ठिर अपनी कपोल-कल्पना में खो गए। अनेकों चित्र उनके मन में उभरने लगे-सूर्यास्तपूर्व अर्जुन द्वारा जयद्रथ का वध, दुर्योधन की शान्ति याचना, उनका स्वयं का विजयी होकर इन्द्रप्रस्थ लौटना...इधर वह इन कपोल-कल्पनाओं में डूबे हुए थे और उधर अर्जुन को अपने असली लक्ष्य, जयद्रथ, तक पहुँचने में भयंकर अवरोध का सामना करना पड़ रहा था।

जब भीम का रथ उस स्थान से थोड़ा और आगे बढ़ा तो उनका फिर एक सामना हो गया। इस बार राधेय सम्मुख थे, उन्हें द्वन्द्व-युद्ध के लिए चुनौती देते हुए। दोनों एक दूसरे को मिटा देने के लिए इतने कटिबद्ध थे कि सबों का ध्यान उनके भयंकर संघर्ष की तरफ चला गया। दोनों योद्धा एक दूसरे से बिलकुल विपरीत लग रहे थे। भीम एक उत्तेजित साँड़ की तरह थे तो राधेय शान्त और गम्भीर। भीम चाहते थे अपने प्रतिद्वन्द्वी के करीब जाना तो राधेय दूर रहकर बाण चलाना। हर बार जब भीम चीखे तो राधेय बस मुस्कराए, मानो कहना चाहते हों-"युद्ध करते समय इतनी उत्तेजना ठीक नहीं।"

हर मुस्कान के बदले गुर्राहट के साथ यह संघर्ष उत्तरोत्तर भयंकर होता चला गया।

किन्तु जब भीम की गदा ने दुश्मन का रथ चकनाचूर कर दिया तो राधेय के चेहरे पर तीव्र क्रोध उभर आया। घायल नाग की तरह गुस्साए राधेय अपने रथ से कूदकर भीम पर बाणों का लगातार प्रहार करने लगे। यद्यपि भीम लहूलुहान हो गए पर उन्होंने बहादुरी से अपना बचाव जारी रखा। फिर एक बार क्रोधित होकर उन्होंने राधेय का धनुष खंडित कर दिया और उनके सारथी को मारकर धराशायी कर दिया। तब राधेय ने भीम पर भाले से वार किया। परन्तु उन्होंने कुशलतापूर्वक अपनी गदा से उसे दूसरी तरफ मोड़ दिया।

जब दुर्योधन वहाँ पहुँचे तो उन्होंने भीम के सामने राधेय का पाँव उखड़ते देखा। इसलिए उन्होंने अपने भाई दुर्जय से हस्तक्षेप करने को कहा। किन्तु अभी दुर्जय ने अपना बाण चलाया ही था कि उन्होंने अपने सारथी को विरथ और स्वयं को गम्भीर रूप से घायल पाया। अपने मित्र के भाई की साँस फूलते देखकर राधेय फिर द्वन्द्व में जूझ पड़े। यों तो उन्होंने भीम पर नए जोश के साथ आक्रमण किया पर भीम को स्वयं पर भारी पाया। तब दुर्योधन ने अपने एक अन्य भाई दुर्मत को राधेय की सहायता के लिए पुकारा। पर उनकी भी वही गति हुई जो दुर्जय की हुई थी। देखते ही देखते उनका कवच चकनाचूर हो गया और वह मारे गए। अब दुर्योधन को लगा कि यह वहशी पांडव आज उन सबों को मार देगा जो उसके और राधेय के बीच आएगा। भीम पुनः राधेय की तरफ मुड़े। पर यह देखते हुए कि दुश्मन से लोहा लेना दुस्कर था राधेय ने द्वन्द्व-युद्ध से पीछे हट जाना ही श्रेयस्कर समझा।

छियासठ

सात्यकि और भूरिश्रवा

भीम से थोड़ा आगे घोर प्रतिरोध के बावजूद सात्यकि बढ़े जा रहे थे। एक क्षण के लिए भी उनके धनुष को विश्राम नहीं मिला था। अब वह अर्जुन के काफी निकट पहुँच चुके थे जिन्होंने उन्हें कुछ ही दूरी पर दुश्मनों की भीड़ को चीरते हुए तूफान की तरह अग्रसर होते देखा।

उन्हें यहाँ देखकर अर्जुन ने कृष्ण की तरफ मुड़कर क्रोध से कहा, "हे वासुदेव! इन्होंने भ्राताश्री को अकेला क्यों छोड़ दिया जबकि मैंने इन्हें विशेष रूप से गुरु द्रोण से उनकी रक्षा करने के लिए कहा था? यह तो एक दुस्साहस है। सात्यकि हमारे साथ होने के लिए इतने इच्छुक क्यों हैं?"

परन्तु कृष्ण ने उन्हें सब कुछ दिमाग से निकालकर आगे बढ़ते जाने की सलाह दी।

"मेरा अनुमान है," उन्होंने कहा, "सात्यकि ने अवश्य युधिष्ठिर को धृष्टद्युम्न की सुरक्षा में छोड़ा होगा जो किसी भी स्थिति का सामना कर लेंगे।"

"पता नहीं।" अर्जुन बुदबुदाए। वह फिर भी अपने भ्राताश्री के लिए चिन्तित थे।

पर कृष्ण का ध्यान भूरिश्रवा की आँखों में जलते किसी पुराने पारिवारिक वैर की ज्वाला पर था। उन्हें याद आया कि जब उनकी माता देवकी क्वाँरी थीं तो किस तरह उनसे विवाह के लिए दो वंशों के बीच झगड़ा हुआ था। विवाहार्थियों में दो प्रमुख दावेदार थे–सोमदत्त और सिमी। चूँकि सिमी की अपने प्रतिद्वन्द्वी पर जीत हुई थी इसलिए कृष्ण के पिता के बदले वह देवकी को साथ ले गए थे। फलतः सिमी के प्रपौत्र सात्यकि और सोमदत्त के पुत्र भूरिश्रवा एक दूसरे के जानी दुश्मन बन गए। इसलिए कृष्ण को लगा कि अब भूरिश्रवा अपना पुराना हिसाब चुकाने के लिए कटिबद्ध हैं। क्रोधोन्मत्त होकर वह सात्यकि पर बाण चलाने लगे जिससे किसी तरह उन्होंने अपना बचाव किया।

तभी भूरिश्रवा ने जले पर नमक छिड़कते हुए सात्यकि पर व्यंग्य किया–

"आज तुम शेर कें पँजे में फँसे चूहे की तरह लग रहे हो। अब बस अपनी आत्मा के लिए प्रार्थना भर कर सकते हो क्योंकि अब मैं तुम्हारा वध करूँगा।"

क्रोधित सात्यकि ने प्रत्युत्तर दिया–

"यही है एक बूढ़े की खोखली शेखी। अभी बताता हूँ, कैसे यह चूहा बूढ़े शेर की पूँछ कुतरता है और उसे अपनी माँद में वापस भेजता है।"

इन व्यंग्य-बाणों के आदान-प्रदान के साथ ही दोनों योद्धा खूनी युद्ध में लिप्त हो गए। जल्द ही दोनों ने एक दूसरे के अश्वों को मार गिराया। जब उनके रथ भी क्षतिग्रस्त हो गए तो वे नीचे उतरकर बाघ की तरह झपट्टा मारने को तैयार दिखे। उनका द्वन्द्व-युद्ध जैसे मृत्यु का नृत्य था। जब उनकी तलवार और ढाल भी टूट गई तो वे दो भेंड़ों की तरह उलझ गए। अनेकों सैनिक चारों ओर से यह दृश्य देखने लगे जो किसी प्राणघातक मल्लयुद्ध की तरह लग रहा था। उन्होंने जंगली भालू की तरह गुर्राते हुए एक दूसरे को धरती पर पटक दिया।

उधर अर्जुन का ध्यान तो जयद्रथ पर लगा था किन्तु कृष्ण इन दो परस्पर प्रतिद्वन्द्वी परिवारों के वंशजों के द्वन्द्व-युद्ध में गहरी रुचि ले रहे थे। उन्होंने देखा कि सात्यकि थकते जा रहे हैं।

"उधर देखो, हे अर्जुन," उन्होंने कहा, "मुझे लगता है, यदि तुम हस्तक्षेप नहीं करोगे तो सात्यकि हताहत हो सकते हैं। यह बेमेल युद्ध है, बेहद अनुचित और अन्यायपूर्ण।" वह ठहर गए। फिर बोले, "यह न भूलो कि सात्यकि अनेकों अवरोधों को पार करके हमारे पास आए हैं। क्या हम एक वफादार मित्र को यों पराजित होने देंगे?"

तब एक क्षण के लिए जयद्रथ पर से अपना ध्यान हटाकर अर्जुन ने कहा, "निश्चय ही मुझे सात्यकि को उस पुराने योद्धा के चंगुल से बचाना चाहिए। परन्तु यह तो एक द्वन्द्व-युद्ध है। तो क्या मेरे लिए इसमें कूदना वीरोचित होगा?"

अभी अर्जुन यह बोल ही रहे थे कि उन्होंने देखा कि भूरिश्रवा सात्यकि पर क्रूरता पूर्वक चढ़े हुए हैं। उन्हें मरा समझकर कौरव सेना खुशी से चीखने लगी, "वो देखो, मरे पड़े हैं।"

"तुम देख नहीं रहे हो, अर्जुन, कि भूरिश्रवा अपनी तलवार सात्यकि के सीने में घुसेड़ने वाले हैं? यह व्यक्ति एक निहत्थे की हत्या कर रहा है। क्या यह वीरोचित है?"

अर्जुन कृष्ण का तर्क समझ गए। उन्होंने तत्क्षण अपना गांडीव भूरिश्रवा पर तान दिया। एक घातक बाण से भूरिश्रवा का हाथ कटकर तलवार सहित कुछ दूर जा गिरा।

"ऐ नीच, क्या द्वन्द्व-युद्ध में रत किसी व्यक्ति पर तुम्हारा वार करना उचित था?" भूरिश्रवा चीखे।

"और क्या तुम्हारा एक निहत्थे, थके, धरती पर पड़े व्यक्ति पर खड़ग-प्रहार वीरोचित था?" अर्जुन ने प्रत्युत्तर में पूछा।

एक क्षण के लिए भूरिश्रवा निःशब्द अर्जुन को घूरते रहे। उनके व्यंग्यपूर्ण शब्द उन्हें डँस गए थे। अतः जवाब देने के बजाय वह योग-मुद्रा में वहीं आसन मारकर बैठ

गए। कौरव सैनिकगण सहमे से चुपचाप चारों तरफ खड़े थे। उनकी आँखों में अर्जुन के कृत्य पर क्रोध और निंदा का भाव था। तब अर्जुन भूरिश्रवा से अफसोस भरे स्वर में बोले, "हे अद्वितीय वीर, मैं आपका आदर करता हूँ और आपके श्रेष्ठ युद्ध-कौशल की सराहना करता हूँ। परन्तु जैसे आप हमेशा अपने मित्रों की सहायता करते हैं उसी प्रकार मैं भी सात्यकि को असहाय नहीं छोड़ सकता था क्योंकि उन्होंने हर परिस्थिति में हमारा साथ दिया है। उन्होंने अपना जीवन दाँव पर लगाकर अनेक अवरोधों का सामना करते हुए मुझ तक आने की कोशिश की तो सिर्फ इसलिए कि वह मेरी सहायता करना चाहते थे। और यह न भूलें कि ऐसा उन्होंने मेरे भ्राताश्री युधिष्ठिर की जान खतरे में डाल कर किया जिन्हें बन्दी बनाने की योजना लिए गुरु द्रोण ताक में बैठे हैं। मुझे तो लगता है इस युद्ध ने हम सबों को बेनकाब कर दिया है।"

यों तो काफी रक्तस्राव हो रहा था पर भूरिश्रवा इतना भर कह पाए, "मैं इसमें तुमसे ज्यादा तुम्हारे सारथी कृष्ण को दोषी मानता हूँ। मैं जानता हूँ, तुमने उन्हीं के कहने पर ऐसा किया।...उन्होंने मुझसे पुराना बदला चुकाने के लिए इस मौके का लाभ उठाया है।"

इस आरोप पर अपनी तीव्र प्रतिक्रिया व्यक्त करते हुए अर्जुन ने कहा,

"मुझे लगता है, बुढ़ापे ने आपकी समझ पर पर्दा डाल दिया है। याद रखिए, वासुदेव मेरे सारथी मात्र नहीं हैं बल्कि एक ध्रुवतारे की तरह भी हैं जिन्होंने हर संकट में मेरा मार्ग दर्शन किया है। इसलिए अभी जो कुछ भी आपने कहा उसकी इससे अधिक निंदा मैं नहीं कर सकता।"

अभी अर्जुन और भूरिश्रवा के बीच यह तीव्र तर्क-वितर्क चल ही रहा था कि हृदय में प्रतिशोध की ज्वाला के साथ सात्यकि अपनी तलवार लिए आक्रामकता से भूरिश्रवा की तरफ लपके जो अब तक योग-ध्यानस्थ हो चुके थे। इससे पहले कि कृष्ण या अर्जुन उन्हें रोक पाते उन्होंने भूरिश्रवा का सर धर से अलग कर दिया जो पृथ्वी पर लुढ़क गया। वहाँ खड़े सबों के मुँह से चीख के साथ एक ही शब्द निकला–"शर्मनाक, शर्मनाक"।

कृष्ण और अर्जुन भी सात्यकि के इस नृशंस कृत्य पर हतप्रभ रह गए।

सड़सठ

जयद्रथ-वध

अब अर्जुन, कृष्ण और सात्यकि के लिए जयद्रथ तक पहुँचने का मार्ग प्रशस्त हो चुका था। भूरिश्रवा का अन्त दुर्योधन के लिए एक जबरदस्त झटका था। अब वह हर सम्भव तरीके से जयद्रथ की रक्षा के लिए संकल्पित हो गए। दूर कौरव सेना के आन्तरिक घेरे में जयद्रथ स्वयं को पूरी तरह सुरक्षित समझ रहे थे।

अब चूँकि दुर्योधन की एक मात्र आशा राधेय थे इसलिए उन्होंने उनसे सहायता माँगी,

"हे प्रिय मित्र, अब इस युद्ध में हम एक नाजुक मोड़ पर खड़े हैं, जीवन और मृत्यु के बीच फँसे हुए। यदि आप, अश्वत्थामा और कृपाचार्य सूर्यास्त तक जयद्रथ को अर्जुन से दूर रखने में मेरी सहायता करें तो जीत हमारी होगी। क्योंकि अर्जुन यदि जयद्रथ को सूर्यास्त से पहले मारने में सफल नहीं होता है तो उसे आत्मदाह के लिए अग्नि में प्रवेश कर जाना होगा।"

उन्होंने आगे कहा, "हो सकता है नियति ने अर्जुन को उत्तेजित करके यह प्रण करवा दिया हो, इस युद्ध को जीतने में हमारी सहायता के लिए। अर्जुन के जाने के बाद तो पांडवों में युद्ध करते रहने की हिम्मत ही समाप्त हो जाएगी। और तब मैं हस्तिनापुर और इन्द्रप्रस्थ के सिंहासन पर विजयी होकर बैठूँगा। अतः जब तक उधर द्रोण युधिष्ठिर से मोर्चा लिए हुए हैं हमें चाहिए कि जयद्रथ तक पहुँचने का मार्ग हम दुर्गम बना दें ताकि यह पांडवों में सबसे पराक्रमी अर्जुन को खत्म करने का हमारा एक अस्त्र बन जाए।"

राधेय ध्यान से सुनते रहे पर उनके उत्तर में ज्यादा उत्साह नहीं था–

"हे दुर्योधन, मैं हर प्रकार से आपकी सेवा के लिए वचनबद्ध हूँ–कहीं भी किसी भी समय। परन्तु यह न भूलें कि मैं भीम से युद्ध के बाद थोड़ा थका हुआ और चूर महसूस कर रहा हूँ। इसका तात्पर्य यह नहीं कि मैं युद्ध से कतरा रहा हूँ। चूँकि मुझे ज्ञात है कि हर कीमत पर अर्जुन को जयद्रथ से दूर रखना आवश्यक है इसलिए हम सबों को अविलम्ब अपने प्रयास में जुट जाना चाहिए।"

अभी वे बातें कर ही रहे थे कि उन्होंने कृष्ण के पाँचजन्य की ध्वनि सुनी जो अर्जुन

के आगमन की उद्घोषणा थी। अब कृष्ण ने सात्यकि से कहा कि वह राधेय पर आक्रमण करके उन्हें कुछ दूरी पर उलझाए रखें। तुरन्त सात्यकि का धनुष अपने दुश्मन पर कहर बरसाने लगा। जल्द ही राधेय के घोड़े जख्मी हो गए और उनका सारथी पृथ्वी पर जा गिरा। सात्यकि के एक बाण से राधेय का ध्वजदंड कटकर गिर पड़ा। अब विरथ राधेय के पास दुर्योधन के रथ में शरण लेने के सिवा कोई विकल्प नहीं बचा। और इस प्रकार राधेय को जयद्रथ का सहयोग न करने देने की कृष्ण की योजना सफल हुई।

इस बीच अर्जुन उस स्थान के काफी निकट पहुँच गए जहाँ अश्वत्थामा, कृपाचार्य और अन्य महारथियों के बीच जयद्रथ सुरक्षित थे। ज्यों ही उनकी दृष्टि अपने शिकार पर पड़ी, उनकी रगों में खून उफनने लगा। उनके पुत्र की हत्या का प्रमुख सहयोगी उनके सम्मुख था। सव्यसाची अर्जुन अपनी सहज निपुणता के साथ दोनों हाथों से अस्त्र चलाने लगे। उनका आक्रमण इतना विनाशकारी था कि कौरव योद्धाओं को लगा जैसे यमराज स्वयं अर्जुन के रूप में हर एक का संहार कर रहे हैं।

जब जयद्रथ ने अर्जुन को अपने सामने देखा तो वह भयाक्रांत हो गए। पर अब चूँकि बचने की कोई गुंजाइश नहीं थी, उन्होंने अपनी पूरी शक्ति से आत्मरक्षा का निर्णय किया। वह अर्जुन के अस्त्रों से अपना बचाव करने में जुट गए। तभी उनकी नजर क्षितिज के गहराते रंग पर पड़ी। मन-ही-मन उन्होंने ईश्वर से यथाशीघ्र सूर्यास्त की प्रार्थना की।

यह दृश्य देखते हुए दुर्योधन व्यग्र हो रहे थे। काश सूरज समय की बहती धारा में डूब जाता और अन्धकार छा जाता!

तभी मानो देवताओं ने उनकी प्रार्थना स्वीकार कर ली हो, पूरा रणक्षेत्र अन्धकार में डूब गया। गहरे काले बादल सम्पूर्ण आकाश पर फैल गए। अनेकों कौरव खुशी से चीख पड़े–"देवताओं ने घोषित कर दिया। हम युद्ध जीत गए।"

जयद्रथ ने भी क्षितिज की ओर देखा और आकाश की ओर नतमस्तक होते हुए स्वयं से बोले, "मैं मौत के मुँह से निकाल लिया गया हूँ।"

यह सब देख-सुनकर अर्जुन गहरे विषाद में डूब गए। धधकती अग्नि की कल्पना उनके मन में उभर आई जो उन्हें राख कर देगी क्योंकि उन्हें अपना वचन निभाना था।

"मेरा अन्त तो आ गया, हे देव!" लगभग लड़खड़ाते हुए उन्होंने कृष्ण से कहा।

परन्तु कृष्ण ने रहस्यमय मुस्कान के साथ पूछा, "सचमुच?" फिर एक गहरी साँस भरकर उन्होंने बताया, "हे इन्द्रपुत्र, यह सब मेरा किया हुआ है। मैंने बादलों को आकाश में जुटाकर यह अन्धकार पैदा किया है।" फिर एक लम्बी चुप्पी के बाद बोले, "देखो, इस समय जयद्रथ की दृष्टि क्षितिज पर टिकी है, सूर्यास्त को निहारती हुई। उठाओ गांडीव और कर दो उसका वध, बस इसी क्षण, अन्यथा सूर्य की चमक उसे पुनः संघर्षरत कर देगी..."

अर्जुन का मुखमंडल प्रसन्नता से खिल उठा। वह अपना अस्त्र चलाने ही वाले थे

कि कृष्ण ने उन्हें कहा कि पहले वह उनकी बात ध्यान से सुन लें। "तुम्हें यह सुनिश्चित कर लेना है कि उसका सर पृथ्वी पर न गिरे। तुम्हारा बाण उसे ऊपर आकाश में ले जाएगा और वहाँ से सीधे उसके पिता की गोद में गिराएगा जो इस समय दूर जंगल में ध्यानस्थ हैं। यह देवताओं का रचा हुआ है कि तभी जाकर उसके पिता का सर सैकड़ों टुकड़ों में विभक्त होगा। और वही क्षण होगा जब पिता और पुत्र दोनों यमलोक में प्रवेश करेंगे।"

अर्जुन ने कृष्ण के निर्देश का बड़ी बारीकी से पालन किया। जब जयद्रथ का सर उनके पिता की गोद में गिरा तो तुरन्त बाद वातावरण में एक जोर का विस्फोट हुआ और पिता पुत्र दोनों के सर के टुकड़े चारों तरफ पृथ्वी पर बिखर गए।

शिविर में लौटते हुए कृष्ण ने अर्जुन से बताया कि उन्होंने क्यों यह असाधारण धनुकौंशल दिखाने को कहा। अपनी पूजा और तपस्या के बल पर जयद्रथ के पिता ने देवताओं से यह वरदान प्राप्त कर रखा था कि जिस किसी के हाथों उनके पुत्र का सर कटकर पृथ्वी पर गिरेगा उसके सर के भी सैकड़ों टुकड़े हो जाएँगे। इसलिए जब उसका सर वृक्ष तले तपस्या में लीन अपने पिता की गोद में गिरा तो कुछ क्षणों तक तो वह गोद में ही रहा पर जैसे ही वह हड़बड़ाकर उठे कि सर लुढ़ककर पृथ्वी पर जा गिरा। अर्थात पिता के द्वारा ही पुत्र का सर पृथ्वी पर गिरा। फलतः पिता के भी सर के सैकड़ों टुकड़े हो गए।

अब जबकि अर्जुन ने अपना प्रण पूरा कर लिया था, उनके गांडीव की टंकार गूँजी और साथ ही कृष्ण के शंख की आवाज भी। ये दोनों ध्वनियां इतनी जोरदार थीं कि वहाँ से काफी दूर युधिष्ठिर को भी साफ सुनाई पड़ीं। वह तत्क्षण समझ गए कि अर्जुन ने अपना प्रण पूरा कर लिया है अर्थात् जयद्रथ का वध हो चुका है। फलतः जहाँ पांडव सेना में उल्लास भर गया वहीं कौरवों के लिए युद्ध का चौदहवां दिन विनाशकारी रहा। खाली नेत्रों से आकाश की ओर देखते हुए, जहाँ अब भी सूर्य की रोशनी फैली हुई थी, दुर्योधन ने अपनी पराजय के लिए देवताओं को भरपूर कोसा। विजयी होने का उनका स्वप्न बालू की भीत के समान ढह चुका था।

अड़सठ

राधेय-घटोत्कच युद्ध

महासमर के पंद्रहवें दिन से बहुत पहले ही सारी मर्यादाएँ भंग हो चुकी थीं। निहत्थे सारथियों का वध किया गया और धरती पर गिरे घायल नि:सहाय लड़ाकों का भी। समरभूमि में ध्यानस्थ हो चुके वीरों का शिरच्छेदन हुआ और धोखा, विश्वासघात तथा झूठ तो जैसे आम बात हो गई। और इन सबसे बढ़कर सूर्यास्त के साथ युद्ध विराम की व्यवस्था का खुल्लमखुल्ला उल्लंघन किया गया। इसलिए जब पन्द्रहवें दिन सूर्यास्त के साथ रणभूमि में सर्वत्र अन्धकार छा गया तब भी द्वन्द्व-युद्ध चलते रहे। हाथों में तलवार या धनुष लिये सैनिक लड़ते रहे। रात के अँधेरे में सभी लड़ाके श्मशान से निकली प्रेतात्माओं की तरह लग रहे थे, या फिर अँधेरे में अपने शिकार की तलाश में घूमते जंगली जानवर की तरह। चूँकि मित्र और शत्रु के बीच भेद कर पाना मुश्किल था फलत: एक ही दल के सैनिक भी आपस में भिड़ जा रहे थे।

देर रात तक युद्ध चल रहा था और द्रोण पांडवों पर आक्रमण करने में व्यस्त थे। वह धीरे-धीरे युधिष्ठिर की तरफ बढ़ रहे थे जिन्हें बन्दी बनाने के लिए वह संकल्पित थे, यद्यपि युधिष्ठिर धृष्टद्युम्न के मजबूत सुरक्षा घेरे में थे।

परन्तु जब वह नजदीक पहुँचे तो द्रोण को यह देखकर आश्चर्य हुआ कि युधिष्ठिर बड़ी निपुणता से अपनी रक्षा कर रहे थे। हर बार जब द्रोण ने अपना अस्त्र छोड़ा, युधिष्ठिर ने सफलतापूर्वक अपना बचाव किया। धीरे-धीरे युद्ध घातक और भयंकर होता जा रहा था। परन्तु धृष्टद्युम्न ने अभी तक हस्तक्षेप नहीं किया था क्योंकि वह युधिष्ठिर को साहस और कुशलता के साथ अपना बचाव करते देखकर प्रसन्न थे। तभी वहाँ अर्जुन और कृष्ण आ गए, जयद्रथ-वध के बाद।

यह देखकर कि युधिष्ठिर अनावश्यक ही अपना जीवन खतरे में डाल रहे हैं कृष्ण ने उनसे कहा, "आप आचार्य से क्यों जूझ रहे हैं जबकि वह आपसे कहीं ज्यादा श्रेष्ठ धनुर्धर हैं? उन्हें धृष्टद्युम्न के लिए छोड़ दीजिए जिनके हाथों उनका वध देवताओं ने नियत कर रखा है।" फिर रुककर उन्होंने कहा, "बल्कि आपको तो दुर्योधन से लड़ना चाहिए–एक राजा को दूसरे राजा से।...और आपके लिए एक बड़ी खबर है–अर्जुन ने जयद्रथ का वध कर दिया है।"

यह जानकर आह्लादित कि अर्जुन ने अपना प्रण पूरा कर लिया है, युधिष्ठिर वहाँ से हट जाने के लिए तैयार हो गए।

अब धृष्टद्युम्न ने द्रोण को चुनौती दी। पास ही खड़े दुर्योधन चिन्तित हो गए क्योंकि उन्हें पता था कि राजा द्रुपद के पुत्र के हाथों ही आचार्य का अन्त होना है। इसलिए उन्होंने तुरन्त अपने सेना-प्रमुख के बचाव के लिए अनेकों योद्धाओं को लगा दिया। अब दोनों ओर से सभी सैनिकों के बीच संघर्ष होने लगा। जब रात और गहराई तो सैनिकों के चेहरे भूत-प्रेतों की तरह पीले और डरावने दिखने लगे।

इस युद्ध में राधेय कौरवों के सबसे चमकते सितारे के रूप में उभरे। उन्होंने अपने धनुष से लगातार चारों ओर अस्त्रों का प्रहार किया और असंख्य पांडव सैनिकों को मौत के घाट उतार दिया। अपनी सेना का भीषण संहार होते देख अर्जुन ने राधेय को चुनौती देना चाहा किन्तु कृष्ण ने मना कर दिया क्योंकि राधेय के पास अभी वह घातक अस्त्र शेष था जो उन्हें इन्द्र से प्राप्त हुआ था पर जिसका प्रयोग वह सिर्फ एक ही बार कर सकते थे। इसलिए बड़ी कुशलता से कृष्ण ने अर्जुन को अभी द्रोण से युद्ध करते रहने की सलाह दी क्योंकि वह जानते थे कि दोनों में से कोई भी एक-दूसरे को प्राणघातक चोट नहीं पहुँचाएँगे। पर साथ ही कृष्ण राधेय के विनाशकारी आक्रमण को रोकना भी चाहते थे। इसलिए अब एक ही विकल्प था कि भीम-पुत्र घटोत्कच को लगाया जाए जिसकी आसुरी शक्ति राधेय का सामना कर सकेगी।

बस तत्काल घटोत्कच को बुलाया गया। उनके आते ही कृष्ण ने कहा, "प्रिय वत्स, केवल तुम्हीं हमारे लिए ढाल बन सकते हो राधेय के विरुद्ध जो हमारी सेना का संहार करने पर तुले हैं। मुझे विश्वास है कि तुम्हारी आसुरी शक्ति उन्हें हमारे रास्ते से हटा सकती है।"

घटोत्कच ने तत्क्षण उत्तर दिया, "हे देव! मैं अपने चाचाओं की सेवा में कुछ भी करने को तैयार हूँ।"

अब घटोत्कच और राधेय के बीच देर रात तक युद्ध चलता रहा और दोनों ओर से आकाश में अस्त्र चमकते रहे। घने अन्धकार में चमकते बाण मानो आकाश के एक छोर से दूसरे छोर तक जाते उल्कापिंड की तरह लग रहे थे।

इस भयानक राक्षस से राधेय को परेशान होते देख दुर्योधन घबराए। उन्होंने अपने भाई दु:शासन को उनके बचाव के लिए भेजा।

दुर्योधन अपने भाई से बात कर ही रहे थे कि उन्होंने एक अजनबी को पास आते देखा। वह जटासुर नामक राक्षस का पुत्र था जिसका वध भीम ने कर दिया था।

"हे राजन, अपने पिता की मृत्यु का बदला लेने का एक अवसर मेरे सामने है," उस युवा राक्षस ने कहा। "तो क्या आप मुझे अपनी ओर से लड़ने देंगे?"

दुर्योधन ने सोचा कि यह राक्षस उनके लिए एक ईश्वरीय वरदान है। जब उसने घटोत्कच को ललकारा तो राधेय को थोड़ी राहत मिली। पृथ्वी पर लड़ते हुए दोनों

मल्लयुद्ध करते लग रहे थे, एक-दूसरे पर चढ़ते हुए और अपने प्रतिद्वन्द्वी के सीने और पेट पर हुँकार के साथ प्रहार करते हुए। तब यह देखकर कि लड़ाई लम्बी खिंच रही है, घटोत्कच ने अपनी तलवार निकाली और किसी शिकारी पक्षी की तरह आकाश में उछलते हुए वह सीधे अपने प्रतिद्वन्द्वी पर झपटे और उसका सर काट दिया। फिर कटा हुआ सर हाथ में लिए वह दुर्योधन के निकट गए और बोले, "यह रहा आपका उपहार, युवराज। थोड़ी देर और ठहर जाइए, मैं दूसरा उपहार भी ला दूँगा—राधेय का सर।"

घटोत्कच की धमकी से दुर्योधन का यह विश्वास कि राधेय इस राक्षस पर विजय प्राप्त कर लेंगे हिल गया। परन्तु जल्द ही उन्हें यह देखकर प्रसन्नता हुई कि राधेय घटोत्कच का जबरदस्त प्रतिरोध कर रहे हैं। भीम-पुत्र को किसी भयानक पक्षी की तरह अपनी भुजाएँ फैलाए आकाश में उड़ते देखना एक आश्चर्यजनक दृश्य था। फिर वह धरती पर उतर आए और राधेय के सर पर अपनी गदा भाँजने लगे। जब भी राधेय उन पर बाण छोड़ते, घटोत्कच अलग-अलग आकार ग्रहण करके अपना बचाव कर लेते थे। फलतः इस राक्षस पर चलाए गए उनके सारे अस्त्र विफल रहे। इससे राधेय घोर असमंजस और भ्रान्ति में पड़ गए। तभी उन्हें इन्द्र से प्राप्त शक्ति बाण का ध्यान आया। पर साथ ही इन्द्र की चेतावनी भी याद आई—'यह मत भूलना कि इस अस्त्र का प्रयोग तुम सिर्फ एक बार ही कर पाओगे और सिर्फ एक ही व्यक्ति के विरुद्ध। तत्पश्चात यह हमेशा के लिए निष्क्रिय हो जाएगा।'

राधेय ने उस शक्ति को अर्जुन-वध के लिए सुरक्षित रखा था जो उनके अन्तिम लक्ष्य थे। किन्तु दुर्योधन अब पूरी तरह घबरा गए थे।

"सहायता करो, हे मित्र," उन्होंने अनुनय किया, "यह राक्षस तो मेरी सेना का संहार करता जा रहा है। मुझे तो लगता है यह तुम्हें भी मार देगा। इसलिए कृपया कुछ करो ताकि इस विकराल संकट से हम उबर सकें।"

राधेय गहन आत्म-चिन्तन में पड़ गए क्योंकि उनके लिए भी यह जीवन और मृत्यु का सवाल था। किन्तु वह यह भी समझते थे कि यदि उन्होंने शक्ति का प्रयोग इस राक्षस के विरुद्ध कर दिया तो अर्जुन के गांडीव से अपनी रक्षा नहीं कर पाएँगे। पर क्या अन्तर पड़ता है यदि मैं अर्जुन के हाथों मारा भी जाता हूँ क्योंकि मेरा जीवन तो वैसे भी निरर्थक ही रहा है?" उन्होंने स्वयं से कहा।

एक क्षण के लिए उन्होंने अपनी तुलना भीष्म से की—भटके उद्देश्य के निमित्त समर्पित दो जीवन। तो क्यों नहीं अपने प्रिय मित्र का कर्ज आज वह उतार ही दें, अपने जीवन को संकट में डाल कर ही सही?

ऐसा सोचते हुए अन्यमनस्क भाव से उन्होंने शक्ति बाण निकाला और उसे स्नेहपूर्वक चूमने के बाद घटोत्कच पर चला दिया जो उस समय गिद्ध की भाँति आकाश में मँडरा रहे थे। अचानक सम्पूर्ण आकाश में तीव्र ऊष्मा और प्रकाश फूट पड़ा मानो नभ का अन्धकारमय गर्भ फट गया हो। और अगले ही क्षण घटोत्कच हताहत

होकर पृथ्वी पर गिर पड़े। जहाँ एक तरफ कौरव सेना में प्रसन्नता की लहर दौड़ गई वहीं सभी पांडव, खास कर भीम, दुःख और सदमे से स्तब्ध रह गए।

परन्तु कृष्ण के होंठों पर मुस्कान थी, यह सोचकर कि अब अर्जुन राधेय के हाथों हताहत होने से बच गए। अब उनकी मुख्य चिन्ता द्रोण को समाप्त करने की थी क्योंकि वह जानते थे कि वह जब तक जीवित रहेंगे पांडव सेना के लिए भय का स्रोत बने रहेंगे।

उनहत्तर

द्रोण का अन्त

दुर्भाग्य कभी अकेले नहीं आता, बल्कि झुंड में आता है। दुर्योधन को तनिक भी आभास नहीं था कि पन्द्रहवें दिन उन्हें एक और घातक झटका लगेगा। जयद्रथ की मृत्यु का सन्ताप लिए वह द्रोण के तम्बू में यह परामर्श लेने गए कि अगले दिन पांडवों का सामना कैसे किया जाए। इस बार उन्होंने किसी भी तरह की व्यंग्यात्मक बात न करने की ठान ली थी क्योंकि वह जान गए थे कि इससे उनके गुरु के मन में केवल विरोधी भाव ही पैदा होंगे। अतः आदरपूर्वक उन्होंने कहा–

"हे महान आचार्य! अब आप ही मेरी एक मात्र आशा हैं। मुझे अब भी विश्वास है कि आप मेरी सेना में पुनः नई स्फूर्ति पैदा कर सकते हैं और मुझे विजयश्री दिला सकते हैं। इसलिए कृपया सहायता करें।"

द्रोण ने उन्हें आश्वस्त किया कि अब उन्होंने अपना सबसे घातक अस्त्र अर्थात ब्रह्मास्त्र के प्रयोग का निर्णय कर लिया है जो सम्पूर्ण पांडव सेना को एक क्षण में नष्ट कर सकता है।

जब युधिष्ठिर के गुप्तचरों ने उन्हें द्रोण के ब्रह्मास्त्र प्रयोग की मंशा के विषय में बताया तो उन्होंने अपनी चिन्ता कृष्ण से जताई।

कृष्ण ने पांडवों को इस चुनौती का सामना योजनाबद्ध तरीके से करने की सलाह दी।

"अब इस विनाशकारी ब्राह्मण का अन्त कर देने के सिवा कोई विकल्प नहीं रह गया है क्योंकि यह येन-केन-प्रकारेण हमारी सेना का संहार करने के लिए कटिबद्ध है।"

"तब क्या किया जाए?" युधिष्ठिर ने पूछा। एक अल्पकालिक चुप्पी छा गई क्योंकि कृष्ण कुछ सोचने लगे।

फिर उन्होंने कहा, "हम सभी जानते हैं कि द्रोण का अपने पुत्र अश्वत्थामा के प्रति असीम मोह है। वही उनके लिए सब कुछ हैं।" फिर युधिष्ठिर की ओर मुड़कर बोले, "यदि कोई अश्वत्थामा नामक हाथी को मार दे और यह समाचार द्रोण तक पहुँचे तो वह उसे अपने पुत्र की मृत्यु समझ बैठेंगे।"

सभी पांडव भाई, विशेषकर अर्जुन, यह अधम योजना सुनकर काँप गए।

"यह भी तो हो सकता है कि कल मैं उन्हें द्वन्द्व-युद्ध में उलझा लूँ और किसी तरह उनका वध कर दूँ। यह एक न्यायोचित तरीका होगा उन्हें रास्ते से हटाने का।"

किन्तु कृष्ण ने इस प्रस्ताव को ठुकरा दिया—"आपको तो अच्छी तरह ज्ञात है, प्रिय अर्जुन, कि आप अपने गुरु का वध कभी नहीं करेंगे क्योंकि वह आपको अपने पुत्र के समान ही प्यार करते हैं।"

कृष्ण की बात पर हस्तक्षेप करते हुए युधिष्ठिर ने कहा, "मैं यह झूठ बोल सकता हूँ चाहे इससे मेरे धर्म की घोर हानि ही क्यों न हो। अन्यथा दूसरा विकल्प तो यही है कि मैं अपनी सम्पूर्ण सेना का संहार होने दूँ। इसका तो यह भी अर्थ हो सकता है कि सत्य तक पहुँचने के लिए मैंने एक घुमावदार मार्ग अपनाया।"

"मैं यह देखकर," कृष्ण ने कहा, "अत्यन्त प्रभावित हूँ कि आप एक अच्छे उद्देश्य के लिए अपनी मर्यादा भी दाँव पर लगा सकते हैं। याद रखें कि जब सृष्टि की उत्पत्ति के लिए समुद्र मंथन हो रहा था और प्राणांतक विष का प्याला सतह पर आया तो भगवान शंकर ने देवताओं की रक्षा के लिए उसे स्वयं ग्रहण कर लिया। क्या वह एक अच्छे उद्देश्य की प्राप्ति के लिए किया गया त्याग नहीं था?"

इस तर्क से युधिष्ठिर का झूठ का सहारा लेने का निर्णय और भी संपुष्ट हो गया।

अगली सुबह भीम ने अपनी गदा उठाई और अश्वत्थामा नामक हाथी को मार गिराया। अपना रथ द्रोण के निकट ले जाकर उन्होंने चीख कर कहा, "हे आचार्य, मैंने अश्वत्थामा को खत्म कर दिया।"

ऐसा सुनते ही द्रोण स्तब्ध रह गए। उनकी अस्थियों की मज्जा जैसे सुन्न हो गई। वह जानते थे कि भीम में अन्य खामियाँ चाहे जो भी हों पर वह झूठ नहीं बोलेंगे। वास्तव में जब भीम ने वह झूठ कहा तो उनकी विशाल काया अपराध बोध से काँप गई थी।

फिर भी द्रोण ने युधिष्ठिर से इस बात की पुष्टि चाही जो अपने रथ में उस स्थान के करीब पहुँच चुके थे जहाँ द्रोण और भीम थे।

पीले पड़े चेहरे और थरथराते हुए होंठ लिए द्रोण ने खाली-खाली आँखों से धर्मराज को देखते हुए पूछा,

"हे युधिष्ठिर, चूँकि आप धर्म के प्रतीक हैं इसलिए मुझे बताइए, क्या यह सच है कि आपके अनुज ने अश्वत्थामा का वध कर दिया?"

"हाँ, आदरणीय गुरु, अश्वत्थामा मर चुका है," उन्होंने उत्तर दिया, पर जल्दी से धीमी आवाज में यह भी जोड़ा—"मनुष्य या हाथी यह मैं नहीं बता सकता।"

यद्यपि उन्होंने अपने झूठ को छिपाने की पूरी कोशिश की परन्तु अन्दर ही अन्दर

उन्हें अशुद्धि का भाव हो रहा था। एक ही क्षण में उन्होंने अपने जीवन भर की धर्मपरायणता को दागदार जो कर लिया था। क्या अब भी लोग उन्हें धर्मराज कहकर पुकारेंगे?

"यदि मेरा पुत्र नहीं रहा," अश्रुपूरित नेत्रों से द्रोण ने कहा, "तो मेरे जीने का क्या मतलब? मेरे लिए तो सब कुछ निरर्थक हो गया—मेरा जीवन, यह युद्ध, सब कुछ।" वह थोड़ा रुककर बोले, "इसलिए मैं यहीं अपना अस्त्र त्यागता हूँ क्योंकि मुझमें युद्ध करने की इच्छा शेष नहीं रही। मेरे जीवन का चक्र थम चुका है। यही अन्त है।"

ऐसा कहते हुए वह धरती पर आसन मारकर योगी की मुद्रा में बैठ गए। लगा जैसे वह गहरी भाव-समाधि में डूब गए हों।

पर इस अचानक हुए कायापलट पर कृष्ण तनिक भी द्रवित नहीं हुए। क्या इस ब्राह्मण ने प्रार्थना, उपवास और ध्यान जैसे अपने मूल धर्म का त्याग नहीं कर दिया था? और क्या यह स्वयं अन्धाधुन्ध नरसंहार का एक अस्त्र नहीं बन गए थे? यदि यह झूठ नहीं बोला गया होता तो क्या पूरी पांडव सेना के संहार के लिए इन्होंने ब्रह्मास्त्र का प्रयोग कर नहीं दिया होता? इनका वध तत्क्षण होना चाहिए, बिना किसी दयाभाव के।

पास खड़े धृष्टद्युम्न के कानों में फुसफुसाते हुए कृष्ण ने कहा, "इस अमूल्य क्षण को हाथ से जाने न दो।" फिर अपना दाहिना हाथ गले पर घुमाते हुए उन्होंने संकेत दिया। "यहीं, अभी, इसी क्षण कर डालो।"

तत्क्षण धृष्टद्युम्न ने अपनी तलवार निकाली और द्रोण के पास जाकर उनका सर काट दिया जो पृथ्वी पर लुढ़क गया। अपने सेना-प्रमुख की इस निर्दयतापूर्ण हत्या पर कौरव सेना चीत्कार कर उठी। एक प्रकाश-पुंज आकाश की तरफ उठता दिखाई पड़ा मानो कोई आत्मा स्वर्ग की उड़ान पर हो। सम्पूर्ण कुरुक्षेत्र पर एक विशादपूर्ण नीरवता छा गई। जब युधिष्ठिर ने अपने सारथी से शिविर में वापस ले चलने को कहा तो उनके रथ का पहिया, जो हमेशा पृथ्वी से कुछ इंच ऊपर ही दौड़ता था, धरती में धँस-धँस जा रहा था। यह बताता है, उन्हें लगा, कि उन्होंने अपनी श्रेष्ठता हमेशा के लिए खो दी है।

उस रात दुर्योधन को राधेय के तम्बू में जाते देखा गया। गालों पर से बहते अश्रु की धार लिए उन्होंने कम्पित आवाज में कहा, "हे मेरे प्रिय मित्र, लगता है मैं हर मोर्चे पर परास्त हो गया हूँ। मुझे अपने सामने विनाश के सिवा कुछ भी दिखाई नहीं दे रहा। गुरु द्रोण की तरह मेरी भी जीने की इच्छा समाप्त हो गई लगती है।" फिर सीधे राधेय की आँखों में देखते हुए उन्होंने कहा, "जब तक तुम हमारी सहायता के लिए आगे नहीं आते...क्या तुम हमारी सेना की कमान सँभालोगे?"

"क्या पहले से ही मैंने अपना जीवन आपके लिए समर्पित नहीं कर रखा है, प्रिय दुर्योधन? मेरे जीवन का एक मात्र लक्ष्य आपकी सेवा करना है। इसलिए मैं मृत्यु से

खेलना पसन्द करूँगा क्योंकि मेरे पास खोने के लिए कुछ भी नहीं है। हाँ, मैं आपकी सेना का नेतृत्व करके गौरवान्वित होऊँगा..."

"मैं तुम्हारा आभारी हूँ, प्रिय राधेय।" दुर्योधन ने अपने मित्र के उत्तर से अभिभूत होकर कहा।

"मित्रता में आभार की आवश्यकता नहीं होती," राधेय ने कहा, "यह एक ऐसा सम्बन्ध है जो देने से प्रगाढ़ होता है लेने से नहीं।"

सत्तर

राधेय के नेतृत्व में कौरव सेना

सोलहवें दिन राधेय का गौरव अपने चरमोत्कर्ष पर था, केवल कौरवों के नए सेनाध्यक्ष के रूप में नहीं बल्कि एक अत्यन्त तेजस्वी योद्धा के रूप में भी जिसके मुखमंडल पर सूर्य की चमक थी। दुर्योधन को प्रसन्न करने के लिए उन्होंने पांडव सेना को अपने भयंकर कोप का भाजन बनाया। प्रचंड वेग से उन्होंने असंख्य दुश्मन सैनिकों को मौत के घाट उतार दिया। उनका धनुष अनवरत रूप से क्रियाशील था और उनका रथ पांडव सेना के बीच से अपना मार्ग बनाता हुआ बढ़ता जा रहा था।

कृपाचार्य भी इस निष्ठुर नरसंहार में उनके साथ थे। वह द्रोण की मौत का बदला लेने के लिए धृष्टद्युम्न को खोजते चल रहे थे। उनके प्रबल प्रहार से द्रुपद-पुत्र धृष्टद्युम्न मूर्च्छित हो गए और उन्हें सुरक्षित वहाँ से दूर ले जाना पड़ा। द्रोण की तरह युद्ध करते हुए कृपाचार्य ने भी यथासम्भव पांडव सेना का संहार किया।

परन्तु उस दिन का सबसे प्रमुख द्वन्द्व युधिष्ठिर और दुर्योधन के बीच का रहा। आसान शिकार समझकर दुर्योधन ने उन्हें युद्ध के लिए ललकारा। पर उन्हें आश्चर्य हुआ जब नम्र दिखनेवाले धर्मराज एक कुशल धनुर्धर की तरह लड़ने लगे। कौरव राजकुमार के चार घोड़ों और उनके सारथी को मार गिराने तथा उनका धनुष खंडित करने के बाद युधिष्ठिर अपने प्रतिद्वन्द्वी के और करीब आ गए। इससे पहले कि दुर्योधन अपना खड्ग निकालते युधिष्ठिर ने एक बाण से उसे भी खंडित कर दिया। इस प्रकार कौरवों के युवराज का पाँव तेजी से उखड़ते देख राधेय और कृपाचार्य उनके बचाव के लिए दौड़े। अब युधिष्ठिर और दुर्योधन के बीच का यह द्वन्द्व-युद्ध एक सार्वजनिक युद्ध में बदल गया जिसमें दोनों पक्षों के कई वीर शामिल हो गए।

अपनी अवमानना का डंक लिए दुर्योधन ने युधिष्ठिर को फिर चुनौती दी। उनका युद्ध तब तक चलता रहा जब तक कि युधिष्ठिर के बरछे के वार से दुर्योधन मूर्च्छित नहीं हो गए। उन्हें घायल और अचेत देखकर कुछ कौरव सैनिक रक्षार्थ उन्हें उठा ले गए। चूँकि यह लड़ाई सूर्यास्त के बाद भी चलती रही इसलिए दोनों सेनाओं ने सहमति से अपने-अपने शिविरों में लौट जाने का निर्णय किया क्योंकि वे काफी थके महसूस कर रहे थे।

उस रात राधेय काफी अशान्त थे यद्यपि वह दिन एक तरह से सफल रहा था क्योंकि उन्होंने भारी संख्या में पांडव सैनिकों को हताहत किया था। परन्तु दुर्योधन की अपमानजनक स्थिति की टीस उनके मन में थी। वह यह सोचकर दुःखी थे कि अपने मित्र की सहायता नहीं कर पाए। लेकिन इससे कहीं ज्यादा वह अगले दिन अर्जुन के साथ होनेवाले अपने सम्भावित युद्ध के विषय में मानसिक तनाव में थे। वह जानते थे कि दुर्योधन उन्हें हर हाल में अर्जुन का वध करने के लिए कहेंगे, अन्यथा यह युद्ध अनन्तकाल तक चलता रहेगा। पर क्या वह ऐसा कर पाएँगे, वह सोचने लगे, खासकर अब जबकि घटोत्कच से युद्ध में वह अपना शक्ति बाण खो चुके थे। फिर भी उन्हें अपना कर्तव्य करना है क्योंकि वह अपने मित्र से वचनबद्ध हैं।

इन्हीं विचारों में खोए जब वह अपने बिस्तर पर करवटें बदल रहे थे तो उन्हें अपने तम्बू में एक पदचाप सुनाई पड़ी। और फिर बेहद चिन्तित दिख रहे दुर्योधन उनके सम्मुख खड़े थे।

"मैं तुम्हारे पास एक भावपूर्ण आग्रह लेकर आया हूँ, कुछ ऐसा कर दिखाने का आग्रह जो भीष्म, द्रोण या कृपाचार्य भी नहीं कर पाए।" फिर थोड़ा ठहरकर दुर्योधन ने कहा, "अब जबकि युद्ध एक निर्णायक मोड़ पर पहुँच चुका है, तुम्हें कल अवश्य अर्जुन का अन्त कर देना चाहिए। है न वह हमारे मार्ग का आखिरी अवरोध?"

"मैं जानता हूँ," राधेय ने उत्तर दिया, "किन्तु यह न भूलें, प्रिय मित्र, कि वह इन्द्रपुत्र हैं और उनका गांडीव एक ईश्वरीय अस्त्र है। इसके अतिरिक्त उनके सारथी स्वयं कृष्ण हैं जो परामानवीय शक्तियों से परिपूर्ण हैं।"

राधेय को इस तरह निराश और निस्तेज देखकर दुर्योधन सकते में पड़ गए।

"तुम्हारे जैसे प्रतापी योद्धा के मुँह से ऐसी बात सुनने की आशा मुझे कदापि नहीं थी, एक ऐसा योद्धा जिसने परशुराम से शिक्षा पाई हो। युद्ध से पहले ही तुम इतने निरुत्साहित क्यों लग रहे हो, मित्र?"

एक अल्पकालिक चुप्पी छा गई। फिर राधेय ने कहा, "हे मित्र, आपने मुझे गलत समझा। मेरा तात्पर्य यह नहीं था कि मैं समरभूमि से भाग खड़ा होऊँगा। मुझे ज्ञात है कि मेरा मूल लक्ष्य अर्जुन का वध करना है और मैं निश्चय ही पूरी कोशिश करूँगा।" फिर एक लम्बी साँस भरकर उन्होंने कहा, "परन्तु मुझे एक निपुण सारथी की आवश्यकता होगी, चाहे वह कृष्ण की बराबरी का न भी हो...क्यों नहीं शल्य मेरे सारथी बने क्योंकि केवल वही मेरे रथ का सही संचालन कर सकते हैं। पर क्या वह सहमत होंगे?"

"वह तुम मुझ पर छोड़ दो," दुर्योधन ने बड़ी तत्परता से उत्तर दिया, "आशा है मैं कल प्रातःकाल उन्हें तुम्हारे पास ले आऊँगा।"

किन्तु जब दुर्योधन शल्य के तम्बू में उनसे मदद माँगने गए तो उन्होंने स्पष्ट देखा कि वह अत्यन्त परेशान थे।

"मत भूलिए कि मैं माद्री का भाई हूँ, स्वर्गीय राजा पांडु की धर्मपत्नी, और मैं

स्वयं एक राजा हूँ," उन्होंने कहा, "फिर मैं एक सूत-पुत्र राधेय का सारथी कैसे बन सकता हूँ? बल्कि मैं तो कहूँगा कि आपका यह प्रस्ताव जले पर नमक छिड़कने जैसा है।"

एक क्षण के लिए शल्य के उत्तर से दुर्योधन किंकर्तव्यविमूढ़ हो गए। किन्तु शीघ्र ही स्वयं को सन्तुलित करते हुए उन्होंने शल्य का हाथ अपने हाथों में लेकर कहा, "इससे पहले कि मैं कुछ कहूँ, मैं क्षमाप्रार्थी हूँ यदि मैंने आपको आहत किया, चाहे कितने भी अनजाने में क्यों नहीं। यदि मैंने ऐसा सहयोग माँगने का साहस किया है तो सिर्फ इसलिए कि मैं आपको एक पराक्रमी योद्धा के रूप में बड़े ही आदर भाव से देखता हूँ। और उससे भी बढ़कर इसलिए कि आप एक करुणामय और उदार पुरुष हैं।" वह ठहरकर बोले, "अब मैं राधेय के सम्बन्ध में अपनी कुछ अन्तरंग धारणा आपके साथ बाँटना चाहता हूँ। अपने कठिन जीवन में मैंने यह समझा है कि सुनी हुई बातों और देखे हुए सत्य में काफी अन्तर होता है। मैंने भी राधेय के सम्बन्ध में यह सुना है कि वह एक सूत-पुत्र हैं। पर मुझे लगता है उनके जन्म के साथ कुछ रहस्य जुड़ा हुआ है। मेरी धारणा है कि यद्यपि उनका पालन-पोषण सारथी अतिरथ के हाथों हुआ किन्तु उनका सम्बन्ध अवश्य किसी राजसी वंश-परम्परा से है। मैं उनके मुखमंडल के तेज, उनके उत्कृष्ट आचरण और धनुर्विद्या में उनकी अद्वितीय निपुणता से रहस्यमय ढंग से चकित हूँ। यही कारण है कि मैंने उन्हें अपनी सेना का कमान सौंपने का निर्णय किया है। लेकिन इन सबसे बढ़कर वह मेरे सबसे विश्वासी मित्र हैं। उन्हीं से मैंने सीखा है कि मित्रता सभी सामाजिक सीमाओं के परे होती है। मैं जानता हूँ कि वह मेरे लिए अपने प्राणों का उत्सर्ग करने में तनिक भी नहीं हिचकेंगे। इसलिए हमें उन्हें उनके व्यवहार से परखना चाहिए क्योंकि जन्म तो बस एक घटना है। क्या हम पूर्वानुमान कर सकते हैं, प्रिय शल्य, कि अगले जन्म में हमारा क्या स्वरूप होगा? कोई नहीं जानता कि मृत्यु के पश्चात उसका जन्म मानव रूप में होगा या पक्षी या पशु रूप में।"

दुर्योधन को सुनने के बाद शल्य ने खाली आँखों से शून्य की तरफ देखा। उनके मस्तक पर लकीरें उभर आई थीं। कुछ समय लगा उन्हें बोलने में। गहरे एवं सौम्य स्वर में उन्होंने कहा, "इस बार मैं आपसे क्षमा प्रार्थी हूँ, अपने क्रोधावेश के लिए। हे दुर्योधन, मैं राधेय का सारथी बनने के लिए तैयार हूँ। मैं जानता हूँ कि हम सभी इस युद्ध में एक नाजुक मोड़ पर खड़े हैं। किन्तु हमें जीतना है चाहे खतरा कितना भी बड़ा क्यों न हो।"

दुर्योधन ने गर्मजोशी के साथ शल्य को गले लगा लिया। उनकी आँखों में आभार के आँसू उमड़ रहे थे।

उस रात राधेय सो नहीं पाए। विचारों की एक लम्बी श्रृंखला उनके मन-मस्तिष्क में कौंधती रही—बाल्यावस्था की यादें और परशुराम का अभिभावकत्व। तभी अचानक तम्बू की बाईं दीवार पर रेंगते एक कीट पर उनकी नजर पड़ी। यह वैसा ही था जैसा वह

कीट जिसने उन्हें तब काटा था जब गुरु परशुराम उनकी गोद में सर रखकर सोए हुए थे। उन्हें अपने गुरु का शाप याद आ गया जब उन्होंने पाया कि उनका शिष्य ब्राह्मण नहीं था। राधेय को शाप देते हुए परशुराम ने कहा था कि वह उनके द्वारा दिए गए उस दैवी मन्त्र को ठीक उसी क्षण भूल जाएँगे जब उन्हें उसकी सबसे अधिक आवश्यकता होगी। यह सब याद करना भी उतना ही भयानक था। फिर उन्हें अपनी माता कुन्ती को दिया हुआ अपना वचन भी याद आया कि वह हमेशा अपने पाँच पुत्रों की माँ बनी रहेंगी। तो क्या वह उस परिवार के लिए एक अतिरिक्त व्यक्ति नहीं थे? अतः उन्हें आत्मोत्सर्ग के लिए तैयार हो जाना चाहिए। इन्हीं स्याह विचारों में उलझे वह अपनी प्रातःकालीन सूर्योपासना के लिए नदी-तट पर गए। अचानक उन्होंने अपने माथे पर कुछ बूँदे महसूस की। यह कोई फुहार नहीं थी क्योंकि आकाश बिलकुल साफ था और सूर्य अपने गहरे किरमिजी रंग में चमक रहे थे। तभी उन्हें एक आकाशवाणी सुनाई पड़ी :

"ये मेरे आँसू हैं, पुत्र। मैं आशंकित हूँ क्योंकि हो सकता है आज का दिन तुम्हारे लिए शुभ न हो। यह बस एक पिता की अपने पुत्र के लिए चिन्ता है..."

पर जैसे ही उन्होंने ऊपर की ओर देखा, वह स्वर मूक हो गया।

अपने तम्बू में वापस आकर राधेय ने देखा कि दुर्योधन और शल्य उनकी प्रतीक्षा कर रहे थे।

"ये रहे शल्य," दुर्योधन ने कहा, "रानी माद्री के भाई और स्वयं एक पराक्रमी योद्धा। पर इन्होंने बड़ी उदारतापूर्वक आपका सारथी बनना स्वीकार कर लिया है। यह आपके लिए बड़े सौभाग्य की बात है, राधेय।"

तेज से भरे राधेय ने शल्य की तरफ मुड़कर कहा, "मैं विनम्रतापूर्वक आपके प्रति आभार व्यक्त करता हूँ। जब आप मेरे अश्वों की लगाम थाम लेंगे तो मैं निश्चय ही कृष्ण और अर्जुन दोनों का सामना कर लूँगा।" फिर दुर्योधन की तरफ देखते हुए उन्होंने आगे कहा, "आज मैं प्रतिज्ञा करता हूँ कि या तो अर्जुन का वध करूँगा या स्वयं एक बहादुर सैनिक की मौत मरूँगा। मेरे लिए प्रार्थना करें, प्रिय मित्र।"

ऐसा कहते हुए राधेय ने शल्य से दुश्मन सेना की तरफ ले चलने का संकेत किया—सीधे उसी अग्रभाग में जहाँ अर्जुन से सामना होने की उम्मीद थी। यों तो उन्होंने अर्जुन-वध का अपना संकल्प निर्भीकता से सुना दिया था किन्तु अन्तर्मन में एक आशंका बनी हुई थी। वह अपने पराक्रम की ओर बढ़ रहे हैं या अपने विनाश की ओर, वह सोचने लगे। आखिर क्यों दिवाकर बादलों में लूका-छिपी का खेल खेल रहे हैं, मानो रणभूमि पर उनकी दृष्टि दृढ़ता से टिक नहीं पा रही हो? तब कुछ देर के लिए घने बादलों ने सूर्य को ढक लिया। शल्य ने घोड़ों की लगाम खींची क्योंकि आगे का मार्ग अन्धकार में अदृश्य हो गया था।

"इस अन्धकार के बावजूद हमें बढ़ते जाना चाहिए।" राधेय ने शल्य से कहा।

परन्तु चाबुक लगाकर घोड़ों को सरपट दौड़ाते हुए शल्य ने उत्तर दिया, "मैंने

सोचा, शायद ये जानवर अँधेरे में ठोकर खाकर लड़खड़ा न जाएँ। पर यदि आप कहते हैं तो...''

अचानक सूर्य की लाल आँखें बादलों से निकल आईं और उन दोनों ने देखा कि दुश्मन का अभेद्य सैन्य संयोजन सामने था। परन्तु राधेय के धनुष से निकले बाणों के निरन्तर प्रहार से मार्ग प्रशस्त हो गया। लगा जैसे किसी तेज हवा के झोंके ने पथ के सारे पत्तों को उड़ा दिया हो। अभी वे कुछ दूर ही बढ़े होंगे कि उन्होंने अपना मार्ग युधिष्ठिर के रथ द्वारा अवरुद्ध पाया।

''रुक जाओ, ऐ राधेय,'' उन्होंने चुनौती दी, ''मैं जानता हूँ कि तुम मेरे अनुज अर्जुन की हत्या करने के लिए व्याकुल हो। किन्तु तुम्हें ज्ञात होना चाहिए कि उस विशाल चट्टान के सामने तुम एक छोटे रोड़े की तरह हो। इसलिए पहले मैं ही तुम्हारी खबर लेता हूँ, हालाँकि एक नीच कुल-जन्मे से युद्ध करके मेरी आत्मा कलंकित महसूस करेगी।''

''ओह, आपकी आत्मा–नंदिनी के दूध के समान धवल और निष्कलंक।'' राधेय ने होंठों पर मुस्कान के साथ व्यंग्य किया।

इस संक्षिप्त वाक्-युद्ध के बाद दोनों वीरों के बीच भयंकर द्वन्द्व-युद्ध होने लगा, जो कुछ देर तक चला। तभी युधिष्ठिर का एक बाण राधेय के दाहिने कन्धे में आ लगा और वह अपने रथ से गिर पड़े। रक्तस्राव होने लगा था। पर इसके पहले कि दुर्योधन कृपाचार्य और अश्वत्थामा को उनकी सहायता के लिए भेजते वह उठकर खड़े हो चुके थे। अब राधेय ने एक घायल नाग की तरह सर उठाकर देखा।

पहले उन्होंने युधिष्ठिर का कवच चकनाचूर कर दिया और फिर उनका धनुष तोड़ डाला। खून से सने युधिष्ठिर ने अपने बरछे से वार किया जिसे राधेय के बाण ने बीच हवा में ही खंडित कर दिया। अब अस्त्रविहीन और पराजित युधिष्ठिर ने खाली नेत्रों से राधेय की ओर देखा जो उन्हें उपहास की नजर से देख रहे थे।

''हे पांडव नरेश, मुझे आप पर बस दया आती है,'' राधेय ने कहा, ''मेरे जैसे नीच कुल-जन्मे से पराजित होना ही एक कुलीन क्षत्रिय के लिए लानत की बात है। पर लगता है आप भी सच्चे क्षत्रिय नहीं हैं क्योंकि संस्कार से आप ब्राह्मण हैं जिसे पूजा-पाठ और ध्यान में समय व्यतीत करना चाहिए। इसलिए आप अपने लिए कोई आश्रम तलाश लें क्योंकि मैं एक ब्राह्मण-वध का पाप नहीं कर सकता। मैं आपको छोड़ देता हूँ...''

नीच कुल-जन्मा कहे जाने से राधेय अत्यन्त आहत हुए थे। एक क्षण के लिए तो उनके मन में आया कि बता दें कि वह माता कुन्ती के प्रथम पुत्र हैं। पर उन्होंने स्वयं को रोक लिया–नहीं यह रहस्य उनके मन में ही रहना चाहिए।

जब राधेय का रथ दूसरी तरफ जाने लगा तो उन्होंने गौर किया कि भीम उनका पीछा कर रहे थे जिन्होंने उनके और युधिष्ठिर के बीच हुई बातें सुन ली थी। चूँकि वह

उनके बीच का द्वन्द्व-युद्ध था इसलिए भीम हस्तक्षेप नहीं कर पाए थे। किन्तु अब जबकि राधेय अपने रास्ते में थे तो भीम ने उन्हें ललकारा।

"ऐ राधेय, क्या सोचते हो कि मैं तुम्हें छोड़ दूँगा, उस अपमान के बाद भी जो तुमने मेरे भ्राताश्री का किया है? मैं आ गया हूँ तुम्हें चुनौती देने के लिए, खुले और न्यायपूर्ण युद्ध के लिए। मेरी इच्छा तो हो रही है कि पहले मैं अपनी तलवार से तुम्हारी जीभ काट लूँ–वह जीभ जो साँप के विषदंत से भी ज्यादा जहरीली लगती है।"

फिर ज्यों ही भीम ने राधेय पर अपनी तलवार भाँजी शल्य ने हस्तक्षेप करते हुए कहा, "अपनी तलवार, ऐ भीम, किसी और दुश्मन के लिए बचाकर रखो। तुम दुर्योधन के कई भाइयों की हत्या कर चुके हो। पर अब भी कई शेष हैं, तुम्हारे प्रतिशोध की प्यास बुझाने के लिए। जहाँ तक राधेय का सवाल है, उन्हें अर्जुन के लिए छोड़ दो। उनका निर्णय उन्हीं दोनों को करने दो।"

कहीं यह शल्य की चाल तो नहीं थी राधेय को इस मृत्यु-फाँस से निकाल ले जाने की, भीम सोचने लगे। वह शल्य के उद्देश्य को तो ठीक से नहीं समझ पाए किन्तु उन्हें लगा कि शायद वह ठीक ही कह रहे थे। चूँकि भीम के मूल निशाने पर दुर्योधन और उनके भाई दुःशासन थे इसलिए उन्होंने अपने क्रोध पर नियन्त्रण कर लिया और राधेय को जाने दिया।

इकहत्तर

दुःशासन–वध

जब शल्य दुश्मन की कतारों के बीच से रथ दौड़ाते जा रहे थे तो राधेय ने उनसे पूछा–

"अब जब आपने भीम को मेरे पंजे से बचा ही लिया तो जितना शीघ्र हो सके मुझे अर्जुन के सम्मुख ले चलिए जिसे आज तो मेरे हाथों मरना ही है। इस काँटे को निकाल फेंके जाने की खबर से बढ़कर प्रसन्नता की बात दुर्योधन के लिए और कुछ भी नहीं हो सकती।"

शल्य ने राधेय के नेत्रों में अर्जुन को मार देने की दृढ़ता देखी। जब दुर्योधन ने राधेय का रथ अर्जुन की तरफ बढ़ते देखा तो उन्होंने हर सम्भव सहायता का निर्णय किया। उन्होंने दुःशासन को उनके पीछे जाने के लिए कहा। राधेय का रथ अभी कुछ ही दूर गया होगा कि भीम ने उन्हें फिर रोक लिया। परन्तु शल्य की बातों का स्मरण करते हुए उन्होंने केवल दुःशासन को ललकारा, "इसी क्षण की प्रतीक्षा मैं करता रहता हूँ, ऐ दुःशासन। और अब तुम हमारे सामने हो। क्या सोचते हो मैं तुम्हें हाथ से जाने दूँगा?"

दुःशासन ने उपहास के साथ उत्तर दिया, "मैं भी तुमसे मिलने के लिए बेताब रहा हूँ। मैंने तुम्हें रणभूमि में गरजते सुना है पर वास्तव में तुम शेर से ज्यादा गीदड़ हो। तुम एक खोखला ढोल हो, भीम, अस्त्रों से ज्यादा बातों से लड़ने वाले।"

इन कटु शब्दों ने दोनों को खूनी संघर्ष में भिड़ा दिया और दोनों योद्धा दो आगबबूले हाथी की तरह एक दूसरे पर वार करने लगे। कुछ देर तक तो दुःशासन ने बहादुरी से सामना किया पर जल्द ही उन्होंने पाया कि कि भीम भारी पड़ते जा रहे हैं। इस द्वन्द्व–युद्ध को राधेय, दुर्योधन, कृपाचार्य और अन्य भी देख रहे थे परन्तु किसी ने उनके बीच हस्तक्षेप नहीं किया।

"यदि मेरे और इस व्यक्ति के बीच कोई आया तो मैं सबों को मार दूँगा।" भीम ने चेतावनी दी।

उन्होंने अपनी गदा के प्रहार से दुःशासन के घोड़ों को मार दिया और रथ को क्षतिग्रस्त कर दिया। अब वह धरती पर असहाय खड़े थे। उनके विस्फारित नेत्रों में भय स्पष्ट दिख रहा था। तभी अपनी तलवार से भीम ने उनका दाहिना हाथ काट दिया।

"मैंने द्रौपदी को वचन दिया था कि उस हाथ को काटकर उनके सम्मुख रख दूँगा जिससे बाल पकड़कर घसीटते हुए उन्हें भरी सभा मैं लाया गया था। परन्तु अभी तो मुझे अपने प्रण का दूसरा पक्ष पूरा करना है।" वह रुककर बोले, "मैंने प्रण किया था कि तुम्हारा रक्तपान करूँगा। चूँकि तुम्हारी रक्त रंजित भुजा उसके लिए पर्याप्त नहीं है इसलिए मैं तुम्हारे सीने से खून पीऊँगा।" फिर सर पर तलवार भाँजते हुए उन्होंने उसे दुःशासन के सीने में घोंप दिया। खून की धार फूट पड़ी और वह अपनी अंजलि में भरकर रक्तपान करने लगे। यह भयंकर दृश्य देखकर सभी स्तब्ध रह गए। उनका मुँह लाल था और वह उस लकड़बग्घे की तरह लग रहे थे जिसने अभी-अभी अपना शिकार किया हो और उसका खून पी रहा हो।

"यह तो स्वादिष्ट है, मदिरा की तरह," उन्माद से भरे भीम ने चारों ओर देखते हुए कहा, "अब मैं इसमें से थोड़ा रक्त द्रौपदी के पास ले जाऊँगा क्योंकि उन्होंने प्रण कर रखा है कि वह अपने केश तब तक नहीं सँवारेंगी जब तक दुःशासन के खून में उसे भिगो नहीं लेंगी।"

दुर्योधन ने अपनी आँखें मूँद ली और कान बन्द कर लिया। "यह तो एक वहशी जानवर है," उन्होंने स्वयं से कहा, "जो कोई भी हस्तक्षेप बर्दाश्त नहीं करेगा।"

बहत्तर

राधेय का अन्त

उधर हस्तिनापुर में एक रात एक दुःस्वप्न से कुन्ती की नींद उड़ गई। वह विदुर के कक्ष में गईं और पूछा, "क्या आप स्पप्न में विश्वास करते हैं? मुझे लगता है वे केवल एक विभ्रम हैं।"

"प्रतीत होता है आप किसी स्वप्न से बेहद परेशान हैं।" विदुर ने कहा।

"मुझे स्वप्न हुआ कि आज का दिन मेरे लिए शुभ नहीं है, कि हो सकता आज कोई अत्यन्त प्रिय वस्तु मैं खो दूँ।"

विदुर ने उनके मुख मंडल को गौर से देखा जो राख की तरह स्याह पड़ गया था।

"भयानक घटनाएँ तो, हे कुन्ती, प्रतिदिन घटती ही रहती हैं," विदुर ने कहा। "हमलोग किसी अभिशाप की छाया में जी रहे हैं। रोज सूर्योदय से सूर्यास्त तक असंख्य सैनिक मर रहे हैं। युद्ध के नियमों का उल्लंघन किया जा रहा है। मित्र शत्रु बन बैठे हैं और लोग जंगली जानवरों की तरह एक दूसरे पर हुँहुँआ रहे हैं।"

"वास्तव में, विदुर," कुन्ती ने आहें भरते हुए कहा, "मैंने स्वप्न में देखा कि दो शिशु मेरा स्तनपान कर रहे हैं और अचानक कोई अदृश्य हाथ उनमें से एक को खींचकर धरती पर पटक देता है।"

"हे कुन्ती, हो सकता है यह कोई बुरा सपना हो। मैंने तो बस इतना सुना है कि आज राधेय और अर्जुन का एक-दूसरे से युद्ध होनेवाला है–दो अद्वितीय योद्धा एक-दूसरे के विरुद्ध..."

"भयानक," कुन्ती के मुँह से निकला, "हे विदुर, किसके विजयी होने की सम्भावना है?"

"कौन कह सकता है? भविष्य तो आप जानती हैं हमेशा रहस्य में लिपटा होता है। हम तो बस सत्य की विजय के लिए लड़ रहे हैं।"

"परन्तु क्या सत्य एक दुधारी अस्त्र की तरह नहीं है जो दोनों ओर से घायल कर सकता है? मुझे तो लगता है यह छिपकली की तरह हर-क्षण रंग बदलता है।"

"हो सकता है," विदुर ने कहा, "परन्तु यह संग्राम तो अन्तिम सत्य की दिशा निर्धारित करने के लिए हो रहा है। अतः हमें बस धैर्यपूर्वक प्रतीक्षा करनी चाहिए..."

एक विचारमग्न मुस्कान कुन्ती के चेहरे पर उभरी। विषादयुक्त स्वर में उन्होंने कहा, "प्रतीक्षा–जब तक कि ज्यादा से ज्यादा लोग क्रोध और प्रतिशोध की ज्वाला में भस्म न हो जाएँ, जब तक कि मेरे पुत्रों में से एक समाप्त न हो जाए..."

उनकी आशंकाओं को शान्त करने के उद्देश्य से विदुर ने कहा, "आप क्यों नहीं अपने कक्ष में लौटकर सोने का प्रयास करती हैं? हो सकता है कोई दूसरा स्वप्न आपके दुःख के बादल छाँट दे।"

उधर रणभूमि में राधेय ने शल्य से आगे की ओर ले चलने के लिए कहा। जब उनका रथ आगे बढ़ रहा था तो शल्य के मन में राधेय के प्रति अनुराग जागा। यह व्यक्ति अपने मित्र के खातिर अपना जीवन खतरे में डाल रहा है। अचानक राधेय ने शल्य से पूछा, "क्या आपको लगता है कि मैं अर्जुन का वध कर पाऊँगा जो एक अविजेय धनुर्धर हैं? वैसे यह मेरा सौभाग्य है कि आप मेरे सारथी हैं, कृष्ण से तनिक भी कम निपुण नहीं।"

"परन्तु यह न भूलें कि कृष्ण के साथ दैवी शक्ति जुड़ी है जबकि मैं महज एक नश्वर प्राणी हूँ।"

"युद्ध एक बहुत बड़ा समतावादी है, शल्य। यह देवता और मानव में विभेद नहीं करता। केवल धनुष ही निर्णायक होगा कि कौन विजयी होता है।"

ये बातें अभी हो रही थीं कि उन्होंने पाँचजन्य की ध्वनि और गांडीव की टंकार सुनी। और बस अर्जुन राधेय के सम्मुख आ गए।

"तो आखिर हम यहाँ मिल ही गए," अर्जुन ने कहा, और बिना प्रत्युत्तर की प्रतीक्षा किए राधेय पर बाण चला दिया जिससे उन्होंने अपना बचाव शीघ्रता से झुककर किया। प्रारम्भ में दोनों वीरों ने सामान्य अस्त्रों से युद्ध किया मानो एक–दूसरे की सामरिक योजना और शक्ति की थाह लेना चाहते हों। अर्जुन तो जल्द ही क्रोधित हो गए किन्तु राधेय ने हर प्रहार का प्रतिकार मुस्कराते हुए किया।

पर जब यह द्वन्द्व–युद्ध तेज हो गया तो दोनों ने अपने घातक अस्त्रों का प्रयोग शुरू कर दिया। अर्जुन ने अग्नेयास्त्र दागा जो आकाश में अग्नि–पथ बनाता चला गया। प्रत्युत्तर में राधेय ने वरुणास्त्र का प्रयोग किया जिसने तत्क्षण अग्नि को बुझा दिया और वातावरण सामान्य हो गया। अस्त्रों के इस टकराव में क्रमशः प्रकाश और अन्धकार फैलता रहा।

अचानक, मानो राधेय का ध्यान विचलित करने के लिए, अर्जुन ने दूसरा आग्नेयास्त्र छोड़ा जो दहकता हुआ कौरव सेना पर गिरा और एक ही क्षण मैं सैकड़ों सैनिक मारे गए। जवाब में राधेय ने अपने विशेष घातक अस्त्रों का प्रहार किया जिससे भारी संख्या में पांडव सैनिक हताहत हुए।

यह भयानक दृश्य दोनों ओर के सभी लोगों ने देखा। अचानक अर्जुन ने कुछ दूरी से भीम को चीखकर कहते हुए सुना–

"क्या हो गया है आपको, हे अर्जुन? आप युद्ध कर रहे हैं या खेल खेल रहे हैं? यदि आपका जोश ढीला पड़ गया है तो मुझे अवसर दें ताकि मैं इस हत्यारे को रणभूमि में ही सुला दूँ।"

कृष्ण ने भी भीम का साथ दिया और अर्जुन से और भी तेजस्विता के साथ युद्ध करने को कहा।

"हे अर्जुन," कृष्ण बोले, "आपके गांडीव के लिए काम कर दिखाने का समय आ गया है। अन्यथा यह चूहे-बिल्ली का खेल कभी समाप्त नहीं होगा।"

अर्जुन ने सर हिलाकर हामी भरी और एक प्राण घातक अस्त्र उठाकर चूमते हुए उसे चला दिया। वातावरण में एक भयंकर गड़गड़ाहट गूँजी। हर किसी ने देखा कि आकाश में इन्द्र और सूर्य दोनों अपने-अपने पुत्रों की विजय के लिए प्रार्थना कर रहे थे। एक तरफ सूर्य अपनी प्रखर किरणों की शक्ति राधेय में भर रहे थे तो दूसरी तरफ इन्द्र कामना कर रहे थे कि अर्जुन का गांडीव उनके प्रतिद्वन्द्वी का नाश कर दे।

अर्जुन को राधेय के साथ भयंकर युद्ध में रत देखकर चिन्तित युधिष्ठिर भी पास चले आए थे। द्वन्द्व इतनी बराबरी का था कि किसी के लिए भी यह कहना सम्भव नहीं था कि कौन किसको परास्त करेगा।

राधेय के पास अब शक्ति बाण नहीं था क्योंकि उसका प्रयोग वह घटोत्कच को मारने में कर चुके थे। इसलिए अब उन्होंने अर्जुन पर नागास्त्र चलाने का निर्णय किया। इस अस्त्र के साथ फुँफकारते नागों का एक झुंड निकला मानो किसी सपेरे की टोकरी से छूटे हों। जब कृष्ण ने देखा कि वह बाण अर्जुन की गर्दन की ओर बढ़ रहा है तो उन्होंने इस निपुणता के साथ अपने अश्वों की लगाम खींची कि रथ घिसटता हुआ धरती में कुछ इंच धँस गया। फलतः अर्जुन की गर्दन को निशाना बनाने वाला वह नागास्त्र उनके सर के ऊपर से मात्र उनके मुकुट पर वार करता हुआ गुजर गया। इस प्रकार अर्जुन मृत्यु से बाल-बाल बच गए।

अब राधेय के तरकस में कोई भी प्राणघातक अस्त्र नहीं बचा था। वह असहाय हो गए। किन्तु फिर भी वह चारों दिशाओं में अपने बाण बरसाते रहे यद्यपि विनाश उन पर मँडरा रहा था। अचानक जब शल्य रथ को अर्जुन के और करीब ले जाने की कोशिश कर रहे थे तो राधेय ने देखा कि उसका एक पहिया पंक में धंस गया है। वह तुरन्त रथ से कूद पड़े और पहिया ठेलकर निकालने लगे। पर उनकी लाख कोशिश के बाद भी पहिया कीचड़ में ही धँसा रहा। सूर्य की रोशनी में चमकती उनकी मांस पेशियाँ पूरा जोर लगा रही थीं। माथे पर पसीने की बूँदे निकल आईं और ढलककर आँखों पर फैल गईं। हे ईश्वर, उन्होंने स्वयं से कहा, क्या मेरा अन्त आ गया? इसी नैराश्य में उन्होंने अर्जुन से कहा, "यदि तुम वास्तव में वीर हो तो क्या मुझे इस रथचक्र को निकालने का मौका दोगे? मैं घुटनों तक पंक में फँसा हूँ और निःशस्त्र भी हूँ।" राधेय ने उस मन्त्र के आहवान की भी कोशिश की जो उन्होंने परशुराम से सीखा था। परन्तु लाख प्रयास के

बाद भी मन्त्र के शब्द उनकी जिह्वा पर नहीं आए क्योंकि अपनी जातिगत पहचान छिपाने के कारण यही उनके गुरु का शाप था। इसलिए अब अर्जुन के उत्तर की प्रतीक्षा के अतिरिक्त उनके पास कोई विकल्प नहीं था।

परन्तु कृष्ण जानते थे कि यही समय है इस व्यक्ति के अन्त का जिसने पांडव सेना का वृहत् संहार किया है। होंठों पर उपहास लिए कृष्ण राधेय की तरफ मुड़े और व्यंग्यपूर्वक बोले, "तुम्हें इस क्षण अर्जुन के पराक्रम की दुहाई देते देख मुझे हँसी आ रही है। पर जब तुमने चुपके से पीछे से जाकर अभिमन्यु के धनुष की प्रत्यंचा काट दी थी तब तुम्हारा पराक्रम कहाँ चला गया था? क्या वह कृत्य मेरे भानजे की पीठ में छुरा घोंपने जैसा नहीं था? और क्या तुम उस भरी सभा में उपस्थित नहीं थे जब द्रौपदी को केस पकड़कर घसीटा जा रहा था और उनका चीर हरण हो रहा था? क्या तुमने एक दुःखित भद्र महिला को वेश्या कहकर अपमानित नहीं किया? वास्तव में तुमने दुर्योधन के हर भ्रष्ट काम में सहयोग किया। इसलिए अब समय की याचना छोड़ दो–कीचड़ से रथ निकालने के लिए, दुर्योधन के कुकृत्यों में अपनी सहभागिता के कीचड़ से। अब इसी पंक में तुम्हारा शरीर पड़ा रहेगा क्योंकि तुम्हारी जीवन यात्रा अब समाप्त हो चुकी है।"

ऐसा कहते हुए वह अर्जुन की तरफ मुड़े और उन्हें अपना कर्म करने के लिए प्रेरित किया–

"हे पार्थ, यही समय है...आपको अपना कर्तव्य पालन करना चाहिए चाहे वह कितना भी दुःखदायी क्यों न हो।"

अन्यमनस्क भाव से ही अर्जुन ने अपना सबसे घातक बाण गांडीव पर चढ़ा दिया। एक क्षण के लिए उनके हाथ काँपे क्योंकि सूर्य की रोशनी में राधेय का आरक्त चेहरा उनकी आँखों के सामने था। अन्तःकरण से उन्हें एक आवाज सुनाई पड़ी–"हे अर्जुन, यह आपके दुश्मन नहीं हैं बल्कि आपसे ही जुड़े हैं, शरीर के अंग की तरह।"

लेकिन चूँकि पीछे से कृष्ण उन्हें प्रेरित कर रहे थे, उन्हें अपना कर्म करना ही था। उन्होंने गांडीव की प्रत्यंचा अन्तिम सीमा तक खींची और बाण चला दिया जिसने राधेय के वक्षस्थल को सीधे वेध दिया। किन्तु कोई चीख नहीं निकली, बस एक गहरी आह भर फूटी। खून से लथपथ उन्होंने अर्जुन पर एक दुर्बल दृष्टि डाली जो कदाचित कह रही थी–"तुम बड़ी बहादुरी से लड़े, मेरे भाई। आँखें मूँदने से पहले मैं तुम्हें आशीर्वाद देता हूँ।"

चिर विस्मृति में राधेय के डूबते ही आकाश में एक जोरदार गड़गड़ाहट हुई। एक क्षण के लिए सूर्य बादलों में छिप गए मानो राधेय की इस क्रूर हत्या को देख नहीं पा रहे हों। एक हृदय विदारक चीख सुनाई पड़ी और दुर्योधन के गालों पर से अश्रुधारा बह चली। सिसकते हुए उन्होंने स्वयं से कहा, "यह अन्त मेरे लिए है। मेरा खेल समाप्त हो गया। यह मेरे लिए मित्र से कहीं बढ़कर थे, मेरे सभी भाइयों से भी ज्यादा प्रिय।"

वह दिन बड़ा दुःखदायी रहा। दुर्योधन को नींद नहीं आई। सारी रात वह चहलकदमी करते रहे। बाहर हवा साँय-साँय कर रही थी मानो एक महान योद्धा के महाप्रयाण पर दुःख व्यक्त कर रही हो। तभी अचानक उन्हें उस स्थान पर जाने की अदम्य इच्छा हुई जहाँ राधेय का शव पड़ा था। रात के अँधेरे में दुर्योधन किसी प्रेत की तरह लग रहे थे, अकेले विचरण करते हुए। तारों और बादलों से विहीन निष्तेज और एकाकी आकाश में ऊपर चाँद भी पीला दिख रहा था।

जब वह वहाँ पहुँचे तो राधेय का शरीर रक्त-कुंड में पड़ा देखा। चाँद की ही तरह उनका भी मुखमंडल पीला पड़ गया था। अब उस पर प्रातःकालीन सूर्य की आभा नहीं थी। दुर्योधन ने झुककर उनके चेहरे को स्नेह से छुआ, ललाट से लेकर ठुड्डी तक अपनी उँगलियाँ फेरीं और फिर घुटनों के बल बैठ फूट-फूटकर रोने लगे। दुःशासन या अन्य भाइयों की मृत्यु पर भी वह इतना नहीं रोए थे।

"मत रोओ, प्रिय मित्र," दुर्योधन को एक आवाज सुनाई पड़ी। "अब मैं सास्वत शान्ति में हूँ, अपना कर्ज उतारकर। हाँ, इसमें मुझे काफी समय लग गया..." फिर वह आवाज विलुप्त हो गई।

दुर्योधन ने मन-ही-मन कहा, 'तुम्हारे प्रति अपने गहरे आभार का बोझ ढ़ोने की बारी अब मेरी है, राधेय। तुम्हें याद है खुली प्रतियोगिता का वह दिन जब तुम मेरे जीवन में आए?' फिर वह ठहर गए क्योंकि उनकी आवाज भावारुद्ध हो गई थी।

"अब मैं बिलकुल अकेला और असहाय हो गया हूँ।"

आज पहली बार दुर्योधन को युद्ध बेमानी लगा। उन्हें तो प्रारम्भ में ही समझ लेना चाहिए था कि उनकी नियति में पराजय लिखी है। फिर क्यों उन्होंने अपने युद्धोन्माद में भीष्म, द्रोण, दुःशासन और राधेय सरीखे महारथियों को दाँव पर लगा दिया? क्या अब उनके अन्दर अपने मित्र की मृत्यु का बदला लेने की इच्छा शेष है? तभी अचानक उनके हृदय में क्रोध का एक आवेग उठा और उन्होंने एक अन्तिम दृढ़ प्रयास करने का निर्णय किया, अपनी प्रतिष्ठा बचाने का अन्तिम प्रयास।

उलझन में फँसे वह अपने पितामह के पास गए जो बाणों की शैया पर पड़े थे। वहाँ जाकर अपनी व्यथा सुना देने से शायद कुछ हद तक पीड़ा कम हो जाए, उन्होंने सोचा।

जब वह उस स्थान पर पहुँचे तो एक गहरी गूँजती आवाज ने उनका स्वागत किया।

"दुर्योधन हो न, वत्स?" फिर एक क्षण की चुप्पी के बाद सुनाई पड़ा, "सब समाप्त हो गया?"

"अभी नहीं, पूज्य पितामह," दुर्योधन ने उत्तर दिया, "मेरे जीते जी यह युद्ध कैसे समाप्त हो सकता है? बस इतना ही है कि मुझे अब अकेले ही लड़ना होगा—अब जबकि मेरा अन्तिम अवलम्ब ढह गया है।"

"द्रोण के बाद अब इस बार कौन?"

"राधेय, मेरा सबसे प्रिय मित्र," दुर्योधन ने फुसफुसाहट जैसी कमजोर आवाज में उत्तर दिया। "मैं तो बर्बाद हो गया, हे पितामह!"

थोड़ी देर के लिए शान्ति छा गई क्योंकि भीष्म को इस समाचार को ग्रहण करने में कुछ समय लगा।

"तो वह भी चला गया–कुरुवंश के महान सदस्यों में से एक।" भीष्म ने आहें भरते हुए कहा।

"क्या? क्या कहा आपने?" दुर्योधन ने बेहद उलझन में पड़ते हुए पूछा, "जब वह अधिरथ के पुत्र थे तो फिर कुरूवंश के कैसे?" दुर्योधन इस बार उन्हें सूत-पुत्र कहकर सम्बोधित नहीं कर सके।

"नहीं, वह सूत-पुत्र नहीं था, बल्कि एक कुलीन क्षत्रिय था। वह रानी कुन्ती का प्रथम पुत्र था, और इस प्रकार पांडवों में सबसे ज्येष्ठ।"

भीष्म के शब्द दुर्योधन के कानों में मेघगर्जन की तरह गूँज गए। तभी राधेय का आचरण और युद्ध-कौशल उन्हें हमेशा रहस्यमय लगता था–उनका दिवाकर-सा दमकता चेहरा और धनुर्विद्या में उनकी निपुणता।

"यह रहस्य मैं जानता था। किन्तु उसके जीवन काल में इसे अपने हृदय में ही दबाए रखने का निश्चय मैंने कर लिया था," भीष्म बुदबुदाए, "पर अब जब वह इस संसार से विदा हो चुका है तो मैं यह रहस्योद्घाटन कर सकता हूँ।...और सुनो, दुर्योधन, उसका मूल नाम कर्ण था, राधेय नहीं।"

अत्यन्त अचम्भित दुर्योधन ने दोनों हाथों से अपना चेहरा ढक लिया। उन्हें विश्वास ही नहीं हो रहा था कि उनके सबसे प्रिय मित्र कोई और नहीं बल्कि सबसे ज्येष्ठ पांडव थे। फिर वह उनके विरोधी पक्ष में क्यों नहीं चले गए? उन्होंने अपने ही अनुज अर्जुन को क्यों मारना चाहा? क्या यह मित्रता का ऋण चुकाने का उनका एक तरीका था? मित्रता की बलिवेदी पर इससे बड़ा बलिदान कोई मानव और क्या कर सकता है? पूरी तरह सन्न दुर्योधन तारों से विहीन आकाश की ओर विस्फारित नेत्रों से देख रहे थे।

फिर बोले, "हे पूज्य पितामह! मुझे कर्ण के विषय में सब कुछ विस्तार से बताइए, सब कुछ। मैं सुनने के लिए बेताब हूँ–उनके बारे में जिनकी कुरुवंश के सर्वश्रेष्ठ व्यक्ति के रूप में मुझे पूजा करनी चाहिए।"

भीष्म को काफी समय लगा वह कथा बताने में कि किस प्रकार कुन्ती के गर्भ से सूर्य-पुत्र कर्ण का जन्म हुआ और किस प्रकार उसे एक डलिये में रखकर गंगा में प्रवाहित कर दिया गया था जो अधिरथ और उनकी पत्नी को मिला।

दुर्योधन को लगा जैसे वह कोई परी-कथा सुन रहे हों जिसके घटनाक्रम में अनेकों घुमावदार मोड़ थे। वह उसी में खोए हुए थे कि भीष्म के स्वर ने उनका ध्यान भंग किया, "कदाचित तुम्हें ज्ञात नहीं कि जिस दिन मैं घायल होकर रणभूमि में गिरा

था उस दिन वह मेरे पास आया था। हम दोनों के बीच वार्तालाप हुआ था यानी अपने पौत्र से मेरा वार्तालाप। हम दोनों के बीच कुछ गलतफहमी थी पर उसे हमने दूर कर लिया।" फिर एक गहरी आह भरते हुए भीष्म ने कहा, "काश, मैं उस स्थान तक जा पाता जहाँ अभी वह पड़ा है और उसे चूमकर विदा करता। अब जबकि इस महासमर की समाप्ति में थोड़ा ही समय शेष है मैं उससे स्वर्ग में ही मिलूँगा। वहाँ साम्राज्य के बँटवारे के लिए कोई युद्ध नहीं होता, और न ही कोई मरता है। वहाँ तो बस शाश्वत शान्ति विराजती है।"

परन्तु भीष्म के शब्द दुर्योधन की धमनियों में फिर से उफान मारते क्रोध को शान्त नहीं कर पाए। बल्कि वह तो कर्ण की हत्या का बदला लेने के लिए अब और भी संकल्पित हो गए थे। मृतक की आत्मा का यह कर्ज तो उन्हें चुकाना ही होगा।

अतः उन्हें चाहिए कि अपनी गदा उठाएँ और अपने रक्त की आखिरी बूँद तक युद्ध करें। अब उनके लिए शान्ति की भीख माँगने का सवाल ही नहीं था। बल्कि कर्ण की तरह रणभूमि में हताहत होना उन्हें अधिक पसन्द होगा। उनके अन्दर प्रतिशोध की अग्नि इतनी धधक रही थी कि उन्हें लगा जैसे उनका शरीर चिता पर जल रहा हो।

तिहत्तर

अठारहवाँ दिन

कुरुक्षेत्र के युद्ध के अठारहवें दिन दुर्योधन ने देखा कि कृपाचार्य उनके तम्बू में पधार रहे हैं।

"मुझे प्रसन्नता हुई, आचार्य," दुर्योधन ने कहा, "आपको यहाँ देखकर क्योंकि मुझे युद्ध के लिए आपके आशीर्वाद की आवश्यकता थी।"

"परन्तु मैं यहाँ एक अन्य प्रयोजन से आया हूँ," कृपाचार्य ने कहा, "मैं जानता हूँ कि तुम्हारे सबसे प्रिय मित्र राधेय की मृत्यु ने तुम्हें गहरा शोक दिया है। मैं समझ सकता हूँ कि तुम्हारे मन में अब बदले का विचार आ रहा होगा। पर देखो, प्रिय दुर्योधन, राधेय की मृत्यु से तुम्हारी आँख खुल जानी चाहिए। अब तक तुम यह भली-भाँति समझ चुके होगे कि अर्जुन और कृष्ण के सामने अब तुम्हारे लिए कोई आशा नहीं रह गई है। और यह भी कि द्रोण और राधेय के बिना तुम वैसे ही हो जैसे धनुष-बाणविहीन कोई धनुर्धर। अतः मेरी सलाह है कि तुम पांडवों से शान्ति की याचना करो, यद्यपि अब काफी देर हो चुकी है। किन्तु फिर भी। सत्य को समझने के लिए कभी विलम्ब नहीं होता। बस मुट्ठीभर सैनिक बचे हैं, तुम्हारे लिए युद्ध करने को।"

परन्तु दुर्योधन की प्रतिक्रिया बड़े ही विद्रोही स्वभाव की और दृढ़ थी–"हे आदरणीय आचार्य! द्रोण के अभिभावकत्व में जाने से पहले आप ही मेरे परामर्शदाता थे। पर कृपा कर मुझे सन्ताप देनेवाला परामर्श न दें। आप कह रहे हैं कि मेरे पास बस मुट्ठीभर सैनिक रह गए हैं, परन्तु क्या अश्वत्थामा, शल्य और शकुनि हमारे शक्ति-स्तम्भ नहीं हैं? और यदि आप मुझे अपना आशीर्वाद दें तो मैं अब भी युद्ध जीत सकता हूँ।...नहीं, मैं अपने दुश्मनों से कभी हार नहीं मानूँगा जिन्होंने द्रोण और राधेय जैसे मेरे बहुमूल्य रत्न मुझसे छीन लिए। मुझे अपनी मर्यादा का समर्पण करना और उनका आश्रित बनकर रहना स्वीकार नहीं। मैं एक क्षत्रिय हूँ और रणभूमि ही मेरा मन्दिर है। मुझे बस एक नया सेनाप्रमुख चाहिए। इस जिम्मेदारी के योग्य व्यक्ति के चुनाव में मैं आपका परामर्श चाहता हूँ।"

अब कृपाचार्य को विश्वास हो गया कि दुर्योधन कायर की तरह रणभूमि से पीछे नहीं हटेंगे। उनकी आँखों में उन्होंने राधेय के हत्यारों से प्रतिशोध के अँगारे देखे।

"वर्तमान परिस्थिति में," कृपाचार्य ने कहा, "तुम्हारे पास शल्य के अतिरिक्त कोई विकल्प नहीं है क्योंकि अश्वत्थामा अभी भी कम उम्र के हैं। शल्य ने तुम्हारे प्रति अपनी वफादारी भी साबित कर दी है और वह किसी भी पांडव महारथी की तरह निपुणता से धनुष धारण कर सकते हैं।"

दुर्योधन ने कृपाचार्य की सलाह तुरन्त मान ली और संकट की इस घड़ी में शल्य की सहमति प्राप्त करने के लिए उनके तम्बू की ओर प्रस्थान कर गए। शल्य से ज्यादा आग्रह नहीं करना पड़ा क्योंकि वह द्रोण के एक योग्य उत्तराधिकारी के रूप में अपनी क्षमता का प्रदर्शन करने के इच्छुक थे।

शल्य और दुर्योधन दोनों ने द्वन्द्व-युद्ध से यथासम्भव बचने का निर्णय किया। अब उसकी योजना यह थी कि साथ मिलकर आक्रमण किया जाए ताकि दुश्मन के प्रतिरोध को तोड़ा जा सके।

जब युधिष्ठिर को पता चला कि शल्य को कौरव सेना का नेतृत्व सौंपा गया है तो उन्होंने उन्हें द्वन्द्व-युद्ध की चुनौती देने का निर्णय किया। अर्जुन और कृष्ण की तरफ देखकर उन्होंने कहा, "आज मैंने अपनी दक्षता दिखा देने का निश्चय कर लिया है। ऐसी धारणा क्यों है कि मुझे हमेशा सुरक्षा चाहिए? मेरा धर्म निष्क्रिय मौन सहमति देना नहीं है बल्कि प्रबल प्रतिकार करना है।"

यह तो भ्राताश्री का एक नया रूप दिख रहा है, अर्जुन ने सोचा–एक सच्चे योद्धा की तरह पुनः उत्साहित और दृढ़ संकल्पित।

"इन्हें करने दीजिए," कृष्ण ने अर्जुन के कानों में फुसफुसाकर कहा, "यद्यपि हमलोग किसी भी आपातकाल में सहायता के लिए आस-पास ही रहेंगे।"

जब युधिष्ठिर ने शल्य को द्वन्द्व के लिए ललकारा तो कौरव सेना-प्रमुख ने उन्हें आसान शिकार समझा। परन्तु जब युद्ध ने गति पकड़ी तो संघर्ष भीषण होता दिखा। किन्तु जल्द ही भीम ने पाया कि युधिष्ठिर धीरे-धीरे कमजोर पड़ रहे हैं। बस तुरन्त वह लपक पड़े और शल्य के घोड़ों को अपनी गदा के प्रहार से मार दिया। अब शल्य रथ से कूदकर भीम से गहन युद्ध करने लगे। पर शल्य पर काबू पाने में भीम को अधिक समय नहीं लगा। शल्य मूर्च्छित होकर गिर पड़े और उन्हें उठाकर ले जाना पड़ा।

किन्तु दिन ढलने के पूर्व ही शल्य पुनः युद्ध के लिए आ गए। इस बार वह इतनी आक्रामकता से लड़े कि दुर्योधन को लगा कि वह विजयी हो जाएँगे। परन्तु उनकी खुशी ज्यादा देर तक टिक नहीं पाई क्योंकि भीम पुनः सामने आ गए।

युधिष्ठिर की इच्छा थी कि वह स्वयं शल्य को मारने का यश प्राप्त करें। उन्हें कृष्ण ने बता रखा था कि शल्य के भाग्य में उन्हीं के हाथों मरना लिखा है। इसलिए यह मौका भला वह कैसे छोड़ सकते थे? तब अर्जुन को पीछे से सुरक्षा प्रदान करने और सात्यकि तथा धृष्टद्युम्न को रथ के पहियों का बचाव करने के लिए कहकर उन्होंने शल्य पर बरछे से वार किया। शल्य का हृदय स्थल छलनी हो गया और तत्क्षण उनका

प्राणान्त हो गया।

जब दुर्योधन ने दुश्मन के हाथों अपने अन्तिम योद्धा का अन्त होते देखा तो वह गहन विषाद से भर गए। उन्हें लगा जैसे वह किसी शिखर पर खड़े होकर किसी उग्र नदी को देख रहे हों।

जल्द ही उन्हें एक और मृत्यु का सामना करना पड़ा। जब वह अपने अनुज सुदर्शन के साथ खड़े थे तो भीम ने दोनों को घेर लिया। यह जानते हुए कि सुदर्शन धृतराष्ट्र के सबसे कनिष्ठ पुत्र थे और अब तक बच गए थे उन्होंने उन्हें खत्म करने का निश्चय किया ताकि कौरव भाइयों के सफाए का उनका अभियान पूरा हो सके। उनकी तलवार के एक ही वार से सुदर्शन का सर धड़ से अलग होकर कुछ दूर तक लुढ़कता चला गया। और जब शकुनि ने हाथियों की अपनी सेना के साथ हस्तक्षेप किया तो वहीं पर खड़े सहदेव ने पासे के उस छली खिलाड़ी को ललकारा।

"ऐ शकुनि मामाश्री, आपके वध का श्रेय-सौभाग्य तो मुझे मिलना चाहिए। आपको समझ में आ जाएगा कि द्यूत-क्रीड़ा का छल युद्ध में काम नहीं आता। कौरवों के पीछे आपकी ही दुष्ट प्रकृति क्रियाशील रही है। यदि आप हस्तिनापुर नहीं आए होते तो मेरे भ्राताश्री आपके भानजे को अपना साम्राज्य नहीं हारते। न कोई युद्ध होता, न निर्वासन और न हम सबों को कष्ट झेलना पड़ता। इसलिए भारतवर्ष के ललाट से इस कलंक को मिटाना मेरा विशेषाधिकार है। आइए, हे छल-कपट शिरोमणि, और मेरे हाथों अपनी मृत्यु का सामना कीजिए।"

यों तो कुछ देर तक शकुनि बहादुरी से लड़ते रहे परन्तु उन्हें आभास हो गया कि मृत्यु उनके सर पर मँडरा रही है। सहदेव की तलवार के एक वार से शकुनि का सर कट गया और शरीर रक्त-कुंड में तड़फड़ाने लगा।

अब कृपाचार्य और अश्वत्थामा के सिवा कोई भी दुर्योधन के पक्ष का जीवित नहीं बचा था। इसलिए दुर्योधन को लग गया कि उनका भी अन्त अब निकट है।

चौहत्तर

हताहत दुर्योधन

हतोत्साहित दुर्योधन अब पूरी तरह टूटे हुए महसूस कर रहे थे। उनका शरीर क्रोध और नैराश्य की अग्नि में जल रहा था। उन्होंने स्वयं को शान्त करने का प्रयास किया। किन्तु अपने ज्यादातर महारथियों को खोने के बाद अब उन्हें शिविर में लौटना निरर्थक लग रहा था। अतः उन्होंने अपने घोड़े को यूँ ही छोड़ दिया, चाहे जहाँ ले जाए।

रणभूमि के बाहरी इलाके में फैले जंगल से गुजरते हुए उन्हें एक जलाशय दिखा जो चारों ओर से पेड़ों से घिरा था। जलाशय का जल ठंडा और निर्मल था मानो उन्हें डुबकी लगाने के लिए आमन्त्रित कर रहा हो। पर जैसे ही वह किनारे पर पहुँचे उनका घोड़ा अचानक भर्राकर गिर पड़ा। उसकी अचानक मौत से दुर्योधन की आँखों में आँसू भर आए।

"तो अब तुमने भी मुझे छोड़ दिया," उन्होंने अपने घोड़े से कहा, "लगता है, अब मेरा कोई साथी नहीं रहा।" टूटे मन से वह जलाशय की तरफ बढ़ने लगे। उनकी गदा अब भी दाहिने हाथ में थी। फिर अपने कपड़े उतारकर वह जल में प्रवेश कर गए। गहरे गोता लगाते हुए वह जलाशय की तलहटी में पहुँच गए और किसी ध्यानस्थ ऋषि की तरह आसन मारकर बैठ गए। रणभूमि से दूर उन्हें शान्ति मिल रही थी। परन्तु उन्हें यह पता नहीं था कि युधिष्ठिर के कुछ गुप्तचरों ने उन्हें जल में प्रवेश करते देख लिया था और किनारे पर पड़े उनके मृत घोड़े से इस बात की पुष्टि भी हो गई थी कि दुर्योधन वहीं जलाशय में जा छिपे हैं। तुरन्त उनके छिपने का समाचार पांडव भाइयों तक पहुँच गया जो उन्हें रणभूमि में सर्वत्र ढूँढ़ रहे थे। उन्होंने उनके तम्बू में भी झाँका था पर वह नहीं मिले थे। कहीं वह भाग तो नहीं गए, ऐसा उन लोगों को शक हुआ था।

कुछ ही देर में पांडव भ्रातागण कृष्ण के साथ वहाँ पहुँच गए। जलाशय की तलहटी में उनकी उपस्थिति तुरन्त दिख गई क्योंकि पानी दर्पण के समान साफ था।

युधिष्ठिर ने भ्रष्ट युवराज पर व्यंग्य की बौछार कर दी–

"ऐ दुर्योधन, छिपने के लिए यह स्थान बड़ा ही उत्तम है। परन्तु युद्धक्षेत्र छोड़कर भागना तो कायरों का काम है। तुम तो हमेशा अपने को अजेय कहते थे। पर अब तुम गोबर के कीड़े की तरह छिपे हो। बाहर आओ, ऐ न्याय के भगोड़े और दिखाओ युद्ध

में अपनी दिलेरी यदि तुममें अब भी कुछ शेष बचा है।''

ये कंटीली बातें दुर्योधन को तलवार की धार से भी अधिक पीड़ादायक लगीं। काश वह बता पाते कि यह उनकी कायरता नहीं थी बल्कि उनके क्रोध की तपिश ने उन्हें जलाशय की गहराई तक ला दिया था। अन्यथा अब भी उनमें लड़ने की पर्याप्त क्षमता थी।

''हे युधिष्ठिर, आपने मुझे गलत समझा,'' दुर्योधन ने उत्तर दिया, ''मैं भयभीत होकर यहाँ नहीं आया हूँ। यह तो बस क्रोधाग्नि को शान्त करने का एक प्रयास था। किन्तु अब मैं बताऊँ–इस जलाशय का जल भी हमारे प्रतिशोध की प्यास नहीं बुझा पाया। मत भूलें कि मैं अब भी अकेले आप सबों से लड़ सकता हूँ–एक साथ या एक-एक कर। बस मुझे थोड़ा समय चाहिए, तैयार होने के लिए। मैं जानता हूँ कि आप सब मेरा वध करने के लिए तत्पर हैं ताकि मेरा राज सिंहासन हड़प सकें। पर अब तो मैं चाहता हूँ कि आप उसे ले लें क्योंकि अब मुझमें सिंहासनारूढ़ रहने की इच्छा शेष नहीं रही।''

होंठों पर उपहास लिए युधिष्ठिर ने दूसरा व्यंग्य-बाण दागा–

''तुम्हारे हृदय की विशालता से मैं बड़ा प्रभावित हुआ। यह वास्तव में एक अच्छा मजाक है कि तुम मुझे वह चीज सौंपने की बात कर रहे हो जो तुम हार चुके हो।'' फिर वह थोड़ा रुक गए क्योंकि क्रोध से उनकी आवाज फट गई थी।

''यदि तुममें तनिक भी शर्म शेष हो तो बाहर आओ और मुझसे युद्ध करो'' वह दुबारा रुककर बोले, ''चलो एक समझौता करते हैं। यदि तुम जीत गए तो मैं अब भी तुम्हें तुम्हारा सिंहासन वापस कर दूँगा।''

यह शर्त सुनकर कृष्ण को काठ मार गया क्योंकि उन्हें लगा कि युधिष्ठिर अपना विवेक खो बैठे हैं। उन्हें समझना चाहिए था कि वह दुर्योधन जैसे बलशाली योद्धा के सामने कुछ भी नहीं थे।

''नहीं,'' दुर्योधन ने उत्तर दिया, ''मैं आप जैसे कमजोर और डरपोक के साथ युद्ध नहीं करूँगा। हाँ, आप चाहें तो अपने भाइयों में से किसी को भी मुझसे भिड़ने के लिए चुन सकते हैं। मेरी गदा ही द्वन्द्व-युद्ध के लिए काफी है।''

तब दुर्योधन ने जलाशय से बाहर निकलकर अपने कपड़े पहने और गदा उठाकर अपने दुश्मन पर आक्रमण कर दिया। दुर्योधन के सभी भाइयों का वध कर चुके भीम यह देखकर खुश थे कि आज इस अन्तिम दुश्मन को समाप्त करने का अच्छा मौका है। किन्तु शीघ्र ही उन्हें यह देखकर आश्चर्य हुआ कि उनका प्रतिद्वन्द्वी कोई नरम चारा नहीं था। हर बार दुर्योधन उनके प्रहार से बड़ी दक्षतापूर्वक अपना बचाव कर लेते थे। जब द्वन्द्व कुछ देर तक खिंचा तो ऐसा लगा जैसे दुर्योधन भीम पर भारी पड़ रहे हैं। दो बार उन्होंने भीम पर इतना कड़ा प्रहार किया कि वह लड़खड़ाकर गिर गए और लगभग मूर्च्छित से हो गए। एक क्षण के लिए कृष्ण भी भीम को पिछड़ते देख चिन्तित हो गए।

पर जल्द ही भीम उठ खड़े हुए और दुर्योधन के सर के ऊपर अपनी गदा भाँजने लगे।

गदाओं के टकराने की आवाज वातावरण में गूँजती रही। एक बार तो दुर्योधन ने न केवल भीम के दाहिने कन्धे पर वार किया बल्कि ऐसा झपट्टा मारा कि वह फिर गिर पड़े। परन्तु भीम तुरन्त घायल चीते की तरह उछले और उन्होंने दुर्योधन के बाएँ कन्धे पर पलटवार कर दिया।

यह भिड़न्त देखकर अर्जुन ने कृष्ण से पूछा, "आपके अनुसार दोनों में से कौन श्रेष्ठ योद्धा है?"

"भीम की मांसपेशियों में ज्यादा बल है पर दुर्योधन में निपुणता है। मुझे आशंका है कि यदि यह द्वन्द्व पूरी तरह से युद्ध के नियमों के अनुसार चला तो हो सकता है दुर्योधन विजयी हो जाए।"

"वह तो बहुत बुरा होगा, हे वासुदेव!" अर्जुन ने कहा, "तनिक कल्पना कीजिए, इस व्यक्ति का युद्ध हारने के बाद फिर जीतना कैसा होगा?"

कृष्ण मुस्कराए। "प्रतीक्षा करें और देखते रहें। हो सकता है मैं सन्तुलन भीम के पक्ष में कर पाऊँ।"

जब कृष्ण इस वार्तालाप में व्यस्त थे तो उधर दुर्योधन ने भीम पर एक घातक प्रहार के लिए अपनी गदा उठाई। पर तभी कृष्ण ने खाँसकर भीम का ध्यान आकर्षित किया और अपनी दाहिनी जाँघ पर थपथपाकर संकेत कर दिया कि वह किस मर्मस्थल पर प्रहार करें। तत्क्षण भीम ने पूरी ताकत से दुर्योधन की दाहिनी जाँघ पर गदा चला दी। प्रहार इतना प्रबल था कि दुर्योधन लड़खड़ाकर गिर पड़े और रक्तस्राव होने लगा।

"ऐ भीम," दुर्योधन ने गुर्राते हुए कहा, "यह तो नीचता है–कमर के नीचे वार करना।"

"पर नीचता तो जीवनभर तुम्हारी पहचान रही है," भीम ने उत्तर दिया, "तुम शायद भूल गए हो पर मैं तुम्हें याद दिलाता हूँ कि तुमने क्या कहा था कि यों तो तुमने द्रौपदी को एक दासी के रूप में जीता था पर तुम उन्हें अपनी जँघा पर बिठाओगे। तभी से, ऐ दुर्योधन, मैं उस क्षण की प्रतीक्षा करता रहा हूँ जब तुम्हारी जँघा चूर करूँ।"

ऐसा कहते हुए वह धराशायी हो चुके दुर्योधन के निकट चले आए और उनकी छाती पर अपना पैर रख दिया। पर इससे पहले कि वह उनकी पसलियाँ तोड़ देते उन्होंने सुना कि युधिष्ठिर उन्हें चीखकर रोक रहे हैं।

"रुक जाओ, हे भीम, तुम ज्यादती कर रहे हो। अन्तिम साँस गिन रहे व्यक्ति को इतना अपमानित न करो। आखिर वह तुम्हारा चचेरा भाई है। उसके कुकृत्यों के लिए आओ हम सभी उसे क्षमा कर दें।"

"घोर पाखंड," धृतराष्ट्र बोल पड़े जब संजय ने अठारह दिनों तक चले महासमर का लम्बा वृत्तांत समाप्त किया। "मेरे सबसे प्रिय पुत्र की जघन्य हत्या के बाद, देखिए संजय, वह कैसे करुणा और क्षमा का ढोंग कर रहे हैं। निर्दयतापूर्वक किए गए इस

अपराध के लिए पांडवों को ईश्वर का शाप अवश्य मिलेगा।"

फिर वह अपने सिंहासन में धँस गए और आँखों से आँसुओं की धार बह चली। काफी देर तक धृतराष्ट्र कुछ बोल नहीं पाए। और जब आहों और सिसकियों में डूबी उनकी आवाज सुनाई पड़ी तो वह दर्द भरी और फटी हुई थी। "मुझे बताएँ, संजय, क्या किसी नेत्रहीन की आँखों में इतने आँसू हो सकते हैं जो सम्पूर्ण कुरुक्षेत्र की रणभूमि को आप्लावित कर दे? क्या आज रात मुझे नींद आएगी? मैं जानता हूँ, दुःस्वप्न मुझे परेशान करेंगे। हमारे कक्ष के हर छज्जे से चमगादड़ों की चीख सुनाई पड़ेगी और उल्लू मेरे दुःख और एकाकीपन की हँसी उड़ाएँगे। मेरे लिए तो यह युद्ध की समाप्ति मात्र नहीं है बल्कि मेरी तो पूरी दुनिया ही समाप्त हो गई है।" फिर वह अपने दोनों हाथों से अपना सर पकड़कर चुप हो गए।

"हे राजन," संजय ने कहा, "क्या मनुष्य अपनी नियति बदल सकता है? क्या आँसू किसी की जन्मकुंडली के अक्षर मिटा सकते हैं?"

"वह तो मैं जानता हूँ," धृतराष्ट्र ने उत्तर दिया। "पर मुझे जी भरकर रो लेने दो। हो सकता है मेरे आँसुओं से मेरे दुःखित मन को दिलासा मिले।" बेचैनी से काँपते हुए वह फिर बोले, "अब मुझे लगता है कि युधिष्ठिर ने व्यंग्य से परन्तु ठीक ही कहा था कि मैं स्वयं वह सब कर के दिखाऊँ जो मैनें उन्हें करने का उपदेश दिया था कि किसी वन में जाकर अपना समय प्रार्थना और ध्यान में बिताएँ। और केवल तेरह वर्ष नहीं बल्कि तब-तक जब-तक मेरी आँखें हमेशा के लिए बन्द नहीं हो जातीं।"

"मैं आपको इतना दुःखी नहीं देख सकता," संजय ने कहा। "मैं स्वयं रो पडूँगा। मैं कभी जान नहीं पाया कि आँसू भी संक्रामक होते हैं।"

"यह मेरा सौभाग्य है कि मुझे आप जैसा साथी मिला—इतना वफादार, स्पष्टवादी और समझदार।" फिर एक विराम के बाद उन्होंने पूछा, "आप मेरी एक मदद करेंगे, संजय?"

"कहिए, हे राजन।"

"चूँकि मुझमें हिम्मत नहीं बची है कि यह हृदयविदारक समाचार मैं गान्धारी को सुना सकूँ, क्या आप मेरे बदले यह कठिन कार्य कर देंगे? क्योंकि आप शब्दों का प्रयोग बड़ा सँभालकर कर सकते हैं..."

"पर कदाचित इस बार शब्द मेरा साथ न दे पाएँ," संजय ने आहें भरते हुए कहा, "क्योंकि पुत्र की मौत से उत्पन्न माता के दुःख के सामने सारे उच्चारण कुंठित हो जाते हैं। तथापि, मैं प्रयास करूँगा।"

तत्पश्चात, बेहद धीमी गति से और अस्थिरता के साथ घिसटते हुए संजय कक्ष से बाहर चले गए, वैसे ही जैसे कोई दुःस्वप्न से जागा हुआ व्यक्ति चलता है।

पचहत्तर

अश्वत्थामा का प्रतिशोध

जब अश्वत्थामा को पता चला कि किस प्रकार दुर्योधन को पांडवों ने खोज निकाला और भीम ने घातपूर्वक उन्हें घायल किया तो क्रोध से उनकी नसें फड़कने लगीं। पहले से ही अपने पिता द्रोण की क्रूरतापूर्ण हत्या से आहत उन्होंने पांडव भाइयों से बदला लेने की ठानी।

रात्रि के घने अँधेरे में वह उस स्थान पर गए जहाँ दुर्योधन पीड़ा से छटपटा रहे थे, अकेले और असहाय। ऐसे असमय में अश्वत्थामा के आगमन से आश्चर्यचकित दुर्योधन ने कहा, "पता नहीं, यमराज ने मेरी पीड़ा इतनी लम्बी क्यों कर दी है। उन्हें तो बहुत पहले मुझे उठा लेना चाहिए था। या कहीं मेरे भाग्य में मृत्यु के पहले कोई और भयानक समाचार तो सुनना नहीं शेष रह गया है?"

दुर्योधन की बातों से द्रवित अश्वत्थामा ने कहा, "नहीं। बल्कि मैं तो आपके लिए एक शुभ समाचार लेकर आया हूँ।" फिर ठहर कर बोले, "मैंने आज शपथ ली है कि आज रात ही मैं सभी पांडवों का वध कर दूँगा। सूर्योदय के पूर्व उनका सफाया हो जाएगा। इसलिए यदि आप थोड़ा और ठहर जाएँ तो मुझे उम्मीद है कि मैं आपको यह समाचार भी सुनाऊँगा जिससे आपका दर्द हल्का हो जाएगा।"

यों तो दुर्योधन बुरी तरह से घायल थे पर उन्होंने अपना सर उठाकर देखा। उनके नेत्रों में एक चमक आ गई थी। "हे अश्वत्थामा, इससे बढ़कर आह्लादित करने वाली बात भला और क्या हो सकती है मेरे लिए?...निश्चय ही आपके संकल्प पूरा करके लौटने तक मैं अपनी अन्तिम साँस रोके रखूँगा। ईश्वर आपकी सहायता करें।"

आँखों में प्रतिशोध की ज्वाला लिए अश्वत्थामा अपने तम्बू की तरफ लौट गए। रास्ते में एक क्षण के लिए वह कृपाचार्य के तम्बू के सामने रुके। क्या इन्हें अपनी शपथ से अवगत करा देना चाहिए—वह सोचने लगे। पर फिर उन्होंने निर्णय किया कि इसमें आचार्य को सम्मिलित करना ठीक नहीं रहेगा क्योंकि उन्होंने अपने मन में बड़ी बारीकी से योजना बनाई थी।

अपने तम्बू में वापस आकर वह दाहिने हाथ में अपनी तलवार लिए अपने बिस्तर पर बैठ गए और उँगलियाँ तलवार की धार पर फेरने लगे, जैसे वह कोई वाद्ययन्त्र हो।

कुछ देर तक वह सोचते रहे। बाहर जंगली जानवरों का हुँआना जारी था। इन्हें रात्रि में भी चैन नहीं मिलता, उन्होंने सोचा, क्योंकि रात्रि में शिकार की टोह में निकलना पड़ता है।

तभी अचानक हुँआने की आवाज बन्द हो गई और उन्होंने रात के पक्षी उल्लू की आवाज सुनी जो कुछ कौओं के पीछे लगा था जिन्हें अँधेरे में दिखाई नहीं दे रहा था। जल्दी ही भयानक नेत्रों वाले उल्लू ने कौओं को धर दबोचा और उनकी इहलीला समाप्त कर दी। कहीं यह किसी अज्ञात शक्ति का संकेत तो नहीं है–अश्वत्थामा ने सोचा। शायद उन्हें भी उसी शिकारी पक्षी की तरह काम करना है और उन कौओं को, यानी पांडवों को, सोए हुए में ही खत्म कर देना है। यदि वह अपनी तलवार हर एक पांडव के सीने में गहरे घोंप देंगे तो उनमें से कोई भी चीख नहीं पाएगा और किसी को पता नहीं चलेगा। और उसके बाद वह अपनी मोमबत्ती से उनके तम्बुओं में आग लगा देंगे–सब कुछ जलकर राख। हत्या और शवदाह दोनों काम एक साथ।

किन्तु यह सब कुछ सोच लेने के बाद उन्होंने कृपाचार्य से बताने का निर्णय किया जो अपने तम्बू में खर्राटे ले रहे थे। चरण-स्पर्श से कृपाचार्य चौंककर उठ गए। मध्य रात्रि में अश्वत्थामा को अपने तम्बू में देखकर वह भौंचक रह गए। तब अश्वत्थामा ने धड़कते हृदय से उन्हें सभी पांडवों को उसी रात खत्म कर देने की अपनी योजना बताई। उनके पिता की नृशंस हत्या और दुर्योधन को धोखे से घायल करने की कीमत तो उन्हें चुकानी ही चाहिए।

"परन्तु यह तो घोर कायरतापूर्ण कार्य होगा," कृपाचार्य ने प्रतिकार किया, "सुप्तावस्था में हत्या! यह तो द्रोण-पुत्र के लिए सर्वथा अशोभनीय है। मेरी राय है कि तुम इस पाप से बचो।"

अश्वत्थामा ने ऊँची आवाज में प्रतिरोध किया–"हे आचार्य! क्या वीरता उसी समय मर नहीं गई जब रणभूमि में योग-ध्यानस्थ मेरे पिता की नृशंस हत्या की गई? क्या वह सुप्तावस्था में की गई हत्या जैसी नहीं थी? और कृष्ण को देखिए, कैसे उन्होंने भीम को संकेत किया कि वह दुर्योधन के कमर के नीचे वार करें। काश आप मेरे साथ चले होते और देखते कि दुर्योधन किस तरह जलाशय के किनारे अपनी अन्तिम साँसें गिन रहे हैं।" यह सब बोलते हुए अश्वत्थामा के होंठ क्रोध से काँप रहे थे। कृपाचार्य को लग गया कि अश्वत्थामा अपना बैर साधने के लिए दृढ़ हैं और अब माननेवाले नहीं हैं। और फिर उनका प्रतिशोध एक हद तक जायज भी तो था।

"ठीक है, यदि तुमने ठान ही लिया है तो मैं अपनी सहमति देता हूँ पर तुम्हें यह कार्य स्वयं करना होगा। ईश्वर तुम्हारी सहायता करें।"

कृपाचार्य का आशीर्वाद लेकर अश्वत्थामा तेजी से उन कतारबद्ध तम्बुओं की ओर बढ़ गए जहाँ उन्हें पाँचों पांडवों के होने का अन्दाजा था, बाहरी दुनिया से बेखबर। रात के अँधेरे में वह शिकार की टोह में फिर रहे प्रेत की तरह लग रहे थे। कुछ ही देर

में उनकी तलवार ने पाँच प्राणियों का काम तमाम कर दिया और जैसा उनका अनुमान था, कोई भी चीख नहीं पाया। तलवार सीने में गहरे घोंपते ही शरीर तत्क्षण ढीला पड़ जाता था, जैसे एक ही फूँक में कोई मोमबत्ती बुझ जाती है। हत्या के पश्चात उन्होंने तम्बुओं को आग के हवाले कर दिया। धधकती अग्नि में शीघ्र सब कुछ जलकर राख हो गया। अब अश्वत्थामा सीधे दुर्योधन के पास गए जो साँस थामे उनकी प्रतीक्षा में थे।

रक्तरंजित अपनी तलवार दिखाते हुए उन्होंने दुर्योधन से कहा, "काम हो गया।" फिर तलवार को दुर्योधन की आँखों के पास लाकर उन्होंने कहा–"काश, यह तलवार आपको हर पांडव का रक्त अलग-अलग दिखा पाती!"

दुर्योधन की आँखों में एक चमक आ गई, जैसे किसी ऋषि को लम्बी तपस्या के बाद ईश्वरीय आशीर्वाद प्राप्त हो गया हो।

"आपने तो मुझे स्वर्ग में पहुँचा दिया जहाँ अनन्त शान्ति का वास है। आपको धन्यवाद ज्ञापित करने के लिए मेरे पास उपयुक्त शब्द नहीं हैं। आपने वह कर दिखाया जो न तो आपके पिता कर पाए न मेरे पितामह।" उन्होंने एक गहरी साँस ली। लगा जैसे एक क्षण के लिए उनका कंठ अवरुद्ध हो गया हो।

फिर बोले, "हे उस अद्वितीय धनुर्धर के यशस्वी पुत्र, क्या मैं आपसे अपनी सेना का नेतृत्व करने का आग्रह कर सकता हूँ? अब तो मैं स्वर्ग में अपने दुश्मनों पर आपकी विजय के समाचार की प्रतीक्षा करूँगा।" ऐसा कहते हुए वह चिर निद्रा में निमग्न हो गए। आँखें तो बन्द हो गईं परन्तु उनके चेहरे पर एक सन्तोषभरी मुस्कान थी।

किन्तु अगले दिन अश्वत्थामा यह जानकर घोर विस्मय में पड़ गए कि उन्होंने पाँचो पांडव भाइयों का वध नहीं किया था बल्कि द्रौपदी के पाँच पुत्रों का वध कर दिया था। क्या यह नियति का घात नहीं था, ठीक उस समय जब वह अति आनन्द के शिखर पर थे?

अब तो वह आखिरी दाव हार चुके थे। इसलिए पराजय स्वीकार कर लेने का समय आ गया था। जब ईश्वर स्वयं पासा फेंकें तो नश्वर मानव भला कैसे बाजी जीत सकता है? तब वह अपनी तलवार दाहिने हाथ में लिये युधिष्ठिर के तम्बू में यह सोचकर गए कि वह चाहें तो मेरा सर काट दें या फिर जैसी भी सजा दें।

"हे धर्मराज, मैं अपना दंड भोगने के लिए आपके समक्ष उपस्थित हूँ, चाहे आप जो सजा दें। मैं पराजय स्वीकार करता हूँ और यहीं आपके चरणों में अपना अस्त्र समर्पित करते हुए हस्तिनापुर और इन्द्रप्रस्थ दोनों के निर्विरोध नरेश के रूप में आपको प्रणाम करता हूँ।"

परन्तु अश्वत्थामा यह देखकर अचम्भित रह गए कि युधिष्ठिर ने कोई भी प्रतिशोधात्मक प्रतिक्रिया नहीं व्यक्त की। "एक माँ को उसके पुत्रों की हत्या करके घोर सांसारिक दुःख में डुबो देनेवाले को दंड देना, हे अश्वत्थामा, मेरा काम नहीं है।...मैं तो तुम्हें क्षमादान देता हूँ। कभी-न-कभी तो हम सबों ने पाप किए हैं। अतः हमें सब कुछ

ईश्वर पर छोड़ देना चाहिए। किसी भी मनुष्य को निर्णयकर्ता की भूमिका नहीं लेनी चाहिए।"

कुछ देर के लिए चुप्पी छा गई।

"वास्तव में, मुझे अपने राज्याभिषेक में आपको और कृपाचार्य को आमन्त्रित करके प्रसन्नता होगी क्योंकि अब मैं सर्वत्र शान्ति और सौहार्द का आकांक्षी हूँ।..."

युधिष्ठिर के हृदय की विशालता से अभिभूत अश्वत्थामा कुछ देर तक भौंचक रह गए। फिर उन्होंने नतमस्तक होकर कहा, "हे धर्मराज! आपकी जय हो।"

जब अश्वत्थामा वहाँ से चले गए तो उन्हें लगा जैसे वह अन्धकार से प्रकाश में आ गए हों, वंचित से स्वीकृत की अवस्था में आ गए हों।

छिहत्तर

राज्याभिषेक

युधिष्ठिर ने घोषणा कर दी कि उनका राज्याभिषेक सादगी से सम्पन्न होगा, बिना किसी आडम्बर के। उन्हें लगा कि जब असंख्य मृतकों की आत्माएँ उनके सर पर काले कौओं की तरह मँडरा रही हैं तो ऐसे में कोई आनन्दोत्सव नहीं मनाया जाना चाहिए। बल्कि यह समारोह आत्म-निरीक्षण के लिए होना चाहिए। मित्रता का हाथ बढ़ाने के उद्देश्य से उन्होंने मित्र हो या शत्रु सबों को आमन्त्रित किया। बस एक व्यक्ति जो सम्मिलित नहीं हुए वह थे धृतराष्ट्र। अपनी हर प्रिय वस्तु–पुत्रों और राजगद्दी–को खोने के बाद बेहद निराश उन्होंने गान्धारी के साथ वनगमन का निर्णय किया। कैसी विडम्बना थी यह कि वह अब वही करने जा रहे थे जिसका उपदेश कभी उन्होंने युधिष्ठिर को दिया था–वन में जाकर जप-तप करने का। जीवन के अन्तिम चरण में उनके लिए यह एक दंड ही तो था।

हस्तिनापुर के राजमहल के केन्द्रीय कक्ष में पंडितों द्वारा निर्धारित शुभ मुहूर्त में पूजा की व्यवस्था की गई थी। युधिष्ठिर ने तो पवित्र अग्नि के सम्मुख अपना स्थान ग्रहण कर लिया था पर द्रौपदी की अनुपस्थिति सबों को खल रही थी। चूँकि महारानी के बिना अनुष्ठान पूरा नहीं हो सकता था इसलिए विदुर ने उन्हें ले आने की पहल की। वह समझ रहे थे कि अपने पुत्रों की नृशंस हत्या के कारण वह अब भी अपने कक्ष में विलाप कर रही होंगी।

जब द्रौपदी ने द्वार खोला तो सामने विदुर थे, हस्तिनापुर के सबसे विवेकशील और आदरणीय पुरुष।

"हे महारानी, क्या आप अब भी दु:ख में डूबी हैं?" उन्होंने पूछा, "मैं आपको राज्याभिषेक में सम्मिलित होने के लिए लेने आया हूँ। आप तो जानती हैं, यह अनुष्ठान आपकी उपस्थिति के बिना पूर्ण नहीं हो सकता।"

"पर मेरा मन नहीं है ऐसे उत्सवों में सम्मिलित होने का," द्रौपदी ने उत्तर दिया। "सोते-जागते मुझे अपने प्रिय पुत्रों की छवि दिखाई देती है जिन्हें निद्रावस्था में ही मारकर जला दिया गया।...मुझे विश्वास है, आप एक माँ की पीड़ा समझेंगे–एक ऐसी माँ जिसने अपने पाँच-पाँच पुत्र-रत्नों को खो दिया है।"

आगे बढ़कर उनके दाहिने कन्धे पर स्नेह का हाथ रखते हुए विदुर ने कहा, "हाँ, मुझे सब ज्ञात है। आपको असीम दु:ख में देखकर मेरा हृदय छलनी हो गया है। परन्तु मैं यह भी चाहता हूँ कि आप परम पिता परमेश्वर की इच्छा को स्वीकार करें। मुझे इन क्रूर हत्याओं के पीछे एक दैवी हाथ नजर आता है। तनिक कल्पना कीजिए, यदि आज पुत्रों के स्थान पर आपके पतियों की हत्या हो गई होती तो? याद रखें, किसी और के जीवन के लिए किसी को अपने प्राणों की आहुति देनी पड़ती है। एक प्रकार से आपके पुत्रों ने अपना बलिदान देकर आपके सुहाग की रक्षा की और हस्तिनापुर में युधिष्ठिर के सिंहासनारूढ़ होने का मार्ग प्रशस्त कर दिया। हे द्रौपदी, हम नश्वर प्राणी ईश्वरीय विधान का केवल आंशिक अवलोकन करके ही घबरा जाते हैं क्योंकि उसकी पूर्णता हमारी समझ के परे होती है। इसलिए कृपा कर आप मेरे साथ राजदरबार में चलें और राज्याभिषेक के अनुष्ठान में सम्मिलित हों। मत भूलें कि अब आप हस्तिनापुर की महारानी हैं।"

विदुर की बातों से द्रवित द्रौपदी चलने को तैयार हो गईं। पूजा अभी शुरू होने हीवाली थी। जब समाप्त हुई तो राजपुरोहित ने रत्नजड़ित मुकुट युधिष्ठिर के मस्तक पर रखा और एक जोरदार जयकार दरबार में गूँज उठी। तब नव-अभिषिक्त महाराज ने उठकर सभा को सम्बोधित किया। उनका स्वर सौम्य और गरिमामय था–

"आपने जो सम्मान और दायित्व मुझे दिया है उससे मैं गौरवान्वित हूँ। राज्याभिषेक के इस क्षण को मैं आत्मविश्लेषण का एक अवसर मानता हूँ, आनन्दोत्सव का नहीं। मेरे मानस पटल पर दोनों पक्षों के सभी सैनिकों की छवि उभर रही है जिन्होंने अठारह दिनों के इस महासमर में अपने प्राणों की आहुति दी और अपनी पत्नियों को विधवा और अपने बच्चों को अनाथ छोड़ गए। उनके कष्टों से मैं परिष्कृत हुआ महसूस करता हूँ, और दंडित भी। काश, कृष्ण का शान्ति-प्रस्ताव स्वीकार कर लिया गया होता और सारे विवाद आपसी विचार-विमर्श से सुलझा लिए गए होते! पर मैं किसी को दोष नहीं देना चाहता। बल्कि इस युद्ध से हुए विनाश की जिम्मेदारी हम सबों को स्वीकार करनी चाहिए। परन्तु अब और नहीं...मैं प्रतिज्ञा करता हूँ कि सभी नागरिकों का ध्यान एक सेवक की तरह रखूँगा, शासक की तरह नहीं। मुझे यह भी आशा है कि कृष्ण आगे भी हमारा मार्गदर्शन वैसे ही करते रहेंगे जैसे कुरुक्षेत्र की रणभूमि में उन्होंने अर्जुन का किया था। आइए, आज हम सब यह निश्चय करें कि हस्तिनापुर को हर एक के लिए चाहे वह किसी भी जाति, धर्म या पंथ का हो, शान्ति और प्रेम का स्वर्ग बनाएँगे।" फिर थोड़ा विराम लेकर युधिष्ठिर बोले, "और अब मैं बताता हूँ कि हमारी जीत सम्भव बनानेवाले त्याग की उस महान विभूति अपने पूज्य पितामह भीष्म को हम भूले नहीं हैं। मैं इस समारोह के बाद अकेले ही उनके पास जाऊँगा, उनका आशीर्वाद लेने।"

ऐसा कहते हुए युधिष्ठिर केन्द्रीय कक्ष से बाहर आ गए और अपने सारथी को वहाँ ले चलने का आदेश दिया जहाँ वह वृद्ध योद्धा बाणों की शैया पर पड़े थे।

सतहत्तर

भीष्म के चरणों में युधिष्ठिर

अपना रथ पीछे छोड़कर युधिष्ठिर छोटे-छोटे रक्त कुंडों में पड़े सैनिकों और हाथी-घोड़ों की लाशों के बीच से आगे बढ़ने लगे। कितना अन्तर है, उन्होंने सोचा, राजमहल के केन्द्रीय कक्ष में पूजा की अगरबत्ती से बिखरती सुगन्ध और यहाँ रणभूमि में फैली लाशों की दुर्गन्ध में। भीष्म के करीब पहुँचते ही उनके हृदय की धड़कन तीव्र हो गई। किस तरह बताएँगे उन्हें युद्ध की समाप्ति की बात, द्रौपदी के निर्दोष पुत्रों की नृशंस हत्या की बात?

जब भीष्म ने देखा कि कोई मानवाकृति देर शाम के धुँधलके में उनके करीब आ रही है तो उन्होंने पूछा, "कौन?"

"मैं हूँ, पितामह! युधिष्ठिर।"

"तुम्हें देखकर मैं अत्यन्त प्रसन्न हुआ, प्रिय वत्स," भीष्म ने उनकी ओर सर करके कहा। "यद्यपि राधेय, दुर्योधन और अन्य अनेकों लोग मुझसे मिलने आ चुके हैं परन्तु मैं खासकर तुमसे मिलना चाहता था। क्योंकि कुछ बातें हैं जो मैं केवल तुम्हारे ही साथ बाँट सकता हूँ..." एक लम्बी आह भरते हुए उन्होंने आगे कहा, "किन्तु पहले मुझे बताओ कि तुम अकेले आए हो या किसी और के साथ?"

"अकेले, पितामह!" युधिष्ठिर ने उत्तर दिया, "बहुत अच्छा...क्योंकि यदि तुम वासुदेव के साथ आते तो हमलोगों के लिए असमंजस की स्थिति हो जाती। वह तो स्वयं भगवान हैं, तुम्हें ज्ञात है, जबकि हम लोग ठहरे मरणशील प्राणी। और वैसे भी तीन लोगों का समागम भीड़ ही कहलाता है।"

"हाँ।"

"अच्छा, अब बताओ, क्या समाचार लाए हो? क्या युद्ध समाप्त हो गया?"

"हाँ पितामह। वास्तव में मैं अपने राज्याभिषेक के बाद सीधे आपके चरणों में आया हूँ।"

"अत्यन्त शुभ समाचार।" भीष्म ने युधिष्ठिर को गौर से देखने का प्रयास करते हुए कहा, "तो अब तुम हस्तिनापुर और इन्द्रप्रस्थ के महाराज हो। मेरा स्वप्न पूरा हुआ और सत्य की जीत हुई...काश, मेरे पिता शान्तनु आज जीवित होते..." इतना कहते हुए

वो रो पड़े। "परन्तु किसी को भी सब कुछ नहीं मिलता।" फिर रुककर बोले, "मेरे दाहिने तरफ आओ ताकि मैं तुम्हारा मुखमंडल छू सकूँ...जानते हो, यदि शक्ति होती तो कुरुक्षेत्र के विजेता को गले लगाने के लिए उठ खड़ा होता।"

"विजेता?" युधिष्ठिर ने आश्चर्य से कहा, "वास्तव में मैं तो हारे हुए विजेता की तरह महसूस कर रहा हूँ। क्या कीमत चुकानी पड़ी है मुझे अपना सिंहासन पुनः प्राप्त करने में!..." एक विराम के बाद उन्होंने कहा, "मैं आपको बताऊँ कि मेरा राज्याभिषेक समारोह बेहद सादा था, बिना किसी धूमधाम के।"

"वह तो तुम्हारी सदाशयता और विनम्रता है, और इसी से तुम्हें प्रजा का सम्मान और उसकी निष्ठा प्राप्त होगी।"

युधिष्ठिर ने नतमस्तक होकर इस सराहना को स्वीकार किया। फिर बोले, "परन्तु, पितामह! मैं एक विशेष प्रयोजन से आज आपके पास आया हूँ। मेरे मन में कुछ प्रश्न अनुत्तरित हैं जो मैं आपसे पूछना चाहता हूँ।"

"पूछो, प्रिय युधिष्ठिर।"

"अब जबकि मैं किसी भी क्षण आपको खो दूँगा, मैं आपके जीवन की सीख से लाभान्वित होना चाहता हूँ। आपने तो कई पीढ़ियों को देखा है, और अभी कुछ क्षण पूर्व आपने कहा कि सत्य की जीत हुई है। पर सत्य है क्या? मैं आपकी अवधारणा जानना चाहता हूँ क्योंकि मानव अनुभूति और अभिव्यक्ति हमेशा देववाणी से अधिक विश्वसनीय होती है, जैसे वासुदेव की उक्तियाँ।"

एक लम्बी चुप्पी छा गई। भीष्म के मस्तक पर गहरी रेखाएँ उभर आईं मानो वह गहरे आत्मनिरीक्षण में खोए हों। तब वह बोले, "सत्य? पहले मैं बता दूँ कि यह एक उलझा हुआ जाल है, किसी कालीन की ऐसी बुनावट जिसके मूल धागे का पता न हो। यह संगीत का ऐसा स्वर-विन्यास है जिसका प्रधान राग ही विलुप्त हो, या फिर ऐसा वाक्य जिसमें क्रिया ही न हो। तभी तो सत्य से सामना होने पर हम प्रायः चकित रह जाते हैं। हम इसे तलाशते रहते हैं जबकि यह हम में ही निहित होता है, हिरण की कस्तूरी की तरह। और क्या हम इसकी विसंगतियों और विरोधाभासों को पहचानने के इच्छुक रहते हैं?...ब्रह्मचर्य के मेरे प्रण को ही ले लो। जब मैंने यह प्रण किया तो मुझे लगा जैसे मैं वह गजराज हूँ जिसके पाँव बरगद के तने से बँधे हैं।...परन्तु मैं स्वीकार करता हूँ कि ऐसे क्षण भी आए जब प्रण तोड़ देने की प्रबल इच्छा हुई।"

"फिर आपने तोड़ा क्यों नहीं, हे पितामह?"

"कालीन के उस अज्ञात धागे को याद करो।" भीष्म ने मुस्कराते हुए कहा।

"मैं भी तो बेड़ियों में जकड़ा हुआ था," युधिष्ठिर ने कहा, "उस द्यूत-क्रीड़ा की शर्तों से बँधा। कितना निःसहाय मैं भरी सभा में द्रौपदी का चीरहरण होते देखता रहा। आपने अवश्य गौर किया होगा कैसे मेरा सर भीगी डाल की तरह झुका हुआ था...और वह वाक्छल जब मैंने गुरु द्रोण से अश्वत्थामा की मौत की बात कही। इतने पर भी

लोग मुझे धर्मपरायणता का युवराज कहते हैं, धर्मपुत्र!"

"और मेरा क्या?" भीष्म ने सहमत होते हुए कहा, "मैंने क्यों नहीं की संकट में पड़ी नारी की मर्यादा की रक्षा? और तब भी कौरव और पांडव मुझे हमेशा शील और शौर्य का प्रतीक मानते रहे।"

"न जाने आपने कितनी पीड़ा झेली होगी, हे पितामह! सत्य के विभिन्न स्वरूपों का सामना करते हुए!"

"निश्चय ही वह सब अँगारों पर चलने जैसा था," भीष्म ने अगल-बगल झाँकते हुए कहा। "पर मैं तुम्हें बताऊँ कि अग्नि ही ज्ञान भी देती है, यदि तुम उसकी भाषा समझ सको। जानते हो, वह असंख्य स्वरों में बोलती है। एक ही शब्द, रंग या स्वर उसमें कभी नहीं होता। वह फुँफकारती है, चीखती है, गाती है, हिचकियाँ लेती है और आहें भी भरती है। वह सृजक और संहारक दोनों है, सत्य की तरह।" फिर रुककर बोले, "मेरे इस शरीर को देखो–अर्जुन के उन बाणों से वेधित जो शिखंडी के पीछे से अग्नि-पुँज की तरह धधकते मेरी तरफ आए थे। पर अर्जुन को मैंने हमेशा अपने सबसे प्रिय बच्चे की तरह प्यार किया। मेरे तन पर लगे सहस्त्र घाव विष्णु के सहस्त्र नामों की तरह हैं। पर हर घाव एक चक्षु है जिसने सत्य का एक अलग रूप देखा है। कितने अभागे हैं वे लोग जो केवल इन्द्रधनुष देखते हैं, या केवल बसन्त का मधुर संगीत श्रवण करते हैं। वास्तव में सत्य-दर्शन के लिए दृष्टिहीन होना पड़ता है, उड़ने का मर्म समझने के लिए पेट के बल रेंगना पड़ता है और आकाश के विस्मयकारी सौन्दर्य के अवलोकनार्थ बाणों की शैया पर सोना पड़ता है।"

"अत्यन्त चकरा देनेवाला," युधिष्ठिर ने कहा।

"लगता है जैसे आप मुझे किसी भूल-भूलैये में लिये जा रहे हैं–घूमते दर्पणों और मकड़जालों से भरे अँधेरे तहखानों से होते हुए।" फिर वह ठहरकर बोले, "मुझे बताएँ, पूज्य पितामह! क्या इस भूल-भूलैये से निकलने का कोई मार्ग है?"

"हाँ है," तुरन्त उत्तर मिला, "कर्म का मार्ग–निष्काम कर्म। जानते हो, युद्ध प्रारम्भ होने के पूर्व मैंने कृष्ण को भी अर्जुन से यही कहते सुना था। मैंने उनके होंठों के कम्पन से ही समझ लिया था जब वह बोल रहे थे, जब दोनों सेनाएँ स्वामित्वविहीन क्षेत्र के दोनों ओर एक दूसरे के विरुद्ध खड़ी थीं। पर भगवान कृष्ण और मुझ में बड़ा अन्तर था। मैं कौरव सेना के आगे पूरी तरह शस्त्रों से सुसज्जित था जबकि कृष्ण केवल अर्जुन के अश्वों की लगाम थामे हुए थे और स्वयं निःशस्त्र थे।...मैं शुरू से ही जानता था कि पांडव विजयी होंगे।" फिर एक लम्बी आह भरकर उन्होंने कहा, "अपने पिता महाराज शान्तनु को दिया मेरा वचन पूरा हुआ। वह चाहते थे कि मैं हस्तिनापुर के सिंहासन की रक्षा करूँ चाहे उस पर कोई भी विराजमान हो। और अब जबकि वह एक सुरक्षित हाथों में है मेरे प्रस्थान का समय आ गया है।" फिर एक और लम्बी चुप्पी छा गई।

"अब तुम हस्तिनापुर वापस जाओ, प्रिय वत्स, और मुझे अकेला छोड़ दो। मैं

यमदेव को अब और प्रतीक्षा नहीं करने दूँगा।" मुझे इस शर-शैया को त्याग देना चाहिए ताकि मैं अपनी माता गंगा से मिल सकूँ जिन्होंने मेरी बड़ी प्रतीक्षा की है-बड़ी लम्बी प्रतीक्षा!"

युधिष्ठिर ने झुककर भीष्म के पाँव चूम लिए। फिर यह समझते हुए कि पितामह के महाप्रयाण का समय आ गया है, वह अश्रुपूरित नेत्रों से सर झुकाए डगमगाते कदमों से चल पड़े। अपने पितामह से मिली अमूल्य सीख उनके मन मस्तिष्क पर छाई हुई थी।

अठहत्तर

कृष्ण को गान्धारी का शाप

जिस समय युधिष्ठिर पितामह भीष्म के पास थे, कृष्ण उस स्थान की ओर जा रहे थे जहाँ दुर्योधन मृत पड़े थे। पांडवों की जीत से उत्साहित होने के बजाय उन्हें एक गहरे विषाद ने परेशानी में डाल दिया था।

शाम गहराने लगी थी और ठंडी हवा पेड़ों के बीच से बह रही थी। जब कृष्ण दुर्योधन के शव के पास पहुँचे तब काफी अँधेरा छा चुका था। दुर्योधन को गौर से देखते ही उनका मन करुणा और अपराधबोध दोनों से भर गया। दुर्योधन में चाहे जो भी खामियाँ थीं पर वह एक अद्वितीय गदा धारक तो था ही। और फिर उसने मित्रता को सर्वोपरि भी माना।

इन्हीं विचारों में खोए कृष्ण को पास आती एक पदचाप सुनाई पड़ी। आगन्तुक एक महिला थीं जिनका सर ढका हुआ था और आँखों पर पट्टी बँधी थी। यह तो गान्धारी हैं–कृष्ण ने तुरन्त पहचान लिया। परन्तु इस स्थान तक यह पहुँचीं कैसे बिना किसी सहायता के जबकि आँखों पर पट्टी है? इससे पहले कि वह उनका अभिवादन करते वह पूछ बैठीं–"क्या यह वासुदेव हैं?"

कृष्ण को जैसे झटका लगा और वह हकलाते हुए बोले, "इस अँधेरे में, हे गान्धारी, आपने मुझे पहचाना कैसे जबकि आपकी आँखों पर पट्टी है?"

"मन की आँखों से, हे कृष्ण," उन्होंने उत्तर दिया। फिर उपहास के स्वर में बोलीं, "मैं जानती हूँ कि बाज की सूक्ष्म दृष्टि रखनेवाले भी ठोकर खा जाते हैं। आपकी तरह, हे कृष्ण। आप देवत्व की चोटी से फिसल गए जब आपने भीष्म का अन्त रचा–और अब मेरे पुत्र का अन्त।"

यों तो यह व्यंग्य कृष्ण को चुभा पर उन्होंने मुड़ते हुए कहा, "यह न भूलें कि युद्ध की अपनी बाध्यताएँ होती हैं..."

क्रोधित होकर गान्धारी ने उत्तर दिया–"इसे ही घोर पाखंड कहते हैं। यदि आप चाहते तो यह युद्ध टल सकता था। पर आपने तो निष्पक्षता, न्याय और औचित्य का त्याग ही कर दिया। कौरवों को परास्त करने के लिए हर प्रकार की कुटिल युक्तियों पर उतर आए–कुरुवंश के दोनों पक्षों को एक दूसरे के विरुद्ध भड़काने में। जहाँ तक मेरा

प्रश्न है, आप जानते हैं कि मैंने पांडवों को अपने बच्चों की तरह ही प्यार किया और कुन्ती को अपनी बहन की तरह।"

"हाँ, मैंने भी सदा आपको श्रेष्ठ सम्मान दिया है–आपकी अच्छाइयों और पारदर्शिता के कारण। मुझे याद है किस तरह आपने दुर्योधन को युद्ध में विजयी होने का आशीर्वाद नहीं दिया। आपने सिर्फ अपना आशीष दिया। आपने बता दिया कि धर्म मातृ–प्रेम से ऊपर है।" कृष्ण थोड़ा ठहरकर बोले, "परन्तु आप मुझ पर पक्षपात का आरोप नहीं लगा सकतीं। आपको ज्ञात है कि जब दुर्योधन और अर्जुन मेरे पास समर्थन माँगने आए थे तो आपके पुत्र ने मेरी नारायण सेना को चुना था, मुझे नहीं। इसलिए मुझे तो अर्जुन के प्रति अपनी पूर्ण निष्ठा और वचनबद्धता निभानी ही थी।"

"आपकी वचनबद्धता," गान्धारी ने लगभग गुर्राते हुए कहा, "जिसके परिणामस्वरूप मेरे सभी पुत्रों का संहार हुआ। और यहाँ मैं अपने सबसे प्रिय पुत्र के शव के पास खड़ी हूँ जो आपका अन्तिम शिकार था।" वह रो पड़ीं, "भूलें तो वह प्राय: किया करता था, पर क्या वह मेरे ही शरीर का एक अंग नहीं था? काश, आप एक माँ की वेदना समझ पाते!"

उनकी आवाज लड़खड़ा गई और कृष्ण ने देखा कि उनकी आँखें तीव्र क्रोध से जल रही थीं।

वह फिर बोलीं, "सुनिए, हे वासुदेव, देवत्व भले ही आपका अस्त्र होगा पर मुझे भी देवताओं का आशीर्वाद प्राप्त है–अपने नेत्रहीन पति के प्रति समर्पण के कारण और अपनी ईमानदारी के कारण जो आप भी स्वीकार करते हैं। इसलिए हे कृष्ण, अब मैं आपको मृत्यु का शाप देती हूँ क्योंकि आपने वह सब कुछ तबाह कर दिया जो मेरे लिए अमूल्य थे। मैं यह भी शाप देती हूँ कि आपके सम्पूर्ण वृष्णी वंश का नाश हो जाए।"

"मैं आपके शाप को वरदान मानकर स्वीकार करता हूँ," कृष्ण ने उत्तर दिया, "क्योंकि अब मेरे सांसारिक स्वरूप के त्याग का समय निकट आ चुका है। हो सकता है, विधाता ने आपको मेरी मुक्ति का माध्यम बनाया हो। चूँकि इस संसार में आने का मेरा प्रयोजन पूर्ण हो चुका है इसलिए मुझे भी इस शरीर का त्याग करके प्रसन्नता होगी..." वह थोड़ा ठहर कर बोले, "परन्तु जहाँ तक मेरे वंशजों पर आपके शाप का प्रश्न है, मैं आपको बता दूँ कि वृष्णियों का अन्त स्वयं उन्हीं के हाथों नियत है। अत: हे गरिमामयी, अब मैं साभार आपसे विदा लेता हूँ। ईश्वर आपको अपना दु:ख सहने की शक्ति दें।...हाँ, एक अन्तिम बात कहना चाहूँगा। मैं यहाँ दुर्योधन के प्रति करुणाभाव से आया था और उसकी आत्मा की शान्ति के लिए प्रार्थना करने आया था।"

तदोपरान्त कृष्ण प्रस्थान कर गए और गान्धारी दुर्योधन के शव पर झुककर फूट–फूट कर रोने लगीं।

उन्नासी

वृष्णियों के वंश का विघटन

हस्तिनापुर से लौटने के बाद कृष्ण कुछ समय तक द्वारका पर शासन करते रहे। परन्तु उनकी भविष्यवाणी के अनुसार उनके वंशजों का विघटन शीघ्र ही प्रारम्भ हो गया। वह यह देखकर अत्यन्त क्षुब्ध थे कि उनके बंधु-बांधव नैतिक पतन की गहराई में डूबते जा रहे थे। हर कोई मद्यपान और मौजमस्ती में निमग्न था। चारों तरफ पूर्ण अराजकता फैली हुई थी।

तभी एक दिन कुछ ऐसा हुआ कि नगर में भगदड़ मच गई। कुछ शराबियों ने वहाँ से गुजरते ऋषियों के साथ शैतानी करने की सोची। उन लोगों ने अपने एक नौजवान साथी को गर्भवती नारी के रूप में ऋषियों के सामने कर दिया और पूछा कि यह बालक को जन्म देगी या कन्या को? पर यह गंदा परिहास ऋषियों की नजर से छिपा नहीं रहा और वे क्रोधित हो उठे। उन्होंने उस कथित गर्भवती नारी को शाप देते हुए कहा कि वह मनुष्य की जगह एक लोहे का मूसल पैदा करेगी और नगर के विभिन्न परिवार आपसी झगड़ों में उलझ जाएँगे। इस शाप से बचने के लिए उन उपद्रवियों ने एक मूसल को चूर कर उसका बुरादा समुद्र-तट पर बिखेर दिया और मान लिया कि शाप निष्क्रिय हो गया।

परन्तु समय बीतने के साथ उन बुरादों से हर जगह लम्बे-लम्बे जंगली झाड़ पैदा हो गए—तलवार की धार के समान तेज किनारों वाले झाड़। अब यही झाड़ वृष्णियों के झगड़ों में अस्त्र का काम करने लगे।

अधिकांश पुराने मसले फिर से ताजा हो गए और वे एक दूसरे से लड़ने-झगड़ने लगे। कृतवर्मा ने, जिन्होंने कौरवों की ओर से युद्ध किया था, सात्यकि पर क्षत्रिय धर्म को कलंकित करने का आरोप लगाया क्योंकि उन्होंने अनुभवी योद्धा भूरिश्रवा की हत्या तब की थी जब वह रणभूमि में योग-ध्यानस्थ थे। इस आरोप से क्रोधपूर्ण तर्क-वितर्क शुरू हो गया और सभी एक या दूसरे पक्ष से खूनी संघर्ष में शामिल हो गए। इसी लड़ाई में कृष्ण-पुत्र प्रद्युम्न भी जूझ पड़े और अन्य लोगों के साथ उनकी भी हत्या हो गई। अब नगर द्वारका एक समर क्षेत्र बन गया। इस प्रकार कृष्ण की भविष्यवाणी सच होती जा रही थी। पर यह किसी बाहरी दुश्मन के आक्रमण का परिणाम नहीं था बल्कि

वृष्णियों में आपस में ही एक-दूसरे का विनाश करने की होड़ लगी थी।

स्थिति से अत्यंत विक्षुब्ध कृष्ण ने नगर-त्याग का निर्णय किया और वन में जाकर तपस्या करने की ठान ली। कुछ समय तक यहाँ-वहाँ फिरते रहने के बाद वह एक बरगद के नीचे बैठ गए जिसकी शाखाएँ किसी आदिम स्तनधारी जन्तु के अंगों की तरह फैली हुई थीं। फिर वह गहरे योग-ध्यान में निमग्न हो गए। जब संध्याकाल उनका ध्यान टूटा तो उन्होंने देखा कि चाँद कभी-कभी बादलों के बीच से झाँक ले रहे हैं। जब मन्द पवन बहने लगा तो उन्हें नींद आने लगी और वह धरती पर ही लेट गए। उनका दाहिना पाँव बाएँ पर विश्राम की अवस्था में था। तभी अचानक उन्हें पूर्वाभास हुआ और लगा जैसे उनके इस जीवन का अन्त निकट है। पलकें आधी बन्द थीं और मन में बीते जीवन के चित्र उभर रहे थे—गोकुल का बचपन, भाई बलराम और अन्य बाल सखाओं संग खेले गए खेल, फिर राधा संग उनका महारास और अन्त में उनके द्वारा कंस का वध। परन्तु उनका मन अठारह दिनों के कुरुक्षेत्र युद्ध के क्रूर दृश्यों को याद करने से कतराने लगा। उन्होंने सोचा, काश भारतवर्ष का इतिहास इस भयानक घटना का साक्षी नहीं होता!

कृष्ण की पलकें भारी होने लगीं और उन्हें नींद आ गई। यदि गान्धारी का शाप फलित होना था तो क्या यही क्षण उनके लिए चिर-निद्रा में निमग्न हो जाने का नहीं था? सोए-सोए संसार से विदा हो जाने से अधिक सन्तोषप्रद भला और क्या हो सकता है, उन्होंने सोचा।

तभी एक आखेटक ने जो अपने शिकार का पीछा कर रहा था सोए हुए कृष्ण को भूल वश बैठा हुआ हिरण समझ लिया। उसके धनुष से निकला एक बाण कृष्ण के दाहिने पैर में लगा। एक दुर्बल सी आह उनके गले से निकली और वह निश्चेष्ट हो गए। आखेटक को भान भी नहीं हुआ कि जिन्हें उसने हिरण समझ लिया वह एक देव पुरुष थे जिन्होंने स्वयं अपने नश्वर शरीर को त्याग कर देवताओं के बीच अपना स्थान पुनः ग्रहण करने का विधान किया था।

आकाश में एक बिजली कौंधी और जोर की गर्जना सुनाई पड़ी जिससे पृथ्वी अपने नाभि-केन्द्र तक थर्रा गई। एक उज्ज्वल प्रकाश-पुंज स्वर्ग की ओर उठता हुआ दिखाई पड़ा जहाँ सभी देवतागण पृथ्वी पर अल्प प्रवास के लिए गए भगवान के लौटने की प्रतीक्षा कर रहे थे।

अस्सी

युधिष्ठिर की परीक्षा

जब पांडवों को ज्ञात हुआ कि कृष्ण को किसी आखेटक ने भूलवश मार दिया तो उन्हें लगा जैसे उनके जीवन का अन्तिम दुर्ग ढह गया। इसलिए उन्होंने अभिमन्यु-पुत्र परीक्षित को राजगद्दी सौंप दी और तीर्थयात्रा पर निकल पड़े। देश के अनेक तीर्थस्थलों का दौरा करते हुए वे हिमालय की गोद में आ गए जहाँ एक कुत्ता उनके साथ हो लिया। पर्वतारोहण के क्रम में शिखरों और घाटियों से गुजरते हुए वह कुत्ता सदैव उनके साथ रहा। अपना प्रेम और अपनी भक्ति दिखाने के लिए वह प्राय: युधिष्ठिर का हाथ चाट लेता था। रात्रि में जब युधिष्ठिर किसी पेड़ के नीचे विश्राम करते तो वह रखवाली करता रहता था। दिन-रात वह कुत्ता पांडवों के साथ साए की तरह लगा रहा। युधिष्ठिर समझ नहीं पा रहे थे कि आखिर यह जानवर कौन है और क्यों इतनी निष्ठा से उनके साथ लगा हुआ है।

दुर्गम पहाड़ों से गुजरते हुए सभी पांडव बुरी तरह पस्त हो चुक थे। एक-एक कर उनका देहावसान होने लगा—पहले द्रौपदी, फिर सहदेव, अर्जुन, नकुल और भीम। युधिष्ठिर के साथ कोई बच गया तो बस वही कुत्ता जो उनकी ओर बड़ी भावुकता से देखता था मानो कह रहा हो—"चिन्ता न करें, मैं सदैव आपके साथ रहूँगा, हर जगह। मैं अपनी भावनाएँ व्यक्त तो नहीं कर सकता पर मेरा मौन ही मेरी वाणी है। मैं जानता हूँ कि एकाकीपन और कष्ट ने आपको तोड़ दिया है। परन्तु जब तक मैं आपके सहचर एवं मार्गदर्शक के रूप में आपके साथ हूँ आपको निराश होने की आवश्यकता नहीं है।"

जब वे एक घाटी से गुजर रहे थे तो इन्द्र अपने स्वर्णिम रथ में सवार अचानक सामने आ गए और युधिष्ठिर से बोले, "आपने बहुत कष्ट झेल लिए। अब मैं आपको स्वर्ग का सुख-चैन प्रदान करूँगा। अत: स्वर्गारोहण के लिए मेरे रथ पर सवार हो जाइए। अब आप वहीं निवास करेंगे।"

पर ज्यों ही युधिष्ठिर रथ पर सवार हुए वह कुत्ता भी उछलकर जा चढ़ा। इन्द्र ने क्रोध से उसे दुत्कारते हुए कहा, "आपका कुत्ता नहीं, युधिष्ठिर। कुत्तों के लिए स्वर्ग में कोई स्थान नहीं है।"

"फिर मेरे लिए स्वर्ग कैसा? मैं उसे कैसे छोड़ सकता हूँ जो निरन्तर मेरा सहचर

रहा है? इससे तो मुझे समर्पण और निष्ठा की सीख मिली है।"

उस जानवर के प्रति युधिष्ठिर का लगाव देखकर इन्द्र द्रवित हो गए। एक कृपालु मुस्कान के साथ बोले, "हे धर्मराज! आप अपनी प्रथम परीक्षा में सफल हुए।"

पर जब युधिष्ठिर कुत्ते की तरफ मुड़े तो वह विलुप्त हो चुका था। उन्होंने एक आकाशवाणी सुनी, "जो हर जगह आपके साथ थे वह कोई और नहीं, स्वान रूप में स्वयं धर्मदेव थे–वही धर्म जिससे आपका सम्पूर्ण जीवन निर्देशित हुआ।"

फिर इन्द्र के साथ युधिष्ठिर का स्वर्ग में प्रवेश हुआ। पर उन्हें यह देखकर गहरा आघात लगा कि वहाँ दुर्योधन एक चमकदार सिंहासन पर पहले से विराजमान थे।

"वह दुष्ट, और यहाँ!" युधिष्ठिर क्रोध से चीख पड़े। "वह व्यक्ति जिसकी शासन के लिए लोलुपता अदमनीय थी, वह पापी यहाँ स्वर्ग में कैसे है? मैं अपने भाइयों को तो यहाँ नहीं देख रहा–वे भाई जो मानवीय गुणों के प्रतिमान थे।" वह रुक गए, "कहाँ हैं वे सब, कहाँ?"

युधिष्ठिर क्रोध से चीखे और उनका कहा अन्तिम शब्द वातावरण में गूँज गया। "नहीं, मैं यहाँ एक क्षण भी नहीं रुक सकता। मैं लौट जाऊँगा..."

जैसे ही उनकी वाणी हवा में गूँजी कि नारदजी का आगमन हुआ। उन्होंने युधिष्ठिर से कहा, "इतना क्रोध क्यों, हे धर्मराज? स्वर्ग में इसका कोई स्थान नहीं होता। क्रोध, ईर्ष्या और द्वेष नश्वर प्राणियों को उद्वेलित करनेवाली अधम भावनाएँ है।" एक क्षण की चुप्पी के बाद त्रिकालदर्शी नारदजी ने मुस्कराते हुए फिर कहा, "यदि आप अपने भाइयों से मिलने के इतने इच्छुक हैं तो एक दूत आपको उन तक ले जाएगा। परन्तु धैर्य रखें।"

कुछ नरम पड़े युधिष्ठिर उस दूत के पीछे चल पड़े जो उन्हें विस्तृत बियाबान क्षेत्र से होता हुआ ले गया। आगे का मार्ग मानवों तथा पशुओं के क्षत-विक्षत शवों से पटा था। वातावरण इतना दुर्गन्धमय था कि युधिष्ठिर मूर्च्छित हो गए। जब उन्हें होश आया तो उन्होंने अपने पथप्रदर्शक से पूछा, "यह स्वर्ग है या नर्क? मैं तो व्याकुल, चकित और सन्तप्त महसूस कर रहा हूँ।" उन्होंने एक गहरी आह भरी "तुमने तो मुझे अपने प्रिय अनुजों से मिलवाने का वचन दिया था और तुम मुझे यहाँ इस दुर्गन्ध भरी जगह पर ले आए। अब मैं आगे नहीं जाऊँगा..."

अभी वह पीछे मुड़ने ही वाले थे कि उन्हें चारों ओर से आवाजें सुनाई दीं।

"हमें छोड़कर न जाइए, हे युधिष्ठिर! रुक जाइए। इस डरावने स्थान पर आपकी उपस्थिति हमारे लिए ताजी हवा के एक झोंके के समान है। इसलिए हमारा परित्याग न कीजिए।"

ऐसी आग्रहपूर्ण आवाजें सुनकर अचम्भित युधिष्ठिर ने पूछा, "आप सब हैं कौन?"

तत्काल उत्तर मिला–"मैं कर्ण हूँ और यहीं मेरे साथ अर्जुन, भीम, नकुल और सहदेव हैं। और क्या आप द्रौपदी को नहीं पहचान पाए जो यहीं हमारे साथ ही हैं।"

विस्मय से भरे युधिष्ठिर ने कहा, "परन्तु यह तो नर्क है जबकि आप सबों का स्थान स्वर्ग में होना चाहिए क्योंकि आप सब तो प्रेम, निष्ठा और सदाशयता के प्रतीक हैं।" फिर नेत्रों में तीव्र क्रोध की ज्वाला लिए वह बोले, "और वहाँ बैठा है दुर्योधन सिंहासन पर, बड़े गौरव के साथ! क्या यही न्याय है? मैं तो देख रहा हूँ कि पुण्य अपमानित है और पाप पुरस्कृत।"

उनके क्रोध और दुःख से भरे शब्द सुनकर नारदजी बोले, "आपने फिर अपना धैर्य खो दिया। तनिक प्रतीक्षा तो कीजिए चमत्कार की।"

तभी युधिष्ठिर ने देखा कि अचानक सब कुछ रूपान्तरित होने लगा। दुर्गन्ध की जगह अब उन्हें नई कलियों की सुगन्ध मिलने लगी। जो बियावान प्रदेश था वह सौन्दर्यपूर्ण आकर्षक परिदृश्य में बदल गया। तब पुनः युधिष्ठिर ने नारदजी की आवाज सुनी–"नर्क का वह दृश्य एक भ्रम मात्र था जो आपके अपने भ्राताओं के प्रति प्रेम और लगाव को परखने के लिए था।" फिर ठहरकर आवाज आई–"परन्तु स्मरण रहे, अब आप स्वर्ग में हैं जहाँ आत्माएँ घृणा, द्वेष, क्रोध और ईर्ष्या जैसी अधम भावनाओं से मुक्त होती हैं। इसलिए अपने चचेरे भाई दुर्योधन के प्रति भी आपको प्रेम और करुणा का भाव रखना चाहिए। क्षमा शरीर और आत्मा दोनों का शुद्धिकारक है। यदि दुर्योधन की सम्मानजनक उपस्थिति से आप क्रोधित हो गए तो वह इसलिए कि रक्त-मांस का शरीर धारण करनेवाले यहाँ आप एक मात्र प्राणी हैं–जो अब भी मानवीय कमजोरियों से ग्रस्त हैं–जबकि आत्माएँ यहाँ समस्त अधम प्रवृत्तियों से मुक्त होकर विचरण करती हैं।"

युधिष्ठिर को एक नई अनुभूति हुई और लगा जैसे वह अन्धकार से प्रकाश में निकल आए हों। फिर उन्हें एक जलाशय के पवित्र जल में स्नान के लिए ले जाया गया। जब वह डुबकी लगाकर निकले तो अपने नश्वर शरीर से मुक्त हो चुके थे। अब बस एक आत्मा रह गई थी–पवित्र और दिव्य। अब वह अन्तरिक्ष में चमकते एक तारे की तरह थे जिसके तेज से नीचे पृथ्वी पर का हर अँधेरा कोना प्रकाशमान हो रहा था।

।।इतिश्री।।

●●●